Geiko Müller-Fahrenholz

Heimat Erde

Christliche Spiritualität unter
endzeitlichen Lebensbedingungen

Gütersloher Verlagshaus

Bibliografische Information der Deutschen Nationalbibliothek
Die Deutsche Nationalbibliothek verzeichnet diese Publikation
in der Deutschen Nationalbibliografie; detaillierte bibliografische Daten
sind im Internet über https://portal.dnb.de abrufbar.

Verlagsgruppe Random House FSC® N001967
Das für dieses Buch verwendete FSC®-zertifizierte Papier *Munken Premium*
liefert Arctic Paper Munkedals AB, Schweden.

1. Auflage
Copyright © 2013 by Gütersloher Verlagshaus, Gütersloh,
in der Verlagsgruppe Random House GmbH, München

Dieses Werk einschließlich aller seiner Teile ist urheberrechtlich geschützt.
Jede Verwertung außerhalb der engen Grenzen des Urheberrechtsgesetzes ist
ohne Zustimmung des Verlages unzulässig und strafbar. Das gilt insbesondere
für Vervielfältigungen, Übersetzungen, Mikroverfilmungen und
die Einspeicherung und Verarbeitung in elektronischen Systemen.

Umschlagmotiv: Foto: Erdkugel © Stefan Schulze, Bad Essen
Satz: Satz!zeichen, Landesbergen
Druck und Einband: Těšínská tiskárna, a.s., Český Těšín
Printed in Czech Republic
ISBN 978-3-579-08165-6

www.gtvh.de

Für Philine und Matteo

Inhalt

Einleitung:
Bevor meine Enkel mich fragen 13

ERSTER TEIL: Begründungen 29

1. Kapitel: Ehre sei Gott und Friede auf Erden und den Menschen Wohlgefallen 31

1.1. Von Gottes Ehre und Gottes Frieden und Gottes Wohlgefallen – Der tragende Grund 32
1.2. Der Friede des Kaisers Augustus und der Friede Gottes – Der politische Zusammenhang 36
1.3. Der Friede der Erdlinge und der Friede der Erde – Der ökologische Zusammenhang 38
1.4. Friede und Wohlgefallen 41
1.5 Friede als Bewahrung der Herzen und Sinne 44

2. Kapitel: Der Gott des Friedens und die Befriedung der Welt ... 49

2.1. Friede als Spannung. Die Kraft in den Stürmen 49
2.2. Leben in Beziehungen – Schöpfung als Erbsegen 55
2.3. Der Gott des Friedens – Das ungeteilte Du 61
    2.3.1. Es eröffnet sich mir ein Gottesbild, das bei meiner eigenen Lebenswelt beginnt 63
    2.3.2. Drei Weisen der Gottesbeziehung 64
    2.3.3. In dem Du Gottes lerne ich Verantwortung 66

3. Kapitel: Den Grund in Gott finden – Mystische Suche nach Gott und Friedensfähigkeit 69

3.1. Der mystische Weg – Annäherungen 71
    3.1.1. Karl Rahner: Mit dem schweigenden Gott leben 71
    3.1.2. Jörg Zink: Stille und Mitgefühl 76

	3.1.3.	Dorothee Sölle: Ichlos, besitzlos, gewaltlos	80
3.2.	Gott als Grund		84
	3.2.1.	Vom Gottessymbol »Höhe« zum Gottessymbol »Grund« und »Tiefe«	85
	3.2.2.	Vom Glaubensgehorsam zum gläubigen Vertrauen	86
	3.2.3.	Befriedung der Welt als mystische Praxis des Vertrauens	87
3.3.	Schlussfolgerungen		89

ZWEITER TEIL: Leitbilder 95

4. Kapitel: Menschen des Friedens? 97

4.1.	Der Mensch – wenig niedriger als Gott?	98
4.2.	Der Mensch – Krone und Dornenkrone	105
4.3.	Der Mensch – Stiefkind von Mutter Natur?	109
4.4.	Der Mensch als Erdling unter Erdlingen	112
	4.4.1. Die Menschen haben in der Tat eine Sonderstellung, die sie von den anderen Lebewesen unterscheidet	112
	4.4.2. Auch wenn die Sonderstellung der Menschen im Gesamt der Natur ein Faktum ist, so führt doch die Vorstellung von einer Gottebenbildlichkeit der Menschen in die Irre	114
	4.4.3. Menschen sind Erdlinge. Von der Erde kommen wir, zur Erde kehren wir zurück	116

5. Kapitel: Abschied von Paul Gerhardt?
Christliche Spiritualität für Erdlinge 121

5.1.	Paul Gerhardt zum Beispiel	122
5.2.	Abschied vom Wahn der Unsterblichkeit	131
5.3.	Merkmale einer Frömmigkeit für Erdlinge	134
	Staunen – Bewunderung – Ehrfurcht	135
	Demut	137
	Dankbarkeit	139
	Mitgefühl	140

6. Kapitel: Bewohnen statt Beherrschen 144

6.1. Ein Fremdwort lernen: Ökodomie 147
    6.1.1. Der kosmische Radius der Auferstehung 148
    6.1.2. Ökodomie als Gestalt des Widerstands 150
6.2. Stichwort Subsistenz – Merkmale einer ökodomischen Ethik ... 152
    6.2.1. Leben-in-Gemeinschaft 154
    6.2.2. Kompatibilität oder Verträglichkeit 156
    6.2.3. Korrigierbarkeit oder Fehlerfreundlichkeit 158
    6.2.4. Eigentum und Nutzungsrechte 159
    6.2.5. Pflichten der Bewohnbarkeit 163
6.3. Ökodomische Arbeitsfelder im 21. Jahrhundert 167
    6.3.1. Anpassung an regionale Bedingungen 168
    6.3.2. Öko-gerechte Siedlungsformen 169
    6.3.3. Wassermanagement 170
    6.3.4. Begrünung der Mega-Städte 171

DRITTER TEIL: Bewährungsfelder 175

7. Kapitel: Frieden –
Sicherheit in den Grenzen von Verwundbarkeit 177

7.1. Der Ausgangspunkt: Verwundbarkeit 178
7.2. Gemeinschaftliche Sicherungssysteme jenseits der nationalen Sicherheitsdoktrine 183
7.3. Friede und Sicherheit 189

8. Kapitel: Endzeitmacht und Kriegsmacht oder:
Warum ist der Pazifismus keine Massenbewegung? 194

8.1. »Krieg hat's immer gegeben!« 195
8.2. »Krieg ist Männersache!« 201
8.3. »Es kann der Beste nicht in Frieden leben, wenn es dem bösen Nachbarn nicht gefällt.« 208
8.4. »Es ist unser Umgang mit dem Schmerz …« 210
8.5. Zusammenfassung: Zur Abschaffung des Krieges und der Zivilisierung von Konflikten 212

9. Kapitel: Friede mit der Vergangenheit – Versöhnung als Bestandteil von Weltinnenpolitik 215

9.1. Schuld und Kränkung im Leben der Völker 218
9.2. Zur Dynamik von Versöhnungsprozessen 224
9.3. Schwierigkeiten 226
    9.3.1. Tiefenerinnerung 231
    9.3.2. Versöhnung als Grundlage für Bündnisse 234
    9.3.3. Schuld und Umkehr 236
    9.3.4. Vergeben und Vergessen 237
9.4. Einführung: Versöhnung mit der Natur? 237

10. Kapitel: Friede ist Gerechtigkeit plus Gnade 240

10.1. Gerechtigkeit hat viele Gesichter 240
    10.1.1. Der Rechtsfriede – Die bestrafende, aufrichtende und ausgleichende Gerechtigkeit 241
    10.1.2. Friede mit der Vergangenheit – »Transitional Justice« ... 245
    10.1.3. Sozialer Friede – Verteilungsgerechtigkeit und Beteiligungsgerechtigkeit 248
    10.1.4. Schöpfungsfriede und Klimagerechtigkeit 252
    10.1.5. Zusammenfassung 255
10.2. Gottes Gerechtigkeit 257

11. Kapitel: Reichtum kommt von Solidarität 262

11.1. Gefährdet und gesegnet 262
11.2. Drei Gestalten des Reichtums 265
    11.2.1. Reich sein in Gott – In Gott zufrieden sein 266
    11.2.2. Sozialer Reichtum und sozialer Friede 267
    11.2.3. Materieller Reichtum 269
11.3. Die Rhythmen des Lebendigen als Kontrollen von Reichtum und Armut 270
11.4. Sozialkapital und Solidarität 277
11.5. Zusammenfassung 279

12. Kapitel: Schwimmende Gärten:
Freiräume zwischen Beliebigkeit und Fundamentalismus 282

12.1. Für das Haus unseres Lebens
brauchen wir stabile Fundamente 282
12.2. Fundamentalismus ist die Verabsolutierung
einer Auswahl von fundamentalen Werten 283
12.3. Eine andere pathologische Reaktion auf eine überkomplex
gewordene Epoche ist das Beliebigkeitssyndrom 285
12.4. Die Pandemie fundamentalistischer und »proteischer«
Lebenshaltungen verweist auf gravierende Fehlentwicklungen
unserer Epoche 287
    12.4.1. Die massenhafte Entwurzelung von Menschen
in den verelendenden Gebieten unserer Erde 288
    12.4.2. Die massive Kränkungsgeschichte in
arabisch-muslimischen Ländern 290
    12.4.3. Im Räderwerk der modernen und
nachmodernen Gesellschaft 293
12.5. Schwimmende Gärten im Fluss ohne Ufer 297

13. Kapitel: Kirchen des Friedens werden 302

13.1. Vom Beten und Fasten – Eine meditative Einleitung 302
13.2. Die Gemeinden vor Ort –
Zentren der Zuversicht und Höfe des Schöpfungsfriedens 309
13.3. Die Region als ökumenischer Bewährungsraum
für den Frieden 314
13.4. Agenturen des Friedens –
Die neue Verantwortung von Kirchenleitungen 316
13.5. Was bedeutet Gottes Friede für unsere Welt? –
Das Grundthema der Ökumene 317

14. Kapitel: Hoffnung in hoffnungslosen Zeiten 325

14.1. Was fehlt, ist der Wille 325
14.2. Der Wille braucht die Hoffnung 327
14.3. Die christliche Hoffnungslehre vor neuen Aufgaben 330
    14.3.1. Die Zeit offen halten 330

14.3.2. Gemeinschaftsfähigkeit aufbauen 331
14.3.3. Den Platz in der Schöpfung finden 333
14.3.4 Die Gestalten der Verantwortung wahrnehmen 333
14.3.5 Souveränität gewinnen 335
14.4. Die wahre Apokalypse – die Welt der Auferstehung 336
14.5. Gott: Alles in allem 338

Zwei Bemerkungen zum Schluss 340

Anmerkungen 342

Personenregister 374

Literaturverzeichnis 378

Einleitung

Das große Karthago führte drei Kriege.
Es war noch mächtig nach dem ersten,
noch bewohnbar nach dem zweiten.
Es war nicht mehr auffindbar nach dem dritten.
Bertold Brecht

Bevor meine Enkel mich fragen

Dieses Buch ist meinen beiden Enkelkindern gewidmet. Matteo wurde 2006 geboren, Philine ein Jahr später. Wenn sie so alt sind wie ich heute, dann schreiben sie das Jahr 2080, und das Ende dieses 21. Jahrhunderts ist in Sicht.

Wie wird die Welt dann aussehen? Niemand kann das vorhersagen. Doch dies scheint sicher zu sein: Wenn die Industrialisierung der Welt so fortschreitet wie bisher, wenn die Automobilisierung so wächst wie derzeit, wenn das Konsumverhalten von heute sich weiter über die Erde verbreitet, dann wird bis 2080 die Erderwärmung um mehr als 3° oder gar 4° C zugenommen haben, und dann wird die Welt, gelinde gesagt, sehr viel chaotischer aussehen als heute. Dann werden meine Enkel furchtbare Kriege erlebt haben, Erdölkriege, Trinkwasserkriege, Lebensmittelkriege. Vielleicht werden sie zu dem Millionenheer der Klimaflüchtlinge gehören, weil große Teile von Hamburg, ihrer Geburtsstadt, permanent überflutet sein werden?

Oder werden sie 2080 mit Erleichterung und etwas Stolz darauf zurückblicken, dass die »große Transformation« gelungen ist?[1] Dass die Menschen es geschafft haben, die Erdkrise unter Kontrolle zu bringen, also die »Dekarbonisierung«[2] der Weltwirtschaft und ihrer Energiesysteme durchzusetzen, die Zunahme der Erderwärmung auf unter 2° C zu senken, internationale Abkommen zur Beheimatung von Klimaflüchtlingen zu schließen? Und was sonst alles nötig gewesen sein wird, um das Leben der Menschengemeinschaft auf eine nachhaltige und verträgliche Grundlage zu bringen?

Ich will es hoffen.

Doch es sieht nicht danach aus. Heute, im Jahr 2013, wird diese große Transformation von sehr vielen unterschiedlichen Personen und Arbeitskreisen durchdacht und bekannt gemacht, aber mit ihrer Verwirklichung will es nicht klappen. Damit sie noch gelingt, sagen die Fachleute, müssen die nötigen Umsteuerungen bis 2020 in die Wege geleitet werden. Die Zeit wird sehr knapp. Und doch sind die Menschen, die heute weltweit die Entscheidungen treffen, weder bereit noch willens, die revolutionären Entscheidungen, die ihnen zugemutet werden, zu treffen. Und sie haben mit dieser Zögerlichkeit die Mehrheit der Bevölkerung hinter sich.

Warum ist das so? Warum können uns die Wissenschaftler sagen, was getan werden muss, und die Ingenieure beschreiben, *wie* es getan werden könnte, und die Ökonomen aufrechnen, *was es kostet,* jetzt zu handeln, und *wie viel mehr* es kosten wird, wenn nicht gehandelt wird, und trotzdem geschieht das Nötige nicht?

Was also wollen wir antworten, wenn unsere Enkel uns fragen: Wenn ihr doch wusstet oder wissen konntet, was für Gefahren auf die Welt, und das heißt auf uns zukommen, warum habt ihr dann nichts getan?

Um dieses Warum geht es mir in diesem Buch. Um die Motive, die uns Menschen heute so unschlüssig reagieren lassen. Welche Gründe stecken hinter unserem Verhalten? Welche tief verankerten Bilder leiten uns?

Es sind – das sei gleich am Anfang festgestellt – meine persönlichen Annäherungen, die ich im Folgenden zur Diskussion stelle. Denn wer nach dem Warum fragt, muss auch sein eigenes Herz befragen und darf nicht so tun, als ließen sich die Probleme »rein rational« verstehen. Weil wir mitten in ihnen stecken, selber ein Teil von ihnen sind, müssen wir in Betracht ziehen, wo wir befangen und gefangen, voreingenommen und beteiligt sind. Darum versuche ich auch nicht, akademisch und unpersönlich zu argumentieren, sondern meinen persönlichen Umgang mit der Thematik kenntlich zu machen.

1. Die endzeitliche Situation: Globale Selbstvernichtung

Wie kann ich beginnen?

Vielleicht so: Was die Fachleute die große Transformation nennen, ist die konstruktive Anpassung der Weltgesellschaft an eine Macht, die uns Menschen zugewachsen ist und die es so bisher noch nie gegeben hat. So paradox es klingt, aber wir Menschen können mit dem Kopf mehr, als wir mit dem Herzen zu erfassen vermögen. Die wissenschaftlichen, technischen, wirtschaftlichen und planerischen Fähigkeiten sind sehr viel schneller gewachsen als unser seelisches Fassungsvermögen, als unsere ethischen Kontrollen und unsere staatlichen Strukturen und Organisationen.

Anders gesagt, es hat in unserer Lebenszeit einen Epochenwandel gegeben, wie ihn die Menschheit noch niemals erlebt hat. Sehr viele Menschen wissen noch nichts von ihm, weil sie keinen Zugang zu Schulen oder Bibliotheken oder auch zum Internet haben. Sie leben in ihren kleinen Welten, aber dass in der großen Welt bereits über sie entschieden worden ist, entzieht sich ihrer Kenntnis. Ein anderer Teil der Menschheit, und zu ihm gehören wir in den hochindustrialisierten Ländern, kann von diesem Epochenwandel wissen, aber zieht es vor, von ihm nichts wissen zu wollen.

Worin besteht dieser Wandel? Darin, dass **wir Menschen die Macht der Selbstvernichtung auf uns gezogen haben**. Das ist sehr unverhofft und überfallartig vor sich gegangen. An ein paar autobiographischen Hinweisen sei dies erläutert.

Ich war fünf Jahre alt, als amerikanische Piloten am 6. und 9. August 1945 über den japanischen Städten Hiroshima und Nagasaki zwei Atombomben abwarfen und mit zwei Schlägen mehr als 200 000 Menschen töteten (und viele andere einem Jahrzehnte dauernden Sterben auslieferten). Damals wurde die epochale Schwelle überschritten. Denn es begann, was sich wenige Jahre später zu einer Bedrohung für die ganze Menschheit und alles organische Leben entwickelt hatte, die »mutually assured destruction« (MAD), die wechselseitig garantierte Vernichtung durch atomare Waffensysteme. Der »kalte Krieg« zwischen den beiden Supermächten bildete den propagandistischen Vorhang, hinter dem sich diese Entfesselung menschlicher Selbstvernichtungsmacht tarnen ließ.

Gewiss, heute weiß man, dass es schon früh warnende Stimmen gab. So erklärte Albert Einstein 1955: »Unserer Welt droht eine Krise, deren Umfang anscheinend denen entgeht, in deren Macht es steht, große Entscheidungen zum Guten oder Bösen zu treffen. Die entfesselte Macht des Atoms hat alles verändert, nur nicht unsere Denkweisen. Auf diese Weise gleiten wir einer Katastrophe ohnegleichen entgegen. Wir brauchen eine wesentlich neue Denkungsart, wenn die Menschheit am Leben bleiben soll.«

Das war es: Wissenschaftler und Techniker hatten eine Macht freigesetzt, zu der die gängigen Denkweisen nicht mehr passten. Das meine ich mit der verhängnisvollen Ungleichzeitigkeit im Bewusstsein, die bis heute nicht überwunden ist. Zwar wurden die Vereinten Nationen 1946 mit dem Ziel auf den Weg gebracht, so etwas wie eine weltumspannende Friedensordnung zu schaffen. Darin spiegelte sich die von Einstein geforderte »neue Denkungsart« wider, doch mit der Schaffung des Sicherheitsrates geriet das System alsbald unter die Vorherrschaft nationalstaatlicher Interessen und geostrategischer Rücksichtnahmen. Diese innere Lähmung der Vereinten Nationen dauert bis heute an. Die Ungleichzeitigkeit zwischen den selbstzerstörerischen Machtmitteln auf der einen Seite und partikulären Denkformen und nationalstaatlichen Politikmustern auf der anderen besteht weiter.

So ist es gekommen, dass wir Menschen eine Epochenschwelle überschritten haben und uns doch zugleich in einer Epochenblindheit befinden, weil wir über die Diskrepanzen zwischen dem Wissen und Nicht-Wissen, zwischen dem Wissen-Können und Nicht-Wissen-Wollen nicht hinausgelangen. Auch darum haben wir zugelassen, dass sich während der 60er Jahre die verführerische Unterscheidung zwischen der militärischen und der friedlichen Nutzung der Atomenergie durchsetzte. Wenn die erste gefährlich, aber doch unentbehrlich sei, so hieß es, sei die andere ungefährlich und könne den Hunger der wachsenden Industriegesellschaften nach billiger Energie bedenkenlos bedienen. Fünf Jahrzehnte später, im September 2012, sind weit mehr als 400 Kernkraftwerke weltweit in Betrieb. Aber niemand hat eine Vorstellung davon, wie und wo man geeignete Depots für die verstrahlten Altlasten finden kann. Man schiebt das Problem der »Endlagerung« vor sich her – ein weiterer Beleg für die Diskrepanz zwischen Wissen und Nicht-Wissen-Wollen.

Dann trat anfangs der 60er Jahre ein zusätzliches Weltthema in den Vordergrund, nämlich die Diskrepanz zwischen den reichen und armen Ländern. Die Vereinten Nationen verkündeten die erste »Entwicklungsdekade«. Das verheißungsvolle Wort »Entwicklung« wurde als nachholende Modernisierung verstanden. »Unterentwickelte«, also überwiegend traditionell verfasste Agrargesellschaften, sollten durch die Vermittlung von technischem und industriellem Knowhow auf den Stand von Industrienationen gebracht und in den Weltmarkt integriert werden. So wollte man die Armut überwinden.

Ist es gelungen? Ja und nein. Gewiss haben sich in den letzten fünf Jahrzehnten gewaltige Veränderungen vollzogen. Das auffälligste Beispiel ist China. Es war damals bitterarm. Inzwischen ist das »Reich der Mitte« eine Weltmacht, auch wenn es noch viele Millionen bitterarmer Chinesen gibt und auch wenn das Land langfristig gefährliche ökologische Hypotheken aufgehäuft hat. Was für China gilt, trifft auch auf andere Weltregionen zu. Es gibt gewaltige Industrialisierungsschübe, ein rasantes Wachstum von Megacities. Es gibt neue Reiche, aber nach wie vor sehr viele Arme. Alle drei Sekunden stirbt ein Kind unter fünf Jahren an vermeidbaren Krankheiten. 1,3 Milliarden Menschen haben heute noch keinen Zugang zu elektrischem Strom.

Und auch dieses Weltproblem wurde bald durch ein anderes überlagert. Ich war 32, als »Die Grenzen des Wachstums« erschien, dieser denkwürdige Bericht des Club of Rome[3], der zum ersten Mal eine Vorstellung von den Wachstumsgrenzen der Erde vermittelte. Dieses Buch zeigte, dass der industrielle »Fortschritt«, der doch grenzenlos sein sollte, über kurz oder lang an seine Grenzen stoßen müsse. Denn in einer endlichen Welt mit endlichen Ressourcen sei ein unendliches materielles Wachstum nicht möglich. Gleichwohl beherrscht der Wachstumsglaube noch immer die Tagesordnungen von Politikern und Ökonomen weltweit. (Und ich spreche ausdrücklich von »Glaube«, also einer im Kern religiösen Überzeugung, weil sie sich über alle rationalen Analysen im Blick auf die Begrenztheit unseres Erdsystems hinweg setzt.)

Langsam und unter großen Widerständen trat ins Bewusstsein vieler Menschen, was wir die ökologische Frage zu nennen gelernt haben. Man muss dem Ökumenischen Rat der Kirchen zu Gute halten, dass er dieses Problem rasch aufgegriffen hat.[4] Das zeigte sich bereits auf seiner 5. Vollversammlung in Nairobi, Kenia. Dort sprach der australische Biologe Charles Birch von der Gefahr des Überlebens der Menschheit und entwarf das Leitbild einer »gerechten und nachhaltigen Gesellschaft«. Das war 1975!

Es ist freilich auch wahr, dass längst nicht alle Mitarbeiter in der Genfer Zentrale und längst nicht alle Mitgliedskirchen des ÖRK davon überzeugt waren, dass Charles Birch die Tür zu einem epochalen Umdenken aufgestoßen hatte. Immerhin bleibt festzuhalten: Der ÖRK hat schon damals das Leitbild einer nachhaltigen Gesellschaft entwickelt und ist dafür viel belächelt und bespöttelt worden. Jetzt gehört das Wort »Nachhaltigkeit« zum Vokabular, freilich nicht zur Praxis, von Politikern aller Couleur!

Ich bin seit 1968 evangelischer Pastor und ich habe das Glück gehabt, dass mein beruflicher Weg mich in sehr unterschiedliche Erfahrungsräume geführt hat. Als Auslandspfarrer der deutschsprachigen Lutherischen Gemeinde in Oxford/England habe ich angefangen. Danach wurde ich Studieninspektor im Predigerseminar Loccum. Von dort wechselte ich als Studiensekretär in die Zentrale des ÖRK in Genf. Sechs Jahre später kam ich als Akademiedirektor an die Evangelische Akademie der Nordelbischen Kirche. Von dem ländlichen Bad Segeberg ging es ein Jahrzehnt später ins mittelamerikanische Costa Rica, wo ich an zwei Universitäten als Hochschullehrer gearbeitet habe. Danach war ich vor allem als Referent, Kursleiter und Berater für verschiedene ökumenische Einrichtungen (z. B. in Irland und Nordirland, in Südafrika oder Israel) tätig – eine Arbeit, die mich 2006 noch einmal an die Genfer Zentrale des ÖRK zurückführte, als es darum ging, die Internationale Ökumenische Friedenskonvokation vorzubereiten, die dann im Mai 2011 in Kingston, Jamaika, stattgefunden hat.

Diese Vertrautheit mit sehr verschiedenen Erfahrungsräumen hat mich dazu gebracht, die Dringlichkeit und Reichweite des Selbstvernichtungssyndroms, an dem die Welt leidet, genauer ins Auge zu fassen, als dies vielleicht Kolleginnen und Kollegen möglich ist, die ihre Landeskirche oder ihr Heimatland nie verlassen haben. Ich meine damit
1. die fortdauernde nukleare Gefahr,
2. die Schere zwischen Reich und Arm in der Welt und
3. die ökologische Erdkrise.

Ich spreche von einem Syndrom, weil diese drei Faktoren, verstärkt durch das nach wie vor ungebremste Wachstum der Weltbevölkerung, sich wechselseitig bedingen und verschärfen. Damit wächst auch die Komplexität der Krise, was auch bedeutet, dass politische Lösungsversuche immer wieder zu scheitern drohen.

Anders gesagt, diese Möglichkeit der Selbstzerstörung gibt der menschlichen Geschichte von nun an einen **endzeitlichen Charakter**. Das klingt religiös, ist es aber nicht. Der Begriff der Endzeitlichkeit beschreibt ganz schlicht und einfach die faktische Situation, dass die Menschheit sich selbst und die sie tragende Lebenswelt von nun an jederzeit zerstören kann. Ob das durch einen Zufall geschieht, durch einen zum Nuklearkrieg aufgeheizten Konflikt, durch terroristische Eingriffe oder durch ökologische Großkatastrophen, tut nichts zur Sache. Allerdings ruft dieses Faktum der Endzeitlichkeit tief verwurzelte Ängste und folglich massive Abwehrreaktionen wach. Und damit kommen religiöse Erfahrungen mit dem Phänomen des Weltuntergangs zum Tragen. Darum muss auch die gegenwärtige Endzeitlichkeit unter religiösen Gesichtspunkten verstanden werden. Der Umgang des christlichen Glaubens mit der Frage nach den »letzten Dingen« (also die Eschatologie) kann hier eine Hilfe sein.[5]

Die unterschiedlichen Erfahrungsräume, in denen ich gearbeitet habe, prägten meine theologische Wahrnehmung auf unterschiedliche Weise. Ich war Gemeindepastor, Erwachsenenbildner, Hochschullehrer, Publizist. Diese Prägungen waren wie Brillen, die mir geholfen haben, dieses endzeitliche Gefahrensyndrom unter der Perspektive der Motive und Hintergründe, der Leitbilder und Verführungspotentiale wahrzunehmen. Diese **sozialpsychologischen** und **interkulturellen** Aspekte werden nach meiner Beobachtung in anderen wissenschaftlichen Darstellungen nicht eingehend genug berücksichtigt.

Was ich damit meine, sei in dieser Einleitung kurz angedeutet.

Mit dem Stichwort der Sozialpsychologie will ich darauf aufmerksam machen, dass alles, was »außen« ist, ein »Innen« bei sich hat. Was heißen soll, dass jedem politischen, ökonomischen oder sozialen Vorgang emotionale und gefühlsmäßige Aktionen und Reaktionen entsprechen. Es wird zwar oft so getan, als gäbe es da draußen die »harten Fakten«, die »rein akademisch« oder »mit kühlem Kopf« analysiert und reibungslos in praktische Maßnahmen übertragen werden könnten. Aber das ist eine Täuschung. Wenn es wahr ist, dass die Liebe durch den Magen geht, so läuft auch der Weg von der Erkenntnis zur Realisierung vom Kopf über das Herz zur Hand. Denn was sich nicht emotional vermitteln lässt, kommt nicht an und bleibt abstrakt. Was sich nicht wirklich »begreifen« lässt, geht rasch wieder verloren. Oder aber – und das ist das eigentliche Problem an dem Selbstvernichtungssyndrom unserer Tage – die »harten Fakten« sind so überwältigend und so angsterregend, dass die psychische Wahrnehmungsfähigkeit der Menschen sich vor ihnen verschließt. Das ist das »numbing«, eine seelische Verweigerungshaltung, ein emotionales Sich-tot-Stellen. Dieses Phänomen hat der amerikanische Psychologe Robert Jay Lifton an vielen Fällen beschrieben, und ich bin überzeugt, dass er damit einen Grundzug unserer gegenwärtigen Verfasstheit getroffen hat.[6] Davon wird besonders in den Ausführungen zu Fundamentalismus und Beliebigkeit, also im 12. Kapitel, ausführlicher die Rede sein.

Mit dem Stichwort »Interkulturalität« verweise ich auf die Tatsache, dass das Selbstzerstörungssyndrom unserer Tage zwar die ganze Menschheit umfasst, sie jedoch in außerordentlich unterschiedlichen kulturellen Prägungen betrifft, so dass entsprechend unterschiedliche Reaktionen unvermeidlich sind. Ich meine nicht nur die gravierenden bildungsmäßigen Diskrepanzen, die das bunte Bild der Menschenwelt bestimmen und die sich unter den Gegensätzen von armen und reichen Weltgegenden, von hochindustrialisierten und agrarischen Ländern ständig verändern. Die religiösen Hochkulturen, die bis vor kurzem in relativer Abgeschiedenheit voneinander existieren konnten, sind heute stark miteinander vernetzt und geraten dadurch oft in schwere Konflikte miteinander. So entstehen vielfältige Reibungsflächen, die ein gemeinsames Eingehen auf die endzeitliche Situation unserer Welt erschweren.

Hinzu kommen die Zwänge, die sich aus dem Alltag der Verelendung ergeben. Wie soll zum Beispiel eine Mutter, die nicht weiß, wie sie ihre Kinder über die kommende Nacht bringen soll, auch nur eine Minute für den Gedanken erübrigen, dass die Heimat ihrer Kinder vielleicht in fünfzig Jahren permanent überflutet sein könnte? Oder welche Chancen haben Analphabeten, sich über den Zustand unserer Welt kundig zu machen?! Doch ist auch die beste akademische Bildung allein noch keine Gewähr für eine kritische Beschäftigung mit unserer Lage. Wer durch seine Kultur oder Religion zu der Einstellung geführt worden ist, dass alles, was ihm widerfährt, eine Sache der Vorsehung oder des Schicksals ist, wird sich auch unter die gegenwärtige Notlage beugen und sie für unabänderlich halten.

Ich will in diesem Zusammenhang noch eine Einsicht erwähnen, zu der mir die Mitarbeit an der ÖRK-Dekade zur Überwindung von Gewalt verholfen hat: Es reicht nicht aus, Gewalt nur in ihren direkten und handgreiflichen Prägungen zu thematisieren. Und es reicht auch nicht aus, nur die strukturelle Gewalt, wie sie sich beispielsweise in ungerechten Wirtschaftsbeziehungen und militärischen Aktionen manifestiert, anzugehen. Es gibt darüber hinaus eine Form von Gewalt, die so tief in unseren Lebensgewohnheiten verwurzelt ist, dass sie gar nicht mehr als Gewalt wahrgenommen wird. Ich nenne sie »habituell«, der Friedensforscher Johan Galtung gebrauchte das Wort »tiefenkulturell«. Beide Begriffe verweisen auf weltanschauliche oder kulturell sanktionierte Denkmuster, die dazu dienen, Gewalt zu einem scheinbar selbstverständlichen Bestandteil unseres Lebens zu machen.[7]

Damit komme ich zu der beklemmenden Frage: Ist unsere moderne Welt, die doch die Matrix der global gewordenen industrialisierten und technischen Beherrschung der Natur bildet, ein von habitueller Gewalt durchdrungenes System? Sind wir »modernen Menschen« also Opfer und Täter, Produkte und Produzenten einer Gewalt, die sich nicht nur gegen andere Menschen wendet, sondern gegen unsere Lebenswelt und die uns tragende Natur? Und wenn das so ist, welchen Anteil hat daran das Christentum? Ist unser Glaube ein Teil des Problems? Und was müsste geschehen, damit er ein Teil der Lösung wird?[8]

Wenn also das Selbstvernichtungssyndrom unserer Tage auch als ein fundamentales Gewaltproblem verstanden werden muss, was für Energien sind nötig, um es zu überwinden!? Darum war es für mich eine entscheidende Hilfe, dass die 9. Vollversammlung des ÖRK 2006 in Porto Alegre den Beschluss fasste, den Abschluss der Dekade mit einer Friedenskonvokation zu feiern und die Mitgliedskirchen zu ermuntern, ein gemeinsames Verständnis des »gerechten Friedens« zu erarbeiten. Wie immer man die bisher vorliegenden Schritte auf dem Weg zu einer ökumenischen Theologie und Ethik des Friedens einschätzen mag[9], für mich wurde **Friede zum positiven Gegenbegriff zur Gewalt (in ihren drei Gestalten)** und darum auch zum **Schlüsselbegriff für den Widerstand gegen die schleichende Gewöhnung an das Syndrom der Selbstvernichtung.**

Aber kann der Begriff des Friedens dies leisten? Es gibt – auch in den Kirchen – nicht wenige Mitmenschen, die sich von ihm nicht mehr viel versprechen. Gewiss ist das Wort Friede abgenutzt. Aber haben wir ein besseres? Auch das Wort Liebe ist abgenutzt, und trotzdem können wir auf es nicht verzichten.

Ich habe also den Frieden in das Zentrum dieses Buches gerückt. Damit habe ich auch versucht, ihn sowohl aus dem politischen Missbrauch als auch aus seiner kirchlichen Vereinnahmung herauszulösen. Der Friede kann und muss größer und dynamischer gedacht werden, als dies bisher geschehen ist. Er ist das **schöpferische Energiefeld**, das unsere Begriffe von Sicherheit (Kap. 7), Krieg (Kap. 8), Versöhnung (Kap. 9), Gerechtigkeit (Kap. 10) und Reichtum (Kap. 11) beeinflusst und prägt. Er ist geeignet, unser kirchliches Leben neu auszurichten, wie in Kap. 13 gezeigt wird.

Und doch geht es mir erst in zweiter Linie um neue Formen christlicher Friedensethik. Was mich an dem Verständnis des Friedens vor allem fasziniert hat, ist seine **transzendierende Qualität**. Damit will ich sagen, dass es zuerst einmal nicht um unsere menschliche Friedensfähigkeit geht, sondern darum, dass wir – und die Welt mit uns – von einem Frieden getragen werden, der höher ist, als wir zu denken vermögen. Darum versuche ich in den ersten drei Kapiteln dieses Buches zuerst einmal von dem **Gottesfrieden** zu sprechen; ich versuche, die Schöpfung Gottes, von der wir ein kleiner Teil sind, als einen dynamischen prozess-artigen **Schöpfungsfrieden** zu verstehen.

Ich beginne also ganz bewusst mit »God-talk«, also mit Ausführungen zu einem theo-logischen Verständnis von Frieden. Dabei ist mir durchaus klar, dass solche »Gottesrede« vielen Mitmenschen fremd und unverständlich ist. Sie sind, auf welche Weise auch immer, gottlos geworden. Doch damit kommen auch sie nicht um die Aufgabe herum, über ihre eigenen Möglichkeiten und Begrenzungen hinaus zu denken. Denn wer nicht mehr über sich selbst hinaus denken kann, bleibt in sich selbst gefangen. Erst dann wird die Gottlosigkeit zum Nihilismus. Diese Unfähigkeit oder dieser Unwille, über die eigenen Vorstellungen hinaus zu denken, scheint mir ein Grund für die Ratlosigkeit und Gefühlskälte zu sein, die sich angesichts der überwältigenden Aufgaben bei vielen Mitmenschen breitmachen.

Denn woher soll die Kraft für die große »Transformation« kommen, wenn sie sich nicht aus Quellen speist, die jenseits von allem menschlichen Vermögen liegen? Wie sollen Menschen ihre seelische Erstarrung, ihr Nichtwissen-Wollen und ihre geheime Verzweiflung überwinden, wenn sie keinen Zugang zu einer Energie kennen (oder zulassen wollen), die alle ihre Ängste und Widerstände hinter sich lässt? Und wer sollte den Menschen sagen, dass unsere Welt trotz ihrer Endzeitlichkeit offen ist für Erneuerung und Wandel, wenn es die Kirchen nicht tun? Ist es nicht ihre Sache wie auch die Sache der einzelnen Christenmenschen, sich diesen Quellen zu öffnen und aus ihnen die Kraft zu gewinnen, furchtlos, mitleidenschaftlich (im Sinne des englischen »compassionate«) und geistesgegenwärtig für den Aufbau und die Gestaltung von Friedensordnungen einzutreten?[10]

Das ist nun in der Tat der Anspruch, vor dem die Kirchen mitsamt ihrer ökumenischen Netzwerke stehen, wenn sie ihren Verkündigungsauftrag ernst nehmen. Doch gerade an diesem Punkt tauchen auch bange Fragen auf: Warum ist denn der christliche Glaube nicht geistesgegenwärtiger? Warum hinken ausgerechnet die Kirchen hinterher? Ich empfinde sehr deutlich, dass die vertrauten Antworten der christlichen Theologie nicht mehr ausreichen. Es hat den Anschein, als seien auch die Kirchen noch gar nicht bewusst in die Endzeitlichkeit unserer Welt eingetreten. Dass also auch die Theologie und die christliche Frömmigkeit ihren Anteil an der »Antiquiertheit des Menschen« haben?[11] Woran sich dann die für jeden evangelischen Theologen schreckliche Frage anschließt, ob denn auch die Heilige Schrift antiquiert sei, und zwar insoweit, als sie den endzeitlichen Charakter unserer Zeit gar nicht im Blick haben konnte?

In der Tat zwingt sich mir die Folgerung auf, dass sich die christlichen Kirchen den beispiellosen Bedrohungen unserer Tage noch nicht wirklich entschlossen entgegengestellt haben.[12] Sie sind so stark an ihren überkommenen Traditionen orientiert, dass sie noch nicht mit letzter Konsequenz begriffen haben, was sich mit dem 6. August 1945 weltgeschichtlich verschoben hat. Also ist eine neue, selbstkritischere Theologie nötig geworden, und mit ihr eine neue Spiritualität und eine neue Ethik.

Ich habe die 70 hinter mir und möchte ein solches **Programm einer neuen konstruktiven Theologie** gerne den Fachleuten an den theologischen Fakultäten überlassen. Doch auch sie zeigen sich, das ist jedenfalls mein Eindruck, dieser neuen Aufgabe nicht gewachsen. Was ich beobachte, ist eine historisierende, auf wissenschaftliche Einzelfragen spezialisierte Theologie. Kluge Köpfe, aber mit Scheuklappen.

Um dies an einem Beispiel zu verdeutlichen: Der Tübinger Theologe und Religionspädagoge Karl Ernst Nipkow ist eigentlich eine Ausnahme. Er hat ohne Scheuklappen gearbeitet. Das beweist sein beispielhaftes ökumenisches und interreligiöses Engagement. Er mischt sich ein, wie sein Buch »Der schwere Weg zum Frieden«[13] beweist. Und doch kommt er erst im 19. Kapitel mit der Frage: »Sind Gewaltminimierung und Friedensfähigkeit erlernbar?« zu einer »Theorie der Friedenspädagogik heute«.[14] Davor stehen 18 Kapitel, in denen »von Erasmus bis zur Gegenwart« relevante friedenspädagogische Positionen vorgestellt werden. Es ist gar keine Frage, dass diese historische Übersicht viel Wissenswertes bietet. Aber es ist gerade diese historische Herangehensweise, die es Nipkow unmöglich macht, das kategorisch Neue in der friedenspädagogischen Situation heute wahrzunehmen. Darum fehlt bei ihm auch die ökologische Dimension der Gewaltproblematik. Seine Fragestellungen bleiben anthropozentrisch, wie folgendes Zitat belegt: »Der einfache Prüfstein ist im täglichen Umgang wie in der Weltpolitik die Frage, was im Namen der unteilbaren Menschenwürde jedes menschliche Leben unabhängig von Herkunft und Hautfarbe, Nationalität und Religionszugehörigkeit auch auf Seiten der Feinde wert ist.« (13)

Wie gesagt, es ist eigentlich unfair, an Nipkows Werk ein gravierendes hermeneutisches Problem, das nicht nur die Theologie herausfordert, zu verdeutlichen. Es besteht darin, dass die klassische wissenschaftliche Arbeit ihre Stellungnahmen in der Auseinandersetzung mit historischen Daten und Positionen entwickelt. Damit ordnet sie ihre Ergebnisse in eine forschungsgeschichtliche Linie ein. Die hermeneutische Herausforderung besteht jedoch darin zu berücksichtigen, dass die Forschungssituation unter den heute gegebenen endzeitlichen Bedingungen **kategorial neu** ist. Es muss daher gleichsam über eine Schranke hinweg mit den historischen Gewährsleuten diskutiert werden. Anders gesagt, die eigene Position kann nicht einfach in der Verlängerung einer historischen Diskussion bestehen.

Allerdings ergibt sich daraus eine offene Situation, welche in der wissenschaftlichen Forschungspraxis leicht als »unwissenschaftlich« diskreditiert werden kann – ein Vorwurf, der einer akademischen Karriere nicht eben förderlich ist. Aber es gibt für unsere präzedenzlose Lage keine akademisch »gesicherten« Ergebnisse.

Ulrich Beck hat festgestellt: »Der Trend zur Diskussion von Alternativen bis hin zu Debatten über eine *alternative Moderne* ist nun aber weniger denn je aufzuhalten. Dennoch hat sich bisher ... der Horizont des gesellschaftlichen Lernens als sehr begrenzt erwiesen. Um den Prozess anzukurbeln, muss die wirtschaftliche und technische Kreativität noch ganz anders mobilisiert werden.«[15] Ich ergänze Beck dahingehend, dass es nicht nur um wirtschaftliche und technische Kreativität geht, sondern um eine **neue und furchtlose Kreativität**, an der sich auch Theologen, Psychologen und Vertreter anderer Disziplinen beteiligen müssen. Der »Horizont des gesellschaftlichen Lernens« umfasst uns alle.

2. »Anthropogen« – Die Frage nach dem »Wir«

Noch einen Punkt will ich in diesem einleitenden Kapitel aufgreifen. Er berührt das Stichwort »anthropogen«. Manche Wissenschaftler nennen das Selbstvernichtungssyndrom unserer Zeit »anthropogen«, also von Menschen gemacht. Aber diese Redeweise ist ungenau; denn inwiefern ist »die Menschheit« beteiligt? Sind es nicht ganz bestimmte machtvolle Eliten, bestehend aus Wissenschaftlern, Militärexperten, Politikern und Ingenieuren, die zum Beispiel für die Entwicklung, die Lagerung und den eventuellen Einsatz von Atomwaffen verantwortlich sind? Was hat der »Mann von der Straße« damit zu schaffen? Er weiß nur, dass er das Opfer ist und sein wird. Es wäre leicht, weitere Beispiele anzuführen. Das Stichwort »anthropogen« verrät eine verallgemeinernde Art zu denken; es verschleiert die Verantwortlichkeiten.

Der Begriff lässt sich leicht verwenden, aber was er wirklich bedeutet, das zu bedenken kostet viel Mühe. Wir können zwar beschreiben, dass mit der »industriellen Revolution« und dann mit der »elektronischen Revolution« eine Beschleunigung und Ausbreitung von Waffen, Gütern und

Dienstleistungen, von Verkehr und Mobilität, von Handel und Konsum herbeigeführt worden ist, wie sie die Welt noch nicht gekannt hat. Aber es fällt uns trotzdem schwer zu begreifen, dass damit die Ökosysteme der Erde derart schwer beschädigt worden sind, dass mit der Menschheit auch ungezählte Lebewesen zugrunde gehen könnten. (Und das Artensterben geschieht ja bereits.) Wie ist es möglich, dass »wir kleinen Menschen« die Lebensordnungen dieses Planeten durcheinandergebracht haben sollten?! Wo »wir« doch über Jahrtausende hinweg immer wieder die Erfahrung gemacht haben, dass die Natur mächtiger ist als wir, dass wir uns gegen die »Naturgewalten« immer zur Wehr setzen mussten! Anders gesagt, die menschliche Mächtigkeit, die in wenigen Jahrzehnten zu globalen Verwerfungen geführt hat, ist ohne Beispiel in der Menschheitsgeschichte und will darum nicht in unsere Köpfe. Es ist eine »Übermacht«, die zugleich, und das ist das Paradoxe, eine nie gekannte »Untermacht« produziert. Wir sind den Auswirkungen unserer eigenen Mächtigkeit ausgeliefert. Wir haben uns sozusagen zu Geiseln unserer Mächtigkeit gemacht.

Gibt es ein zutreffendes Wort für diese neue Form von Macht? Ich bin auf den Begriff »Endzeitmacht« gekommen. Dieses Kunstwort soll bezeichnen, dass es sich um eine beispiellose, global bedrohliche, potentiell weltvernichtende Mächtigkeit handelt. Der Begriff soll auch beschreiben, wie radikal der Paradigmenwechsel ist, der sich in diesen wenigen Jahrzehnten vollzogen hat.[16]

Noch einmal: Dieses menschheitliche »Wir« ist eine Abstraktion. Ich sagte bereits, dass es vergleichsweise kleine Eliten sind, welche die nuklearen Selbstvernichtungspotentiale zu verantworten haben. Die überwiegende Mehrheit von »uns« hat daran keinen direkten Anteil. Wir sind allenfalls indirekt beteiligt, weil wir diese Entwicklungen zugelassen, geduldet und von ihnen auch profitiert haben. So sind es auch vergleichsweise kleine Gruppen von Managern und Bankenchefs, den so genannten »global players«, denen die desaströse Verteilungsungerechtigkeit der Reichtümer der Erde anzulasten ist, unter deren Folgen Milliarden täglich und stündlich zu leiden haben. Und bei den umweltschädlichen CO^2-Emissionen ist es ja ähnlich. Die industrialisierten Überflussgesellschaften bilden weltweit eine elitäre Minderheit, aber die Konsequenzen werden in erster Linie den Völkern in den tropischen und subtropischen Weltgegenden aufgebürdet. Sie sind die ersten Leidtragenden. Dabei ist ihr »ökologischer Fußabdruck« unerheblich.

Es gibt hier also **Zuständigkeitsverschiebungen und Auswirkungsdiskrepanzen**, die unser Denken, das an den direkten Zusammenhang von

Tat und Ergehen gewöhnt ist, überfordern und darum aus der Fassung bringen. Wobei nun auch noch die zeitlichen Verschiebungen berücksichtigt werden müssen. So sind zum Beispiel die Schadstoffe, die heute zum Abschmelzen des »ewigen« Schnees auf dem Kilimandscharo führen, bereits vor etwa vierzig Jahren in die Luft geblasen worden. Wer machte sich denn damals Gedanken über solche langfristigen Auswirkungen unseres weltläufigen Lebensstils! Auch mein damaliger Arbeitgeber, der ÖRK, ließ uns bedenkenlos um die Welt jetten, ohne an so etwas wie Schadstoff-Kompensationen auch nur zu denken. Und die CO^2-Emissionen von heute tragen dazu bei, dass die Eismassen Grönlands, der Arktis und der Antarktis immer rascher abschmelzen, was wiederum einen Anstieg des Meeresspiegels auslösen wird, was wiederum Überflutungen verursachen wird, die vielleicht auch meine Enkelkinder Matteo und Philine zu Klimaflüchtlingen machen.

Dieses Paradox von Endzeitmacht und Endzeitohnmacht verschärft sich noch in ethischer Hinsicht. Denn unsere Endzeitmacht stellt ein ethisches Versagen dar, wie es größer nicht gedacht werden kann. Denn welches Verbrechen könnte größer sein als dieses, die Zukunft des Lebens selbst zu zerstören? Ist dies nicht die letzte Steigerung dessen, was man mit dem Begriff »Verbrechen gegen die Menschlichkeit« zu beschreiben versucht? Jetzt haben wir es mit »Verbrechen gegen das Leben« zu tun. Und darauf sind wir nicht eingestellt.[17]

Aber auch hier ist die Frage nach dem »Wir« unumgänglich. Als Bewohner eines der Länder, das so produziert und konsumiert, als hätten wir drei Erden zur Verfügung, bin ich mitverantwortlich für die Erderwärmung und damit – indirekt und zeitlich verzögert – mitschuldig an der Versteppung von Tansania oder der Überflutung von Bangladesh oder auch der norddeutschen Tiefebene, also meiner eigenen Heimat. Was für eine Schuld ist das? Lässt sie sich überhaupt ermessen? Zu einem gewissen Grad gewiss. Mein ökologischer Fußabdruck ist immer noch zu groß, um für die Erde verträglich zu sein. Ich muss ihn also entschlossen verkleinern, während, um ein Beispiel zu nennen, der durchschnittliche Bürger Tansanias seinen ökologischen »footprint« noch vergrößern darf, wenn es denn zwischen den Menschen dieser Erde halbwegs gerecht zugehen soll. Das Gleiche gilt für die Kirchengemeinde, zu der ich gehöre. Für die Stadt, in der ich lebe. Und gerade weil dieser Prozess der Umsteuerung so massiv und umfassend ist, bieten sich viele Gründe, um den eigenen Anteil daran zu verharmlosen und die wahren Schuldigen woanders zu suchen.

Auch wenn solche Ausflüchte nichts gelten, so ist es doch wahr, dass die ökologische Schuld amorpher ist als die Schuld, die ich im direkten Umgang mit anderen Menschen auf mich lade. Das unmittelbare Gegenüber scheint zu fehlen; es ist in geographischer und zeitlicher Hinsicht weit weg. Überhaupt verhält es sich mit dieser Schuld wie mit der Gewalt, von der vorhin die Rede war. Es gibt nicht nur die direkte, sondern auch die strukturelle und schließlich auch die habituelle Schuld.

Aber was ist damit gemeint?

Ein Beispiel: Es ist viel und sehr zu Recht von der »inhumanen« Massentierhaltung die Rede. Es ist jedoch kaum die Rede von der Art und Weise, wie mit Pflanzen umgegangen wird. Ihr Wachstum wird mit artifiziellen Düngemitteln und Einsätzen von Giftstoffen manipuliert. Für den Transport pfercht man sie zusammen und verfrachtet sie über große Entfernungen.[18] Was nicht verkauft werden konnte, wird in großen Mengen auf den Müll geworfen. Pflanzen werden eigentlich gar nicht mehr als Lebewesen begriffen. Dass ihnen eine geschöpfliche Würde zukommt und dass sie im Kreislauf des Lebens eine unverzichtbare Bedeutung haben, verschwindet hinter ihrer wirtschaftlichen Verwertbarkeit. Alle lieben Blumen, wollen aber wenig für sie bezahlen. Alle wünschen sich Bananen, aber möglichst billig. Das Ergebnis ist die Massenpflanzenindustrie. Auch wenn viele Mitmenschen diese als eine Fehlentwicklung betrachten würden, so würden sie es doch wohl als eine Zumutung empfinden, wenn diese Gebrauchs- und Wegwerfmentalität als eine habituelle Schuld bezeichnet werden würde. Doch genau das ist sie.

Viele ahnen, dass wir alle irgendwann und irgendwie für diese »Endzeitschuld« werden gerade stehen müssen. Und wenn nicht wir, dann die, die nach uns kommen.

Also Matteo und Philine?

Und dann ist da der Schatten, der unsere Schuld begleitet, das unermesslich gewordene Leid. Schon vor fünf Jahrzehnten sprach Rachel Carson von dem »stillen Frühling«.[19] Ihr Buch war eine Klage über das Verstummen der Natur. In ihm meldet sich das Leid. Aber dieses »stille Geschrei« hören wir nicht. Wir stellen uns taub für die Qualen, die unsere Erdkrise bewirkt hat und weiterhin auslösen wird. Das unübersehbar gewordene Artensterben ist eine Form von Leid, das uns nicht erreicht. Wen wundert, dass das alltägliche Elend vieler Völker uns abgestumpft hat? Das »Endzeitleid« betrifft nicht nur einen ungeheuer großen Teil der Weltbevölkerung sowie der Tier- und Pflanzenwelt um uns herum, sondern reicht weit in die Zukunft hinein. Und dies ist, wie ich vermute, der tiefste Grund für die heimliche Verzweiflung am Grunde unserer Geschäftigkeit.

Das ist Endzeitlichkeit mit ihren Konsequenzen: Zu viel Macht. Zu viel Ohnmacht. Zu viel Schuld. Zu viel Leid.

Das ist das Kreuz unserer Zeit.

Da sitze ich, die siebzig hinter mir. Viel Zeit bleibt mir nicht. Soll ich deshalb sagen: Nach mir die Sintflut? Ich kann es nicht sagen; denn in einer solchen Sintflut tauchen Menschen auf, an denen mein Herz hängt. Zum Beispiel Matteo und Philine.

»Warum konntet ihr das zulassen?« Diese Frage kennt keinen Ruhestand.

Meine »Anregungen«[20] sind Versuche, zu einer Antwort zu kommen. Sie bewegen sich in dem Feld zwischen der wissenschaftlichen Analyse und den konkreten sozialen, politischen und ökonomischen Handlungsfeldern, also in den sozialpsychologischen, theologisch-spirituellen und pädagogischen Bereichen. Sie suchen nach Möglichkeiten, die gewaltigen Zumutungen, die vor uns stehen, mit den **Kräften der Seele wahrzunehmen**. Anders gesagt, es geht mir darum, die »große Transformation« als eine Angelegenheit des Herzens zu verstehen, auf die Ebene der Motivationen und Leitbilder zu bringen, um damit schöpferische Energien freizusetzen. Was freilich auch bedeutet, die verborgenen Lasten dieser Jahrhundertaufgabe, die Fragen nach Macht und Ohnmacht, Schuld und Leid, zuzulassen und nicht zu verdrängen, sie aufzunehmen und nicht länger auf kommende Generationen abzuwälzen. Mein zentrales Leitbild ist, dass wir Menschen Erdlinge sind, Geschöpfe der Erde also, angewiesen auf die Gemeinschaft mit allen Gestalten des Lebendigen. Wir werden unseren Frieden als Erdenbürger ohne den Frieden mit der Erde nicht finden.

Matteo und Philine haben einen Anspruch darauf, dass wir – heute und jetzt – alles tun, was in unseren Kräften steht, damit die große Transformation die Völker der Erde erfasst und in Bewegung bringt. Sie haben einen Anspruch darauf, dass ihre Welt, um mit Bert Brecht zu reden, bewohnbar bleibt.

Wie das alte Karthago.

Vor dem Dritten Punischen Krieg.

Erster Teil: Begründungen

1. KAPITEL

»Unser Herz meinet nit anders, es sey eitel Nein da, und ist doch nicht wahr. Darum muss es sich von solchem Fühlen kehren und das tiefe heimliche Ja unter und über allem Nein mit festem Glauben auf Gottes Wort fassen und halten.«
Martin Luther

Ehre sei Gott und Friede auf Erden und den Menschen Wohlgefallen

Zur Weihnachtsgeschichte in Lukas 2,1–21

»Ehre sei Gott und Friede auf Erden« – das war das Motto der Internationalen Ökumenischen Friedenskonvokation, die im Mai 2011, also zwischen Ostern und Pfingsten, in Kingston, Jamaika stattgefunden hat. Ein weihnachtliches Motto in österlicher Zeit!

Der Evangelist Lukas erzählt eine Geschichte, in der Wirklichkeit und Mythos miteinander verwoben sind. Bethlehem ist eine Stadt in Palästina. Mit dem Kaiser Augustus, Jesus von Nazareth oder seiner Mutter Maria kommen historisch verbürgte Menschen vor. Aber was Lukas berichtet, ist nicht das Protokoll einer Geburt. Dass er die Geburt des Heilandes in dieser Stadt – der Stadt Davids! – ansiedelt und dass die Bedeutung dieser Geburt durch Engel einigen Hirten auf Bethlehems Feldern offenbart wird, das hat mythischen Charakter. Wird die Geschichte dadurch unwahr? Keineswegs! Denn die mythischen Züge eröffnen eine Antwort auf die Frage, die sich auf historische Weise nicht dokumentieren lässt. Es ist die Frage nach der Einzigartigkeit dieses Jesus, nach seiner besonderen Energie, die ihn aus der Masse der Menschen heraus hob und seinem Tod am Kreuz eine Bedeutung verlieh, die sich über die Welt verbreitet hat.

Meine Auslegung nimmt diese mythischen Aussagen ernst und lässt sich von ihnen zu einer mythischen Argumentation anleiten. Das ist kein Rückfall in eine »vormoderne« Auslegung, sondern ein Versuch, die Bedeutung mythischer Kommunikation auch für unsere Zeit aufzuzeigen; denn es gibt

1. Teil: Begründungen

Grundfragen, auf die sich mit anderen sprachlichen Mitteln kein Zugang findet.

1.1. Von Gottes Ehre und Gottes Frieden und Gottes Wohlgefallen – Der tragende Grund

Die Eltern sind unterwegs, gezwungenermaßen, weil eine Entscheidung des Kaisers im fernen Rom sie dazu zwingt. Maria und Joseph erreichen Bethlehem, einen kleinen Ort vor den Toren der Hauptstadt Jerusalem. Dieser Ort liegt am Rande des römischen Imperiums. Aber für sie hat er eine besondere Bedeutung; denn er galt als die Stadt des unvergessenen Königs David, und Josephs Familie leitete sich von ihm her. In einer stall-artigen Unterkunft finden sie eine Bleibe. Dort kommt die junge Frau mit einem Kind nieder, ihrem ersten Sohn. Sie wickelt ihn in Windeln, und eine Krippe muss als Wiege dienen.

Von der Angst und den Schmerzen dieser Maria kein Wort. Wir möchten wünschen, dass wenigstens ihr Mann ihr beigestanden hat, wie halt ein Mann seiner Frau in solchen Nöten beistehen kann.

Dann, spät in der Nacht, kommt überraschend Besuch. Es sind Hirten von den umliegenden Feldern und sie begehren, das Neugeborene zu sehen. Ein Engel Gottes habe sie auf den Weg gebracht, erzählen sie. Er habe ihnen gesagt, dass dieses Kind der Messias sei, der Christus, der Gesalbte Gottes, in der Stadt Davids. Und dann sei der Himmel voller Licht gewesen, mit vielen Engeln, und deutlich hätten sie gehört, was sie gesagt hätten: »Ehre sei Gott in der Höhe und Friede auf Erden und den Menschen Wohlgefallen.«

Exkurs: Ich gehe im Folgenden davon aus, dass die Botschaft der Engel drei Teile hat, dass sie also von der Ehre Gottes, danach von dem Frieden auf der Erde und drittens von dem Wohlgefallen, das den Menschen gilt, spricht. Auch diese dreiteilige Fassung des »cantus angelicus« hat ihre Schwierigkeiten, und zwar besonders in der dritten Aussage, wo in den alten Handschriften das griechische Wort für »Wohlgefallen« manchmal im Nominativ (also »eudokía«) und manchmal im Genitiv (»eudokías«) steht. Damit entsteht ein Problem für die Übersetzung: Wenn man den Genitiv annehmen will, auf wen bezieht sich dann das »eudokías«? Auf Gott oder auf die Menschen? Ist von dem Wohlgefallen Gottes die Rede oder von dem Wohlgefallen der Menschen

1. Kapitel: Ehre sei Gott und Friede auf Erden und den Menschen Wohlgefallen

und damit von Gott wohlgefälligen Menschen? Ich schließe mich der Lesart an, die »eudokía« im Nominativ und damit als Gottes Wohlgefallen deutet, mit dem Gott die Menschen begnadet.

Mit der Festlegung auf die Dreiteilung des Engelsgesanges stelle ich mich gegen eine andere und außerordentlich wirkungsvolle Lesart, die auf der Zweiteilung dieses Satzes basiert. Sie ist vor allem von den lateinischen Abschriften vertreten worden und hat dann Eingang in die lateinische Mess-Liturgie gefunden, und dort heißt es dann: »Gloria in excelsis Deo et in terra pax hominibus bene voluntatis«, also Ehre sei Gott in den Höhen und Friede auf Erden den Menschen guten Willens. Damit verschieben sich die Akzente auf dramatische Weise. Die Erde erscheint lediglich als Kontrast zum Himmel, als das »Unten im Weltgebäude«[1] und damit ohne eine eigene Bedeutung. Vielmehr treten die »Menschen guten Willens« als Gegenüber zu Gottes Gloria in den Vordergrund. Und das hat dann im Verlauf der Auslegungsgeschichte, auch in ihrer musikalischen Form, dahin geführt, den »guten Willen« und damit die Sittlichkeit der Menschen als das Ziel der Engelsbotschaft zu sehen[2]. Das wiederum hat zur Folge, dass das Stichwort »in terra pax« und damit das Friedensthema selbst oft als bloßer Kontrast zum himmlischen Gloria erscheint und in unzähligen Kompositionen als Zustand der tiefsten Ruhe und damit in sehr tiefen Klangfarben dargestellt wird, während erst bei dem »hominibus bene voluntatis« wieder eine lebendige und dynamische musikalische Bewegung entsteht.

Wenn ich dagegen an der ursprünglichen Dreiteilung des »cantus angelicus« festhalte, will ich zeigen, dass die drei Hauptworte Ehre, Friede und Wohlgefallen als gleich wichtig miteinander in Beziehung stehen.

Als sie das Kind gesehen hatten, den lebendigen Beweis des Gehörten, machten sie es überall bekannt. Aber ob man ihnen ihre unglaubliche Geschichte abgenommen hat, ist mehr als fraglich. Maria erging es anders. Sie bewegte diese Worte immer wieder in ihrem Herzen. Denn was die Hirten von dem »Messias« und von »Davids Stadt« gesagt hatten, das erinnerte sie an eigene geheimnisvolle Erfahrungen, an dunkle, einschüchternde Engelsworte, die ihrem Ersten schon Monate vor seiner Geburt eine große, aber auch leidvolle Zukunft vorhergesagt hatten.

Es ist wie ein Wetterleuchten in tiefer Nacht, das eine alltägliche Geburt in bedeutungsschweres Licht rückt. Die Kontraste sind größer kaum denkbar: Hier ein einfaches jüdisches Paar in einer abgelegenen Kolonie des Römischen Reiches, mit einem kleinen Kind, das in einer armseligen Umgebung zur Welt kommt. Und dort Engelsworte in himmlischem Glanz, die mit dieser Geburt die Verbindung der Ehre Gottes mit dem Frieden auf der Erde und dem allen Menschen geltenden Wohlgefallen feiern.

Die Rühmung Gottes und der Friede auf Erden und das göttliche Wohlgefallen für die Menschen werden in einem Atemzug genannt. Und so sind sie auch gemeint. Rühmung, Friede und Wohlgefallen gehören zusammen. In der Geburt dieses Kindes kommen sie zur Welt und nehmen in ihr Wohnung.

Das ist eine »steile« theologische Aussage. Wenn Christen vom Frieden reden, dann reden sie zuerst und zuletzt von dem Frieden, der von Gott kommt und Gottes Wesen ausmacht. Christen berufen sich auf Jesus, den Messias, weil in ihm dieser Gottesfriede Fleisch und Blut geworden ist. So ist er unser Friede, und von diesem Dreh- und Angelpunkt her erschließt sich uns die Welt auf eine neue und verheißungsvolle Weise. Wenn Christen von Wohlgefallen sprechen, dann meinen sie damit Gottes Zuneigung, Güte und Freude, welche die Menschen erfreut, beseligt und schöpferisch beseelt.

Dafür weiß ich kein besseres Bild als die Spirale. Sie empfängt von ihrem Mittelpunkt ihre Energie, die sich in immer weiter werdenden Schwingungen auslebt und an jedem Punkt auf ihre Mitte zurück verweist. Es ist nicht übertrieben zu sagen, dass die Schwingungen über die Menschheitsgeschichte hinausgreifen und kosmische Bedeutung gewinnen.

Bei dem Evangelisten Lukas wird das dadurch sichtbar, dass er die Ahnenreihe Jesu über seinen Vater Joseph und den berühmten König David und Abraham, den »Vater des Glaubens«, bis zu Adam zurückführt. Darin verbirgt sich eine weit reichende theologische Aussage: Dieser Jesus ist zwar durch und durch Jude, aber er ist nicht nur für Israel da. Er ist ein Adamskind für alle Adamskinder. Aber Lukas hört nicht bei Adam auf, sondern fügt hinzu: »Der war Gottes.« Das ist der Zielpunkt und die äußerste Schwingung der messianischen Spirale, die in Bethlehem beginnt.

Der Friede Gottes ist also eine Bewegung, die den Frieden der Schöpfung und Gottes Freude an ihr umfängt. Das ist ein anspruchsvoller Satz. Aber mir liegt so viel an ihm, weil er mir hilft, zwei Aussagen zu machen. Zuerst macht er es mir leichter, die vielen Passagen in der Bibel, die von Gottes Zorn und Gottes verzehrender Gewalt handeln, in das Licht des Gottesfriedens zu stellen. Dadurch werden nicht alle Fragen zum Verständnis biblischer Aussagen über Gott beantwortet, aber es ergibt sich ein »roter Faden«, der einen produktiven Zusammenhang ergibt.

Denn wo dieser rote Faden fehlt, werden christliche Aussagen über Gott schnell doppelbödig. Dann kann man Gott auch für Willkür, Krieg und Ungerechtigkeit heranziehen, was in der Konsequenz dazu führt, diesen Gott als Begründung für die eigene Willkür, die eigene Menschenverachtung, die eigenen Kriege und Ungerechtigkeiten zu benutzen. Das ist ja leider auch allzu oft geschehen, auch von kirchlichen Würdenträgern, die in vergangenen Jahrhunderten nicht selten Hand in Hand mit weltlichen Potentaten aufgetreten sind oder selber politische Macht gewonnen und bedenkenlos angewandt haben.

Freilich gilt dies umgekehrt auch für meine Argumentation. Auch ich darf meine Aussagen über den Frieden Gottes nicht zur Rechtfertigung meiner Friedenswünsche heranziehen. Es bleibt dabei, dass Gottes Friede »höher ist als unsere Vernunft«, wie Paulus in seinem Brief an die Philipper schreibt (Phil 4,7). Ich verstehe diesen Satz so, dass Gottes Friede unsere Friedenshoffnungen und -pläne transzendiert, also von unseren Projekten nicht erreicht, aber von unseren Befürchtungen und unserem Versagen auch nicht verzehrt werden kann. Alle unsere Unternehmungen für eine friedlichere Welt erhalten in dem Gottesfrieden ihr kritisches und konstruktives Gegenüber.

Damit komme ich zu dem anderen Aspekt: Die Konzentration auf den Gott des Friedens und des Wohlgefallens hat eine fundamentale geistliche Bedeutung. Sie macht unsere von Gewaltspiralen durchdrungene Welt durchlässig und transparent für eine Energie, die sie von einer Sekunde zur nächsten trägt und erhält. Und je mehr ich versuche, mich in die wunderbaren Bedingungen hineinzudenken, die dieses Universum, dieses Sonnensystem, diesen Planeten Erde, dieses subtile Bedingungsgefüge von tropischen Urwäldern und eisbewehrten Polen, Meeresströmungen und Klimafolgen durch Äonen hindurch erhalten und prägen, dann entdecke ich darin eine unergründlich-wohltätige Liebe zum Leben, der ich mich ehrfürchtig und dankbar anvertrauen kann. Der Apostel Paulus hat recht, wenn er die Wunderwege Gottes bedenkt und dann so zusammenfasst: »... von ihm und durch ihn und zu ihm sind alle Dinge«. Und daraus folgt, wie könnte es anders sein: »Ihm sei Ehre in Ewigkeit!« (Röm 11, 36)

Ehre und Friede und Wohlgefallen, sie schwingen gleichsam umeinander. Gott legt seine Ehre in seinen Frieden. Gottes Wohlgefallen verleiblicht sich in dem ohnmächtigen Kind in der Krippe. So wird in Gottes Frieden seine Ehre und Herrlichkeit erkannt; so leben in Gottes Wohlgefallen die Freude und das Glück der Menschenkinder. Wir erweisen Gott Ehre, indem wir

Gottes Frieden für uns gelten und uns von Gottes Wohlgefallen bestimmen lassen. So ist unsere Gottesverehrung von unserer Friedensenergie nicht zu trennen. Gott zu verehren und Kriege zu dulden oder gar zu fördern, ist ein Widerspruch. Gottes Wohlgefallen und Menschenverachtung passen nicht zusammen.

Aber wie oft ist gerade dies in unseren Kirchen bis heute geschehen! Wir haben unsere »schönen Gottesdienste« von unserem kriegerischen Alltag getrennt. Da kann es eine Hilfe sein, dass wir uns an das »Ora et labora« – das »Bete und arbeite« – erinnern, welches das mönchische Leben prägt. Man hat diese Formel oft kreisförmig geschrieben, so dass der Schluss des »labora« bereits das »ora« enthält. Damit wird deutlich, dass sich das Arbeiten von dem Beten nicht trennen lässt; beide Bewegungen schwingen umeinander und bestimmen so gemeinsam das Dasein der Nonnen und Mönche vor Gott. Es wäre also angemessen, auch die Bewegung von der »Ehre Gottes« über den Frieden hin zum Wohlgefallen als ein Umeinander-Schwingen zu verstehen.

1.2. Der Friede des Kaisers Augustus und der Friede Gottes – Der politische Zusammenhang

Für die meisten von uns ist der Bericht des Evangelisten Lukas von der Geburt Jesu ein Teil der »besinnlichen deutschen Weihnacht« geworden. Er wird abschnittsweise in den Gottesdiensten am Heiligen Abend vorgelesen. In manchen Häusern liest man diese Geschichte auch vor der Bescherung, während die Kerzen am Tannenbaum brennen.

Bei so viel traulicher Gemütlichkeit wird oft übersehen, wie hart dieser Bericht ist und wie politisch er verstanden werden muss. Er beginnt mit einer weltpolitischen Ortsbestimmung. »Es begab sich aber zu der Zeit, dass ein Gebot von dem Kaiser Augustus ausging, dass alle Welt (im Griechischen steht da: die Oikoumene) geschätzt würde.« Es ist also zuerst die Rede von der »Ökumene« des römischen Kaisers Augustus. Das Gebot (griechisch: dogma) des Kaisers zielt auf Kontrolle und Beherrschung. Die Volkszählung in allen Provinzen des Römischen Reiches ist alles andere als Ausdruck statistischer oder wissenschaftlicher Neugier, sie soll die Basis für Steuererhebungen sein.

Denn das Reich braucht Geld, viel Geld. Die »pax Romana« des so genannten Friedenskaisers beruht auf der Gewalt der Legionen, die in allen

1. Kapitel: Ehre sei Gott und Friede auf Erden und den Menschen Wohlgefallen

Teilen des Imperiums stationiert sind. Eine große Armee in weit auseinander liegenden Ländern zu unterhalten, war eine kostspielige Angelegenheit. Das hat sich bis heute nicht geändert!

Doch die Pax Romana drückte sich nicht nur in militärischen Großprojekten aus. Sie äußerte sich auch in aufwändigen Bauvorhaben. Ein hervorragendes Beispiel waren die Bauten zur Versorgung der Hauptstadt Rom – und anderer großer Städte – mit frischem Wasser. Es wurde über genial konstruierte Aquädukte aus angrenzenden Bergländern herangeführt. Karl-Wilhelm Weeber hat dies eine »imperiale Prestige-Architektur« genannt und hinzugefügt: »Aquädukte dokumentieren ... den Herrschaftsanspruch der römischen Zivilisation über die Natur ... Die widerspenstige Natur zu zähmen, sie sich untertan zu machen, über sie wie über einen Gegner zu triumphieren – das war bei jeder öffentlichen wie privaten Bautätigkeit ein wichtiges Anliegen römischen Selbstverständnisses und Selbstbewusstseins. Und der Kaiser war der »Imperator«, »Befehlshaber« im imperialen Umgang mit der Natur.«[3]

Im Übrigen ist der imperiale Umgang mit der Natur gar nicht so weit von dem militärisch-industriellen Komplex des römischen Imperiums entfernt. Es wird nämlich bei den Beschreibungen der Feldzüge und Schlachten oft übersehen, wie viele Wälder abgeholzt und wie viele blühende Landschaften verheert wurden! Man denke nur an die Verwüstung fruchtbarer Regionen in Nordafrika während der Punischen Kriege. Schon immer war der Krieg nicht nur eine menschliche, sondern auch eine ökologische Katastrophe.[4]

So sieht, in wenigen Worten, die »Ökumene« des Kaisers Augustus aus. Das ist der weltpolitische Zusammenhang, in welchem einem jüdischen Paar in einem Stall von Bethlehem das erste Kind geboren wird. Erst am Ende des Berichtes, in Vers 21, und damit als Gegenpol zur Nennung des Augustus im ersten Vers, erscheint der Name dieses Kindes: Jesus. Von ihm hatte ein Engel schon vor seiner Geburt gesagt, dass er »ein König über das Haus Jakobs« sein und dass »seines Reichs kein Ende sein« werde (1,33). Mit diesem Jesus kommt ein anderer König, ein anderes Reich, eine andere Ökumene. So setzt bereits die Geschichte von der Geburt Jesu das Signal: Von nun an geht es um die Pax Christi und damit um die Kritik und die Überwindung der Pax Romana (und aller anderen Imperien mit ihren jeweiligen von ihnen so genannten Friedensreichen).

Man muss sich vergegenwärtigen, dass sich der Kaiser Augustus wie ein Gott verehren ließ. Erst dann wird der Widerspruch hörbar, der in dem

Wort der Engel anklingt: »Ehre sei Gott«, also nicht dem Gott-gleichen Augustus! In dem Kind in der Krippe offenbart sich Gottes Ökumene, und der Friede, der diese Ökumene prägt, ist das Gegenbild zu der imperialen Friedensordnung des Kaisers in Rom und – durch die Jahrhunderte hin – das Widerstandsprogramm gegen die imperialen Ordnungen und Denkmodelle dieser Welt.

Aber was für ein Widerstand kann das sein, der sich an ein Kind in einer Krippe bindet? Es ist doch jedes Kind der Inbegriff der Verwundbarkeit und Hilfsbedürftigkeit! Wie soll ein solches Kind zum Gegenpol eines Gottkaisers werden? Was für ein Reich kann das sein, das die imperialen Großreiche dieser Welt unterwandert und überdauert? Jesus hat später gesagt, sein Reich sei nicht von dieser Welt. (Joh 18,36) Es ist also nicht auf Gewalt und die Androhung von Gewalt gebaut, sondern vertraut auf die schöpferische Macht der wehrlosen Liebe. Ihr Kennzeichen ist nicht die Unverwundbarkeit, die sich hinter Panzern und Drohnen versteckt, sondern die Verletzlichkeit, die alle Menschen miteinander teilen, und die Empfänglichkeit für wechselseitige Empathie, Güte und Gerechtigkeit, von der alle Menschen letztlich abhängig sind. Früh zeigt sich in dem Lebensweg dieses Kindes die Vertrautheit mit dem Leid, dem jeder Mensch auf unterschiedliche Weise ausgeliefert ist und oft genug zu verleugnen versucht. »Es ist unser Umgang mit dem Schmerz, der darüber entscheidet, ob die menschliche Entwicklung eine destruktive oder eine friedliche Richtung nimmt«, schreibt Arno Gruen.[5] Die Macht des Kindes von Bethlehem kommt aus der Vertrautheit mit dem Schmerz und schafft damit eine Autorität, welche die Machtansprüche der »global players« unterläuft. Das haben die Mächtigen in Jerusalem und Rom gespürt und Jesus als Aufrührer ans Kreuz gebracht. Und die imperialen Mächte unserer Tage sind nicht minder unduldsam als die vor zweitausend Jahren.

Das sollte uns zu denken geben. Wenn wir als Kirchen für die Friedensökumene Christi gerade stehen wollen, stellen wir uns in einen hochpolitischen Zusammenhang. Und dann ist es aus mit der Gemütlichkeit!

1.3. Der Friede der Erdlinge und der Friede der Erde – der ökologische Zusammenhang

Die Engel sprechen von dem Frieden auf *Erden*. Lange Zeit hat man überhört, was es damit auf sich hat, dass die Erde ausdrücklich erwähnt wird.

1. Kapitel: Ehre sei Gott und Friede auf Erden und den Menschen Wohlgefallen

Erst heute, angesichts der Gewalt gegen die Erde, fängt hier etwas an zu klingen.

Die alten mythischen Geschichten erzählen, dass die ersten Menschen einmal in einem Paradies gelebt hatten, in einem fraglosen Einklang mit der Fülle des Lebendigen. Sie erzählen, dass sie aus diesem Einklang ausgebrochen waren, weil sie ein wenig wie Gott sein wollten. Darum war ihnen das Paradies verloren gegangen. Fortan mussten sie ihr Leben unter Mühen fristen. So begann, was die Menschheit seither plagt. Frauen müssen bis an den Rand des Todes gehen – und oft über ihn hinaus –, um Kinder zur Welt zu bringen. Die Äcker bringen Dornen und Disteln hervor und machen die Arbeit zu einer Plackerei ohne Ende. Und Brüder geraten so heftig aneinander, dass der eine den anderen erschlägt. »Der Acker ist verflucht um deinetwillen«, so sieht die entsetzte und entsetzliche Konsequenz des menschlichen Frevels aus. Die Erde leidet mit. Was Adam, der Erdling, tut, zieht die »adamah«, die Erde, in Mitleidenschaft.

Diesen Ton des archetypischen Entsetzens und der uralten Klage müssen wir im Ohr haben, um den triumphierenden Einspruch, die erlösende Gegenmelodie der Engel zu vernehmen: Friede auf Erden! Und mit ihm das Ende des Fluches und der verfluchten Vergeblichkeit.

Dieser Rückbezug auf Paradiesesgeschichte und Sündenfall ist keineswegs überzogen. Das lässt sich damit belegen, dass er auch in der Offenbarung des Johannes begegnet. In der abschließenden Vision taucht das neue Jerusalem auf, offensichtlich als das Gegenbild zu Rom, der von Göttern und Göttinnen, von Lastern und Freveln verdorbenen Stadt. »Jerusalem«, die »Stadt des Friedens«, erscheint so als Gottes Stadt, als das messianische Zentrum einer »Internationale des Friedens« für alle Völker: »Und die Völker werden wandeln in ihrem Licht« (21,24).

In dieser reinen Stadt finden sich Anklänge an das Paradies. Der Lebensstrom, der von dem Thron Gottes und dem Lamm, also dem Gekreuzigten, ausgeht, durchfließt die Stadt. Der Baum des Lebens gedeiht dort, zwölf Mal im Jahr trägt er Früchte, seine Blätter »dienen zur Heilung der Völker« (Offb 22,2). Und, das ist die Pointe, es wird nichts mehr geben, das »der Fluch Gottes trifft« (Die Lutherbibel sagt: »es wird nichts mehr unter dem Bann sein«, 22,3).

»Friede auf Erden«, dieses Wort der Engel bekommt eine kosmische Bedeutung. Die Erde ist mit gemeint, wenn Friede als die Befreiung von dem Fluch, als die Erlösung aus den Teufelskreisen der Vergeblichkeit gepriesen wird.

1. Teil: Begründungen

Im Alten Testament ist dieser Zusammenhang noch klar. Zum Beispiel verbinden die Sabbatordnungen den Frieden des Volkes Israel ausdrücklich und unmissverständlich mit dem Frieden der Tiere und der Erde. Wo das Volk die Rhythmen, welche die Erde zur Erhaltung ihrer Fruchtbarkeit benötigt, durcheinanderbringt, wird es mit schweren Strafen, auch mit Vertreibung bedroht, damit sich das Land erholen kann.[6]

Wie ist es dazu gekommen, dass die enge Verbindung von Mensch und Erde verloren gegangen ist? Es ist ja kein neuzeitliches Problem. Schon im Neuen Testament finden sich Ausführungen, welche die Erlösung des Menschen von der Erlösungsbedürftigkeit der Erde trennen. Da lesen wir bei Paulus, dass wir Menschen von diesem »vergänglichen Wesen« (Röm 8,21) befreit werden müssen. Da betont der Hebräerbrief, dass wir hier »keine bleibende Stadt« (Hebr 13,14) haben, sondern die zukünftige suchen sollten. Und wenn diese Zukünftigkeit dann keinen Ort auf dieser vergänglichen Erde mehr hat, wird sie in die Unvergänglichkeit des Himmels verlagert. Wenn unsere Leiblichkeit unter den Generalverdacht gestellt wird, das lasterhafte und verdorbene Gefängnis unserer unsterblichen Seele zu sein, wird die Seligkeit der Seele mit der Kreuzigung unseres Fleisches samt seiner Lüste verknüpft, wie Paulus den Galatern schreibt (5,24).

Solche Signale stehen am Beginn einer machtvollen Auslegungsgeschichte im Christentum, welche zu einem tiefen Misstrauen gegenüber dem Leib und seinen Sinnen geführt hat, zu einer Unbehaustheit in unserem Fleisch, um es einmal so pathetisch auszudrücken. Die Erlösung, die mit Jesus in die Welt gekommen ist, wurde als eine Ablösung von der Erde und als Sehnsucht nach dem himmlischen Friedenshaus verstanden. In dieser Perspektive wurde die Natur, die uns umgibt und in uns lebt, zum Wirkungsraum gegengöttlicher Triebkräfte umgedeutet. Dieser Dualismus hat unter anderem auch zu apokalyptischen Endzeitvorstellungen geführt, welche das Heil der Gläubigen nur im Zusammenhang mit einer totalen Zerstörung der Schöpfung zu denken vermögen.[7]

Umso wichtiger ist es, das deutliche Signal aus der Weihnachtsgeschichte des Lukas in Erinnerung zu rufen. Das Wohlgefallen, das Gott den Menschen schenkt, ist ohne den Frieden auf und mit der Erde nicht zu haben.

1.4. Friede und Wohlgefallen

Es war von der weltpolitischen und der ökologischen Bedeutung der vertrauten Weihnachtsgeschichte die Rede. Jetzt will ich den Blick in eine andere Richtung lenken. Es darf ja nicht übersehen werden, dass die Botschaft der Engel nach dem Frieden auf Erden auch sehr vernehmlich von dem »Wohlgefallen« spricht, mit dem Gott die Menschen bedenkt[8]. Was fügt dieses Wohlgefallen dem Frieden hinzu? Warum werden die Menschen hier eigens erwähnt? Sind sie denn nicht bereits in den Frieden auf Erden eingeschlossen?

»Wohlgefallen« – das Wort ist aus der Mode gekommen. Gleichwohl ist, was es besagt, uns gut bekannt. Wohlgefallen hat mit Anmut, Zuneigung, Entzücken, Gnade und Freude zu tun. Es hat einen deutlichen erotischen Gehalt. Es gilt einem Gegenüber und wird von diesem hervorgerufen. Wohlgefallen beschreibt darum eine Beziehung, die von gegenseitigem Entzücken bestimmt ist, in welcher der eine sich an dem anderen oder der anderen erfreut und ohne ihn oder sie nicht sein mag. Es ist, um Martin Bubers Begrifflichkeit aufzugreifen, eine Ich-Du-Beziehung, in der das jeweilige Ich in dem Du zu sich selbst kommt. Darum ist die Liebe, mit all ihren erotischen Ober- und Untertönen, das Lebenselexier zwischen dem Ich und dem Du.

Es ist höchst signifikant, dass das Wort »Wohlgefallen« – in seiner verbalen Form – an einer anderen Stelle in den Evangelien auftaucht, die für das Leben und Werk Jesu von wegweisender Bedeutung ist, nämlich bei seiner Taufe am Jordan. Da kommt vom Himmel herab die Botschaft: »Du bist mein Sohn, der geliebte, an dir habe ich Wohlgefallen.« (Mk 1,13 und Lk 3,22; ähnlich Mt 3,17, allerdings hier nicht in der direkten Anrede). Mit dem Du beginnt diese himmlische Akklamation. Dieses Du wird sehr intim als Sohn und – ein markanter Zusatz – als geliebter Sohn bezeichnet. In diesem Menschen findet die Liebe Gottes ihre Entsprechung und weiß sich geliebt. Gott sieht den Reichtum seiner liebevollen Zuwendung in diesem Jesus verleiblicht. Was dieser Jesus tut und sagt, wie er Menschen heilt und auferweckt, anspricht und befreit, wie er den Tod am Kreuz auf sich nimmt, darin spiegelt sich das göttliche Wohlgefallen. In dem allen bewährt sich die dialogische Nähe. Gott offenbart sich in diesem liebevollen Sohn; und dieser Sohn offenbart uns Gott als den liebenden Vater.

Es wäre einseitig, wenn wir diesen Satz nur als die messianische Beglaubigung Jesu vom Himmel herab auffassen würden. In dem geliebten Sohn erkennt sich Gott als der liebende Vater oder die liebende Mutter. Denn

Vater- oder Mutterschaft gibt es nicht ohne Kinder. In und mit den Kindern werden Erzeuger erst zu Vätern und Müttern. So wird auch Gott durch diesen Sohn zum mütterlichen Vater oder zur väterlichen Mutter. Die Rede von Sohn und Vater, die im Johannes-Evangelium immer wieder begegnet, beschreibt diese einzigartige liebesdialogische Nähe.

Die Evangelien berichten, dass Jesus sich immer wieder an einsame Orte zurückgezogen habe, um zu beten. Das Gebet ist offensichtlich der innigste Ausdruck dieser zutraulichen Nähe, aber zugleich auch die immer wieder notwendige Vergewisserung dieser Vertrautheit. Das wird in der Nacht des Verrats auf bewegende Art deutlich. Jesus sucht angesichts seiner drohenden Verhaftung im Garten von Gethsemane die Nähe seines Vaters, bittet darum, dass »der Kelch an ihm vorübergehen« möge, um dann nach schweren Kämpfen in die Unausweichlichkeit der Passion einzuwilligen.

Wenn also in der Weihnachtsgeschichte die Engel verkünden, dass Gottes Wohlgefallen den Menschen zugesprochen sei, dann sagen sie, dass mit dem messianischen Menschensohn Gottes Entzücken und Güte, Zuneigung und Gnade, kurz die Fülle der Liebe Gottes unter und bei den Menschen Wohnung genommen hat. Damit erhält der Friede auch die Bedeutung von Wohlgefallen. Oder umgekehrt, was mit Gottes Wohlgefallen gemeint ist, gilt nun auch für den Frieden. In ihm wohnen Freude und Entzücken, Liebe und Liebreiz, Erbarmen und Nähe.

Weiter oben, als von dem Frieden auf und mit der Erde die Rede war, habe ich zu bedenken gegeben, dass damit auch die Aufhebung des urzeitlichen Fluches, der aufgrund des menschlichen Frevels auf dem Acker lastet, gemeint sei. Können wir im Blick auf das Wohlgefallen Gottes nicht ebenfalls vermuten, dass damit auch eine Aufhebung der Vertreibung aus dem Paradies eröffnet wird? Wie Martin Luther es in seinem Weihnachtslied anklingen lässt: »Heut schließt er wieder auf die Tür zum schönen Paradeis; der Cherub steht nicht mehr dafür.« (EG 27, Vers 6) Nachdem der Sohn, der geliebte, bei uns wohnt, steht unser Leben nicht länger unter dem Vorzeichen von Vertreibung, Entfremdung und Verhängnis. Es wird vielmehr unter das Vorzeichen von Bejahung und Zuneigung gerückt. Das Leben auf und mit der Erde muss nicht länger von Neid, Zorn und Feindschaft beherrscht werden, sondern gewinnt die Offenheit für Solidarität, Freundschaft und Versöhnung. Nicht dass unsere Verhältnisse auf einmal paradiesisch geworden seien! Aber sie stehen nicht länger unter dem bedrohlichen Vorbehalt von Bosheit und Verhängnis. Versöhnung und Heilung bekommen ihre Chance.

1. Kapitel: Ehre sei Gott und Friede auf Erden und den Menschen Wohlgefallen

Anders gesagt, in der Nähe Jesu können wir Menschen uns als Gottes Kinder verstehen. Darum beten wir mit Jesus: Unser Vater, der du bist im Himmel ... Mit ihm kommt eine neue Qualität in unsere Gottesbeziehung. Während diese in der Hebräischen Bibel unter dem Vorzeichen des Bundes steht, tritt jetzt die Gotteskindschaft in das Zentrum. Nicht Bundestreue und Gehorsam sind die Merkmale, sondern Wohlwollen, Wohlgefallen und Vertrauen.

Wie sehr die Dimension des Wohlgefallens das Bild des Menschen verändert, wird anschaulich, wenn wir die Begründung des Bundes ansehen, die Gott nach der Sintflut mit Noah, seinen Nachkommen, aber auch mit »allem lebendigen Getier« (1. Mose 9,12) schließt. Dort heißt es, dass die Erde nicht länger unter den Menschen leiden solle; denn »das Dichten und Trachten des menschlichen Herzens ist böse von Jugend auf« (1. Mose 8,21), Diese Begründung ist einigermaßen überraschend. Hier wird ein düsteres und resignatives Bild der Menschen sichtbar. Es ist von ihnen letztlich keine Bundestreue zu erwarten. Wenn Gott sich an diesen Bund hält, dann, um sich selbst treu zu bleiben oder, wie es dann auch oft heißt, »um seines Namens willen« (so z. B. in Ps 25,11; Jer 14,21, insbesondere Ez 36,22: »Ich tue es nicht um euretwillen, sondern um meines heiligen Namens willen ...«). Wenn also Gottes Bund bestehen bleibt, dann geschieht dies trotz der Menschen. Von Wohlgefallen, Freude und Entzücken ist hier nichts zu merken. Entsprechend düster nimmt sich auch der Bund aus, den Gott mit Noah und seinen Söhnen schließt und in dem es ausdrücklich heißt: »Furcht und Schrecken vor euch sei über allen Tieren auf Erden und über allen Vögeln unter dem Himmel, über allem, was auf dem Erdboden wimmelt, und über allen Fischen im Meer; in eure Hände seien sie gegeben.« (1. Mose 9,2) Wie groß dieser Schrecken geworden ist und wie finster sich sein Schatten auf die Natur gelegt hat, wird uns erst heute klar.

Wie anders klingt es dagegen bei der Geburt des göttlichen Kindes! In dem geliebten Sohn nimmt ein liebender Gott sich seiner Schöpfung an. Die Offenbarung der Gotteskindschaft transzendiert ein Denken, das in den Kategorien von Bund und Bundestreue verläuft. Damit eröffnet sich auch ein neues Verhältnis zwischen den Menschen und ihren Mitgeschöpfen. »Das ängstliche Harren der Kreatur wartet, dass Gottes Kinder offenbar werden«, sagt Paulus (Röm 8,19). Es soll also ein Ende sein mit »Furcht und Schrecken«, mit Ausbeutung und Ausrottung. Und wenn Paulus wenig später von der »herrlichen Freiheit der Kinder Gottes« redet, dann meint er damit nicht die Befreiung der Kinder Gottes von ihren kreatürlichen Bindungen und ihre Abwendung von den irdischen Verhältnissen, sondern vielmehr ihre Zuwendung zu allen Kreaturen und die Erneuerung einer in Frevel und Schuld verfangenen Welt.[9] Es geht nicht um eine Befreiung von der Erde, sondern um eine Befreiung für alles, was aus Gottes Güte heraus sein Leben hat.

Paulus hat diesen revolutionären Zusammenhang auch damit zum Ausdruck gebracht, dass er Jesus den zweiten Adam nennt: »Wie nun durch *eines* (also Adams) Sünde die Verdammnis über alle Menschen gekommen ist, so ist auch durch *eines* (also Christi) Gerechtigkeit die Rechtfertigung zum Leben für alle Menschen gekommen.« (Röm 5,18) Mit diesem zweiten Adam gibt es eine neue Geschichte, eine neue Zeitrechnung. Anders gesagt: Das Geschick der Menschen steht nicht länger nur unter dem Verdikt der Vergeblichkeit. Mit Gottes Frieden und Gottes Wohlgefallen erfährt die menschliche Geschichte so etwas wie einen neuen Horizont. Sie bekommt einen neuen Bezugsrahmen. (Was wir im Englischen mit dem Begriff des »reframing« bezeichnen könnten.) Und mit diesem neuen Bezugsrahmen ergeben sich neue Möglichkeiten. Eine friedliche Welt wird möglich.

1.5. Friede als Bewahrung der Herzen und Sinne

Wie lässt sich eine solch revolutionäre Verwandlung der Perspektiven begreifen? Haben die Hirten verstanden, was ihnen da vom Himmel her zugesagt wurde? Zwar haben sie ihren Nachbarn von ihrer nächtlichen Erscheinung erzählt, aber als dann die Jahre ins Land gingen und kein Heiland von sich reden machte, haben sie jene seltsame Nacht vielleicht wieder vergessen. Denn es wird ausdrücklich hervorgehoben, dass Maria eine Ausnahme war. Von ihr wird berichtet, dass sie die Worte und Ereignisse, welche die Geburt ihres Sohnes begleiteten, in ihrem Herzen aufbewahrt und um und um gewälzt habe.[10] Daraus lässt sich schließen, dass sie sich dieser Worte Jahre später erinnerte, in den aufregenden Monaten, als dieser Sohn als Wanderprediger durch ihr Heimatland zog, als er mit Krankenheilungen Aufsehen erregte, mit zutiefst verstörenden Reden Bewunderung und Hass auf sich zog. Sie hat durchaus nicht immer gewusst, was sie von ihrem Erstgeborenen halten sollte. Er war Gegenstand öffentlicher Erregung, frenetischer Bewunderung, aber auch eine Provokation für die Mächtigen im eigenen Volk und erst recht für die römischen Besatzer. So ist durchaus begreiflich, dass sie zusammen mit ihren anderen Söhnen versucht hat, diesen gefährlichen Störenfried in den Kreis der Familie zurückzuholen und seine aufrührerischen Aktivitäten zu beenden. Die Evangelisten Markus, Matthäus und Lukas berichten einhellig von dem Konflikt, der sich daraus ergab; denn Jesus wies seine Angehörigen brüsk zurück. (Vgl. Mt 12,46–50 par.)

Aber trotzdem war sie da, als er gekreuzigt wurde. Und vielleicht hat sie sich an die Worte erinnert, die schon seine erste Lebensstunde überstrahlt hatten. Und vielleicht hat sie dann auch verstanden, dass dieser Mensch, den sie zur Welt gebracht hatte und der ihr so fremd geworden war, aus Gottes Welt kam. Wurden die Worte, die sie getreulich in ihrem Herzen bewahrt hatte, so viele Jahre später zu einer tröstlichen Gewissheit?

Es ist jedenfalls nicht verwunderlich, dass Maria, die Mutter des Herrn, in den urchristlichen Gemeinden schon sehr bald zu einem Beispiel für die Ausprägung und Ausgestaltung der christlichen Frömmigkeit geworden ist. Das hat weit reichende Folgen gehabt, welche die orthodoxen Kirchen und die römisch-katholische Kirche bis heute zu außerordentlich vielschichtigen und weit reichenden spirituellen und theologischen Folgerungen veranlasst hat. Die Verehrung der Maria ist verständlich und wünschenswert, sie wurde auch von den Reformatoren des 16. Jahrhunderts nicht in Frage gestellt.

In den orthodoxen und katholischen Kirchen hat die Marienverehrung dazu geführt, ihre Bedeutung als »Gottesmutter« hervorzuheben und sie, wenn man das so sagen kann, immer mehr auf die Seite Gottes zu rücken. Sie bekam eine Sonderstellung, die sie von der menschlichen Gemeinschaft entfernte, so zum Beispiel dadurch, dass ihre unbefleckte Empfängnis und Jungfrauschaft immer stärker in den Mittelpunkt traten. Dass Papst Pius XII am 1.11.1950 die leibliche Aufnahme der Jungfrau Maria in den Himmel als Dogma verkündete, stellt einen Höhepunkt dieser Entwicklung dar.

Es erübrigt sich, darauf hinzuweisen, dass dies für evangelische Christen spekulativ-dogmatische Übersteigerungen sind. Diese verständliche Skepsis hat sie leider auch daran gehindert, Maria nicht nur als die Mutter Jesu zu verehren, sondern sie auch als ein Beispiel dafür zu begreifen, was es kosten kann, den Glauben an den Christus Gottes zu lernen und trotz großer Anfechtungen und Zweifel zu bewahren. Darum erscheint es mir durchaus sinnvoll zu sein, Maria als unsere »Mutter des Glaubens« zu erkennen, so wie wir nach Paulus Abraham, den Patriarchen Israels, als »Vater des Glaubens« verehren (vgl. Röm 4,9–25). Mit Maria können wir nach

Wegen suchen, wie der Friede und das Wohlgefallen Gottes auch unser Herz erreichen und in ihm Wohnung finden können, so dass sie »unsere Füße auf den Weg des Friedens« richten (Lk 1,79).

Wer die Botschaft von Gottes Frieden und Wohlgefallen in seinem Herzen bewahrt und immer wieder in Erinnerung ruft, macht die Erfahrung, dass diese Botschaft nun wiederum das eigene Leben bewahrt und stärkt. Wie ein Feuer kann sie alles durchglühen und reinigen. Sie ist wie eine Quelle, die, jeden Morgen neu, fließt und belebt.

Das zu betonen ist mir sehr wichtig; denn es ist gleichsam die Innenseite der ökologischen und politischen Aspekte des Gottesfriedens. Der Apostel Paulus bringt dies auf den Punkt, wenn er für die Christen in Philippi betet: »Der Friede Gottes … bewahre eure Herzen und Sinne in Christus Jesus, unserem Herrn.« (Phil 4,7) Das griechische Verbum, das mit »bewahren« wiedergegeben wird, hat viel mit bewachen und sichern zu tun. So wie man früher die Tore der Stadt gesichert hat, um das Eindringen von Feinden zu verhindern, so müssen offenbar auch die Tore unserer Herzen gesichert und die Gassen unserer Sinne beschützt werden.

Denn wie groß ist die Gefahr, dass wir Menschen von heute angesichts der immer bedrohlicher werdenden globalen Risiken in seelische Apathie und emotionale Abstumpfung geraten. Wie hüten wir uns vor einem Alarmismus, der sich am Unglück weit entfernter Regionen delektiert? Und, auf der anderen Seite, wie beschützen wir uns vor einem resignierten und stumpfsinnigen Abschalten angesichts so vieler Katastrophen? Wie bleiben wir empfänglich und *compassionate* für das Leid so vieler Lebewesen, nicht nur der Menschen?

Indem wir mit Paulus darum bitten, dass die Befriedungsenergie Gottes auch unsere Herzen befriedet. Unser Herz, dies trotzige und verzagte Ding, braucht diese Kraft, damit es an der zynischen Herzlosigkeit der Global Players, der Kälte verachtungsvoller Interessenverbände und dem bedrückenden Wissen um unsere eigene schuldhafte Komplizenschaft nicht erstickt. Denn wenn das Herz sich versteinert, dann hat der Krieg gewonnen. Wenn die Liebe erkaltet, ist die Gewalt am Ziel.

Wie wichtig ist darum die Bewahrung unserer Sinne! Sie sind das herrliche Antennensystem unseres Leibes, sein erotischer Gefühlsreichtum. Im Tasten und Schmecken, im Sehen und Hören, im Erkennen und Genießen erfahren wir unsere Leiblichkeit und pflegen unsere intime Nähe zur Erde und seinen vielgestaltigen Gaben. Ist doch unser Leib das Stückchen Erde, für das wir am unmittelbarsten zuständig sind. Wie wir mit uns selbst umgehen, verrät viel über unseren Umgang mit anderen Menschen und anderen Lebewesen.

Und in der Tat ist es schwer, mit seinen Sinnen in Frieden zu leben; denn sie machen uns in den verschiedenen Phasen unseres Lebens auf unterschiedliche Weise zu schaffen. Unsere sinnlichen Kräfte können leicht in dämonische Formen von Gier und Sucht umschlagen. Sexuelle Gier ist nur eine davon, allerdings eine, die in der christlichen Morallehre einen beherrschenden Platz bekommen hat. Die Spielarten der Habgier, der Geldgier, der Geltungssucht sind mindestens genauso zerstörerisch. Wie viele Menschen machen sich mit Drogen das Leben zur Hölle!

Im Frieden Gottes mit unseren Sinnen und unseren Sinnlichkeiten zu leben, bedeutet, davor bewahrt zu sein, dass wir uns selbst – und dann eben auch andere – gering schätzen, misstrauen, verachten oder hassen. Sie bewahrt uns freilich auch davor, uns narzisstisch in uns selbst zu vergaffen, uns zu überschätzen oder zu verzärteln.

Was um uns herum geschieht, geschieht auch in uns. So wie die Liebe durch den Magen geht, kann uns auch das Leid auf die Nieren gehen. Die Seele nimmt Schaden, wenn die äußeren Herausforderungen nicht mehr zu schaffen sind. Der Schrecken verschlägt uns den Atem. Unsere Sprache kennt diesen Zusammenhang von außen und innen genau. Deshalb ist die Bewahrung der Sinne und Herzen so wichtig. Sie hilft uns, unerschrocken zu denken und leidenschaftlich zu handeln. Immer wieder benötigen wir diesen »élan vital« und seine Widerstandskraft, um das Unausdenkbare zu denken und das Unmögliche zu versuchen. Dann darum geht es, wenn man sich vor Augen führt, was uns bevorsteht.

Wie üben wir uns darin, den Frieden Gottes als Energie der Bewahrung anzunehmen und mit anderen zu teilen? Das ist die Sache unserer ökumenischen Spiritualität.

Davon wird in späteren Kapiteln noch mehr zu sagen sein, hier geht es mir grundsätzlich darum, dass Kirchen dazu aufgerufen sind, Gottes Ja in und unter so viel Nein zu bezeugen und zu verleiblichen. Der 2008 verstorbene Schweizer Theologe und Ökumeniker Lukas Vischer hatte als Student ein Wort von Martin Luther entdeckt, das er zeit seines Lebens vor sich auf dem Schreibtisch hatte: »Unser Herz meinet nit anders, es sey eitel Nein da, und ist doch nicht wahr. Darum muss es sich von solchem Fühlen kehren und das tiefe heimliche Ja unter und über allem Nein mit festem Glauben auf Gottes Wort fassen und halten.« Dieses »tiefe heimliche Ja« braucht die Welt mehr als alles andere.

Vielleicht ist Weihnachten deshalb so beliebt, weil es eine Ahnung von diesem Ja aufkommen lässt. Aber eine Ahnung trägt nicht durchs Jahr. Da brauchen wir Gewissheit und Zuversicht. Da kann Maria, die Mutter Jesu, auch uns Protestanten eine Hilfe sein. Denn sie hat das Ja Gottes in ihrem Herzen bewahrt. Es hat sie zwar nicht vor Zweifeln geschützt. Aber wenn es darauf ankam, dann war sie es, die andere auf den Heiland verwies und ihnen sagte: »Was er euch sagt, das tut!« (Joh 2,5)

2. KAPITEL

»*Am Anfang war die Beziehung.*«
Martin Buber

Der Gott des Friedens und die Befriedung der Welt

Um mit den Thesen dieses Kapitels zu beginnen: 1. Ich nehme Anstöße auf, die ich bei dem amerikanischen Kulturanthropologen Alfred L. Kroeber (1876–1960) und dem jüdischen Religionsphilosophen Martin Buber (1878–1965) gefunden habe. Kroeber und Buber sind Zeitgenossen, haben aber, soweit ich erkennen kann, keinen Kontakt zueinander gehabt. Kroebers Begriff der »Spannung« und Bubers Beziehungsverständnis dienen dazu, den Frieden als eine spannungsreiche und beziehungsintensive Wirklichkeit zu verstehen und damit in das Zentrum menschlichen Verhaltens zu rücken. 2. Zum andern verhilft mir diese Perspektive auch zu einem Gottesbild, das m. E. geeignet ist, Missverständlichkeiten im traditionellen Gottesverständnis zu überwinden. In dem schaffenden, erlösenden und erneuernden Gott erkenne ich den Gott des Friedens oder besser: den ständig befriedenden Gott.

2.1. Friede als Spannung – die Kraft in den Stürmen

Vor Jahren las ich bei dem amerikanischen Öko-Theologen Thomas Berry, der amerikanische Kulturanthropologe Alfred L. Kroeber habe gesagt, die ideale Situation für jeden Menschen und für jede Kultur sei der »höchste Spannungszustand, den ein Organismus schöpferisch durchhalten kann«.[1]

Wie ist das zu verstehen? Für Kroeber befinden sich alle Organismen, von den molekularen über die biologischen bis zu den gesellschaftlichen, in Spannungszuständen. Das ist zuerst einmal eine recht allgemeine Feststellung. Alle diese Organismen befinden sich in ihrem »idealen« Zustand, wenn die in ihnen wirkenden und sie konstituierenden Spannungen ihre höchste Intensität erreichen. Wobei allerdings aufschlussreich ist, dass Kroeber diese Intensität unter eine Bedingung stellt. Sie muss schöpferisch durchgehalten werden können, um ihren idealen Zweck zu erreichen. Darum geht es bei einem »höchsten Spannungszustand« nicht um ständige Hochspannung, sondern um den ständigen Ausgleich divergierender Kräfte, um Konzentration und Kommunikation. Höchste Spannungszustände bleiben schöpferisch, wenn sie als Prozesse verstanden werden, in denen Auf- und Abschwünge, Hochspannungen und Abspannungen möglich sind.

Ich möchte nun den Versuch machen, die Kroebersche Definition auf die Wirklichkeit des Friedens zu beziehen. Dann sind wir aufgefordert, den Frieden als den höchsten Spannungszustand zu verstehen, den ein Organismus schöpferisch ertragen und durchhalten kann. Das aber gibt dem Frieden ein ganz neues Gesicht.

Die geläufigen Vorstellungen von Frieden sehen anders aus. Friede wird als vollkommene Harmonie verstanden oder sogar als »Friede, Freude, Eierkuchen« lächerlich gemacht. (Wobei gegen Freude und Eierkuchen eigentlich nichts einzuwenden ist!) Friede wird mit Entspannung und Ruhe in Verbindung gebracht. Darum steht auf unzähligen Grabsteinen: »Requiescat in pace«. »Ruhe in Frieden«. Womit gesagt wird, dass es den wahren Frieden erst in und mit dem Tod gibt. Was dann ja auch bedeutet, dass das Leben nichts anderes ist als Krieg.

In der Tat haben wir es heute mit einer Verallgemeinerung des Wortes Krieg zu tun. Die Rede ist von Ehekriegen, Zickenkriegen, Rosenkriegen oder Handelskriegen. So wird Krieg zu einem alltäglichen, ja geradezu unausweichlichen Phänomen im Umgang zwischen Menschen. Umso auffälliger ist, dass die »klassischen« Kriege, also die von Staaten und Staatengemeinschaften betriebenen militärischen Kampfhandlungen und öffentlich sanktionierten Massentötungen, nicht mehr »Krieg« heißen dürfen, sondern hinter euphemistischen Worten wie »Sicherheitsaktion« oder »Maßnahmen zur Friedenssicherung« versteckt werden. Bei so vielen Formen von Krieg scheint für den Frieden kaum noch Raum zu sein.

Das bestätigt die Art und Weise, wie wir vom »Friedhof« sprechen. Auf dem Friedhof betten wir unsere Toten zur »letzten Ruhe«. Friede gibt es also erst, wenn alle mit dem Leben verbundenen Spannungen zusammengebrochen sind. Also wartet der Friede, den wir erhoffen können, erst auf dem Friedhof auf uns? Dabei wäre es gut, sich daran zu erinnern, dass im Mittelalter die Kirchen und der sie umgebende Raum als »Hof des Friedens« verstanden wurden. Wer diesen Hof vor Verfolgern erreichte, war gerettet, er war »im Frieden«. In dem Hof vor der Kirche wurde damals

2. Kapitel: Der Gott des Friedens und die Befriedung der Welt

Recht gesprochen.[2] Dort galten Rache und Vergeltung nicht mehr. Dieser Hof des Friedens war zugleich der Hort der Gerechtigkeit und folglich auch der Ort, an dem verfeindete Parteien sich versöhnen und anschließend in der Kirche das Abendmahl miteinander feiern konnten. Und erst weil es solche Friedenshöfe gab, entstand der Wunsch, dort auch begraben zu werden, wohl in der Hoffnung, so dem Frieden Gottes näher zu sein.

Diese ursprüngliche Bedeutung des »Friedenshofes«, die innige Verbindung von Frieden, Versöhnung und Gerechtigkeit, hat sich verflüchtigt. Das Recht ist in weltliche Gerichte abgewandert, der Friedhof wurde zum Gedächtnisplatz der Toten. Lediglich die Tatsache, dass Kirchen immer noch als Räume des Asyls gelten, erinnert an die ursprüngliche Bedeutung.

Dagegen erscheint die Definition von Frieden, die ich im Anschluss an Kroeber zu bedenken gebe, auf den ersten Blick als Zumutung. Wir sind daran gewöhnt, Frieden als Untätigkeit, Stille und Entspannung zu denken. Darum fällt es schwer, den Frieden als den Prozess zu fassen, in welchem eben gerade Spannungszustände schöpferisch durchgehalten werden. Da uns das selten gelingt, hat sich eine negative Auffassung von Spannung durchgesetzt. Das gilt im Übrigen auch für unser Verständnis von Konflikt. Dabei ist es unvermeidlich, dass Menschen oder Gruppen oder Völker aneinander geraten, weil ihre Absichten, Vorlieben und Interessen nicht homogen sind. Konflikte werden erst dann destruktiv, wenn alle Versuche, zu einem schöpferischen Ausgleich zu kommen, gescheitert sind.

Die Zumutung, aber auch die Chance, besteht darin, den Frieden als die Energie zu erkennen, mit der wir die Spannungen, in denen wir uns ständig befinden, gestalten. Das heißt freilich auch, dass wir Spannungen grundsätzlich annehmen, ja begrüßen, und also positiv mit ihnen umgehen.

Fangen wir also **bei uns selbst** an! Jeder Mensch ist ein Organismus, der sich physisch wie psychisch und moralisch in ständigen Spannungszuständen befindet. Wie also können wir mit uns selbst zufrieden sein? Doch offensichtlich nur dann, wenn wir die Spannungen, die wir in uns selbst verspüren und die uns beschäftigen, zuerst einmal als unsere Mitgift akzeptieren. Wir sind so, wie wir sind und nicht, wie wir gerne sein möchten. Das dürfen wir nicht verleugnen. Aber wie schwer fällt es uns, mit dem, was wir sind und nicht sind, was wir tun und unterlassen, unseren Frieden zu machen! Wie oft möchten wir jemand anders sein, weil wir unsere eigenen Kräfte und Begabungen als ungenügend, beschränkt und belastend empfinden. Mit sich selbst in Frieden zu leben, bedeutet also, möglichst schöpferisch mit den eigenen Möglichkeiten umzugehen, sich immer wieder neue Aufgaben zuzumuten, auch wenn diese von außen als geringfügig und minderwertig angesehen werden. Wie viele ältere Menschen resignieren angesichts ihrer schwindenden Kräfte; und weil sie sich immer weniger zutrauen, erreichen sie auch immer weniger. Sie werden mit sich unzufrieden. Dasselbe gilt leider auch weltweit und in zunehmendem Maß für junge Menschen, die in politischen und wirtschaftlichen Systemen leben, von denen sie das Signal bekommen, nicht gebraucht zu werden und überflüssig zu sein. Die Arbeits- und Aussichtslosigkeit von Millionen junger Menschen stellt eine Missachtung ihrer schöpferischen Möglichkeiten dar und führt gerade dadurch zu gewalttätigen Zusammenstößen.

Was man also manchmal den »inneren Frieden« nennt, steht nicht am Ende frustrierender Bemühungen, sondern ist ein spannungsvoller Prozess mit Höhen und Tiefen. Entscheidend ist dabei allerdings, dass wir unser Vertrauen auf die schöpferischen Energien in uns nicht verlieren, was zugleich bedeutet, dass die Welt um uns herum uns diese Energien zutraut und abverlangt.

Es ist offensichtlich, dass die Spannungen, die wir in uns selber spüren und mit uns auszumachen haben, aufs engste mit den Spannungen verbunden sind, die wir in unserer Umgebung auslösen und erfahren. So ist **jede Familie** ein spannungsreicher Organismus, und alle Mitglieder haben ihren Anteil daran, dass er schöpferisch ausgehalten wird. Solche Spannungen ergeben sich aus dem alltäglichen Miteinander; sie finden ihren Ausdruck in gemeinsamen Unternehmungen und verursachen oft ein tiefes Vergnügen an dem gemeinsam Erreichten. Freilich enthalten solche spannungsreichen Vorgänge auch die Gefahr, in kleine Kriege umzuschlagen. Dann kommt es darauf an, die verbindenden Energien bewusst zu pflegen, also versöhnende, ausgleichende und aussichtsreiche Maßnahmen zu suchen. Erst wenn solche Spannungen nicht mehr schöpferisch ausgehalten werden können, ist der häusliche Friede ernstlich in Gefahr.

Wir müssen also das Frieden-Schaffen als eine alltägliche Chance und zugleich als eine Form von Arbeit verstehen, die sehr viel Respekt, sehr viel Einfühlungsvermögen, Rücksicht, Geduld und Güte kostet. Und diese Mühe auf sich zu nehmen, fällt vielen Menschen schwer, obwohl sie sich doch im Grunde nach diesem schöpferischen, aufbauenden, erheiternden und erleichternden Frieden sehnen!

»Peace begins at home«, sagen die Engländer. Das Zuhause, der familiäre Ort, ist der ursprüngliche Raum des Friedens. Darum ist er für alle Kinder von essentieller Bedeutung. Wenn sie erlebt haben, dass in ihrem Zuhause der Friede eine spannungsgeladene und in Spannungen gepflegte Wirklichkeit ist, werden sie später auch besser in der Lage sein, eine friedensdienliche Lebensweise durchzuhalten.

In gleicher Weise kommt der **soziale und gesellschaftliche Friede in unseren Kommunen und Ländern** nicht in spannungsfreien, sondern in spannungsreichen Verhältnissen zum Ausdruck. Jede Regierung und jede Verwaltung besteht in dem ständigen Austarieren und Ausgestalten von Ansprüchen, die miteinander in Spannung stehen. Jede demokratisch gestaltete Rechtsordnung ist ein Organismus, der die Würde, Gleichheit und Freiheit aller Bürger in Rechtsordnungen und Regelungen bewahrt und weiterentwickelt. So sind, um nur dieses Beispiel zu nennen, Arbeitskämpfe und gewaltfreie Demonstrationen keine Gefährdungen des sozialen Friedens, wie oft von harmoniesüchtigen oder obrigkeitshörigen Gruppen befürchtet wird, sondern eine Form der Vergewisserung über seine essentiellen Inhalte und zugleich Versuche, diese zu intensivieren und neuen Gegebenheiten anzupassen.

Wenn wir den Schritt über die lokalen und nationalen Verhältnisse hinaus tun und **die internationalen Beziehungen** ins Auge fassen, wird Kroebers Satz noch einmal bestätigt. Die Pflege friedlicher Beziehungen besteht in dem ständigen Ausgleich konkurrierender Interessen. Je intensiver diese Prozesse der Verständigung sind, desto vielgestaltiger und schöpferischer ist auch der Friede. Wenn aber diese Verständigungsbemühungen abbrechen, drohen kriegerische Auseinandersetzungen. Kriege sind also nichts anderes als Zusammenbrüche. Sie sind Armutszeugnisse für Regierungen, die nicht mehr schöpferisch mit Spannungszuständen umzugehen wissen. Jeder Krieg ist eine mit viel Aufwand und Geschäftigkeit kaschierte Einfallslosigkeit. Und je größer die Zerstörungen und Verwüstungen sind, die in Kriegen herbeigeführt werden, desto schwieriger wird es, das Potential an schöpferischer Spannung und konstruktiven Energien wieder zu finden, aufzubauen und konstruktiven Lösungen zuzuführen.

Das Gleiche gilt natürlich auch für die **wirtschaftlichen Beziehungen in unserer globalisierten Welt**. Die maßlose Bereicherung von kleinen Teilen der Weltbevölkerung und die ebenso maßlose Verelendung von großen Teilen der Weltbevölkerung bewirken keine Steigerung der schöpferischen Spannungszustände, sondern ihr Gegenteil; sie schaffen profunde Verzerrungen, Ungerechtigkeiten und Instabilitäten in und zwischen den Völkern der Erde und erhöhen die Gefahr von Kriegen.

Diese destruktiven Vorgänge vertiefen sich, wenn wir sie mit dem Organismus, den die Erde selbst darstellt, verbinden. Die Gewalt, die sich hier ausbreitet, wirkt nicht nur negativ auf die schöpferischen Möglichkeiten großer Teile der Weltbevölkerung zurück, wenn sie diese nicht schon im Keim erstickt. Vor allem aber belastet und zerstört sie die Kreisläufe des Lebens auf diesem Planeten.

Diese kurzen Hinweise belegen nur, was eigentlich alle wissen: Alles Lebendige steht und besteht in schöpferisch bewährten Spannungen. Je intensiver diese Spannungszustände sind, desto reicher und bunter ist das Leben, desto belastbarer ist auch das Netz der Beziehungen, in dem alles Lebendige sich entfaltet und gegenseitig stützt.[3] Auch wenn die Lovelock'sche These von Gaia-Erde als einem lebendigen und bewussten System nicht allgemein geteilt wird, lässt sich nicht mehr bezweifeln, dass alles menschliche Leben untrennbar mit den außerordentlich subtilen Spannungsverhältnissen der Ökosysteme dieses Planeten verbunden ist und von diesen abhängt. Dieses subtile Spannungsgefüge, das »Mutter Erde« uns bietet, ist durchaus als der Friedensraum zu bezeichnen, ohne den keine menschliche Zivilisation zu existieren vermöchte. Erdgeschichtlich gesehen, hat es in diesem gigantischen Spannungsgefüge immer auch Zerreißproben und Zusammenbrüche gegeben, zum Beispiel Eiszeiten oder Hitzeperioden, Einschläge von Meteoriten oder gigantische Vulkanausbrüche. Das Wohl und Wehe menschlicher Zivilisationen war und ist jedoch immer an vergleichsweise moderate Klima-Perioden gebunden, also an erdgeschichtliche »Friedenszeiten« und »Friedensräume«.

Darum besteht ja gerade die menschheitsgeschichtliche Tragödie, in der wir stehen, darin, dass unsere globalisierte Gewaltzivilisation den Friedensraum in Gefahr bringt, der mindestens während der letzten zehntausend Jahre die Entstehung menschlicher Kulturen ermöglicht hat.[4] Und darum ist zu wiederholen, was eigentlich ein Gemeinplatz ist, dass der Friede die Bedingung für die Lebensfähigkeit unserer menschheitlichen Zivilisationen ist. Wir müssen ihn in die Mitte unserer kulturellen Überlegungen rücken. Friede ist nicht der paradiesischer Urzustand, aus dem wir vertrieben worden sind und nach dem wir uns sehnen (und den uns die Tourismusindustrie an fernen Stränden verheißt).

Er ist auch nicht der erhoffte Endzustand, wo ein die Welt umspannendes Friedensreich alles Leid und Geschrei verstummen lässt. **Friede ist eine in der Zeit fließende Energie der Ermöglichung; er ist immer als ein aufbauender Prozess zu denken.** Er ist zwar auch in der Ruhe vor dem

Sturm und auch in der Stille nach dem Sturm. **Vor allem aber ist der Friede die Kraft mitten in den Stürmen.**

2.2. Leben in Beziehungen – Schöpfung als Erbsegen

Bisher habe ich mithilfe des Kroeberschen Satzes den schöpferischen Spannungsreichtum der kleinsten wie der größten Organismen als einen dynamischen Friedensbegriff interpretiert. Lässt sich diese Definition nun auch theologisch verstehen und auf das anwenden, das Christen »Schöpfung« nennen?

Es ist jedenfalls für Juden und Christen aufschlussreich, dass der Schöpfungsmythos in Genesis 1 und 2 das Schöpfungswerk Gottes als einen Prozess immer komplexer werdender Spannungsverhältnisse beschreibt. Schon am dritten Tag überzieht sich die Erde mit Gräsern, Kräutern und Bäumen, die nach ihrer Art ihre eigenen Samen und Früchte ausbilden und damit die Erde bedecken und füllen. Am fünften Tag schafft Gott die Fische in den Meeren und die Vögel in den Lüften, segnet sie mit der Kraft der Fruchtbarkeit. Auch ihr Daseinszweck ist, sich zu mehren und ihre Daseinsräume zu füllen. Es folgt am sechsten Tag die Erschaffung aller Lebewesen auf der Erde, vom Gewürm bis zu den großen Tieren der Wildnis. An demselben Tag und in demselben Zug werden auch die Menschen geschaffen. Auch sie, zusammen mit allen Geschöpfen des sechsten Schöpfungstages, werden mit dem Segen der Fruchtbarkeit und der Vermehrung über die Erde hin ausgestattet.

Fruchtbarkeit ist ein doppelter Segen, weil sie die Erhaltung der eigenen Art gewährleistet, aber auch deshalb, weil sie die Ernährungsgrundlage für andere Arten sicherstellt. Die Kreisläufe des Fressens und Gefressen-Werdens, die immer wieder als Zeichen für die Grausamkeit der Natur zitiert werden, sind so raffiniert ausbalanciert, dass sie immer komplexere und dichtere Formen des Zusammenlebens ermöglichen und aus sich heraussetzen. Je weniger Feinde ein Tier hat, desto reduzierter ist seine Fruchtbarkeit, was z. B. an den Reproduktionszyklen der Tiger und Elefanten ersichtlich ist. Und je größer die Zahl der Feinde ist, wie zum Beispiel bei den Lachsen, desto machtvoller ist die Fruchtbarkeit.

Je mehr wir über die Zusammenhänge in den Pflanzen- und Tierwelten erfahren, desto beeindruckender sind die Formen der Kohabitation, Kooperation und Gefahrenabwehr, so dass es schwer fällt, darin nicht bestimmte

Formen von Bewusstsein zu sehen. Jedenfalls halte ich es für ziemlich einfallslos, nur bei der menschlichen Gattung von Bewusstsein zu sprechen und allen anderen Lebensformen lediglich »unbewusste« und reflexhaft-instinktive Reaktionsweisen zuzugestehen. So wie der »homo sapiens« in seiner genetischen Ausstattung sehr viel mehr mit Affen und Schweinen gemein hat, als ihm in seiner Eitelkeit lieb ist, so ist auch sein Bewusstsein tief in die Bewusstseinsformen der anderen Lebewesen eingebettet.

Wie dem auch sei, je mehr wir über die spannungsreichen Interaktionen der Ökosysteme der Erde erfahren, desto mehr bin ich geneigt, hier von einem »Schöpfungsfrieden« zu sprechen. Freilich meine ich damit einen dynamischen Begriff von Friede, der die vulgär-darwinistische Ansicht vom »Kampf ums Dasein« umgreift und ihm seine kriegerische Konnotation nimmt.

Wie erwähnt, betont der biblische Schöpfungsmythos, dass Fruchtbarkeit und Vermehrungsauftrag der Lebewesen ein Ausdruck des göttlichen Segens ist. Der amerikanische Mystiker und Theologe Matthew Fox spricht deshalb von dem »original blessing«, welcher der »original sin« vorgeordnet ist. Der »Ursegen« oder »Erbsegen« geht der »Erbsünde« voraus.[5]

Was aber bedeutet dieser »Erbsegen«? Er steht zuerst einmal für Anrede und Würdigung. Jedes Geschöpf ist nicht länger ein bloßes Ding oder eine Sache, sondern erscheint als eine eigenständige, weil von Gott gewollte, ins Dasein gerufene Größe. Mit dem Segen wird etwas Dialogisches in die Welt der Dinge gesetzt. Es geht ein Element der Gotteskraft in das Geschöpf ein und bewährt sich in ihm als gnadenhafte Begabung, als Kraft und lebendige Fülle. Der Segen umfasst auch die Beziehungen, die jedes Geschöpf mit seiner Umwelt aufbaut und erhält. Es entsteht so etwas wie eine Grundstruktur von Beziehungen zwischen allen Geschöpfen. Und je komplexer die Spannungsverhältnisse werden, desto intensiver gestalten sich auch die Beziehungen. In den Worten von Matthew Fox: »Der Große Segen liegt allem Sein, aller Schöpfung, aller Zeit, allem Raum, aller Entfaltung und Entwicklung zugrunde. Wie Rabbi Herschel es ausdrückt: ›Einfach zu sein, ist ein Segen; einfach zu leben, ist heilig.‹«[6]

Man mag einwenden, dass die biblischen Schöpfungsgeschichten doch nur Mythen seien, dass Begriffe wie »Schöpfung« und »Segen« mythischen Charakter hätten und dass sie deshalb für eine Klärung unserer heutigen Probleme nicht mehr in Frage kämen. Gerade das Gegenteil trifft zu. Denn entgegen der landläufigen Meinung sind Mythen keine Lügengeschichten oder Märchen, sondern Versuche, in erzählender Form oder in der Gestalt von »Codeworten« etwas über den Ursprung und das Ziel unseres Daseins zu sagen. Mythen beantworten die Fragen der Menschen nach dem Grund und Warum des Lebens. Damit eröffnen sie einen Sinn-Horizont für die vielfältigen Erfahrungen, die wir mit den Kräften unseres Verstandes nicht beantworten können. In allen Kulturen der Welt finden wir solche mythischen Erzählungen. Und sie sind keineswegs eine primitive Ausdrucksweise von Menschen, denen die wissenschaftlichen Erkenntnisse unserer »aufgeklärten« Zeit noch nicht zur Verfügung stehen. Vielmehr sind sie ein Ausdrucksmodus eigener Art, der sich uns aufdrängt, wenn wir an die Grenzen unserer Erfahrung oder, anders ausgedrückt, an die Mysterien unseres Lebens gelangen. Jede Liebe zwischen zwei Menschen, jede Geburt, jeder Tod, jedes Erwachen im Frühling und viele andere Geschehnisse sind solche Grenzerfahrungen, die alle rationalen Betrachtungen übersteigen. Es ist darum ein großer Schade, dass in unseren Tagen die Bedeutung der mythischen Kommunikation nicht verstanden wird. Darum können auch umso unbehelligter neue mythische Codeworte Eingang in unsere Diskurse finden. »Fortschritt« gehört zum Beispiel in diesen Umkreis. So auch das Codewort »Wachstum«. Es hat in politischen und ökonomischen Kreisen mythischen Rang bekommen hat und wird deshalb auch nicht mehr kritisch befragt.

Wenn wir also von Schöpfung und Segen sprechen, dann gestehen wir allen Gestalten des Lebens so etwas wie ein Geheimnis zu. Wir lassen sie als eigenständige Größen mit ihrer jeweiligen Geltung und subjektiven Würde gelten. Damit bekommen sie eine eigene Wertigkeit, die sie einer Reduzierung auf ihren Nutzwert für die Menschen entzieht. Wenn wir jedes Lebewesen als ein Geschöpf Gottes betrachten, entdecken wir in ihm das »eingeborene Du«[7].

Herbst 2010: Ich gehe mit meiner dreijährigen Enkeltochter in den Gemüsegarten und zeige ihr die Kürbisse, die – unterschiedlich groß und gelb – aus den Blättern hervorschauen. Ich lege meine Hand auf jeden Kürbis und sage: »Guten Tag, Kürbis!« Sie macht es mir nach.

Von da an geht sie jeden Tag zu den Kürbissen, legt ihr Händchen auf sie und sagt ihnen Guten Tag. Ich bin gewiss, dass dies keine Kinderei ist, sondern ein Beispiel für mythische Kommunikation, die Kindern offensichtlich weniger Mühe macht als Erwachsenen.

Aber löst nicht gerade der biblische Schöpfungsmythos die Menschen aus diesem Gefüge des Lebens heraus? Und zwar dadurch, dass nur sie zum Bild und Gleichnis Gottes geschaffen sind? Dadurch, dass sie nicht nur wie die anderen Geschöpfe Träger des Segens sind, sondern auch mit der Herrschaft über alle anderen Geschöpfe beauftragt werden?

Das sind für mich sehr wichtige Fragen, die ich an anderer Stelle ausführlich aufgreifen will.[8]

In diesem Zusammenhang will ich etwas ausführlicher auf Martin Buber zu sprechen kommen. Sein Denken hat mir geholfen, einen Schritt über den Kroeberschen Spannungsbegriff hinaus zu tun. Denn der Begriff »Spannung« bleibt, so aufschlussreich er auch ist, in inhaltlicher Hinsicht doch ungenau. Spannung sieht auf der Ebene der Moleküle oder der neuronalen Verbindungen anders aus als auf sozialen und gesellschaftlichen Ebenen. Je komplexer diese »Organismen« werden, desto komplizierter werden auch die Kommunikations- und Interaktionsformen. Hier helfen mir die Unterscheidungen von Buber weiter.

Bekanntlich hat Martin Buber in seinem berühmten Werk »Ich und Du« (1923) die Ich-Du-Beziehung von der Ich-Es-Erfahrung unterschieden.

Beide gehören als »Grundworte« (7) zum menschlichen Leben, aber gleichwertig sind sie keineswegs. Vielmehr besteht Buber darauf, dass sich das Menschsein im vollen Sinne erst und nur »am Du« ausprägt. Dafür verwendet er den Begriff »Beziehung«. Nun ist aber gerade das Wort Beziehung zu einem Allerweltswort geworden, so dass es schwer fällt, in ihm die Bedeutungsfülle zu erkennen, die Buber ihm beimisst. Wenn man allerdings den Wust der Verwendungen beiseiteräumt und das Wort mit Buber in seiner eigentlichen Bedeutung erfasst, eröffnen sich weit reichende Einsichten.

»Am Anfang war die Beziehung«, schreibt er und begründet das mit der kindlichen Entwicklung (31). »Ich werde am Du«, vermerkt er (15) und »der Mensch wird am Du zum Ich« (32). Warum ist diese Ich-Du-Beziehung so lebenswichtig? Weil sich in ihr die Kräfte entfalten, die das »wirkliche Leben« der Menschen ausmachen, vor allem ihre Liebesfähigkeit und ihre Geistigkeit.[9]

Allerdings betont Buber auch, dass sich die alltägliche Lebenspraxis der Menschen in Ich-Es-Relationen abspielt, also im ständigen Erfahren und Gebrauchen der Dinge, die sie zu ihrem Dasein in der Welt benötigen. »Ohne Es kann der Mensch nicht leben. Aber wer mit ihm allein lebt, ist nicht der Mensch.« (38) Damit deutet Buber auch an, welche Gefahr den Menschen droht, wenn sie sich in die »Eswelt« verlieren. »Die Ausbildung der erfahrenden und gebrauchenden Fähigkeit erfolgt zumeist durch Minderung der Beziehungskraft des Menschen« (41). Wenn wir dazu auch Bubers Beobachtung heranziehen, dass die Geschichte »eine fortwährende Zunahme der Eswelt« mit sich bringt (39), dann wird auch einsichtig, warum unsere Welt von einer Übermacht der Eswelt geprägt ist. Was in dem Eingangskapitel über die beispiellos vermehrte Macht der Menschen gesagt wurde, kommt hier noch einmal in den Blick. Die Endzeitmacht verdinglicht die ganze Welt. Die Erde wird zu einer Masse, über die verfügt werden kann. Ist es nicht so, dass die Natur fast ausschließlich als Reservoir von Rohstoffen, als Abraumhalde oder Vergnügungsraum begriffen und damit nur auf ihren materiellen Wert für uns Menschen hin betrachtet und ausgenutzt wird? Und ist es nicht so, dass die Menschen mit immer eindringlicheren Werbemethoden auf den Kauf von immer mehr Waren gedrängt werden? Ich bin weiß Gott nicht der Erste, dem diese Verdinglichung und Instrumentalisierung unserer Lebensverhältnisse auffällt. Sie prägt schließlich auch unser Bild von uns selbst. Auch die Menschen werden einander zu einem Es, sie werden auf ihre Verwendbarkeit, Nützlichkeit und Brauchbarkeit hin untersucht und als »Menschenmaterial« behandelt. Die Fortdauer der Sklaverei in der Welt, der internationale Sextourismus, der Menschenhandel, die Abrichtung von Kindern zu Soldaten sind dafür nur besonders grauenvolle Beweise.

Daraus folgt, dass Menschen schließlich auch sich selbst als ein Ensemble von Kräften und Bedürfnissen begreifen, das als Arbeitsmaschine und Genussmittel funktionieren muss und dessen Schwächen und Fehler mit medizinischen, sportlichen oder kosmetischen Mitteln korrigiert und repariert werden können.[10]

Dies sind nur wenige, vielleicht auch allzu pauschale Hinweise. Aber sie verdeutlichen, dass Gesellschaften, die sich vorwiegend im Modus der »Eswelt« verstehen und organisieren, einer Kultur der Gewalt ausgeliefert sind. Darum hängt die Friedensfähigkeit von uns Menschen davon ab, ob wir bereit sind, nicht nur in unseren Mitmenschen, sondern in unserer Mitwelt das Du wahrzunehmen, also jene eigenständige Würde und Subjektivität, die sich aller Vermarktung und Berechenbarkeit entzieht. Unsere Friedensfähigkeit gewinnt ihre Kraft in der Beziehung. Und je intensiver diese Beziehungskraft ist, desto dynamischer können sich friedliche Verhältnisse zwischen uns entwickeln.

Was also bei Kroeber der schöpferisch gestaltete Spannungszustand ist, wird bei Buber in der Ich-Du-Beziehung ausgedrückt und vertieft. Beide aber unterstreichen auf ihre Weise, dass Friede eine dynamische Wirklichkeit mitten in allen Lebensvollzügen ist, ein ständig zu bewahrender, ständig zu bewährender Vorgang, mithin alles andere als inaktive Stille oder spannungslose Harmonie.

Wie aber steht es mit dem Einwand, dass die Überlegungen von Kroeber und Buber expressionistische Gefühlsduseleien seien, die mit dem Realismus der von Charles Darwin beflügelten wissenschaftlichen Betrachtung der Natur wenig zu tun haben? Wir dürfen ja nicht übersehen, dass sich zwischen 1880 und 1933, also zeitgleich zu Kroeber und Buber, der Darwinismus entwickelte, der aufgrund der Darwinschen Forschungen von Ernst Haeckel (1834–1919) vorangetrieben wurde und zum Beispiel zu der 1905 gegründeten »Deutschen Gesellschaft für Rassenhygiene« führte.

Bekanntlich hatte Darwin die Evolution der Lebensformen mit dem Prinzip der Selektion erklärt, bei der nur die Tüchtigsten überleben und sich fortpflanzen können. Demnach liegt allem Lebendigen ein »Kampf ums Dasein« zugrunde, in welchem Phänomene wie Kooperation und altruistisches Verhalten sekundär sind.[11]

Diese Abstammungslehre hat Darwin dann auch auf die »Abstammung des Menschen« bezogen. Demnach bestimmt der fundamentale »Krieg der Natur« auch den Umgang der Menschen, Völker und Rassen miteinander. Die Folge ist ein Kampf aller gegen alle. Hier setzte eben der Darwinismus ein, der im Interesse einer ungestörten Höherentwicklung der menschlichen Rasse auch eugenische Programme entwickelte, die dann in Hitlers Rassenwahn ihre grausame Spitze erreichten.

Umso nachdenklicher stimmt, dass es auch nach den nationalsozialistischen Exzessen noch »Evolutionsbiologen« wie Edward Wilson und Richard Dawkins gibt, die dieses Menschenbild weiter zu entwickeln versuchen. Welche populistischen Konsequenzen sich daraus ergeben, beweisen Sätze in einem Artikel von David Brooks in der Harald Tribune vom 20.2.2007, die Moltmann zitiert: »From the content of our genes, the nature of our neurons and the lessons of evolutionary biology, it has become clear that nature is filled with competition and conflict of interests. Humanity did not come before status contests, status contests came before humanity and are embedded deep in human relations.«[12]

Ein solches Denken macht Kriege zu einem Naturgesetz und alle Bemühungen um Frieden zu einer Sache für Naivlinge. Dabei hat die gegenwärtige Neurobiologie gezeigt, dass diese Sicht der natürlichen Phänomene irrig ist. Moltmann zitiert den Neurobiologen Joachim Bauer, der nachgewiesen hat, dass nicht Kampf und Konkurrenz die Evolution gesteuert haben, sondern gegenseitige Kooperation und Anerkennung. Die Veränderungen, die sich daraus für unser Menschenbild ergeben, sind außerordentlich bedeutsam. So schreibt Bauer 2010: »Alles, was wir lernen, erfahren und erleben, vollzieht sich im Zusammenhang mit zwischenmenschlichen Beziehungen.« Diese »werden in Nervenzell-Netzwerken des Gehirns gespeichert«[13]. Daraus folgt: »Zwischenmenschliche Beziehungen sind mehr als eine kulturelle Lebensweise, auf die wir zur Not auch verzichten können. Beziehungen sind nicht nur das Medium unseres seelischen Erlebens, sondern ein biologischer Gesundheitsfaktor.«[14] Und eine weitere Folgerung sei hier zitiert: »Wir selbst wirken durch die Gestaltung unserer zwischenmenschlichen Beziehungen entscheidend daran mit, was sich biologisch in uns abspielt. Aus dem, was wir über die biologische Bedeutung sozialer Beziehungen heute wissen, ergibt sich eine neue Dimension von Verantwortung.«[15]

Die jüngsten neurobiologischen Forschungen bestätigen also das Beziehungsdenken, das bei Buber im Zentrum steht. Im Anschluss an Bauer können wir festhalten, dass Phänomene wie Motivation, Anerkennung, Zuwendung, Liebe keineswegs wünschenswerte Nebensächlichkeiten, sondern wichtige Grundzüge für das menschliche Zusammenleben sind. Die »Verantwortung«, von der Bauer spricht, äußert sich dann darin, Verhältnisse zu schaffen und zu befördern, in denen Motivation, Anerkennung, Zuwendung und Liebe Raum finden.

Damit bestätigt sich, was vorhin im Anschluss an Buber gesagt wurde: Ein schöpferischer Begriff des Friedens wurzelt in der verantwortungsbewussten Pflege der Beziehungen. Der Krieg ist nicht der Vater aller Dinge, wie Heraklit einst meinte, sondern der Friede ist beides, Vater und Mutter des Lebens.

2.3. Der Gott des Friedens – Das ungeteilte Du

Gehen wir einen Schritt weiter. Wenn wir die Welt als Schöpfung verstehen und damit als eine in Spannungen und Beziehungen gehaltene Ordnung des Friedens, können wir dann auch etwas über den Gott des Friedens aussagen? Ist, was wir Gott nennen, in Kroebers Worten der »ideale Organismus«, der in der Lage ist, seinen höchsten Spannungszustand schöpferisch durchzuhalten? Oder, wem das eine zu biologistische Sichtweise ist, können wir in Bubers religionsphilosophischer Redeweise Gott als das »eingeborene Du« der Welt verstehen? Oder noch grundsätzlicher: Als das ewige, unteilbare Du, in welchem die Schöpfung ihren Grund, ihre Wirklichkeit und damit auch ihren Frieden findet? Ich verstehe Buber so, dass er mit seinem mehr intuitiv als rational erfassten Verständnis von Beziehung zu einem Gottesbild kommt, das eng mit seinem Begriff von Welt verbunden ist. »Wer vor das Angesicht (Gottes) tritt, in der Fülle der Gegenwart wird ihm erst, von der Ewigkeit erleuchtet, die Welt ganz gegenwärtig, und er kann in Einem Spruch zur Wesenheit aller Dinge Du sagen. Da ist keine Spannung mehr zwischen Welt und Gott, nur die Eine Wirklichkeit. Der Verantwortung ist er nicht ledig geworden; er hat für die Pein der endlichen, den Wirkungen nachspürenden, die Schwungkraft der unendlichen eingetauscht, die Gewalt der Liebesbeziehungen für das ganze unaufspürbare Weltgeschehen, das tiefe Welteinbezogensein im Angesicht Gottes.« (110)

Diese expressionistisch und paradoxal anmutende Redeweise mag uns befremden. Aber sie ist dem, was Buber mitteilen will, angemessen, weil sie auf tastende Weise auszusprechen versucht, was sich gar nicht aussprechen lässt. Es werden Wirklichkeiten in eins gedacht, die unsere Sprache zu trennen gewohnt ist. »Im Angesicht Gottes« – dieser Begriff taucht in dieser kurzen Passage zwei Mal auf – wird die Welt uns Menschen »ganz gegenwärtig«. Und diese Gegenwart geschieht erst dadurch, dass sie von der »Ewigkeit erleuchtet« wird. Anders gesagt, es fällt Gottes Licht in die Fülle der Dinge, und sie kommen uns als ansprechbare, als mitteilsame Wesen nahe. Erleuchtet von der »Urpräsenz« Gottes werden die Dinge für uns wirklich, d. h. sie wirken auf uns ein, offenbaren sich als »Wesenheiten«, die für uns wesentlich sind. Indem wir das Du in ihnen erkennen, enthüllt sich uns zugleich unser Ich. Es entsteht eine Beziehung, eine Wechselseitigkeit, die die Grundlage für Verantwortung bildet.

Damit gibt es, wie Buber sagt, »keine Spannung mehr zwischen Gott und Welt«, wobei das Wort »Spannung« hier eher als Zertrennung und Unterscheidung gefasst werden muss. Denn die Spannung im Sinne Kroebers bleibt ja durchaus erhalten, sie wird als »Schwungkraft« bezeichnet, als die »Gewalt der Liebesverantwortung für das ganze Weltgeschehen.« (Wobei »Gewalt« hier – wie in dem Begriff der »Staatsgewalt« – als Mächtigkeit verstanden wird.) Diese von der Liebe beflügelte Verantwortung ist auf das Weltgeschehen ausgerichtet, auch wenn sie weiß, dass dieses gar nicht angemessen aufgespürt werden kann. Es geht bei dieser Verantwortung um die Bereitschaft, in die Welt »einbezogen« zu sein, also ganz und gar auf die Welt bezogen zu sein und zugleich im Angesicht Gottes zu stehen. So wird uns in dem Du der Wesenheiten das unteilbare Du Gottes epiphan, zugleich aber wird uns in dem Angesicht Gottes unsere tiefe Einbezogenheit in die Welt und in alles, was sich darin ereignet, als ein Du epiphan.

Epiphanie ist für mich mehr, als dass etwas durchscheinend wird. Das Wort bezeichnet vielmehr die intuitiv aufblitzende Einsicht in die ansonsten verborgenen Antriebskräfte in und zwischen allen Dingen. In dem Lachen eines Kindes, in dem scheinbar hingeworfenen Satz eines Menschen, in dem Lied eines Vogels und in so vielen anderen Vorfällen kann uns eine Ahnung von den Liebesbeziehungen überfallen, die »die Welt zusammenhalten«.

Dies ist für mich »der Friede Gottes, der höher ist als unsere Vernunft« (Phil 4,7).

Warum liegt mir so viel an diesem Denken in Beziehungen? Ich nenne drei Gründe.

2.3.1. Es eröffnet sich mir ein Gottesbild, das bei meiner eigenen Lebenswelt beginnt

Dieses Bild verlangt nicht von mir, Gott als einen jenseitigen Gott und unbewegten Beweger zu denken, der in einer unerreichbar fernen Jenseitigkeit über allem thront. Eine solche Gottesvorstellung ist vielen Mitmenschen fremd geworden. Sie hören von Astrophysikern, dass wir von einem Universum (oder mehreren?) umgeben sind, das sich nach allen Seiten hin mit rasender Geschwindigkeit ausbreitet, in dem sich Milliarden Galaxien befinden, welche wiederum aus Milliarden Sternen bestehen. Bei dieser gigantischen Unendlichkeit können sie mit einem bärtigen Altvater-Gott über den Wolken nichts mehr anfangen.

Wenn ich aber mit Buber ein Gottesbild gewinne, das mit dem unendlich nahen Du beginnt, das sich in und mit Du-Beziehungen erschließt, kommt Gott sozusagen durch die Welt hindurch zu mir. Die Immanenz wird zum Feld der Gottesbeziehungen. Und Gott wird in dieser Immanenz als transzendierende Macht wirklich.

Dadurch wird es mir auch möglich, über mein Gottesbild Rechenschaft zu geben und darüber, wie dieses Bild mir hilft, ein Bild für mein Leben zu gewinnen und meine Verantwortung für die Welt herauszubilden. Was ich mit dem Wortspiel »Bild« und »bilden« meine, wird deutlicher, wenn wir uns die im Englischen erkennbare Nähe von »image« und »imagination« vergegenwärtigen. Ohne Bilder gibt es keine Bildung, ohne Leitbilder wird die Phantasie zur Phantasterei.

Anders gesagt: Ich kann mir die Welt nicht ohne Gott denken, aber Gott auch nicht ohne die Welt. Mein Gottesbild ist die Grundlage für die Bilder, die ich mir von mir selbst und meinem Lebenszweck in dieser Welt mache. Und so sind es wiederum diese Bilder, die – wenn auch nur fragmentarisch – auf die Verlässlichkeit meines Gottesbildes oder meines Glaubens zurückverweisen.

Dies ist es, was mir bei Bubers Beziehungsdenken, das ja von den jüngsten neurobiologischen Forschungen gestützt wird, einleuchtet: Es holt »Gott« aus seiner abstrakten Unendlichkeit und Unerreichbarkeit hervor und macht ihn/sie zu dem Du, das die Welt mit seiner/ihrer Schwungkraft durchströmt. Es hält sich nicht mit Spekulationen über Gott auf, sondern bringt ihn/sie uns nahe als das in seinem/ihrem Beziehungsreichtum mitleidende Du, das jeden von uns als ein eigenständiges Ich anruft und ernst nimmt. So werden wir in diesen Beziehungsreichtum hineingezogen; auf ihn beziehen sich die Fülle und Intensität unserer Beziehungen, von ihm werden sie geschaffen und gehalten, geheilt und befreit, erneuert und verwandelt. In diesen Vorgängen entfaltet sich Gottes Friede.

2.3.2. Drei Weisen der Gottesbeziehung

Was ich mit diesen Sätzen meine, will ich mit einer Überlegung zu einem zentralen Teil des traditionellen christlichen Glaubens, der Trinitätslehre, verdeutlichen. Bekanntlich hat die Kirche in ihren ersten Jahrhunderten die Vorstellung von einem dreieinigen Gott entwickelt. Sie hat zwischen dem Vater, dem Sohn und dem Heiligen Geist unterschieden, zugleich jedoch betont, dass mit diesen keine drei Götter, sondern drei »Personen« ein und derselben Substanz gemeint seien. Diese theologische Denkfigur hat zu bitteren Auseinandersetzungen geführt und sogar Kirchenspaltungen verursacht beziehungsweise vertieft. Sie hat bis heute immer wieder zu Missverständnissen geführt und in der christlichen Frömmigkeit niemals so recht Fuß gefasst. Das Trinitatis-Fest am Sonntag nach Pfingsten ist faktisch unbekannt, auch wenn in der Ordnung des Kirchenjahres die nachfolgenden Sonntage »nach Trinitatis« gezählt werden.

Einen deutlichen Beweis für die Missverständlichkeiten im trinitarischen Personenbegriff finden wir in der christlichen Kunst und Ikonographie. Es finden sich Darstellungen, in denen uns der Schöpfer-Vater als die umgreifende Gestalt, zumeist als weiser alter Mann, vorgestellt wird. Diese Vater-Figur trägt den Sohn als Gekreuzigten vor der Brust, während der Heilige

Geist in der Gestalt einer Taube darüber schwebt. Abgesehen von der patriarchalischen Prägung dieser Dreieinigkeit wird mit der Darstellung des Geistes als Taube der Personenbegriff verlassen. Zwar gibt es andere und überzeugendere Versuche, das Miteinander der göttlichen Personen zum Ausdruck zu bringen. Ich nenne zum Beispiel die Ikone der Heiligen Dreifaltigkeit von Andrej Rublev. Hier sind die drei »Personen« in gleicher Größe dargestellt, wie sie sich in einer vertrauten Zuneigung einander zuwenden.[16] Damit soll die liebevolle Beziehung zwischen ihnen zum Ausdruck gebracht werden.

Diese Darstellung ist anrührend, aber sie wirkt auf mich »antiquiert«, weil sie den heutigen Weltbildern nicht standhält.

Sollte die christliche Kirche die Trinitätslehre also ad acta legen oder denen überlassen, die sich für die Geschichte des Christentums interessieren und die christliche Ikonographie als einen Teil der Museumswissenschaft studieren? Tatsächlich ist es bereits so. Aber es ist ausgerechnet der jüdische Theologe und Weisheitslehrer Buber, der eine Sicht vorschlägt, die jedenfalls für mich eine sinnvolle und einleuchtende Interpretation der Dreinigkeit Gottes eröffnet. Er schlägt vor, dass wir in unseren Versuchen, das göttliche Du zu verstehen, drei Weisen der Annäherung unterscheiden und dann auch wieder aufeinander beziehen können. Mit Buber können wir diese drei Weisen »Natursein«, »Geistsein« und »Personsein« nennen[17].

Ausgangspunkt ist für Buber, dass der Mensch sich als Natur, als Geist und als Person erfährt und zugleich darauf aus sein muss, diese Erfahrungsweisen in seinem Ichsein zu vereinen. Da aber kein Ich wirklich zu sich selbst kommen kann, wenn es sich nicht von dem »ewigen Du« her versteht, können wir annehmen, dass sich auch in diesem Du die drei Attribute erkennen und unterscheiden lassen. Ich halte es daher für möglich und angebracht, das »Natursein« mit Gottes Schöpferkraft zu verbinden, das Geistsein Gottes mit dem, was mit dem »Heiligen Geist« gemeint ist, und das Personsein mit dem »Sohn«, der uns in Jesus von Nazareth als leibhaftige Person nahe gekommen ist. Damit könnten wir auch die verschiedenen Dimensionen, die unsere Beziehungen mit dem göttlichen Du prägen, genauer benennen. Was ich damit meine? Es gibt Momente, in denen das Ich sich in seinem Natursein mit der Schöpfungskraft Gottes verbunden weiß. Frauen empfinden dies vermutlich in dem Augenblick, in dem sie spüren, wie sich ihr Kind zum ersten Mal in ihrem Bauch bewegt oder wenn sie ihr Neugeborenes zum ersten Mal an die Brust nehmen. Oder man mag an wissenschaftliche oder künstlerische Entdeckungen denken, die eine schöpferische Kraft zeigen, welche über sich hinausweist. Daneben gibt es auch Momente, in denen Menschen mit Schuld oder Ängsten zu kämpfen haben und von dem göttlichen Du nichts anderes als Vergebung und Heilung erhoffen können.[18] Oder es gibt Momente, in denen Menschen aus qualvollen Engpässen heraus gelangen und befreiende Perspektiven entdecken. So dass sich jemand, der sich von allen guten Geistern verlassen glaubte, von Gottes Geist neu belebt weiß.

Diese Beispiele sollen lediglich verdeutlichen, dass sich die vielfältigen Gotteserfahrungen, die mit dem Trinitätsdenken ausgedrückt werden sollen, in den Beziehungen, von denen Buber spricht, wiederfinden und aussagen lassen, ohne dass wir auf philosophische Begriffe wie Substanz oder Person angewiesen sind.

2.3.3. In dem Du Gottes lerne ich Verantwortung

Den dritten Vorteil sehe ich darin, dass wir im Anschluss an Buber ein Verständnis für die Fülle von Bedeutungen und Prägungen im Beziehungsbegriff bekommen, das alle menschlichen Regungen, von den naturhaften Kräften bis zu den geistigen Begabungen, umfängt und ihnen schöpferische Energie, Erlösung und Befreiung, Erneuerung und Verwandlung eröffnet. Damit ist auch gesagt, dass diese Beziehung nicht nur unsere Lebensgeschichte ausmacht, sondern selber eine Geschichte hat, sich also immer wieder mit den sich verändernden Herausforderungen verändert. Wir »haben« Gott nicht, so wenig wie wir unser Ich »haben«, sondern wir erleben Gott, indem wir das uns aufgetragene Leben annehmen.

Das ist die Begründung von Verantwortung. An dem Du, das mir aus und in der Welt entgegen kommt, erfahre ich mich als ein eigenständiges Ich. In einer intersubjektiven Welt werde ich zum Subjekt. Damit werde ich als ein Wesen angenommen, das einen Sinn in der Welt hat, einen Daseinszweck, dem ich zu entsprechen habe. Was wirst du mit deinem Leben machen? Das ist dann die Grundfrage, auf die ich zu antworten habe und die folglich den Ausgangspunkt meiner Verantwortung bildet.

Ich könnte mich ja auch als ein Objekt verstehen, das ein blindes Schicksal in diese Welt geworfen hat. Schließlich habe ich mir dieses Leben nicht ausgesucht; ich kann nichts dazu, dass ich in diese Familie, in dieses Volk oder in diese Zeitumstände hinein geboren worden bin. Ich erfahre mich als ein winzig kleines Rädchen in einer Weltmaschine, viel zu ohnmächtig, um irgendetwas verändern zu können. Ich vermute, dass viele Menschen sich in der Tat als solche Objekte empfinden, die nichts vom Leben zu erwarten haben und von denen auch niemand etwas Sinnvolles erwartet.

So bestätigt sich, dass Verantwortung sich nur dort entwickeln kann, wo Menschen geliebt und geachtet werden, wo sie mit Menschen zusammen sind, die ihre Verantwortung wahrnehmen, auch wenn es sich nicht zu lohnen scheint, und wo sie hinter diesen Mitmenschen einem liebenden und gnädigen Du begegnen.

An einer Stelle sagt Buber: »Es kann nicht sein, dass der einzelne, wenn er über die Schöpfung hinweg die Hände ausstreckt, Gottes Hände finde; er muss die Arme um die leidige Welt legen, deren wahrer Name Schöpfung ist, dann erst langen seine Finger in den Bereich des Blitzes und der Gnade.«[19]

Die Arme um die leidige Welt zu legen, klingt allzu pathetisch. Es erhält aber in unseren Tagen, wo die Menschheit ihre Arme um die Welt legt, um sie zu erwürgen, einen neuen Wahrheitsgehalt.

Verantwortung unter den Bedingungen einer endzeitmächtig gewordenen Menschheit muss sich »auf die leidige Welt« beziehen, und jeder Mensch hat mit seiner »kleinen Kraft« daran Anteil. Für Buber beginnt Weltverantwortung dort, wo Schöpfung als der eigentliche Name der Welt erkannt wird; denn mit diesem Wort wird das Beziehungsgefüge angesprochen, in welchem alles sein heimliches Du von dem Schöpfer erhält.

Wenn wir diese Dimension unseres Lebens annehmen, kann es uns auch gegeben werden, wie in einem Blitz das eingeborene Du zu sehen und die Gnade zu erleben, dass unsere Arme ihre Kraft von anderen und mächtigeren Armen erhalten.

Um diese Annäherungen abzuschließen: Ich habe versucht, mit Buber die Tragweite der Ich-Du-Beziehung zu erkunden, weil sich mit ihr die Grundlage für ein theologisches Friedensverständnis eröffnet. »Die Arme um die leidige Welt zu legen«, was ist das anderes, als der Welt den Frieden nahezubringen, genauer: als die Welt zu befrieden! Friede ist kein Ding, das wir als ein zusätzliches Thema in unsere Gottesbeziehung, die ja immer auch unsere Weltbeziehung umfasst, hineintragen könnten, sondern sie ist mit dieser Welt- und Gottesbeziehung bereits gesetzt. Sie ereignet sich in der ständigen Spannung und Bewegtheit, die uns Menschen mit unserer Mitwelt verbindet. Sie belebt sich von der Nähe, dem Vertrauen, der Vertrautheit und dem Entzücken, das in dieser Beziehung entstehen und sie tragen kann. Sie muss die Welt nicht künstlich beseelen, vielmehr entdeckt sie die Beseeltheit aller geschaffenen Dinge, erkennt sie wieder, lässt sie gelten und bringt sie zur Geltung.

Wenn wir also den Frieden als ein Beziehungsgeschehen verstehen, wird uns klar, dass wir Frieden nur als Handeln und Vollziehen, also als ein ständiges Befrieden, als peace making und peace building, auffassen können.

In diesem Zusammenhang muss wenigstens kurz auf die Forschungsarbeit verwiesen werden, die der Theologe und Religionspädagoge Martin Arnold seit Jahren unter dem Begriff der **Gütekraft** betreibt und 2011 mit der Veröffentlichung von vier Bänden angeschlossen hat.[20] Ausgehend von Gandhis Begriff »satygraha« versteht er Gütekraft nicht nur als Gewaltfreiheit (non-violence), sondern als eine allen Menschen eingestiftete Kraft der wohlwollenden Gestaltung von Konflikten. Da alle Formen von Kultur auch aufbauend-schöpferische Gestalten von Streitkultur umfassen müssen, wenn sie sich nicht zerstören wollen, bekommt die Gütekraft bei Arnold jene zentrale Bedeutung, die ich mit dem Begriff des Friedens zu bezeichnen versuche.

In seinem Geleitwort unterstreicht Johan Galtung, wie wichtig ein Denken in Beziehungen für ein Verständnis von Gütekraft ist. Damit bestätigt er von seinen internationalen friedenswissenschaftlichen Erkenntnissen her das dialogische Denken, das ich im Gespräch mit Kroeber und Buber entwickelt habe.

3. KAPITEL

»*Kenne ich Gott? Ebensogut könnte man fragen:
Kennt der Seeigel den Ozean, in dem er lebt und stirbt?*«
Kurt Marti

Den Grund in Gott finden –
Mystische Suche nach Gott und Friedensfähigkeit

Wir haben eine Wiederkehr der Mystik. Und das ist mehr als eine Mode. Sie ist vielleicht unsere letzte Chance.

Da sind zum Beispiel Dorothee Sölle und Jörg Zink, die beiden am meisten gelesenen deutschsprachigen theologischen Autoren unserer Zeit. Parallel zu einander haben sie Bücher zum Thema Mystik veröffentlicht[1]. Damit verstärken sie eine vielstimmige Wiederaufnahme mystischen Denkens, die auch in anderen Teilen der Erde ihre Vertreter gefunden hat. Der amerikanische Theologe Matthew Fox wurde bereits genannt. An seine Seite gehört der brasilianische Theologe Leonardo Boff. Beide wurden aus ihren Ordensgemeinschaften verdrängt.[2]

Der Schweizer Pfarrer Kurt Marti zählt dazu. Während der ersten Hälfte des 20. Jahrhunderts entwickelten Teilhard de Chardin (1881–1955) und Albert Schweitzer (1875–1965) ihre mystischen Theologien, deren Wichtigkeit immer noch nicht voll erkannt worden ist. Im Übrigen drohte Teilhard de Chardin das gleiche Schicksal wie seinen Nachfahren Fox und Boff. Auch er wurde an den Rand seines jesuitischen Ordens gedrängt. Nur sein Verzicht auf eine öffentliche Wirksamkeit als Universitätslehrer bewirkte, dass er in seinem Orden bleiben durfte. Seine wichtigsten Werke durften erst nach seinem Tod erscheinen. Immerhin erhielt Albert Schweitzer 1953 den Friedensnobelpreis, aber dass seine Ethik, vor allem seine scharfe Kritik der atomaren Rüstung, aus seiner mystischen Theologie des Lebens kam, haben die Kirchen von ihm noch zu lernen. In diesem Zusammenhang muss auch der Schwede Dag Hammerskjöld genannt werden. Seine Arbeit als Generalsekretär der Vereinten Nationen nährte sich aus tiefen mystischen Quellen.

Nicht nur das institutionalisierte Christentum schiebt seine Mystiker an den Rand und stellt sie unter Häresieverdacht. Auch der Islam verdrängt seine mystischen Bewegungen, die sich vor allem in den Strömungen des Sufismus finden, und verfolgt sie immer wieder.[3]

Alle diese Frauen und Männer waren sich darüber im Klaren, dass ihre Suche nach einer mystischen Vergewisserung des Geheimnisses, das wir gemeinhin »Gott« nennen, zugleich eine Antwort auf die drängenden Aufgaben unserer Zeit sein muss und sein kann. Die Befreiungstheologie von Boff und die Schöpfungsethik von Fox sind eindrucksvolle Beispiele. Und von der politischen Ethik bei Sölle wird im Laufe dieses Kapitels noch ausdrücklich die Rede sein.

Es ist also nicht von ungefähr, dass Jörg Zink die Mystik ausdrücklich mit der Zukunft des Christentums in Verbindung brachte. Vor ihm hatte bereits der große katholische Theologe Karl Rahner eine Bemerkung in dieser Richtung gemacht. Er sagte 1978 in einem Interview mit Slavko Kessler: »Man hat schon gesagt, dass der Christ der Zukunft ein Mystiker sein müsse, oder er werde nicht mehr sein. Das ist vielleicht etwas massiv ausgedrückt, aber im Grunde genommen ist es richtig.«[4]

Wenn es wahr ist, dass es um nichts weniger als die Zukunft des Christentums geht, und wenn es, wie ich behaupte, richtig ist, dass die Zukunft des Christentums von seiner Friedensfähigkeit abhängt, dann muss genauer gefragt werden, warum der Mystik diese hervorgehobene Stellung zukommen sollte. Inwieweit kann sie unseren Glauben an Gott verändern? Und zwar so, dass die wissenschaftlichen Erkenntnisse unserer Zeit aufgenommen werden können? Und wie kann dieser mystische Glaube unsere Beziehung zu dieser Welt, die ich im vorigen Kapitel zu beschreiben versucht habe, prägen und vertiefen? Öffnet die Mystik uns für den Frieden, der Herzen und Sinne bewahrt, und macht sie uns fähig, unserer menschengeplagten Erde eine friedlichere Ordnung zu schaffen?

Um diesen Fragen näher zu kommen, will ich im Folgenden ausführlicher auf Karl Rahner, Jörg Zink und Dorothee Sölle zu sprechen kommen.

3. Kapitel: Den Grund in Gott finden – Mystische Suche nach Gott und Friedensfähigkeit

3.1. Der mystische Weg – Annäherungen

3.1.1. Karl Rahner: Mit dem schweigenden Gott leben

Karl Rahners Überlegungen kommen in einem Aufsatz, den er unmittelbar nach dem 2. Vatikanischen Konzil geschrieben hat, zum Ausdruck.[5] Zuerst beschreibt er, dass christliche Sitten und Lebensordnungen ihre Selbstverständlichkeit verloren haben. Wer heute als Christ leben will, kann sich nicht mehr auf eine allgemeine Christlichkeit stützen. Es kommt daher darauf an, ein persönliches Gottesverhältnis zu entwickeln. Wie aber kann ein solches Gottesverhältnis aussehen? Rahner antwortet darauf mit einem für ihn typischen überbordenden Satz:

»Wenn einer es heute fertig bringt, mit diesem *unbegreiflichen, schweigenden Gott* zu leben, den Mut immer wieder neu findet, ihn anzureden, *in seine Finsternis glaubend, vertrauend und gelassen hineinzureden*, obwohl scheinbar keine Antwort kommt als das hohle Echo der eigenen Stimme, wenn einer immer wieder den Ausgang seines Denkens *freiräumt in die Unbegreiflichkeit Gottes* hinein, obwohl er immer wieder zugeschüttet zu werden scheint durch die unmittelbar erfahrbare Wirklichkeit der Welt, ihrer aktiv zu meisternden Aufgabe und Not und ihrer immer noch sich weitenden Schönheit und Herrlichkeit, wenn er dies fertig bringt ohne die Stütze der »öffentlichen Meinung« und Sitte, wenn er *diese Aufgabe als Verantwortung seines Lebens* in immer erneuter Tat annimmt und nicht als gelegentliche religiöse Anwandlung, dann ist er heute ein Frommer, ein Christ.«[6]

Bevor ich diesen inhaltsschweren Satz erörtere, muss er um einige Aussagen ergänzt werden, die ihm folgen. Was Rahner als die lebenslange »Aufgabe« bezeichnet, nennt er »karg«, da sie auf den »Luxus einer komplizierten Frömmigkeit«, wie er in vormodernen Zeiten möglich war, verzichten müsse. Dann folgt der Satz: »Um in diesem Sinn der kargen Frömmigkeit den *Mut eines unmittelbaren Verhältnisses zum unsagbaren Gott zu haben und auch den Mut, dessen schweigende Selbstmitteilung als das wahre Geheimnis des eigenen Lebens anzunehmen*, dazu bedarf es freilich mehr als einer rationalen Stellungnahme zur theoretischen Gottesfrage und einer bloß doktrinären Entgegennahme der christlichen Lehre. Es bedarf einer Mystagogie in die religiöse Erfahrung, von der viele meinen, sie könnten sie nicht in sich entdecken …« Und dies ist nun endlich der Kontext, in dem Rahner behauptet: »Nur um deutlich zu machen, was gemeint ist, und im Wissen um die Belastung des Begriffs »Mystik« … könnte man sagen: *der*

Fromme von morgen wird ein »Mystiker« sein, einer, der etwas »erfahren« hat, oder er wird nicht mehr sein ...«

Es wird sofort klar, dass Rahner sehr vorsichtig mit dem Stichwort »Mystik« umgeht. Er setzt das Wort »Mystiker« in Anführungszeichen, benutzt es gleichsam als Notlösung, weil eine zutreffendere Bezeichnung nicht vorhanden ist. Für ihn ist ein »Mystiker« ein Mensch, der etwas »erfahren« hat, und zwar ein unmittelbares Gottesverhältnis, an welchem er mit dem Einsatz seines ganzen Lebens festzuhalten sucht. Der Begriff der »Erfahrung« ist eigentlich zu schwach, um die Ergriffenheit durch Gott und die unablässige Suche nach Gott, von der Rahner redet, zum Ausdruck zu bringen. Mit einem theoretischen Geplänkel über die »Gottesfrage« oder einer schlichten Wiederholung hergebrachter Glaubenssätze hat dieser Kampf um Gott nicht zu tun.

Die Erfahrung, von der Rahner spricht, ist vielmehr der Mut, ohne alle dogmatischen und institutionellen Sicherungen in das Geheimnis Gottes hineinzuleben, auch wenn nichts anderes zu vernehmen sein sollte als das »hohle Echo der eigenen Stimme«. Und dieses Geheimnis Gottes muss als das Geheimnis des eigenen Lebens angenommen werden, sagt Rahner. Damit aber wird eine Vermittlung nach außen schwierig. Wie soll in Worte gefasst werden, was »unmittelbar« und darum unvermittelbar ist?

Wir stoßen hier auf ein Dilemma, mit dem mystische Autoren zu allen Zeiten gekämpft haben. Oft haben sie ihre Ergriffenheit nur mit poetischen, erotischen und paradox anmutenden Bildern umschreiben können.

Schwer auszuhalten ist Rahners Aussage, dass es zu dem Mut der »Mystiker« gehört, sich auf einen »schweigenden« Gott einzulassen. Sie müssen in seine »Finsternis« hinein glauben, müssen es immer wieder mit seiner »Unbegreiflichkeit« aufnehmen. Wie verträgt sich diese Aussage mit dem Evangelium, nämlich dass Gott uns in Jesus als dem Christus nahe gekommen ist? Wird also auch dieser »Immanuel«, dieser »Gott mit uns«, in die schweigende Unbegreiflichkeit Gottes hineingesogen? Das scheint Rahner in der Tat zu denken. Auch Jesus, den wir als unseren Befreier bekennen, gehört in das »Geheimnis« hinein.

Rahner unterstreicht, dass der lebenslange Kampf um Gott, auf den sich die »Mystiker« einlassen, noch eine andere Seite hat, und zwar die der aktiven »Verantwortung für die Welt«. Er stellt fest: »Der Mensch lebt nun einmal nicht nur in einer vorgegebenen Welt, heute macht er sie. Dadurch sind ihm Möglichkeiten, Aufgaben, Verantwortungen und Gefahren zugemutet, die es früher einfach nicht gab.« Damit verweist Rahner bereits 1966

3. Kapitel: Den Grund in Gott finden – Mystische Suche nach Gott und Friedensfähigkeit

auf die voraussetzungslose Übermacht, die der Menschheit durch Wissenschaft, Technik und Wirtschaft zugewachsen ist und die in diesem Buch mit dem Wort »Endzeitmacht« bezeichnet wird. Während die traditionelle Theologie mit der Welt als einer vorgegebenen, der die Menschen sozusagen ausgeliefert sind, rechnen mussten, stellt Rahner sich der Zumutung des »homo faber«. Heute ist der Mensch der »Macher«, der aktiv auf die Welt einwirkt, sie nachhaltig beeinflusst und sogar massiv in Gefahr bringt. Wer hätte sich das vor hundert Jahren ausdenken können?

So ist also der Weg, der sich nach Rahners Auffassung für den »Mystiker« eröffnet, geradezu beklemmend eng. Und zwar in einer doppelten Weise. Nicht nur das Verhältnis der Menschen zu »Gott« steht in Frage, sondern auch das Verhältnis zur Welt. Anders gesagt: Während der »Allmächtige« »unbegreiflich« und »schweigend« geworden ist, hat sich die Macht des »ohnmächtigen« Menschen ins Unvorstellbare verwandelt.

Wie kommen wir mit diesen Herausforderungen zurecht? Oder ist dieser schmale Weg, den Rahner skizziert hat, falsch? Mit welchen Gründen wäre er dann aber zu widerlegen? Mir ist niemand bekannt, der es auf überzeugende Weise getan hätte. Wenn uns hingegen dieser Weg wirklich bevorsteht, wie müsste dann unsere Theologie, wie müssten unsere Gemeinden und Kirchen aussehen?

Es ist ein Indiz für die verbreitete Ratlosigkeit, dass sich unter den akademischen Theologen kaum jemand findet, der Rahners Problemstellung aufgenommen hat. Zwar wird sein Werk mit aller gebotenen Sorgfalt veröffentlicht und kommentiert, wer aber trägt das Feuer weiter, das in ihm brannte? Nur sein Schüler und Freund Johann Baptist Metz hat es getan. Anlässlich des 50-jährigen Priesterjubiläums von Rahner hat er in einer sehr bewegenden Form die konkrete Mystik seines Lehrers und »Vaters im Glauben« in Erinnerung gerufen. Und er hat seinen eigenen Weg so beschrieben: »Ich habe immer versucht, auch diesem – sc. dem mystischen – Impuls Rahners zu entsprechen. Ja, alle frommen Christenmenschen sind auch für mich Mystiker, aber vor allem »Mystiker mit offenen Augen« … Sie sind heute Mystiker einer *Compassion*, einer handelnden Mitleidenschaft, die in meinen Augen zum wichtigen Kennwort für die Praxis der Nachfolge Jesu geworden ist, für eine Praxis, ohne die eine christliche Theologie auch ihrem Logos nicht treu bleiben kann.«[7]

Aber auch um Metz ist es still geworden, obwohl seine Auswirkungen auf Theologinnen und Theologen in anderen Teilen der Welt, vor allem in Lateinamerika, bedeutend sind.

Ein anderer zeitweiliger Weggenosse Rahners, Karl Lehmann, ist heute Kardinal im Ruhestand. Und was er und seine Kollegen für die katholische Kirche tun, ist gewiss tapfer und aufopferungsvoll, so wie auch die Arbeit der Bischöfe und Bischöfinnen in den evangelischen Kirchen aufopferungsvoll ist. Und doch setzen sie alle Energie in die Verteidigung eines überkommenen Systems und eines dogmatisch-liturgischen Gefüges, das seine Überzeugungskraft längst eingebüßt hat. Sie können nicht verhindern, dass die Kirchen immer leerer werden. Im Grunde bestätigen sie, was Rahner umtreibt, nämlich dass der Luxus einer komplizierten Spiritualität und die Bemühungen um die Bewahrung eines doktrinären Lehrgebäudes das Feuer einer Spiritualität für die Zukunft nicht mehr zu erwecken vermag. Dieses Dilemma trat in dem Pontifikat von Benedikt XVI. beklemmend deutlich zutage.

Aber brauchen wir nicht Strukturen, Institutionen, Rituale und systematische Entfaltungen des Glaubens? Bleiben die Mystiker, wenn sie dies bestreiten, nicht mit innerer Notwendigkeit Einzelgänger? Wie also kann ein solcher »Mystiker«, wie Rahner ihn andeutungsweise beschreibt, der Christ der Zukunft sein? Ist dieser Weg nicht zu steil? Zu heroisch?[8] Wie müssten »mystische« Gemeinden aussehen?

Vermutlich bildeten für Rahner mönchische Gemeinschaften wie seine eigene »Societas Jesu« die selbstverständlichen Zentren. Aber von der intensiven Nähe mönchischer Gemeinschaften ist noch ein großer Schritt zu einer Gemeinde, in der Menschen mit sehr unterschiedlichen Erfahrungen eine Heimat finden können. Von volkskirchlichen Strukturen ist gar nicht mehr zu reden. Hat also Rahner das Ende der Volkskirche stillschweigend vorausgesetzt?

Immerhin sollten wir nicht übersehen, dass es im Raum der Christenheit eine Gemeinschaft gibt, welche den Namen einer mystischen Kirche verdient. Das sind die Quäker. Sie nennen sich eine »Gesellschaft der Freunde«. Auf eindrucksvolle Art und Weise verbinden sie die mystische Suche nach Gott mit einem kompromisslosen Kampf gegen Ungerechtigkeit, Unterdrückung und Militarismus. So ist zum Beispiel ihre Bedeutung für die Abschaffung der Sklaverei in den USA unbestritten. Das Schweigen, das ihre Gottesdienste zu beherrschen scheint, ist in Wahrheit ein angespanntes Verlangen nach dem Wort, das Gott im Herzen aufklingen lässt. Ein hierarchisches Kirchenwesen ist ihnen fremd. Es ist die Ergriffenheit durch den fernen und nahen Gott, welche sie alle zu Freunden macht, und damit auch zu Freunden des Lebens, wo immer es bedroht ist.

3. Kapitel: Den Grund in Gott finden – Mystische Suche nach Gott und Friedensfähigkeit

Lässt sich in solchen mystischen Gesellschaften die Kirche des 21. Jahrhunderts erahnen?

Bevor ich auf andere mystische Stimmen der Gegenwart zu sprechen komme, darf ich nicht unerwähnt lassen, dass an anderen Orten der Erde das »nächste Christentum« in munteren Farben beschrieben wird. Ein aufschlussreiches Beispiel ist das Buch »The Next Christendom« von Philip Jenkins.[9] Der Untertitel »The Coming of Global Christianity« lässt erkennen, dass weltweite Tendenzen im Mittelpunkt stehen.

In der absehbaren Zukunft, so konstatiert Jenkins mit vielen statistischen Hinweisen, wird sich das Zentrum des Christentums in den »Süden«, also vor allem nach Afrika und Lateinamerika, verlagern. Er macht dafür zuerst demographische Verschiebungen verantwortlich, verweist dann aber vor allem auf das rasche Wachstum christlicher Kirchen in den Ländern des Südens. Dazu aber wird nach Jenkins auch gehören, dass dieses »nächste Christentum« inhaltlich anders aussehen wird als das »liberale«, das sich in Europa und Nordamerika herausgebildet hat. Jenkins charakterisiert es als »enthusiastisch und spontan, fundamentalistisch und übernatürlich ausgerichtet«.

Also Fundamentalismus statt Infragestellung? Magie statt Mystik?

Es geht hier nicht um eine detaillierte Beschreibung der von Jenkins beschriebenen Entwicklungen. Wichtig ist, dass er diese Art von Christentum als eine stabilisierende Macht für entwurzelte und verelendende Massen in den Armutszonen des Südens beschreibt. Sie bietet materielle Unterstützung, wechselseitige Kooperation, spirituellen Trost und emotionale Entlastung in der unüberschaubaren Misere, welche sich in dem Chaos zusammenbrechender Staaten und in den wuchernden Riesenstädten Afrikas, Südamerikas und Asiens ausbreitet.

Thetisch zugespitzt: Das Christentum, welches sich dort eindrucksvoll ausbreitet, bietet Orientierung und Beheimatung unter den Bedingungen *unerträglich gewordener Machtlosigkeit*. Von dort fällt noch einmal ein Licht auf Rahners Analyse. Er hat offensichtlich eine Frömmigkeit vor Augen, die sich *im kritischen Gegenüber zu übermächtig gewordenen Gesellschaften* bewährt. Sein Kontext ist nicht die Ohnmacht der Menschen des Südens, sondern die Übermacht wissenschaftlicher, wirtschaftlicher und militärischer Strukturen im reichen Norden.

Es tun sich Welten auf zwischen dem Christentum, das sich in den Elendszonen der Erde ausbreitet, und dem Christentum, wie es Rahner vor sich sah. Damit stellt sich die Frage: Haben wir es mit verschiedenen »Christentümern« zu tun? Und was bedeutet dies für die ökumenische Bewegung? Haben wir es mit verschiedenen ökumenischen Bewegungen zu tun?

3.1.2. Jörg Zink: Stille und Mitgefühl

Während wir bei Rahner nur kurze Stichworte zum Thema der Mystik vor uns haben, treten wir bei Jörg Zink gleichsam in eine große und weiträumige Wohnung, in der mystische Stimmen aus vielen Jahrhunderten zu Wort kommen. Der in Stuttgart lebende Pfarrer stand immer mit einem Fuß außerhalb seiner Württembergischen Landeskirche. Er passt einfach nicht ins Bild. Lange war er Fernsehbeauftragter seiner Kirche. Seine eigentliche Wirkung übt er jedoch außerhalb der Institution aus, durch seine vielen Bücher, Schriften und Filme, durch seine Vortragstätigkeit bei Kirchentagen und zu vergleichbaren Anlässen. Vielen ist er durch seine Übertragung des Neuen Testaments bekannt geworden. 1922 geboren, hat er 1997, als 75-jähriger, eine Art »Summe« seines Denkens vorgelegt: »Dornen können Rosen tragen« heißt sie und trägt den Untertitel: »Mystik – die Zukunft des Christentums«.

Es ist sicher kein Zufall, dass auf den ersten Seiten ein Wort von Albert Einstein auftaucht:

> »Das herrlichste und tiefste Gefühl, das wir spüren können, ist die mystische Empfindung. Dort liegt der Keim jeder wahren Wissenschaft. Derjenige, dem dieses Gefühl fremd ist, der nicht mehr von Bewunderung ergriffen oder von Ekstase hingerissen werden kann, ist ein toter Mensch. Zu wissen, dass das, was undurchdringlich ist, dennoch existiert, sich als höchste Weisheit und strahlendste Schönheit manifestiert, die unsere stumpfen Fähigkeiten nur in äußerst primitiver Form wahrnehmen können, diese Gewissheit, dieses Gefühl steht im Kern jedes wahrhaft religiösen Sinnes.«

Zinks Mystik-Buch ist ein Alterswerk. Es atmet die Ruhe und Abgeklärtheit eines von tiefen Erschütterungen geprägten Lebens. Mit einer freundlichen Armbewegung lädt uns der Autor ein, neben ihm auf einer Bank Platz zu nehmen, den Rücken gegen die warme Wand eines Holzhauses zu lehnen und den Blick über den weiten Strand hinaus auf das Meer zu richten. Meer und Sand, Wolken und Wind – das ist eine elementare Situation, in der man zur Ruhe kommen kann. Die Wellen zu betrachten, wie sie von weither angelaufen kommen und sich wieder verlieren – das ist eine Situation, in der die elementaren Fragen in uns auftauchen: Wo kommen wir her? Wo gehen wir hin? Wer oder was wohnt hinter dem Horizont?

3. Kapitel: Den Grund in Gott finden – Mystische Suche nach Gott und Friedensfähigkeit

Es sind Fragen wie diese, die so nutzlos wie unergründlich erscheinen, und doch für unser Menschsein lebenswichtig sind. Mit ihnen hat zu allen Zeiten die Suche der Mystiker begonnen. Und Zink lädt uns ein, diesen Fragen Raum zu geben, wieder mit unseren verschütteten Empfindungen in Berührung zu kommen, Verwunderung und Staunen, Schönheit und Begeisterung zuzulassen. Er besteht darauf, dass wir alle zu solchen Erfahrungen fähig sind, ja dass sie hinter den vielfältigen Erfahrungen unserer Tage nur darauf warten, von uns wieder entdeckt und wahrgenommen zu werden. Er schreibt: »Ob wir auf unsere Erfahrungen achten, davon hängt es ab, ob unsere Welt Farben hat ... Wie hell das hellste Licht ist, das uns erreicht, und wie dunkel der tiefste Schatten, oder wie einstufig grau unsere Welt. Es gilt wohl, die Erlebniskraft eines Kindes zu bewahren und die Erfahrungskraft eines erwachsenen Menschen hinzuzugewinnen und dabei immer sensibler, aufmerksamer, hörsamer und scharfsichtiger zu werden.«[10]

Mit anderen Worten: Wieder zu den Quellen gehen, die tief in uns liegen und darauf warten, aufzuspringen. Zink verweist auf Meister Eckhart: »In unserem tiefsten Innern, da will Gott bei uns sein. Wenn er uns nur daheim findet und die Seele nicht ausgegangen ist mit den fünf Sinnen.«

Zinks Mystik-Buch ist die freundschaftliche Einladung, aus der Zerstreuung unserer Sinne wieder in uns selbst zurückzukehren. Die zehn Kapitel seines Buches gleichen zehn langen Gesprächen, in denen ein weiser und vorsichtiger Freund uns mithilfe seiner Einsichten an Grundfragen unseres Lebens heranführt. Er rät uns, auf unseren je eigenen Weg und unsere eigenen Erfahrungen zu vertrauen. Erst danach spricht er über »Jesus und das innere Reich«. Darin beschreibt er die »Gottunmittelbarkeit« dieses Menschen als »Vatermystik«. In dem nächsten Kapitel »Paulus und der innere Christus« behandelt Zink die »Christusmystik« des Apostels, die er auch »Leidens- und Auferstehungsmystik« oder »Wandlungsmystik« nennen kann.

Zink schreibt: »Es wächst also etwas in uns. Und so nötig es ist, Gott zu glauben, obgleich wir ihn nicht sehen ... so nötig ist es, diesen neuen Menschen in uns zu glauben trotz alles Dunklen in uns. Nicht alles, was in uns ist, ist uns zugänglich, und letztlich ist uns unser eigenes Geheimnis so verborgen wie das Geheimnis Gottes. Im Grund müssen wir alles, was in diesem Leben wichtig ist, glauben. Die Liebe müssen wir glauben ... Den Sinn unserer Lebensarbeit müssen wir glauben ... Wir werden allem, was wirklich wichtig ist, erst begegnen, wenn wir einmal die Augen geschlossen und sie auf der anderen Seite der Wirklichkeit neu aufgeschlagen haben werden.«[11]

Es folgt ein langes Gespräch über »die dunkle Nacht der Seele«, das heißt über die Erfahrung der Verzweiflung und Sinnlosigkeit, wo alles Helle und Freundliche uns abhanden zu kommen droht. Normalerweise schrecken wir vor solchen Erfahrungen zurück, aber die Mystiker haben sich in diese Nacht hinein gewagt und können deshalb Führerinnen und Führer für uns sein, wenn unsere schwarzen Nächte kommen. In diesem Zusammenhang zitiert Zink sehr oft die französische Mystikerin Marie Noel. Sie hat von 1883 bis 1967 in Auxerre gelebt und die dunkle Nacht der Seele besonders intensiv durchlitten. Sie schreibt: »Er, der Unbekannte, hatte mir eine Falle gestellt. Er hatte mich lange erwartet, still in der Stunde meiner größten Müdigkeit, um mich in den Schrecken meines Selbst zu stoßen und mich ohne Verteidigung den verbündeten Dämonen meines Leibes und meiner Seele auszuliefern. Monate der Hölle, Monate aller Qualen, Monate aller Tode ... Aber alles geschah in der Stille, in der Folterkammer, dem dumpffesten und stummsten Verlies der Seelenburg. Droben in den bewohnten Sälen hörte niemand etwas.«[12]

Erst nach dieser Konfrontation mit den Erfahrungen der Einsamkeit und Leere kommt Zink auf Gott zu sprechen. Er zitiert Martin Heidegger, der gesagt hat: »Gott, das ist das denk-würdigste, aber da versagt die Sprache«. Und darum schlägt Zink sechs Annäherungen vor. Er redet über Gott als die Person und als das Meer, also das spezifische Du und das ozeanische Alles. Gott ist für ihn der Ferne und der Nahe, die Fülle und das Nichts, die Höhe und die Tiefe, der Allmächtige und der Leidende, das Licht und die Finsternis.

Die kurzen Hinweise auf Zinks Werk mögen genügen, um eine erste Charakterisierung vorzunehmen: Zink bietet sich uns als Mystagoge an, als freundlicher Führer in das Geheimnis, das die Wirklichkeit Gottes ebenso umgibt wie unser eigenes Leben. Er traut also allen Menschen zu, diesen Weg zu gehen, wenn sie nur bereit sind, zur Ruhe zu kommen, die geheimsten Fragen ihres Lebens zuzulassen und sich den Bildern Gottes zu öffnen, die sich ihnen offenbaren. Die hermetische Einsamkeit Rahners ist ihm fremd. Zink wirbt für einen meditativen und kontemplativen Weg, der radikal über die vertrauten Bilder hinausgeht, die in den christlichen Gottesdiensten auftauchen. Er schreibt: »Es gibt ein Ziel, das wir mit unserem inneren Menschen erreichen, in dem alles Fragen und Zweifeln zur Ruhe kommt, nicht erst in der größeren Welt, sondern mitten im Tag auf dieser Erde: die Stille der Gegenwart vor Gott, die Stille der Ruhe in Gott, die wir »Kontemplation« nennen ... Es ist die von allem, was uns beschäf-

3. Kapitel: Den Grund in Gott finden – Mystische Suche nach Gott und Friedensfähigkeit

tigen und umtreiben mag, gelöste Betrachtung der Nähe und der Fülle Gottes.«[13]

Zink findet einfühlsame Wendungen und tröstliche Bilder, um Menschen zu ermutigen, diese kontemplative Erfüllung zu finden. Darin besteht zweifelsohne auch die große Resonanz, die der Stuttgarter Pfarrer bei vielen Menschen unserer Zeit gefunden hat.

Aber ist dieser Weg in die Stille nicht zugleich eine Ausflucht? Ein Mittel, um sich den dringlichen Probleme unserer Tage zu verweigern? Es mag sein, dass es Mitmenschen gibt, die Zink so für sich gebrauchen. Doch die Intentionen, die ihn leiten, gehen in eine andere Richtung. Der Weg in die Stille soll zugleich ein Weg in das Mitgefühl sein. »Das Mitgefühl wird eine der Tugenden der Zukunft sein. Es war sie immer, aber es wird sie in einer Unentbehrlichkeit werden, von der wir bislang kaum eine Ahnung besitzen. Das gemeinsame Leben von Mensch und Erde wird davon abhängen, ob dieses Mitgefühl unser Denken und Tun bestimmen wird oder nicht. Es äußert sich in Sorgfalt, Aufmerksamkeit, Rücksicht, Behutsamkeit, in der Fähigkeit, eigene Interessen zurückzustellen … Mitgefühl ist Ehrfurcht vor dem Wehrlosen, dem Schwachen, dem Tod Verfallenen … Mitgefühl ist der Ausgangspunkt für jeden sozialen Wandel und jeden Versuch, die Schöpfung zu bewahren und den Frieden zu finden und die Gerechtigkeit.«[14]

Es ist offensichtlich, dass Zinks Verständnis von Mitgefühl nicht nur an Albert Schweitzers Lebensmystik erinnert, sondern auch eng mit Bubers Beziehungsdenken verbunden werden muss. Zugleich belegt dieses Zitat, dass Zink ein deutliches Bild von den Gefahren hat, in denen die Menschheit heute steht. Und er hat sich auch tatkräftig an sozialen und pädagogischen Aktionen beteiligt, in denen dieses Mitgefühl zum Ausdruck gekommen ist.

Was jedoch bei ihm auffällig blass bleibt, ist die Frage nach der Gestalt von Gemeinschaft, die dieser Suchbewegung entspricht. Welche Art von Weggenossenschaft ist nötig für alle, die den kontemplativen Weg in die Stille gehen und ihrem Mitgefühl tatkräftig Ausdruck geben wollen? Braucht es nicht so etwas wie Gemeinden und organisatorische Ordnungen? An derlei Fragen ist Zink offenbar nicht sonderlich interessiert.

So ist es denn auch keine Überraschung, dass Zink sich für kirchenleitende Aufgaben nie zur Verfügung gestellt hat. Anfragen in dieser Richtung hat er stets abgewiesen. Vermutlich stand dahinter die Einsicht, dass mit der Übernahme kirchenleitender Aufgaben kirchensoziologische und -politische Probleme angegangen werden müssen, welche die Konzentration auf den Weg der Kontemplation hätten erschweren müssen.

Müssen also die Lehrer der mystischen Weisheit Einzelgänger bleiben?

3.1.3. Dorothee Sölle: Ichlos, besitzlos, gewaltlos

Von Rumi, dem berühmten islamischen Dicher-Mystiker, stammt folgende Frage: »Warum, wenn Gottes Welt doch so groß ist, bist du ausgerechnet in einem Gefängnis eingeschlafen?«

Das ist die Frage, mit der Dorothee Sölle die »Einleitung« zu ihrem Buch »Mystik und Widerstand« einleitet, eine Frage, die das Motiv des ganzen Buches bildet. Ja, warum bist du eingeschlafen? In den Kasematten der institutionellen Kirchlichkeit, in den Verliesen des intellektuellen Dogmatismus, in den Strafkolonien der organisierten Ungerechtigkeit, in den Bunkern des zwanghaften Militarismus, in dem Hochsicherheitstrakt der für absolut gesetzten Wirtschaftsordnung? Es muss doch möglich sein, aufzuwachen, aufzustehen, auszubrechen!

Sölle schreibt in ihrer »Einleitung«: »Es ist das mystische Element, das mich nicht mehr los lässt. Es ist, um es ... einfach zu sagen, die Gottesliebe, die ich leben, verstehen und verbreiten will.«[15]

Was aber ist das, die Gottesliebe? Und wie äußert sie sich? Wie wird sie real erfahrbar? Für Sölle ist Gottesliebe gegenseitig. Dass Gott uns Menschen liebt, wird als selbstverständlich betrachtet. »Aber dass diese Liebe, wie jede wirkliche Liebe, gegenseitig ist, ist selten zu hören. Dass Menschen Gott lieben, beschützen, neumachen und erretten, klingt den meisten größenwahnsinnig oder gar verrückt. Es ist aber gerade diese Verrücktheit der Liebe, von der die Mystiker leben.«[16]

Mit diesem Verständnis der Gottesliebe gewinnt Sölle eine Perspektive, in der die Mystik zu allen Zeiten auch als eine Geschichte des Widerstandes gegen alle Gestalten der Selbst- und Weltliebe, als eine Bewegung der Kritik gegen faule Anpassung und dumpfe Gewöhnung an die Verhältnisse unserer Welt erscheint. »Ich suche bei den Mystikern etwas, das ich als Gefangene der großen Maschine nicht bekomme. Mein Interesse ist nicht, die Mystiker zu bewundern, sondern mich von ihnen er-innern zu lassen und das Innere Licht täglich so deutlich wie nur möglich zu sehen: Es ist auch in mir versteckt.«[17]

Auch in mir. Und darum auch in dir. Das ist der Grund, warum Sölle davon überzeugt ist, dass die mystische Erfahrung nichts Exzentrisches, sondern etwas allgemein Zugängliches ist. Mystik lässt sich »demokratisieren«. Folglich beginnt der erste Teil »Was ist Mystik?« mit einem Kapitel, das die verblüffende Überschrift hat: »Wir sind alle Mystiker«.[18] Sölle beruft sich auf Zeugnisse von Menschen aus ganz unterschiedlichen Kulturen und Zeiten, um zu belegen, dass wir als Kinder durchaus Erfahrungen der Unmittelbarkeit gemacht haben, sei es in der Betrachtung der Natur oder in träumerischer Verzückung. Aber als Erwachsene bleiben wir unter unseren Möglichkeiten; wir lassen uns von dem bestimmen, was wir tun oder was die Gesellschaft von uns erwartet oder was »man« von uns verlangt. Die kindliche Empfindsamkeit wird wegrationalisiert, das innere Licht wird eingeschlossen, die visionäre Phantasie erstickt. Dagegen protestiert die mystische Erfahrung. Sie sucht danach, uns wieder mit dem in Fühlung zu bringen, was tief in uns darauf wartet, angerührt zu werden und über uns hinauszuwachsen.

Das ist die emphatische, himmelstürmende Gewissheit der Mystiker, dass etwas in unserer Seele ist, das über uns hinaus will. Der Moment, in dem wir dies erfahren, ist die Ekstase, was ja vom Wortsinn her nichts anderes bedeutet, als dass jemand aus sich heraustritt, die Fesseln und Zwänge und Verklemmungen eines zu eng gewordenen Daseins verlässt.

»Unio mystica«, das mystische Einssein mit Gott, ist für Sölle »die radikale, an die Wurzeln gehende Begründung der menschlichen Würde. Sie drückt sich in verschiedenen Traditionen sehr unterschiedlich aus, von der Alltagssprache der Chassidim (der weisen Lehrer im osteuropäischen Judentum) bis hin zu den erotischen Hymnen an Gott. Aber die Grunderfahrung von der Würde, Größe, Schönheit und Freude der Menschen ist die gleiche«.[19]

Dieser Ansatz – politisch gesehen ein veritabler Sprengsatz! – kommt in folgenden Sätzen sehr prägnant zum Ausdruck: »Ohne Mystik verkommt das Bild des Menschen zu einer konsumierenden und produzierenden Maschine, die Gottes weder bedürftig noch fähig ist. Von der Orthodoxie unterscheidet sich die Mystik, weil sie die Gottfähigkeit des Menschen proklamiert; von unserer rationalistischen Wissenschaftsorthodoxie, indem sie daran festhält, dass wir Gott brauchen ... Gottes zu bedürfen, bleibt des Menschen höchste Vollkommenheit.«[20]

Es geht bei dem allen also um »cognitio dei experimentalis«, um Erkenntnis Gottes aus der Erfahrung, im Experiment des eigenen Lebens und im Experiment einer Beschäftigung mit der Welt, die Gott zum Leuchten bringt. Dass dies durchaus nicht einfach ist, ja in den meisten Fällen ein mit Leiden und Qualen verbundenes Experiment bedeutet, lässt sich aus dem Leben vieler Mystiker ablesen. An dem Leben von Dorothee Sölle lässt es sich ebenfalls ablesen. Auch in der Ekstase ist Bitterkeit, wie gerade auch in der Suche nach Gott die bodenlose Qual der Gottverlorenheit begegnet. Aber besser in der Agonie als in der Narkose, besser regellos und arm als wohlbestallt und reich, besser verfolgt und frei als angebunden und festgelegt!

Mit diesen Hinweisen befinden wir uns im 2. Teil des Söll'schen Buches. Darin spricht sie von der Natur, der Erotik, dem Leiden, der Gemeinschaft und der Freude als »Orten mystischer Erfahrung«. Es sind Allerweltsorte, allen Menschen zugänglich, und darum auch Orte, in denen jeder Mensch sich selbst auf den Grund gehen und, indem er dies tut, aus dem Gefängnis ausbrechen kann.

»Als lebten wir in einer befreiten Welt«. So überschreibt Sölle den ersten Abschnitt ihres dritten Teiles, in dem es nun explizit um »Mystik ist Widerstand« geht. Im Spiegel der mystischen Alternative untersucht sie die Befestigungsringe des Gefängnisses, in welchem wir eingeschlafen sind. Der erste ist unser Ich und mit ihm Angst und Sucht. Dies ängstliche und süchtige Ich loszuwerden, ist darum eine zentrale Aussage der Mystiker, wie Sölle an Johannes vom Kreuz, Leo Tolstoi oder Dag Hammerskjöld verdeutlicht.

Der zweite eiserne Ring, der unser Gefängnis bildet, ist für Sölle der Besitz und damit die gefräßige Gier nach mehr und mehr, also Habgier, Verfügungsmacht und, damit verbunden, der Zwang zur Verteidigung des Besitzes mit immer gewaltsameren Mitteln. Darum ist der Weg in die Besitzlosigkeit der Weg in die Freiheit. Sölle zeigt dies an Franz von Assisi, an den Quäkern und ihrer Kritik an der Sklaverei, an Dorothy Day, die in den 30er Jahren des 20. Jahrhunderts die Hilfsorganisation der »Catholic Worker« für die Ärmsten der Armen New Yorks gegründet hat.

Die Mystiker haben gewusst, dass Besitzen auch Besessen-Sein bedeutet und haben darum Freiheit als radikales Loslassen interpretiert. Sie haben damit gezeigt, dass Besitz und Gewalt, also Besitzgier und gewaltsame Verteidigung des Besitzes, eng beieinander liegen. Gewalt ist folglich für Sölle die dritte Mauer, die unser Gefängnis umschließt, und Gewaltlosigkeit ein Weg in die Freiheit. »Es ist jedem denkend-fühlenden Menschenwesen zuzumuten, mindestens *ein* indisches Wort in den eigenen Sprachschatz aufzunehmen, weil es in die Weltkultur eingegangen ist und die Hoffnung auf Befreiung von Gewalt ausdrückt: Ahimsa.«[21] Damit leitet Sölle ihre Darstellung Mahatma Gandhis ein, ist dieser doch wie kein anderer im 20. Jahrhundert zum Symbol eines gewaltfreien Kampfes für Gerechtigkeit und

3. Kapitel: Den Grund in Gott finden – Mystische Suche nach Gott und Friedensfähigkeit

Freiheit geworden. »Ahimsa« ist das Fehlen jeden Verlangens zu töten. Diesem entspricht die Ehrfurcht vor der Würde und Integrität aller lebendigen Wesen und das Bedürfnis, dieser Zusammengehörigkeit zu entsprechen.

Dass die Bemühung um Ahimsa schwere innere Kämpfe einschließt, zeigt Sölle am Beispiel von Martin Luther King. Gewaltfreier Ungehorsam ist sehr viel mehr als eine soziale oder politische Strategie, sie lässt sich nur durchhalten, wenn sie aus einer tiefen Liebe kommt, die auch die Gegner umschließt. In den Worten Martin Luther Kings: »Wir werden eure Fähigkeit, uns Leid zuzufügen, durch unsere Fähigkeit, Leid zu ertragen, wettmachen. Wir werden eurer physischen Kraft mit Seelenkraft begegnen. Tut uns an, was ihr wollt, wir werden euch trotzdem lieben. Werft uns ins Gefängnis, und wir werden euch trotzdem lieben. Bombardiert unsere Häuser und bedroht unsere Kinder, und wir wollen euch, so schwer es auch ist, trotzdem lieben.«[22]

Sölles Bekenntnis zur Mystik ist Ausdruck ihrer leidenschaftlichen Liebe. Es ist mit dem verwandt, was bei Jörg Zink Mitgefühl heißt, was Metz »Compassion« nennt oder was Arnold mit »Gütekraft« bezeichnet. Ihre Leidenschaft für Gott ist zugleich Leidenschaft für die Armen und für die geplagte Schöpfung. Ihr Weg nach innen ist zugleich ein Weg nach außen. Ihre Suche nach dem Grund unserer spirituellen Kraft ist zugleich eine Suche nach den praktischen Gestalten von Gerechtigkeit und Frieden.

Und doch ist es still geworden um Teilhard und Schweitzer, um Rahner, Zink und Sölle. Sind die Impulse, die diese Pioniere einer mystischen Frömmigkeit für unsere Zeit formulieren, eben doch zu anspruchsvoll? Stoßen Rahners Nachdenken über das Schweigen Gottes, Zinks Ruf nach Mitgefühl, vor allem aber Sölles mystische Befreiungstheologie und -ethik Tore auf, die in ein allzu unbekanntes Land führen und damit ängstliche Abwehrreaktionen hervorrufen? So dürfte es wohl sein, zumal auch die etablierten Kirchen keine Räume anbieten, in denen die »Demokratisierung« mystischer Einsichten eingeübt und erprobt werden kann.

Es ist dem amerikanischen Mystiker Matthew Fox, der unter seiner, der römisch-katholischen Kirche, sehr gelitten hat, zuzustimmen, wenn er sagt: »Die Verdrängung des Mystischen durch die Kirchen ist ein schlimmer und fortwährender Skandal, der nicht länger zu ertragen ist. Weil »wir nicht wissen, wer wir sind«, wie Hildegard (von Bingen) es ausdrückte – ist die menschliche Zivilisation so müde, depressiv und phantasielos im Umgang mit Arbeitslosigkeit, Umweltverschmutzung, der verzweifelten Jugend, Ungerechtigkeit und Ungleichheit. Solch eine Zivilisation fördert im Grunde

Süchte: nach Drogen, Verbrechen, Alkohol, Konsum, Militarismus. Sie ermutigt uns, den Sinn im Leben und den Schutz vor Feinden in äußeren Stimulantien zu suchen, weil wir unsere innere Kraft so bedauerlich verloren haben … Denn eine solche Kultur weiß nichts und lehrt nichts über das Finden echter Kraft.«[23]

3.2. Gott als Grund

Also noch einmal: Warum sollte die Mystik eine so große Bedeutung für die Zukunft des Christentums haben? An Rahner, Zink und Sölle lassen sich Merkmale erkennen, die mir geeignet erscheinen, die christliche Spiritualität für die endzeitlichen Herausforderungen unserer Epoche relevant zu machen. Ich will drei Aspekte nennen:

3.2.1. Vom Gottessymbol »Höhe« zum Gottessymbol »Grund« und »Tiefe«

In der geläufigen und antiquierten Frömmigkeit wohnt Gott in der »Höhe«. Er kommt »vom Himmel hoch« in unsere irdische Welt herunter. Das »Oben« wird mit Gott assoziiert, das »Mittlere« mit der vergänglichen Welt und das »Unten« mit der Domäne des Teufels. Es gibt unzählige Lieder oder Gebete, in denen die Verbindung von Gott und Höhe verwendet wird. Über den Wolken, so wird es den Kindern vorgestellt, da soll Gott wohnen. Von dort schauen seine Engel auf uns herab.

Dieses Symbol der »Höhe« ist jedoch vielen Menschen unserer Tage nicht nur mehr unverständlich, sondern auch verdächtig geworden. Zuerst aus naturwissenschaftlichen Gründen; denn wo ist in einem ständig expandierenden Universum noch ein Oben und Unten? Ein Sitz der Götter in einem räumlich vorgestellten Himmel ist obsolet geworden. Die geläufigen theistischen Bilder sind vielen zerbrochen.

Obsolet erscheint in einem Gemeinwesen, das sich nach demokratischen Prinzipien versteht, auch die hierarchische Bedeutung einer Vorstellung, die Gott »oben« und »in der Höhe« anordnet. Die politischen Konsequenzen sind mit Händen zu greifen: Das »Höhere« war allemal besser, hochrangiger, »hoheitlicher« als das »Niedere«. Adlige ließen sich als »Hochwohlgeborene« anreden. Könige und Kaiser heißen »Majestäten«, sie wurden – und werden – mit »königliche Hoheit« angeredet. Früher haben sie ihre Herrschaft mit dem Konzept des Gottesgnadentums begründet. In kirchlichen Kreisen,

3. Kapitel: Den Grund in Gott finden – Mystische Suche nach Gott und Friedensfähigkeit

am auffälligsten in den orthodoxen Kirchen, fand dieses Denken seine Entsprechung in den Titeln kirchlicher Leitungspersonen. Es sind dann »Heilige Väter« und »Allheiligkeiten«, die an der Spitze der Hierarchien stehen. Da verwundert es nicht, dass egalitäre und demokratische oder – für den kirchlichen Raum: synodale – Strukturen sich nicht recht entfalten können.

Es ist daher von weit reichender Bedeutung, dass die Mystik die Wirklichkeit Gottes nicht nur und nicht primär mit dem Symbol der Höhe und des Höchsten beschreibt, sondern eine große Fülle von Bezeichnungen sucht, weil sie weiß, dass es für das Mysterium, das wir »Gott« nennen, ohnedies keine Namen gibt. Hervorheben möchte ich hier die Symbole der »Tiefe« und des »Grundes«[24]. Mit ihnen wird dem Gottesbild seine monarchistische Struktur entzogen; es bekommt eine anti-hierarchische und darum auch anti-patriarchalische Ausrichtung. Schon Meister Eckhart hat von Gott als dem Grund der Erde und dem Grund der Seele gesprochen, wenn er darauf insistierte, dass Gott »in unserem tiefsten Innern« bei uns sein wolle. Das tiefste Innen verweist auf den Urgrund, in welchem unser Dasein gründet. Wenn wir uns darauf konzentrieren, sind wir ganz bei Gott und zugleich ganz bei uns selbst.

Wo wir Gottes innewerden als der Kraft, die uns trägt, bekommen wir auch eine Ahnung davon, dass Gott der Grund alles Lebendigen ist. So sagt Jakob Böhme: »Mach nur die Augen auf, und du wirst sehen: Die Welt ist von Gott erfüllt.«[25]. Dorothee Sölle weist darauf hin, dass Hildegard von Bingen von der »viriditas« oder »Grünkraft« Gottes gesprochen hat, und unterstreicht, dass diese eine »mystische nicht -hierarchische Verwandtschaft aller Lebewesen, eine kosmische Verbundenheit« bewirkt.[26]

Bei dem evangelischen Mystiker Gerhard Tersteegen finden wir eine ähnliche Bildsprache. Auch für ihn ist Gott nicht der unendlich ferne, über uns thronende Gott, sondern das unermesslich »nahe Wesen«. Gott ist »die Luft, die alles füllet, drin wir immer schweben, aller Dinge Grund und Leben«. In demselben Lied verwendet Tersteegen auch das ozeanische Bild von Gott als dem »Meer ohn Grund und Ende«.[27] Diese Bilder erweitern auf eine radikale Weise unsere Möglichkeiten, von Gott zu sprechen. Sie beschränken sich nicht auf personale oder obrigkeitliche Metaphern und geben damit der Suche nach Gott neue Spielräume.[28]

3.2.2. Vom Glaubensgehorsam zum gläubigen Vertrauen

Wenn wir uns auf die Erfahrungen und die Sprache der Mystiker einlassen, kann sich auch die Art und Weise, in der wir glauben, verändern. Früher wurde in Entsprechung zu den hierarchischen, monarchischen und patriarchalen Gottesbildern der Glaube als Glaubensgehorsam aufgefasst. »Mut zeigt auch der Mameluck, Gehorsam ist der Christen Schmuck«, reimte Friedrich von Schiller, um die Glaubenszucht mönchischer Orden zu beschreiben.[29] Darin spiegelt sich die Gottesbeziehung in den Kategorien von Oben und Unten. Da gibt es Autoritäten, die vorgeben, was geglaubt werden muss, und in christlicher Demut nehmen die Gläubigen diese Lehrsätze als die Wahrheit ihres Lebens hin. »Die Voraussetzung für einen solchen autoritativen Glauben, wie er über viele Jahrhunderte typisch war, bildete eine insgesamt autoritative Sozialisation und stabile kirchliche, gesellschaftliche, familiäre Autoritäten geradezu tabuhafter vertikaler Würde, wie sie so nicht mehr gegeben sind«, stellt Haustein zu Recht fest.[30] In der Tat beobachten wir auf Schritt und Tritt, dass ein Glaube, der sich als ein fragloses Fürwahrhalten dogmatischer Sätze versteht, immer weniger zu überzeugen vermag. Wo Kirchen auf diesem vertikalen Glaubensgefüge und den sie abbildenden liturgischen Ausdrucksformen beharren und dementsprechend auf ihre monarchistischen Leitungsstrukturen nicht zu verzichten bereit sind, verlieren sie immer stärker den Kontakt zu nachdenklichen Menschen unserer Zeit. Das trifft, jedenfalls in Europa, nicht nur für die evangelischen Kirchen zu, sondern kennzeichnet auch die römisch-katholischen und orthodoxen Kirchen.

Nebenbei sei zweierlei bemerkt: Je stärker Kirchen – und andere Religionen – auf diesem dogmatischen Gefüge bestehen, desto rabiater werden sie versuchen, mystische Bewegungen an den Rand zu drängen. Insofern ist die Randstellung der Mystik ein Indiz für eine mangelnde Wandlungsbereitschaft religiöser Institutionen. Zum andern kann nicht überraschen, dass es dort, wo dogmatische Glaubenssysteme mit eiserner Strenge aufrecht erhalten werden, zu fundamentalistischen Verhärtungen kommt, welche wiederum autoritäre Leitungsstrukturen stabilisieren und nicht selten gewalttätige Aktionen gegen »Ungläubige« zur Folge haben.

Die Bedeutung der Mystik besteht darin, dass sie sich nicht primär auf Gehorsam und Demut verlässt, sondern auf Vertrauen und Nähe. Das Glauben wird zum »grounding«, zu einem Sich-Gründen, zu einer Suche nach einer unmittelbaren und liebevollen Verbundenheit. Um noch einmal an

Tersteegens Lied zu erinnern: »ich senk mich in dich herunter. Ich in dir, du in mir, lass mich ganz verschwinden, dich nur sehn und finden.« Anklänge an das erotische Einswerden mit dem/der Geliebten sind deutlich – ein weiterer Grund, der Mystiker verdächtig erscheinen lässt. Nähe, Zärtlichkeit, Verbundenheit kennzeichnen diese Art des Sich Gründens. An die Stelle dogmatischer Formeln tritt das gemeinschaftliche Schweigen, an die Stelle hierarchischer Ordnung die gemeinschaftliche Organisation. Das treffendste Beispiel sind, wie bereits beschrieben, die Quäker, die Gesellschaft der Freunde Jesu.

Diese Erfahrung des Sich Gründens verlässt sich nicht mehr auf die Vermittlung von »Heilstatsachen« von oben nach unten, sondern lässt sich auf die beständige, mühevolle, bis an Verzweiflung reichende Suche nach der gemeinschaftlichen Vergewisserung des göttlichen Heils ein. Zusammen mit den anderen »Reichsgenossen« werden die Gnadengaben der Gotteskraft entdeckt und als Quelle einer wechselseitigen Ermächtigung (»empowerment«) erfahren. Um dies mit einem Zitat des amerikanischen Mystikers Matthew Fox zu unterstreichen: Er rezensiert das Buch von Nancy E. Abrams und Joel R. Primack: The New Universe and the Human Future. How a Shared Cosmology Could Transform the World, Yale Press 2011 und beschreibt die Grundthese dieses Werkes: »It's a call for a transcendence that is not »up« so much as deep down, into the depth of things where all is dark and all is silent and beyond naming ... A call to silence. A call to depth; a call to divine Nothingness. No-thingness. Only relations.«[31]

3.2.3. Befriedung der Welt als mystische Praxis des Vertrauens

Die mystischen Erneuerungsbewegungen bedeuten einen »Symbolumbruch«[32], der nicht nur unsere Bilder von Gott auf den Kopf stellt oder besser: vom Kopf auf die Füße stellt, sondern der auch für unser Verständnis als Gemeinschaft der Glaubenden weit reichende Folgen hat. Wenn wir auf Gott als die uns tragende und bergende Kraft vertrauen, entdecken wir die Menschen um uns herum als unsere Mit-Menschen, das heißt als solche, die an dem göttlichen Geheimnis Anteil haben, auf die wir angewiesen und an die wir verwiesen sind. Darüber hinaus bekommen wir einen neuen Blick für die Welt um uns herum. Wir nehmen sie als unsere Mit-Welt wahr, also als die vor uns, mit uns und über uns hinaus geschaffene Wirklichkeit, die vom Geheimnis Gottes getragen wird. Diese Ortsbestimmung macht uns deutlich, dass die Mystiker unserer Tage nicht esoterische Einzelgänger sind. Vielmehr befassen sie sich leidenschaftlich mit der Bewährung ihrer Erfahrungen für den Frieden und das Wohl im Alltag der Welt. Um dies an einigen Beispielen zu verdeutlichen: Matthew Fox hat bereits vor fast zwanzig Jahren ein Buch mit dem Titel »The Reinvention of Work. A New Vision of Livelihood for Our Time« herausgebracht.[33] Das ist eine Arbeitsethik, welche spirituelle, sozialpolitische und ökologische Aspekte umfasst und damit einen vitalen Aspekt der Befriedung unserer Verhältnisse aufzeigt.

Ein zweites Beispiel finden wir bei Dorothee Sölle. Ihr bereits erwähntes »opus magnum« bekommt seinen besonderen Wert dadurch, dass die mystische Gotteserfahrung auf unsere alltäglichen Lebensvollzüge bezogen wird. Als »Orte mystischer Erfahrung« beschreibt Sölle Natur, Erotik, Leiden, Gemeinschaft und Freude.[34] Dies sind offensichtlich Allerweltsorte, die alle Menschen kennen und in denen sie dem göttlichen Geheimnis begegnen können. Im Durchgang durch diese alltäglichen Erfahrungsräume kommt Sölle auf den zentralen Begriff ihres Mystik-Buches zu sprechen: Widerstand. Aus den Gefängnissen unserer Welt, in denen wir uns eingerichtet haben, kommen wir nur hinaus, wenn wir drei Schritte unternehmen: Den Schritt in die Ichlosigkeit[35], will sagen die Befreiung aus dem Gefängnis unserer Individualisierung, die uns zu wehrlosen Partikeln einer globalisierten Weltunordnung macht. Dann den Schritt in die Besitzlosigkeit[36], die uns eine neue Kultur der Bedürfnislosigkeit und der souveränen Bestimmung unserer Lebensweisen eröffnen kann. Schließlich den Schritt in die Gewaltlosigkeit[37], wie bei Mahatma Gandhi oder Martin Luther King Jr. zu lernen ist.

Das sind anspruchsvolle Schritte, die einzuüben eine Praxis der Befriedung, des »peace building« herbeiführt. Aus der selbstgefälligen und selbstgerechten und dann eben auch auf sich selbst verkrümmten Beschäftigung mit dem eigenen Ich herauszufinden, eröffnet Möglichkeiten, die Gemeinschaft mit allem, was uns umgibt, als etwas Belebendes und Herausforderndes zu erfahren. Besitzlosigkeit befreit von Habgier und Neid, den beiden Wurzeln aller sozialen Übel. Wer sich durch seinen Besitz in Sicherheit wiegen will, wird unweigerlich bei der Androhung und Anwendung von Gewalt enden.[38] Sölles mystische Theologie enthält damit auch eine mystische Ethik und einen ausgeprägten Pazifismus. Ihre Leidenschaft für Gott ist zugleich Leidenschaft für die Armen und die geplagte Schöpfung. Ihre Suche nach dem Grund unserer spirituellen Kraft ist zugleich eine Suche nach den praktischen Gestalten einer Befriedung unserer Welt.

Ein drittes Beispiel finden wir in den Werken von Leonardo Boff. In seinem Buch »Die Erde ist uns anvertraut«[39] schreibt der brasilianische Theologe: »All diese Überlegungen haben zum Ziel, eine neue Liebe und ein überwältigendes Gefühl der Ehrfurcht für die Erde zu erwecken … Unser Schicksal ist an das ihre geknüpft. Und weil wir Erde sind, wird es ohne die Erde keinen Himmel für uns geben … Die Heilung der Erde wird das Ergebnis einer neuen Praxis sein, die von der Logik des Herzens, der Sorge, dem Mitleid, der Mitverantwortung, der empfindsamen Vernunft und der spirituellen Intelligenz geprägt ist.«[40] In neun Kapiteln entfaltet Boff die »Option für die Erde und die Dringlichkeit der Ökologie«, und sie enden in einer Art mystisch-kosmischer Eucharistiefeier.[41]

So bringt er die sakramentale Dimension unserer Verantwortung für die Erde zum Ausdruck.

3.3. Schlussfolgerungen

Was ich hier über die Mystik geschrieben habe, sind auch wieder nur Annäherungen. Aber sie können uns vielleicht helfen, noch einmal auf die eingangs erwähnte These, dass eine Wiederkehr der Mystik über die Zukunft Christentums entscheide, zurückzukommen. Bietet sie wirklich eine Glaubenspraxis an, die unserer beispiellosen Weltlage gerecht werden und zum Aufbau einer »alternativen Moderne« (Ulrich Beck) beitragen kann?

Es ist ja zu berücksichtigen, dass auch Sölle, Fox oder Zink einen ständigen Austausch mit Mystikern aus längst vergangenen Jahrhunderten pflegen. Sie beziehen sich also auch immer wieder auf »vormoderne« Autorinnen und Autoren. Ja, man könnte sogar so weit gehen zu sagen, dass sie manchmal in der Gefahr sind, die jeweiligen historisch und weltanschaulich bedingten Vorstellungshorizonte ihrer Gewährspersonen zu übersehen. Auch das mystische Denken steht vor der Aufgabe, sich der präzedenzlosen Situation, in der sich die Menschheit heute befindet, zu stellen. Es ist also durchaus nicht so, dass mit einem Rückgriff auf mystische Traditionen die vor uns liegenden Probleme aufgehoben sind.

Dies vorausgeschickt, lassen sich doch einige charakteristische Merkmale nennen, die uns weiterhelfen können:

Ich nenne zuerst den Mut und die Furchtlosigkeit, mit denen sich Mystikerinnen und Mystiker den Gefahren, Bedrohungen und Versuchungen ihres Weges in das göttliche Geheimnis aussetzen. Sie lassen die laute, vielstimmige Betriebsamkeit der vertrauten Liturgien und Litaneien hinter sich, sie lassen sich auf das »stille Geschrei« eines schweigenden und rätselhaften Gottes ein. Das ist eine Art von Mut, die ihre Verzweiflung immer ganz nah bei sich hat, eine Furchtlosigkeit, die alle Schrecken kennt, eine unbedingte Wahrhaftigkeit, welche das Leid nicht verdrängt. Anders gesagt: Es ist der Mut einer Liebe, die immerfort ihr Scheitern riskiert. Dieser Mut der Liebe bewährt sich, wie ich meine, in den Spielformen des Widerstandes, die bei Sölle eine zentrale Rolle spielen. Es geht darum, sich nicht zu gewöhnen, um auf den Titel eines anderen Buches von Sölle anzuspielen[42], das heißt weder den Versprechungen der Einkaufszentren und Konsumtempel zu folgen, noch der lähmenden Hilflosigkeit nachzugeben, die sich angesichts so vieler unlösbar scheinender Probleme bei vielen ausbreiten. Widerstand ist eine Ausdrucksform der göttlichen Geisteskraft, eine Kraft von Ostern, und damit eine Voraussetzung für eine unerschrockene Beschäftigung mit den Gefahren unserer Zeit.

Ich habe gesagt, dass es um die mystische Erneuerung, die sich zum Beispiel in den Büchern von Sölle und Zink im deutschen Sprachraum zu Wort meldete, still geworden ist. Oder sollte ich sagen, dass man sie tot zu schweigen versucht? (Dass es andernorts rabiate Versuche gibt, mystische Bewegungen abzutöten, wurde bereits erwähnt.) Der Häresie-Verdacht ist, mehr oder minder ausgesprochen, stets präsent. Und in der Tat hat die Mystik eine subversive Energie, weil sie Wege zu beschreiten wagt, die für alle »orthodoxen« Instanzen zutiefst beunruhigend sind. Aber gerade diese Energie enthält auch die Möglichkeit, neue Wege für eine der Erde zugewandte Frömmigkeit aufzuspüren. Das geschieht, sozusagen auf negativem Wege, durch die Ablösung obsolet gewordener Gottesbilder. Damit wird zugleich allen patriarchalen und hierarchischen Denkmustern und Institutionen ihre exklusive Geltung entzogen. Das geschieht aber positiv dadurch, dass sie viele Menschen ermutigt, neue, trans-theistische und trans-personale Gottesvorstellungen zuzulassen und unerwartete Symbole zu finden, in denen sie ihr Vertrauen auf einen verlässlichen Grund ihres Lebens zum Ausdruck bringen können.

Exkurs: Im November 2010 hat die Vollkonferenz der Union Evangelischer Kirchen (UEK) ein Memorandum ihres Theologischen Ausschusses zum Thema »Mit Gott reden – von Gott reden« angenommen und zur Veröffentlichung gebracht.[43] *Das Anliegen dieses Votums besteht darin, den Menschen unserer Tage eine persönliche Beziehung zu Gott und ein personales Gottesbild plausibel zu machen. Es ist anzuerkennen, dass sich das Memorandum um eine einfühlsame und verständliche Sprache bemüht. Im Ganzen aber überwiegt das apologetische Interesse. Einen breiten Raum nimmt die Darstellung der biblischen Vorstellungen von dem Personsein Gottes ein (Teil 2: Gott als Person in der biblischen Überlieferung, S. 37–80 von insgesamt 141 Seiten). Der 4. Teil dient der Entfaltung der »trinitarisch-personale(n) Rede von Gott« (S. 109–130). In dem 3. Teil wird der Begriff »Person« als »Bildwort für Gott« vorgestellt. In diesem Zusammenhang werden Versuche, über eine personale Gottesrede hinaus zu gelangen, sehr kursorisch und oberflächlich referiert. (S. 95–101) Dabei fällt auf, dass die mystischen Formen der Gotteserfahrung und -rede nicht einmal erwähnt werden, obwohl sie doch einen breiten Raum in der christlichen Überlieferung einnehmen und in jüngster Zeit wieder lebhaft diskutiert worden sind, wie ich an Rahner, Zink und Sölle exemplifiziert habe. An dieser auffälligen Unterlassung zeigt sich das apologetische Interesse am deutlichsten.*

Warum aber besteht das Votum der UEK auf der personalen Beziehung zu Gott? Und warum ist dies eine unnötige Verengung? Grundsätzlich geht es dem Theologischen Ausschuss der UEK darum, den Glauben an Gott als ein inniges kommunikatives Geschehen zu beschreiben, das den Gläubigen Lebensmut und Zuversicht gibt. »Gott ist ein Du«, heißt es darum in dem einführenden Kommentar von Michael Beintker (15) – ein Satz, der unmittelbar an Buber anknüpft und der, wie wir gesehen haben, auch für das mystische Denken konstitutiv ist. Die Verengung in der Argumentation des Votums besteht allerdings darin, dass die Qualität des Dialogischen und Beziehungsvollen in diesem »Du« Gottes exklusiv mit personalen Kategorien und Metaphern ausgesagt werden soll. Das ist ein unnötiger Anthropozentrismus. Denn es sind durchaus nicht nur Personen, die uns anreden und mit denen sich Beziehungen ergeben. Die Gotteserfahrung der Mystiker belegt, dass auch Dinge und Sachverhalte für uns Menschen eine dialogische Relevanz erhalten können, so dass durch sie hindurch Gott für uns offenbar wird. Sie könnten sich zum Beispiel auf Ps. 19 berufen, wo es heißt: »Die Himmel erzählen die Ehre Gottes, und die Feste verkündigt seiner Hände Werk. Ein Tag sagt's dem andern, und eine Nacht tut's kund der andren, ohne Sprache und ohne Worte …« Dieser Psalm macht klar: Das unbedingte Du, das wir Gott nennen, eröffnet sich uns auch in transpersonalen Beziehungen, tritt uns in dialogischer Direktheit auch in dem Gesang der Himmel und den Rhythmen der Erde entgegen.

Freilich kann diese Offenheit für transpersonale, ja kosmische Gottesbegegnungen zu esoterischer Beliebigkeit führen, wenn sie nicht immer wieder mit den personalen Beziehungen und Bildern, mit denen wir Menschen uns als Personen an Gott wenden, zusammengeführt werden. Wir können als Menschen nur menschlich zu Gott und von Gott reden. (Dass damit auch bestimmte Ausprägungen der Gottesrede, die für die Bibel typisch sind, wie etwa die Rede von Gott in männlichen und patriarchalischen Bezügen, kritisch reduziert werden können, macht das »Votum« unter dem Einfluss der feministischen Theologie deutlich.) Und wir können darauf vertrauen, dass Gott für unser Reden empfänglich ist und auf es antwortet. Aber damit ist keineswegs bestimmt, dass wir Gott exklusiv als Person denken müssen oder dass Gott nicht jenseits unserer menschlichen Erfahrung als eine transpersonale Wirklichkeit vorgestellt werden dürfte. Die Mystiker haben jedenfalls den Mut gehabt, waghalsiger und riskanter von Gott und zu Gott zu reden.

Was mir besonders auffällt, ist die Tatsache, dass das »Votum« der UEK sich nicht ernsthaft mit den massiven, endzeitlichen Bedingungen unserer Zeit befasst, welche jede Gottesrede noch einmal auf neue und ökumenische Weise herausfordert. Und dieses Manko verstärkt die Harmlosigkeit und Provinzialität dieser Stellungnahme.

Der mutige Weg in das schweigende Geheimnis Gottes, den die Mystik beschreibt, macht sie auch fähig, die Endzeitmacht, welche für die Menschheit von heute charakteristisch ist, zu unterlaufen. Er vermittelt einen Orientierungsrahmen, der auch diese Mächtigkeit transzendiert und ihr damit jedwede religiöse Legitimation entzieht. Er vermittelt aber auch einen Grund, der unsere beispiellose Ohnmacht auffangen kann. Und damit sind wir auch unserem Versagen und dem massenhaften Leid nicht hilflos ausgeliefert.

Tritt die mystische Gotteserfahrung in Widerspruch zu der »Beziehungserfahrung« von Martin Buber, von der im 2. Kapitel die Rede war? Lassen sich die trans-theistischen und trans-personalen Gottesbilder mit der Betonung des dialogischen Denkens, dem Buberschen »Du« verbinden? Ich meine, dass dies durchaus der Fall ist. Buber hat sich nicht nur intensiv mit der christlichen und dann mit der jüdischen Mystik (im Chassidismus) beschäftigt, er hat auch nach seiner förmlichen Absage an die Mystik grundlegende mystische Ansätze beibehalten. So schreibt Dorothee Sölle: »Er (Buber) kritisierte Jenseitigkeit und Weltflucht, spirituelle Selbstsucht und eine Art gnostischer Intellektualisierung der Religion. Aber gerade in der Diesseitigkeit, in der Gott in unvorhersehbarer Weise begegnet, steckt der weiselose Gott der Mystik. Gerade in der Betonung des Jetzt, des Nun, in dem Gott nichts anderes ist als die reine Aufmerksamkeit für das Nun, steckt die mystische Auffassung der Zeit als Gegenwart ... Der Chassidismus hat ihm gegen die falsche Mystik geholfen und zugleich eine wahre, eine demokratische Mystik des Alltags eröffnet.«[44] **Es geht darum, diese »demokratische Mystik des Alltags« als eine Energie des subversiven Widerstands wahrzunehmen und durchzuhalten.**

Es war diese Energie, die den früheren Generalsekretär der Vereinten Nationen, Dag Hammerskjöld, in seinen Friedensbemühungen vorantrieb.[45] Und diese Energie werden wir dringend brauchen, wenn wir es mit der Befriedung der Welt ernst meinen.

Und was bedeuten diese Überlegungen für die ökumenische Bewegung? Ist eine Erneuerung der Kirchen aus mystischen Quellen auch eine Erneuerung der weltweiten Gemeinschaft? Wenn ich noch einmal auf Philip Jenkins' Buch »The Next Christendom« zurückkommen darf, liegt die Folgerung nahe, dass dies nicht der Fall sein wird. Jenkins macht m. E. überzeugend klar, dass die Formen des christlichen Glaubens, die sich in Afrika, Asien, Mittel- und Südamerika ausbreiten, enthusiastisch, biblizistisch und fundamentalistisch geprägt sind. Das heißt zugleich, dass sie anti-mystisch sind.

Zum andern habe ich verschiedentlich darauf hingewiesen, dass die mystischen Aufbrüche und Bewegungen auf das Misstrauen patriarchaler und hierarchischer Kirchenstrukturen stoßen. Da es nun aber zumeist die Vertreter dieser Strukturen sind, welche die ökumenischen Einrichtungen, wie z. B. den Ökumenischen Rat der Kirchen, leiten, so kann davon ausgegangen werden, dass die Stimmen der Mystiker in ihnen kein Gehör finden.

Und drittens habe ich im Anschluss an die Ausführungen zu Rahner darauf hingewiesen, dass sie sich auf die Welt der Macher bezieht, nicht jedoch auf die der Opfer, wenn ich das einmal so vereinfachend ausdrücken darf. Im Gegenüber dazu bietet das Christentum, das Jenkins beschreibt, den Armen und Ausgelieferten eine Heimat. Damit wird die geheime Trennungslinie sichtbar, welche zwischen den Kirchen in den reichen Regionen der Erde und denen in den armen verläuft.

Wo also liegt die Zukunft des Christentums? Wenn man auf die Statistiken schaut, bei denen, die Jenkins beschreibt. Aber ist dies ein Christentum, welches den Menschen angesichts ihrer Endzeitlichkeit eine Zukunft gibt?

Zweiter Teil:
Leitbilder

4. KAPITEL

»We live on images«
Robert J. Lifton

Menschen des Friedens?[1]

Warum, wenn Gott gut ist, ist der Mensch so böse?

Es war von dem Gott des Friedens und der Befriedung der Welt die Rede. Und davon, dass dieser Gott die Menschen mit seinem Wohlgefallen anschaut, begabt und begnadet. Doch warum sind wir Menschen so unfriedlich, rachsüchtig, kriegerisch und grausam? Warum fällt es uns so schwer, Menschen des Friedens zu sein? Im Eingangskapitel habe ich die beispiellose Situation, in der wir uns heute befinden, skizziert und auf den absurden Zustand verwiesen, dass es den Menschen gelungen ist, so viel Macht anzuhäufen, dass sie sich selbst vernichten und die Bedingungen für das organische Leben auf der Erde gravierend beschädigen können. Ich habe auch erwähnt, dass die Menschheit (noch) nicht gelernt hat, mit dieser Endzeitmacht – die ja auf ihrer Unterseite eine ungeheure Ohnmacht begründet – produktiv umzugehen. Wir haben uns gleichsam zu Geiseln unserer technischen Errungenschaften und Produkte gemacht. Das hat es noch nie gegeben. Wir müssen uns neu erfinden, wenn ich das einmal so großspurig sagen darf.

Wenn es zutrifft, dass der Friede – verstanden als eine verträgliche und nachhaltige Art des Umgang miteinander und mit den Lebensformen dieser Erde – die Bedingung unseres Überlebens geworden ist, dann müssen wir uns fragen: Wie werden wir zu Menschen des Friedens? Wie bringen wir es fertig, unser kriegerisches Erbe zu überwinden und mit dem peace-building ernst zu machen?

Um Antworten auf diese Fragen geht es in den folgenden Kapiteln. Zuvor aber will ich der Frage nachgehen, warum wir so geworden sind, wie wir heute sind. Ich will daher einen Blick auf die Bilder und Vorstellungen vom Menschen werfen, die für unser Denken in der westlichen Welt am einflussreichsten geworden sind. Dass diese Ausführungen laienhaft und unvollständig sein müssen, sei ausdrücklich unterstrichen.

4.1. Der Mensch – wenig niedriger als Gott?

»Wenn ich sehe die Himmel, deiner Finger Werk, den Mond und die Sterne, die du bereitet hast; was ist der Mensch?« So fragt der berühmte Psalm 8 vor mehr als 2500 Jahren, und schon damals war die Frage nicht neu. Seit Menschen aufrecht gehen und den Kopf in den Nacken legen können, haben sie mit Schaudern und Staunen zu dem unermesslichen Heer der Sterne emporgeblickt. Wo kommen sie alle her? Wer hat sie auf ihre Bahnen gesetzt? Wer weist ihnen ihren Weg? Mit Entsetzen werden sie die Sternschnuppen beobachtet haben, die über den nächtlichen Himmel huschten. Mit Spannung und Grausen dürften sie Kometen betrachtet haben, die wie unheimliche Gäste die Kreisläufe der Sterne durchkreuzten. Es mussten mächtige Götter sein, die diese ungeheuerlichen Mächte hervorgerufen und ihnen ihre Bahnen gewiesen hatten. Sicher ist die Sternkunde eine der ältesten Wissenschaften der Menschheit. Schamanen und Priester dürften ihre wichtigsten Lehrmeister gewesen sein.

Auch wenn mein Augenmerk auf das Menschenbild dieses Psalms gerichtet ist, soll nicht unerwähnt bleiben, dass dieses Lied ein Gottesbild erkennen lässt, welches die numinosen und vergöttlichenden Betrachtungen der Himmelskörper deutlich kritisiert. Die Gestirne werden als das »Fingerwerk« Gottes bezeichnet. So wunderbar sie auch sein mögen, es kommt ihnen keine eigenständige göttliche Bedeutung zu. Diese gilt allein dem »Herrscher«, dessen Lob in allen Landen herrlich ist.

Doch diese Kritik der Götter steht nicht im Vordergrund von Psalm 8. Seine eigentliche Frage gilt der Rolle und Bedeutung der Menschen angesichts der überwältigenden Gestirne, dem periodisch wechselnden Mond und der glühenden Sonne. Was ist der Mensch vor einem Gott, der den Lauf der Gestirne in seinen Fingern hält? Die Antwort, die man erwartet, sollte sein: Nichts ist der Mensch. Ein Staubkorn. Ein Grashalm, der am Morgen blüht und am Abend verdorrt ist.

Umso überraschender aber ist, was dann kommt: »Du hast ihn wenig niedriger gemacht als Gott!« (Jüdische Ausleger sprechen hier nicht von Gott, sondern von den »Elohim«, den Engelwesen, die Gott umgeben.) »Mit Ehre und Herrlichkeit hast du ihn gekrönt.« Und diese herrscherliche Geltung wird nun hymnisch entfaltet: »Du hast ihn zum Herrn gemacht über deiner Hände Werk, alles hast du unter seine Füße getan: Schafe und Rinder allzumal, dazu auch die wilden Tiere, die Vögel unter dem Himmel und die Fische im Meer, und alles, was die Meere durchzieht.« (Verse 7–9)

4. Kapitel: Menschen des Friedens?

Es ist offensichtlich, dass dieser Psalm in die Nähe des Schöpfungsberichtes aus dem 1. Mosebuch gehört. Auch dort empfangen die Menschen die Vollmacht, die Erde zu »füllen«, sie sich untertan zu machen und über die Fische im Meer, die Vögel unter dem Himmel und alles Getier auf der Erde zu herrschen. Aber woher kommt dieser herrscherliche Überschwang? Wie kamen die Menschen, die diesen Psalm sangen, dazu, sich eine solche Sonderstellung zuzuschreiben? Welche Entdeckungen und Erfahrungen gaben ihnen Anlass, sich in die Nähe der Gottheiten zu stellen?

Ich sehe in diesem Überschwang einen Ausdruck für kulturelle, ökonomische und sozio-politische Umwälzungen, welche die Menschen jener frühen Epoche ungeheuer erregt und beflügelt haben müssen. Schafe und Rinder ließen sich zähmen! Man konnte sie opfern, töten und – essen! Auch die wilden Tiere waren vor den Pfeilen der Jäger nicht länger sicher, sogar die Fische im wilden Meer ließen sich fangen. Menschen lernten, Wasserflüsse zu leiten und zu dirigieren. Städte wurden gebaut, Reiche gegründet.

Nicht länger sahen sich die Menschen den Unbilden der Elemente hilflos und schutzlos ausgeliefert. Sie waren nicht länger nur Spielball der Naturgewalten. Die Natur ließ sich zügeln! Das nomadische Umherziehen und das mühselige Geschäft des Überlebens fanden ein Ende, wo feste Städte gegründet und durch Wälle geschützt werden konnten.

Die Entdeckung der Beherrschbarkeit der Natur muss eine ungeheure Faszination ausgelöst haben.

Vielleicht ist es nicht zu weit hergeholt, den überschwänglichen Ton von Psalm 8 für eine Spiegelung der Umwälzungen zu halten, die heute mit dem Begriff der »neolithischen Revolution« bezeichnet werden. Damit werden die Entwicklungen benannt, die zu komplexeren sesshaften Gesellschaften mit Ackerbau und Viehzucht, mit Vorratshaltung, Keramikherstellung, Städtebau und Reichsgründungen, aber auch – und nicht zuletzt! – mit Zentren für Opferrituale und religiöse Zeremonien geführt haben. Gewiss ist der Begriff »Revolution« aus heutiger Sicht missverständlich, weil wir damit rasche, umstürzlerische Wandlungen benennen. Was damals im Neolithikum vor sich ging, umfasst etwa 5000 Jahre. Aber das ist dann doch wieder eine relativ kurze Zeitspanne, wenn man sie auf dem Hintergrund der Alt- und Mittelsteinzeit sieht, für die etwa zwei Millionen Jahre veranschlagt werden. So gesehen, haben im Neolithikum geradezu sprunghafte Umwälzungen stattgefunden.

Diese Hinweise sind sehr kurz, möglicherweise zu kurz. Ich will mit ihnen auf das einzigartige Phänomen aufmerksam machen, dass fast zur gleichen

Zeit große Kulturen am Nil, im Zweistromland, in Anatolien und der Levante, aber auch in China, Indien, Zentral- und Südamerika entstanden sind. Im Gefolge dieser Umwälzungen bildeten sich auch die bis heute einflussreichen religiösen und philosophischen Deutungssysteme der Menschheit heraus. Bekanntlich hat Karl Jaspers dafür den Begriff der »Achsenzeit« vorgeschlagen.[2]

Psalm 8 sowie die Schöpfungsgeschichten im 1. Mosebuch gehören offensichtlich zu diesen Deutungssystemen. Was in dem Psalm als Faktum beschrieben wird, erscheint in der Schöpfungsgeschichte als göttlicher Auftrag. In beiden Versionen geht es um die Unterwerfung und Beherrschung der Natur, die aus heutiger Sicht immer noch sehr prekär gewesen sein dürfte. Und das Wichtige ist, dass diese Machtfülle mit einer religiösen Sanktionierung begründet wird. Das »Fingerwerk« Gottes ist in die Hände der Menschen gegeben. Die Vorstellung von einem »Handwerker-Gott« (Deus faber) bildet den Rahmen für den Menschen als Macher, als homo faber.

Wie gesagt, die Entdeckung der Beherrschbarkeit der natürlichen Umwelt entfaltet ihre eigene und unwiderstehliche Faszination. Sie beflügelt die Phantasie und setzt neue wissenschaftliche Entdeckungen und Kulturtechniken aus sich heraus. Und jeder Erfolg wirkt wie ein Tropfen Öl, der in das Feuer der Faszination gegossen wird, so dass in relativ kurzer Zeit hochkomplexe Kulturen mit großer Ausstrahlung und imperialen Ansprüchen entstehen konnten.

Was also ist der Mensch? Wenig niedriger als die Elohim Gottes! Die Sonderstellung der Menschen im Gegenüber zu der Natur wird als herrscherliche Vormachtstellung definiert. Das ist der Kontext, in dem der Gedanke der »Gottebenbildlichkeit« des Menschen überhaupt erst gedacht werden kann. Dass die natürliche Umwelt sich von imperialen Herrschern ordnen lässt, dass die Töpfer aus dem Ton der Erde Gefäße und Figuren formen können, dass Handwerker aus allerlei Materialien Werkzeuge und Kunstgegenstände zu bilden fähig sind, das alles sind Erfahrungen, die das Bild von Gott als einem herrscherlichen Macher ermöglichen und veranschaulichen. So ist die »Menschenebenbildlichkeit« Gottes die Kehrseite der »Gottebenbildlichkeit« der Menschen. »Imago Dei« und »imago hominis« spiegeln sich. Darum ist Klaus-Peter Jörns zuzustimmen, wenn er von einer »funktionalen Gottebenbildlichkeit« spricht[3] und feststellt: »Damit wird ausgesagt, wie sich der Mensch in seiner Umgebung versteht: Gott ähnlich.«[4] Das Moment, das diese Korrelation begründet, ist die Verfügungsmacht über die Natur und die Vollmacht zum Töten von Tieren, wie sie der Noahbund (Gen 9,2) ausdrücklich festhält.⁵ Damit wird die Gewalt zum Merkmal der Gottebenbildlichkeit, ein furchtbarer Gedanke, der nicht nur in der feministischen Theologie reflektiert worden ist.

So ist es auch kein Zufall, dass Psalm 8 mit der Akklamation beginnt und endet: »Herr, unser Herrscher, wie herrlich ist dein Name in allen Landen!« Die dreimalige Betonung des Herrscherlichen präfiguriert die herrscherliche Herrlichkeit der Herren der Welt.

Allerdings ist auch zu unterstreichen, dass diese Akklamation eine einschränkende Klammer für die Ermächtigung der Menschen darstellt. Sie insistiert auf der Begrenzung menschlicher Mächtigkeiten. Darum ist sich das alte Israel, das diesen Psalm geschaffen und gebetet hat, immer darüber im Klaren gewesen, dass auch der Mensch, ungeachtet seiner Machtfülle, eines der »Fingerwerke« Gottes unter den vielen anderen bleibt. »Wir sind Ton, du bist der Töpfer, und wir sind alle deiner Finger Werk«, heißt es in Jesaja 64,7. Dem entspricht, wie Israels Schöpfungsmythos unmissverständlich betont, dass die Menschen von der Erde sind und folglich wieder zu Erde werden müssen (Gen 2,7 und 3,19). Sie bleiben auf Gottes Lebenskraft angewiesen, alle Mächtigkeiten verdanken sie ihm und müssen diese auch vor ihm verantworten.

In der Botschaft Jesu spiegelt sich diese Auffassung wider. Dass die Menschen mehr (wert) sind als die Vögel, stellt Mt 6,26 fest. »Ihr seid besser als viele Sperlinge«, heißt es in Mt 10,31. »Wie viel mehr ist nun ein Mensch als ein Schaf!« sagt Jesus in Mt 12,12. Die Superiorität des Menschen wird nicht in Frage gestellt, sie verbindet sich allerdings bei Jesus mit der Mahnung, sich nicht um sich selbst zu sorgen, sondern auf die fürsorgliche Kraft Gottes zu vertrauen.

Ein anderes bedeutsames Korrektiv besteht in der engen Verbindung von Mensch und Erde, das in der Hebräischen Bibel immer wieder begegnet. Adam, der Erdling, ist der adamah, der Erde, entnommen. Daraus folgt, dass die Erde in Mitleidenschaft gezogen wird, wenn sich ihre Bewohner an ihr vergehen. Sie rebelliert, wenn die Ungerechtigkeit der Menschen überhandnimmt. Sie antwortet mit Segen auf ein gesetzestreues Verhalten. Im 26. Kapitel des 3. Mosebuches wird dieser Zusammenhang sehr plastisch beschrieben.

Das sind starke Korrektive gegen die Faszination der Macht. Aber die Grundannahme, dass dem Menschen eine Sonderstellung zukommt und dass diese Sonderstellung als Vormachtstellung verstanden werden muss, wird durch sie nicht in Frage gestellt.

Freilich müssen wir berücksichtigen, dass es den biblischen Schriften vollkommen unvorstellbar war, diese Vormachtstellung könne dahin führen, die Lebensrhythmen der Erde selbst zu gefährden. Man wusste im alten Israel, dass menschliches Leben immer von den unberechenbaren Mächten der Natur, von Dürren oder Überschwemmungen, von Pest und anderen Übeln bedroht war. Und man hielt die Unerschöpflichkeit der natürlichen Vorräte für selbstverständlich. Für den Bau des salomonischen Tempels wurden im Libanon viele stolze Zedern gefällt. Doch dass dieser Wald – oder überhaupt ein Wald – einmal vollständig abgeholzt werden könnte, blieb unvorstellbar. Dieses Wissen trennt uns als Leser dieses Psalms radikal von denen, die ihn zuerst gesungen haben. Dieses Wissen sollte uns auch zur Vorsicht mahnen, dieses Lied nicht allzu vollmundig nachzusingen. Aber in welchen Gottesdiensten und Predigten geschieht das?

Psalm 8 betont, dass die Verherrlichung Gottes die Klammer für des Menschen Herrlichkeit bildet. Doch was geht vor sich, wenn diese Klammer entfällt? Wenn Gott nicht mehr als der absolute Bezugspunkt geglaubt wird?

Dann bleibt der Mensch mit seiner Sonderstellung auf sich selbst bezogen. Das »wenig niedriger als Gott« verwandelt sich in ein »auf jeden Fall höher und mächtiger als alles andere«. Die Verantwortung Gott gegenüber entfällt; der Mensch wird Gott gleich. Wenn die Unterordnung unter den Schöpfer entfällt, hört die Faszination der Macht nicht auf. Im Gegenteil, sie wird hemmungsloser; denn sie wird von keinem Vorbehalt gefesselt und schuldet niemandem Rechenschaft.

Es ist viel darüber gestritten worden, ob der »Herrschaftsauftrag«, der in dem biblischen Schöpfungsmythos an die Menschen ergeht, ein entscheidendes Grundmotiv für die umfassende Bemächtigung der Welt durch die Menschen in der Moderne darstellt.[6] Man muss kein christlicher Apologet sein, um diese These nur eingeschränkt gelten zu lassen. Man kann der Bibel nicht zur Last legen, dass der moderne Mensch sich selbst absolut gesetzt hat. Aber es ist auch nicht von der Hand zu weisen, dass Texte wie Psalm 8 oder Genesis 1 und 2 einflussreiche Leitbilder für die Sonderstellung der Menschen im Gegenüber zur Erde und ihren Lebewesen darstellen. Und Leitbilder haben eine außerordentlich starke Wirkung auf menschliches Verhalten, auch dann noch, wenn die ursprüngliche Zuordnung undeutlich geworden ist.

Darum blieben die biblischen Leitbilder in der Ideengeschichte der europäischen Kulturen lebendig. Doch es muss hinzugefügt werden, dass sie sich mit anderen Leitbildern verbanden und so neuen Einfluss gewannen.

Im ausgehenden Mittelalter und in der Renaissance wurden die Weichen für die Epoche gestellt, an deren gefährlichem Ende wir uns heute befinden. Damals wurde auf breiter Front das Erbe der antiken Welt wieder aufgegriffen. Damals kam es nicht nur zu der Rezeption der griechischen Philosophen, sondern auch das Römische Recht setzte sich durch. Bis in unsere Zeit bestimmt es unsere Rechtsprechung.[7]

Worauf ich hinaus will, ist dies: Das Römische Recht vermittelt ein Menschenbild, welches das biblische überlagert hat. Es verschärft zum Beispiel seine patriarchalische Struktur. Dem männlich gedachten Herrscher- und Vatergott der Bibel entsprach im Römischen Imperium der Mann als absoluter Herr seiner Güter und »pater familias«. Was in Gen 1,28 über das »dominium terrae« gesagt war, wurde mit der römischen Vorstellung von »dominium« gleichgesetzt. Damit aber kam es zu gewichtigen Bedeutungsverschiebungen. Während nach biblischer Sicht die Erde und alle ihre Dinge dem Schöpfergott zu Eigen sind, sind die Erde und alle Dinge nach römischer Vorstellung »herrenlose« Güter. Wo die Bibel mit Nachdruck die Nähe der Menschen zur Erde betont, basiert das Römische Recht auf dem dinglichen Gebrauchscharakter der Erde, die folglich nach »occupatio«, also Inbesitznahme durch den Herren, verlangt. (Damit waren sogar Frauen und Kinder, von Sklaven nicht zu reden, der absoluten Verfügungsmacht des »Hausherrn« unterstellt.)

Was mich hier besonders beschäftigt, ist das Menschenbild, das diesem Rechtsbegriff zugrunde liegt und von ihm bestärkt wird. Es orientiert sich vornehmlich an dem Herrenbild, und dieses ist nur im Gegenüber zu der Welt der Sachen denkbar. Zum Begriff der menschlichen Person gehört also die Verdinglichung der Welt; die Mächtigkeit der Person ist primär als Verfügungsgewalt über die Welt der Sachen gedacht. Daraus ergibt sich, dass Wert und Geltung einer Person danach bemessen werden, wie viele Dinge ihr zu eigen sind. Macht und Eigentum treten zusammen, damit die Verfügungsgewalt gewährleistet bleibt. Dass es damit unweigerlich zu Streitfällen und kriegerischen Auseinandersetzungen kommt, ist offensichtlich.

Ich habe den Eindruck, dass die Reichweite dieser inhaltlichen Verschiebung des jüdisch-frühchristlichen Menschenbildes durch römische Einflüsse nicht genug bedacht wird. Dabei hat sie die Dynamik der letzten fünf Jahrhunderte, in denen europäische Mächte eine globale Vormachtstellung

2. Teil: Leitbilder

errungen haben, nachhaltig beeinflusst. Ich will das nur an zwei Entwicklungen verdeutlichen.

Zuerst nenne ich die so genannte »Entdeckung Amerikas« ab 1492. Diese »neue Welt« galt den europäischen Eroberern als »herrenloses« Land, weil die ursprünglichen Bewohner weithin nicht als Menschen und damit als potentielle Eigentümer angesehen wurden und weil ihre kollektiven Besitzansprüche, soweit sie überhaupt geltend gemacht wurden, keine Anerkennung fanden; denn jeder Besitz musste einem Besitzer zugeordnet werden können. Dieser hemmungslose Okkupationsprozess führte nicht nur zu genozidalen Verwüstungen der einheimischen Völker. Er ermöglichte den europäischen Einwanderern auch nicht nur eine beispiellose Erweiterung ihrer »materialen« Machtmittel. Die unermesslichen Weiten des Doppelkontinents verstärkten bei den aus der Enge Europas kommenden Eindringlingen die Faszination von Macht und Verfügungsgewalt. Mit dieser Faszination entstand die verführerische Verheißung, dass mit der »neuen Welt« das Reich der »unbegrenzten Möglichkeiten« entdeckt worden sei.[8]

Den geographischen Entdeckungs- und Expansionsbewegungen der Neuzeit entsprechen die bis dahin unvorstellbaren Entdeckungen auf den Gebieten der Naturwissenschaften. Auch hier galt die Voraussetzung, dass die Natur ihre Geheimnisse dem forschenden Geist des Menschen zu eröffnen habe und dass dort, wo sie dies nicht bereitwilligst tue, mit Gewalt nachgeforscht werden dürfe. Alles, was dem untersuchenden Geist gegenüberstand, wurde zum Gegenstand, zur Sache, zum bloßen Ding, dessen Bedeutung lediglich in seinem Wert für die Menschen bestand. Auch hier war Okkupation das vorherrschende Motiv. Mit der Beherrschung wuchs die Konkurrenz, der Wettstreit um die noch verbleibenden Areale von Zugriff und Bemächtigung gewann an Schärfe. Kein Wunder, dass der 2. Weltkrieg von den Nazis unter anderem mit dem Anspruch der arischen Rasse auf Lebensraum im Osten begründet wurde. Und heute, nach der ersten Dekade des 21. Jahrhunderts, wird immer offensichtlicher, dass dieser Prozess der Weltbemächtigung die Völker der Erde immer tiefer in gefährliche Konkurrenzen und entsprechend gewalttätige Krisen führt.[9]

»We live on images«, sagt der amerikanische Psychologe Robert Jay Lifton. Nach dem Bild vom Menschen als dem Herrn der Welt hat die Menschheit jahrhundertelang gelebt. Unter ihm haben viele Völker gelitten. Heute erleben wir, dass dieses Bild die Menschheit und die Vielfalt des organischen

Lebens zu zerstören droht. Wenn wir ein Leitbild für friedfertige Menschen finden wollen, müssen wir woanders suchen.

4.2. Der Mensch: Krone und Dornenkrone

Warum, wenn Gott gut ist, ist der Mensch böse? Das ist ein Dilemma, an dem sich die christliche Lehre vom Menschen abgearbeitet hat. Dabei hat sie sich an zwei biblischen Grundaussagen orientiert, der Gottebenbildlichkeit der Menschen und dem Sündenfall. Sie entnimmt der bereits mehrfach erwähnten biblischen Schöpfungsgeschichte die Aussage, dass die Menschen zum »Bild und Gleichnis« Gottes geschaffen seien und erkennt darin das Merkmal, das sie von allen anderen Geschöpfen unterscheidet. Und da die Menschen gemäß der Schöpfungsgeschichte am sechsten Schöpfungstag als letzte aller Kreaturen geschaffen wurden, sah man in ihnen den Höhepunkt des Schöpfungswerkes und nannte sie darum auch oft die »Krone der Schöpfung«. Waren sie nicht das einzige Werk Gottes, das ein Bewusstsein von sich und der Welt besitzt und das sie darum befähigt, ihren Umgang mit einander und mit ihrer Umgebung zu gestalten und zu prägen?[10] Sind nicht nur sie in der Lage, ihr Dasein denkerisch und religiös zu transzendieren? Als Lebewesen, die mit diesen singulären Begabungen ausgestattet sind, wurden sie von der christlichen Anthropologie als End- und Zielpunkt des göttlichen Tuns verstanden.[11]

Zum andern aber musste es die christliche Anthropologie mit der Gefallenheit des Menschen aufnehmen, mit dem Aufruhr gegen Gottes Weisungen und Gebote oder, anders gesagt, mit der ständigen, in jedem Menschen wieder auftauchenden Versuchung, wie Gott zu sein oder doch Gott los zu werden und dem eigenen Willen zu folgen. Wie war der Widerspruch zwischen der von Gott begnadeten und bevorzugten Stellung der Menschen und ihrer gegen diesen Gott gerichteten Eigensinnigkeit und Rebellion zu denken? War das nicht ein Paradox?

Bekanntlich hat der Zoroastrismus diesem widersinnigen Befund dadurch zu entsprechen versucht, dass er den Menschen unter dem Einfluss von zwei Gottheiten sah, einem guten Prinzip und einem bösen. Soweit aber ging die christliche Anthropologie nicht. Sie hielt durch die Jahrhunderte an der Überzeugung fest, dass die Gottebenbildlichkeit durch den Sündenfall nicht vollständig zerstört worden sei. Was Gott geschaffen hatte, konnten andere Mächte, auch die Menschen selbst, allenfalls gefährden, jedoch nicht zerstören. So blieb auch der Teufel als der Erzbösewicht und Gegenspieler Gottes trotz all seiner Macht letztlich ein gefallener Engel.

Aber die eigentliche Aufgabe ging ja weiter: Wie sollte dieser Widerspruch überwunden werden? Da eine Rückkehr in den Urzustand paradiesischer Unschuld nicht möglich war, ging es um das Problem, wie eine Erlösung von dem Fluch der Sünde, eine Befreiung von der Vergeblichkeit und eine neue Annäherung an Gott und Gottes Weisungen möglich sein könne. Hier spielte dann die durch Jesus Christus in die Welt gebrachte Erlösung eine zentrale Rolle. In unendlich vielen Wendungen versuchten christliche Theologie und Frömmigkeit, in dem Leben dieses Jesus, vor allem aber in seinem Tod und seiner Auferweckung, die von Gott selbst angebotene Versöhnung zu erkennen und den Menschen die Botschaft nahe zu bringen, dass in der Nachfolge dieses Jesus die Überwindung des Widerspruchs, die Befreiung von der Sündenlast und die Verheißung eines in Gott aufgehobenen Lebens zu finden seien.

Die orthodoxe Theologie und Spiritualität hat bereits sehr früh diesen Prozess der Überwindung der Sünde und der Wiederannäherung an den gnädigen Gott mit dem Stichwort der Theosis, also der Vergöttlichung oder Gottwerdung, zu beschreiben versucht.[12] Dabei war man sich darüber im Klaren, dass dieser Prozess nicht als eine Gottwerdung im physischen Sinne (»katá phýsin«) aufgefasst werden dürfe. Derartige Seinsaussagen galt es zu vermeiden. Aber man hielt es für möglich, dass eine solche Gottwerdung »katá dýnamin« vor sich gehen könne, dass also die Gläubigen von der gnädigen Energie Gottes gleichsam angezogen, mitgerissen und aufgesogen werden könnten, bis dahin, dass sie Gott schauen und in dieser Gottesschau zu einer selbstvergessenen Glückseligkeit gelangen. Gregorios Palamas[13] gilt als ein exemplarischer Interpret dieses Konzeptes; er hat auch beschrieben, wie er selbst durch eine Methode der Versenkung in die Nähe dieser Gottesschau gelangt sei[14].

So fremd das Stichwort der »Vergöttlichung« in den westlichen Kirchen auch erscheinen mag, so hat es doch in ihnen vergleichbare Suchbewegungen gegeben. Sie finden sich nicht nur im Mönchtum, dessen Wurzeln ja in die ersten Jahrhunderte des Christentums zurückreichen, und nicht nur in den bereits erwähnten Versuchen der Mystiker, sich für die Gotteserfahrung zu öffnen, sondern auch in den Bemühungen um eine Heiligung des Lebens, die in den Kirchen der Reformation, vor allem im Pietismus, breiten Raum gewannen. Sie haben besonders die methodistische Kirche geprägt. In all diesen Fällen geht es darum, im Geiste des Gekreuzigten und Auferstandenen ein Gott wohlgefälliges Leben zu führen. In aller Regel waren diese Bemühungen mit mehr oder minder radikalen asketischen Einstellungen und Methoden der Entsagung verbunden. Dass sie eine kaum zu überschätzende zivilisatorische Bedeutung für die sie umgebende Welt ausgeübt haben, steht außer Zweifel.

Eine besondere Aufmerksamkeit verdienen in diesem Zusammenhang die historischen Friedenskirchen und die Gesellschaft der Freunde Jesu, die Quäker. Sie haben damit ernst gemacht, dass der Friede Gottes in dem Leben und Sterben Jesu seine geschichtliche Gestalt gefunden habe. In dem Nazarener ist der Friede Gottes leibhaftig und greifbar in die Welt gekommen. Ihm nachzufolgen bedeutet nichts anderes, als diesem Frieden gemäß zu leben, das heißt allem Kriegsdienst zu entsagen, ein Gemeinschaftsleben aufzubauen, das der Gesellschaft dient und in welchem Frauen, Männer und Kinder gleichen Rang und gleiche Würde finden. Dass es in diesen Auffassungen von Gemeinschaft auch repressive Elemente gab, ist unbestritten. Aber welche Opfer die Friedenskirchen durch die Jahrhunderte hin auf sich genommen haben, wie sie sich immer wieder neue Siedlungsorte gesucht haben, um ihren Pazifismus leben zu können, muss all die Kirchen beschämen, die allzu bereitwillig ihren faulen Frieden mit den Mächten und Gewalten dieser Erde gemacht haben. Ich werde auf diese Praxis des Widerstands zurückkommen, wenn es um konkrete friedensethische Folgerungen für unsere Zeit geht.

Aber in diesem Kontext, wo verstanden werden soll, welche Bilder vom Menschen zu der gegenwärtigen bedrohlichen Lage geführt haben, möchte ich einen anderen Aspekt beleuchten. Auch die historischen Friedenskirchen, so bewundernswert ihre widerständige Praxis ist, haben das Evangelium von Jesus Christus und den Ruf in die Nachfolge mit dem Moment der Askese und Entsagung verbunden. Sie bilden damit eine protestantische Variante eines Verständnisses vom Heil, das eine Verneinung der Welt, des menschlichen Leibes und der angeblich seelenlosen Natur zur Folge hatte.

Denn hier hatte das grundsätzliche Dilemma seinen Ort. Im Leib oder, wie man auch sagte, im Fleisch hatte die Sünde ihr Einfallstor. Mit der sinnlichen Natur war der Teufel im Bunde; hier war er als versucherische, irrlichternde, pervertierende Macht präsent. Und gegen diese Macht galt es zu kämpfen. Ob man diesen Kampf nun mit Vorstellungen der Theosis umschrieb oder den Weg der Heiligung beschritt, es ergab sich immer wieder ein ausgeprägtes Denken in kämpferischen, ja kriegerischen Kategorien.

Und dieser Krieg war erst mit dem Tod zu Ende. »Sei getreu bis an den Tod, so will ich dir die Krone des Lebens geben«, dieser Satz aus der Offenbarung des Johannes (2, 10) war, mehr oder minder ausgeprägt, die Losung. Es ist darum keineswegs zufällig, dass zwei der drei Grundtugenden des Mönchtums, nämlich Keuschheit und Armut, nicht nur als Strategien der Konzentration auf den Heilsweg, sondern eben auch als Strategien der Abwehr weltlicher »Begierden« und »Leidenschaften« verstanden werden müssen.[15]

Nun ist es gewisslich wahr, dass eine haltlose Sexualität oder eine habgierige Völlerei unsägliche Ausgeburten von Abhängigkeit, Knechtung und Missbrauch hervorbringen und dass der Reichtum ähnlich unsägliche Gestalten von Gier, Neid, Habsucht und Krieg in die Welt setzt. Aber darum geht es mir hier nicht. Aufmerksam machen möchte ich auf die dualistischen Tendenzen, die den Versuchen innewohnen, zu einem vollkommenen und heiliggemäßen Leben zu gelangen. Gerade weil diese Versuche mit der Erwartung eines ewigen Lebens in einer jenseitigen himmlischen Welt verbunden sind, führen sie zu einer Verachtung der Natur und ihrer Schönheiten. Sie enthalten eine profunde Verdächtigung der leiblichen Energien und Antriebskräfte, die sich nicht selten bis zur Verteufelung gesteigert hat.

Es ist dieser Dualismus im Zentrum des christlichen Menschenbildes, auf den ich hier hinweisen will. Er begründet ein Denken in Gegensätzen; er lebt in und von der Spaltung zwischen Erde und Himmel, Leib und Seele, Frau und Mann, Geist und Materie, Mensch und Tier. Und er bestärkt, wie bereits angedeutet, eine Vorstellung vom menschlichen Leben als einem Leben in einem ständigen Kriegszustand. Wenn aber Menschen ihr Verhältnis zur Natur, zur Erde und auch zu ihrem eigenen Leib als eine Art Krieg verstehen, ist es um ihre Friedensfähigkeit schlecht bestellt.

Dies lässt sich auch dort beobachten, wo die eigentlichen theologischen Aspekte, also Gottebenbildlichkeit und Sündenfall, in den Hintergrund gerückt sind. Der Dualismus setzt sich auch in säkularisierten Sichtweisen fort. Ich verweise nur auf René Descartes, der das denkende Subjekt allen gegenständlichen Objekten gegenüber gesetzt hat. Diese Isolierung der erkennenden Ratio von den zu erkennenden Dingen (»res extensae«) führte dazu, dass der menschliche Leib als »Maschine« verstanden wurde. In gleicher Weise erschien die Natur dann als bloße Materie, als eine Welt der Sachen, die der überlegenen Vernunft unterlegen war und nach Ermessen und Gutdünken gebraucht werden durfte.

Der Mensch als Krone der Schöpfung? Dieser kurze Überblick bestärkt den Eindruck, dass dies eine sehr zweideutige Aussage ist. So hat es denn auch nicht an Versuchen gefehlt, sie in ihr Gegenteil zu verkehren. Bekannt ist, um nur dieses Beispiel zu nennen, der lakonische Satz des polnischen Satirikers Stanislaw Lec: »Der Mensch ist die Krone der Schöpfung. Nur schade, dass es eine Dornenkrone ist.«

Dornenkrone als Symbol des Leidens, so sieht Lec das Verhältnis der Menschen zu der sie umgebenden Natur. Auch wenn dies die Sicht eines Satirikers ist, wer wollte ihm nicht wenigstens teilweise Recht geben?

Anders gewendet: Müssen wir nicht eingestehen, dass die traditionellen Vorstellungen von Gottebenbildlichkeit und Sündenfall eine Tendenz bestärkt haben, welche die Menschen in einen permanenten Krieg mit sich selbst und der Natur geführt haben? Wie wollen Christen Friedensstifter werden, wenn sie mit sich selbst und der Welt zerfallen sind?

4.3. Der Mensch – Stiefkind von Mutter Natur?

Bei Johann Gottfried Herder (1744–1803) lesen wir:

> »Die Biene sumset, wie sie sauget, der Vogel singt, wie er nistet, aber wie spricht der Mensch von Natur? Gar nicht, so wie er wenig oder nichts durch völligen Instinkt als Tier tut. Ich nehme bei einem neugebornen Kinde das Geschrei seiner empfindsamen Maschine (sic!) aus; sonst ists stumm, es äußert weder Vorstellungen noch Triebe durch Töne, wie doch jedes Tier in seiner Art tut. Bloß unter Tiere gestellt, wäre es also das verwaisteste Kind der Natur, nackt und bloß, schwach und dürftig, schüchtern und unbewaffnet ... Lücken und Mängel können doch nicht der Charakter seiner Gattung sein, oder die Natur war gegen ihn die härteste Stiefmutter, da sie gegen jedes Insekt die liebreichste Mutter war. Jedem Insekt gab sie, was und wie viel es brauchte ... Bei dem Menschen ist alles in dem größten Missverhältnis.«[16]

Diese Sätze werfen ein helles Licht auf eine Sicht der Menschen, die in der modernen abendländischen Anthropologie viel Anklang gefunden hat. Herder stellt die Menschen der Natur gegenüber; sie sind von Natur aus Mängelwesen. Mutter Natur, so sieht es Herder, versorgt ihre Kinder mit allem, was sie benötigen. Alle Lebewesen wissen von Natur aus, wie sie sich zu verhalten haben. Sie erfahren die Natur als eine liebreiche Mutter. Bei den Menschen ist es Herder zufolge ganz anders. Bei ihnen reagiert nach der

Geburt nur der Leib als eine »empfindsame Maschine«, aber das eigentümlich Menschliche ist stumm. Das »größte Missverhältnis« wird nur dadurch überwunden, dass »der Charakter der Gattung« Mensch nicht nur durch die natürliche Ausstattung bestimmt wird, sondern dass noch eigenständige Fähigkeiten hinzukommen müssen.[17] Das sind für Herder vor allem die Gaben der Sprache und der Kulturfähigkeit. Mithilfe dieser Begabungen können die Menschen sich über ihre mangelhaften Instinkte erheben und soziale Verbände schaffen, in denen sie sich nicht nur der Natur erwehren, sondern selbst unter den feindlichsten natürlichen Bedingungen einrichten und behaupten können. Darum sind die Menschen als einzige Gattung in der Lage, sich in den unterschiedlichsten Weltgegenden einzunisten.

Es ist nicht ohne Ironie, dass lange vor Herder die Natur nicht als (Stief-)Mutter, sondern als Hexe und Sklavin bezeichnet – und behandelt wurde. So war der berühmte Francis Bacon (1561–1626) der Meinung, man (Mann!) solle die Natur nicht als bergende Mutter verstehen, sondern als eine Frau auffassen, die man, wenn es nicht anders geht, auf die Folter spannen müsse, um ihr ihre Geheimnisse abzuzwingen. Man solle die Natur »auf ihren Irrwegen mit Hunden hetzen« und »sich gefügig und zur Sklavin machen«[18] Das ist Naturbeherrschung in ihrer abgefeimtesten Gestalt, nämlich als Folter. Aufschlussreich ist auch die Gender-Perspektive. Die Natur wird als Frau, als Hexe, Hure oder Sklavin betrachtet, die der Mann sich unterwerfen kann und muss.

Es ist einschränkend zu erwähnen, dass es Bacon um möglichst objektive Methoden der Naturerkenntnis ging. Im Gegensatz zu den traditionellen Auffassungen seiner Epoche suchte er nach den Möglichkeiten einer empirischen Erforschung der Natur. Darum unterstrich er den Wert der Experimente, und nur im Kontext dieses experimentellen Ansatzes sind seine oben erwähnten gewalttätigen Aussagen zu verstehen. Das ändert aber nichts daran, dass Francis Bacon als ein wichtiger Ahnherr eines Empirismus gilt, dem es vor allem um die Nützlichkeit und Brauchbarkeit der Natur geht.

Der Hinweis auf Bacon soll hier als Hinweis für eine Einstellung gegenüber der Natur dienen, die Herder vorgefunden hat. Demnach galt die Distanz zwischen Natur und Mensch als etwas Selbstverständliches. Herder versucht nun, diese Distanz mit Hilfe seines Verständnisses von Kultur zu erklären. Mit ihrer Fähigkeit zur Kultur sind Völker in der Lage, sich den unterschiedlichen klimatischen und geographischen Bedingungen der natürlichen Umwelt anzupassen und sie zu beherrschen.

4. Kapitel: Menschen des Friedens?

In seinem großen Artikel »Anthropologie« für das Historische Wörterbuch der Philosophie hat Odo Marquard gezeigt, dass es erst ab dem 16. Jahrhundert zu einer umfassenden Beschäftigung mit der »Lehre vom Menschen« gekommen ist.[19] Er weist auch darauf hin, dass mit der Romantik die Natur zum Bezugspunkt wurde und dass es daher vor allem Ärzte waren, die diese Perspektive ins Zentrum rückten: »Darum gehört besonders die Ärzte-Anthropologie der Romantik zu den philosophisch gewichtigen Ahnen der Gegenwarts-Anthropologie; sie nimmt sogar deren Thesen vorweg«, vermerkt Marquard und schließt zur Begründung ein Zitat des Mediziners Ennemoser von 1828 an, wo es heißt: »Der Mensch ... nach seinen physischen Kräften ... entdeckt man bei ihm bald ... Mängel, vermöge welcher er mit den Tieren keinen Vergleich aushält ... Aber vermöge seines Geistes ist er über die Natur erhaben.«

Auch in ihrer Orientierung an der Natur kommt diese Anthropologie nicht über den Gegensatz von Geist und Natur hinaus. Gerade indem sie die Menschen als »Mängelwesen« kennzeichnet, unterstreicht sie ihre Sonderstellung. Während Pflanzen und Tiere vermöge ihrer Instinkte in ihren jeweiligen Umgebungen perfekt funktionieren, müssen die Menschen als einzige Gattung mit einem »instinktreduzierten« Wesen zurechtkommen, sie besitzen mit ihrer »Geistigkeit« eine singuläre Begabung, die sie befähigt, ihre Mängel zu kompensieren, über die Natur zu verfügen und sie zu beherrschen.

Im 20. Jahrhundert wurde diese Sicht aufgenommen und nachdrücklich unterstrichen. Max Schelers Buch mit dem Titel »Die Stellung des Menschen im Kosmos« von 1928 orientiert sich ausdrücklich an Herder. Darin setzt er mit der Beschreibung der »Mängellage« ein und interpretiert alle menschlichen Leistungen als »Entlastungen«, also als Kompensationen der natürlichen Defizite. So wird die Kultur zum Mittel, der Gefährlichkeit der Natur zu entkommen und sich gegen diese zu behaupten.

Es ist aufschlussreich, dass die Sonderstellung der Menschen bei Scheler von ihrem Mängelstatus abgeleitet und nicht länger mit einer von Gott kommenden Superiorität begründet wird. Aber die dualistische Grundstruktur wird dadurch nicht abgeschwächt. Wo die Menschen sich vermöge ihrer kulturellen Fähigkeiten gegenüber der Gewalt der Natur immer wieder behaupten müssen, herrscht so etwas wie ein permanenter Krieg.

Neben Max Scheler haben Helmuth Plessner und etwas später Arnold Gehlen ähnliche Ansätze vertreten. Sie haben gemeinsam eine anthropologische Sicht entfaltet, die nach dem 2. Weltkrieg den Rang einer wissenschaftlichen Selbstverständlichkeit bekam, so dass sie auch von der jungen Theologen-Generation ungefragt übernommen wurde.[20]

So heißt es 1971 in der Anthropologie von Jürgen Moltmann: »Der Mensch ist, rein biologisch, nirgendwo zu Hause ... Er ist als biologisches Mängelwesen weltoffen ohne bergende Umwelt, reizüberflutet durch die Signale der Außenwelt und instinktunsicher.«[21] Auch Wolfhart Pannenberg hat sich in seinem Werk diese Ansicht zu eigen gemacht: Im Anschluss an Herder und Gehlen schreibt er über den Menschen: »Die Natur stieß ihn aus, damit er sein eigenes Nest bereite«.[22]

Wie tief der Gegensatz zwischen der »Natur« der Menschen und der »wahren« Natur vorgestellt wird, erhellt der folgende Satz aus Pannenbergs Anthropologie: »Gerade die Naturbedingungen seines Daseins und also das, was der Mensch von Natur aus ist, müssen überwunden und aufgehoben werden, wenn der Mensch sein Leben seiner »Natur« als Mensch entsprechend lebt.«[23] Was Menschen ihrer »Natur« nach sein bzw. werden sollen, müssen sie in Überwindung ihrer »Naturbedingungen« zustande bringen. Dies ist dann eine Denkfigur, in welche die klassischen Topoi der Ebenbildlichkeit Gottes sowie des Sündenfalls wieder eingezeichnet werden können. Aber es ist auch klar, dass wir mit einer solchen Auffassung aus dem dualistischen Dilemma nicht herausfinden. Gerade angesichts der Endzeitmacht ist dieser anthropologische Ansatz konfliktorientiert und daher nicht friedensfähig.

4.4. Der Mensch als Erdling unter Erdlingen

Es soll nunmehr versucht werden, diese Einblicke in anthropologische Sichtweisen, die in unserer abendländischen Geschichte besonders einflussreich geworden sind, auf unsere selbstgemachte endzeitliche Situation zu beziehen. Dabei drängen sich folgende Überlegungen auf:

4.4.1. Die Menschen haben in der Tat eine Sonderstellung, die sie von den anderen Lebewesen unterscheidet

Es tut nichts zur Sache, ob wir diese Rolle mit einem besonderen Auftrag Gottes begründen oder von einem defizitären Status innerhalb der Evolution der Arten ableiten. Was man Geist, Geistigkeit oder Bewusstsein genannt hat, ist jene eigentümliche Fähigkeit der Menschen, ihre Instinktunsicherheit und ihre physischen Defizite durch soziale Bindungen, Willensentscheidungen, Wahlfreiheit und Erfindungsreichtum mehr als auszugleichen und sich dadurch in den unterschiedlichsten Ökosystemen der Erde zu beheimaten. Daher ist menschliches Verhalten, soweit es sich zurückverfolgen lässt, immer durch die Verwandlung von Natur in Kultur geprägt gewesen. So gesehen gibt es keine »Naturvölker«; denn auch die »primitivsten« Völkerschaften benutzten Geräte für Ackerbau und Jagd, hielten sich Tiere, rodeten Wälder, legten Gärten an, bauten sich Häuser, verehrten Gottheiten und befolgten mannigfaltige Rituale. Sie haben das freilich in einem Umfang getan, den die umgebende Natur mit Leichtigkeit auszugleichen vermochte.

Allerdings hat sich die Verwandlung von Natur in Kultur während der letzten fünftausend Jahre in immer umfassenderen und komplexeren Formen ausgebildet. Sie hat im Verlauf der letzten Jahrhunderte und dann noch einmal wieder in den jüngsten Jahrzehnten ein Ausmaß erreicht, das die Funktionstüchtigkeit der Lebenssysteme der Erde in Gefahr gebracht hat. Das ist ja die Grundthese dieses Buches, dass diese Naturbeherrschung zu einer beispiellosen Endzeitmacht geworden ist. Die Natur ist nicht mehr in der Lage, diese Art von Gefährdung auszuhalten, so dass die menschliche Kultur sich selbst – oder doch große Teile von ihr – zu zerstören droht.

Wenig niedriger als Gott? Auf eine gespenstische Weise hat Psalm 8 recht behalten. Wir Menschen sind zwar nicht in der Lage, auch nur einen Regenwurm neu zu erschaffen. Aber wir sind in der Lage, nicht nur Regenwürmer, sondern auch uns selbst abzuschaffen. Wir können Gottes Schöpfung wieder ungeschehen machen.

Als der »Vater« der Atombombe, Robert Oppenheimer, am Morgen des 16. Juli 1945 die ungeheuren Zerstörungen sah, die sich nach der Explosion der atomaren Testbombe »The Gadget« zeigten, war er einerseits von dem Erfolg seiner Forschung begeistert. Aber er war auch erschüttert und zitierte einen Satz aus der Bhagavadgita: »Ich bin der Tod geworden, der Zerstörer von Welten.«[24] Und ein anderer Forscher, Isidor Rabi, hatte den Eindruck, das Gleichgewicht der Natur sei durcheinander geraten, so als sei die Menschheit eine Bedrohung der bewohnten Erde geworden.[25]

Die Sonderstellung der Menschen ist eine Tatsache. Sie lässt sich nicht beseitigen. Vergessen lassen sich auch nicht die wissenschaftlichen und technischen Erfindungen, die sozialen und kulturellen Leistungen, die politischen und ökonomischen Vernetzungen und Errungenschaften. Aber was einmal vollmundig »Fortschritt« genannt wurde, offenbart jetzt immer unverhohlener seine globale Destruktivität. Nunmehr stehen wir Menschen vor der Frage: **Kann das Modell der Beherrschung, das sich immer deutlicher als eine tödliche Bedrohung erweist, durch ein Modell ersetzt werden, das diese Erde schonender und einfühlsamer behandelt und ihre Lebensrechte und -notwendigkeiten angemessen berücksichtigt?** Was für ein Modell müsste das sein?

4.4.2. Auch wenn die Sonderstellung der Menschen im Gesamt der Natur ein Faktum ist, so führt doch die Vorstellung von einer Gottebenbildlichkeit der Menschen in die Irre

Und zwar so weit, als dieser »Gott« als eine himmlische Spiegelung der menschlichen Pantokrator-Gelüste dient. Freilich ist dieses Bild eines Herrgotts, der vom Himmel herab die Weltgeschichte regiert, noch sehr weit verbreitet. Es erscheint in ungezählten Gemälden, Altarbildern und Votivtafeln, es wird in ungezählten Predigten, Andachten, Liedern und Gebeten auch heute noch ständig wieder belebt. Es wird auch dort noch bestätigt, wo es in der Gestalt von Witzen begegnet. Gleichwohl ist es ein Bild aus vorindustriellen Zeiten und steht in einem nachgerade grotesken Missverhältnis zu dem Weltbild unserer Tage. Inzwischen haben uns die Astrophysiker vor Augen geführt, dass unsere Erde nur ein Trabant der Sonne ist, welche wiederum als eine von Milliarden Sternen zur »Milchstraße« gehört, welche wiederum nur eine von Milliarden Galaxien ist. In diesem nach allen Seiten auseinander strebenden Universum gibt es kein Oben oder Unten und damit auch keinen Ort für einen Gott, der mit seinen Fingern die Sterne formt und wie Laternen am Himmelsgewölbe aufhängt.

Es ist also ein Gebot wissenschaftlicher Redlichkeit, anzuerkennen, dass dieses Bild eines Handwerker-Gottes unangemessen und irreführend ist.

Wir müssen diese theologische Vorstellung auch deshalb zurückweisen, weil sie ein Menschenbild fördert, dessen extreme Pervertierung wir heute vor uns haben. Um dies mit Jürgen Moltmann auszudrücken: »Die platonische Idee der Befreiung der Seele vom Körper durchdrang die altkirchliche Theologie. Die aristotelische These der Formung des Körpers durch die Seele bestimmte die mittelalterliche Theologie. Und der neuzeitliche Wille zur Macht des bewussten Geistes über das Instrument des Körpers, den Descartes und La Mettrie beschrieben haben, regiert über die neuzeitliche europäische Anthropologie.«[26] Dieses Zitat belegt, wie tief der Dualismus ist, der diesen anthropologischen Sichtweisen innewohnt, welcher wiederum eine unverhohlene Manipulation der Natur, einschließlich der menschlichen, aus sich heraus gesetzt hat.

Moltmann möchte jedoch auf den Gedanken der Gottebenbildlichkeit nicht verzichten. Darum schlägt er vor, den Menschen als »imago trinitatis« zu betrachten. Was ist damit gewonnen? Hier muss man zuerst darauf hinweisen, dass Moltmann ein trinitarisches Gottesverständnis zugrunde legt. Anders ausgedrückt, er sieht Gott in einer unaufhörlichen Beziehung, die sich zwischen Vater, Sohn und Heiligem Geist ereignet und alles, was wir sind und denken können, umgreift. In dieser Beziehungstheologie befindet sich auch die Schöpfung; sie schwingt gleichsam in dem schöpferischen und erlösenden und versöhnenden Leben Gottes mit und wird darin gehalten. Damit wird allen dualistischen Trennungen von Geist und Körper, Mensch und Natur, Mann und Frau der Boden entzogen. Die Menschen leben nach dem Bilde Gottes, wenn sie sich als Beziehungswesen verstehen.

Die Vorteile dieser Sicht lassen sich unschwer erkennen. Nicht als vereinzelte Monade ist der Mensch Gottes Bild und Gleichnis, sondern als beziehungsreiche, sich mitteilende und empfängliche Menschen spiegeln sie den dreieinigen Gott wider. Das gilt für alle Beziehungen, die menschliches Leben ausmachen, also für zwischenmenschliche Beziehungen ebenso wie für die Relationen der Menschen zur Umwelt. Es gilt aber auch für das innere Leben, das sich zwischen unserer Leiblichkeit und Geistigkeit abspielt und wo es fortwährend darum geht, dass sich das Unbewusste und das Bewusste, das Beabsichtigte und des Verfehlte begegnen und verständigen. Wie wir schon bei Buber sahen, kommt das Subjekt nicht in der objektivierenden Handhabung der Umgebung zu sich selbst, sondern in der Beziehung mit anderen Subjekten und im kreatürlichen Austausch mit allem, was aus Gottes Fülle kommt.

Wenn wir uns diese trinitarische Begründung zu eigen machen, bekommt sie ein eminent kritisches Gewicht. Sie unterläuft die traditionelle Sicht, welche die Ebenbildlichkeit im Modus von Beherrschung und Bemächtigung versteht. Nicht in der Verdinglichung der Welt und im manipulativen Umgang mit ihren Schätzen werden wir dem Bild Gottes in uns gerecht. Umgekehrt gilt, dass wir »Bilder der Trinität« werden, je intensiver und bewusster wir unsere empathische Intersubjektivität mit allen Gestalten des Lebens kultivieren.

Erst dann verlassen wir das Neolithikum!

4.4.3. Menschen sind Erdlinge.
Von der Erde kommen wir, zur Erde kehren wir zurück

Unsere Vergänglichkeit erscheint in der christlichen Theologie und Frömmigkeit oft als die bittere Folge unserer Sünde. Unser Tod ist der Preis, den wir für unsere Sünden zu entrichten haben. Darum muss unser sündiger Leib verfallen und bis zum Tag des Gerichts in der finsteren Erde verscharrt werden, während unsere unsterbliche Seele dieses irdische Jammertal verlässt.

Diese Spiritualität vertieft die Distanz gegenüber der Erde. Dabei ist diese zuerst einmal der Ort und Ursprung unseres Daseins. Die Spezies »homo sapiens« muss an die Geschichte der Erde und des Lebendigen zurückgekoppelt werden.[27] Wir sind, was unsere physikalischen und chemischen Bausteine und Funktionsgesetze anlangt, viel enger mit den anderen Formen organischen Lebens verwandt, als unserem überheblichen Stolz, »Krone der Schöpfung« zu sein, lieb ist. Herders Gegensatz zwischen der Tier- und Menschenwelt ist schlicht falsch. Tiere kommen nicht fertig auf die Welt. Auch sie müssen lernen, ihre instinktiven Fähigkeiten richtig zu entfalten. Auch sie entwickeln raffinierte Formen der Kooperation und Gefahrenabwehr. Welcher Mensch kann wissen, ob nicht auch Pflanzen und Tiere je eigene Formen von Bewusstsein besitzen? Damit ist freilich nicht bestritten, dass das Bewusstsein der Menschen eine eigenständige Größe ist. Es scheint die höchste Form der Selbstreflexion zu sein, die wir auf der Erde finden. Man hat sich von dieser Tatsache dazu leiten lassen, von einem »anthropischen Prinzip« der Evolution zu sprechen.[28]

Will man aber behaupten, dass die Geschichte des Universums auf die Möglichkeit seiner Selbstreflexion im Menschen angelegt ist, dann muss man auch folgern, dass der Mensch ohne seine tiefe Verankerung im Kosmos nicht gedacht werden kann. Darum muss das »anthropische Prinzip«, wenn man sich denn überhaupt auf diese Argumentation einlassen will, um das »kosmische Prinzip« erweitert werden. Wir sind Sternenstaub. Wir tragen in unseren Zellen die Erinnerungen an Jahrmilliarden.

Diese Erde ist unser Zuhause. Mit allen Fasern unseres Wesens gehören wir zu ihr. Wir sind keine Eroberer von anderen Sternen. Wer uns zu »star warriors« machen will, entfremdet uns der einzigen Heimat, die es für uns gibt. Im Gegenteil, wir Menschen befinden uns in intimsten Relationen mit allem, das um uns ist, von dem Sauerstoff-Kohlenstoff-Austausch angefangen bis hin zu den Nahrungsketten. Damit komme ich zu einem Menschenbild, welches die gemeinschaftlichen und relationalen Merkmale ins Zentrum rückt.

Aus dem »anthropischen« und dem »kosmischen« Prinzip ergibt sich somit das »Konvivialitätsprinzip«, was sehr viel weiter reicht, als was normalerweise unter »Sozialität« und Gemeinschaftsfähigkeit verstanden wird.[29] Um es mit einem Buchtitel des amerikanischen Theologen Miroslav Volf zu sagen: Die abendländische Anthropologie wurde bisher unter dem Axiom der »exclusion« entwickelt. Was nunmehr nötig ist, ist **eine Anthropologie im Modus von«embrace«**.[30] Wo Menschen meinen, sie könnten oder sollten sich dem Zusammenleben mit anderen Geschöpfen entziehen, werden sie sich selbst untreu. Die Umarmung der Fülle des Lebendigen ist der Weg, damit wir Menschen unseren Platz in der Welt wieder finden.

Es darf also nicht länger um Herrschaft gehen. Domination ist ein Irrweg. Das Stichwort für die Menschheit unter dem Druck der Endzeitmacht, die ja zugleich eine beispiellose Ohnmacht darstellt, ist für mich »Einwohnung«. Es kommt alles darauf an, diese Erde mit einer einfühlsamen Intelligenz und bionischen Phantasie zu bewohnen und zu bewahren.

»Bewohnen und bewahren«, das sind die Schlüsselbegriffe im 2. Schöpfungsmythos der Bibel: Gott setzt den Erdling (»Adam«) in den Garten, »damit er ihn bebaute und bewahrte.« (1. Mose 2,15) Das Wort »bebauen« schließt die verändernden und kultivierenden Gestalten menschlichen Tuns zusammen. Da geht es um Anbau, Zucht, Zähmung, Handel, Vermarktung. Aber bei dem »Bewahren« geht es um Pflege und Hege, um Fürsorge und Zurückhaltung. Bebauen und bewahren halten sich gegenseitig in Schach. Das Bewahren legt dem Bebauen Schranken auf und hält es in den Grenzen der Belastbarkeit. Das Bebauen aber gibt sich nicht mit dem Erreichten zufrieden, sondern spielt neugierig und phantasievoll mit den vorhandenen Möglichkeiten.

Wir haben lange gedacht, die »Tragekräfte« der Systeme des Lebendigen auf dieser Erde seien unendlich, unerschöpflich, beliebig manipulierbar. Auch die Bibel, unsere Heilige Schrift, denkt so. Heute aber müssen wir lernen, dass die Erde endlich und erschöpflich und daher nur unter strikten Grenzen und Bedingungen manipulierbar ist. Darum ist »Einwohnung« alles andere als ein naiv-romantischer Ruf zurück zur Natur, sondern ein anspruchsvolles Lern- und Adaptationsprogramm, bei dem die Belastbarkeit der Erde die Voraussetzung bildet.

Und was wird aus dem Sündenfall? Es bleibt zu bedenken, dass wir Menschen mit uns und der Welt nicht in Frieden leben. Es gehört zu unserer

Sonderstellung, dass wir anderen und uns selbst das Leben zur Hölle zu machen fähig und nur zu bereit sind. Diese Realität macht uns zu Fremdlingen in unserer Heimat. Sie setzt Gewalt und Feindschaft unter uns frei und macht damit diese Erde für allzu viele Menschen und Lebewesen zu einem ungastlichen, ja verfluchten Ort.

Diese Spannung lässt sich aber nicht dahingehend auflösen, dass wir uns eine Sonderwelt erträumen, in der es kein Leid und kein Geschrei mehr geben wird. Vielmehr ist sie unter den Bedingungen dieser Erde und innerhalb ihrer Grenzen auszuhalten und zu gestalten, zu erleiden und zu überwinden.

Das ist sehr viel leichter gesagt als getan. Auch wenn die Worte »Sünde« und »Schuld« im allgemeinen Wortgebrauch tunlichst vermieden werden, behalten sie doch ihre Mächtigkeit, die nicht selten zu einer dämonischen Besessenheit wird. Wo immer wir Menschen unsere Mächtigkeit missbrauchen, also in Gewalt verwandeln, wo immer sich unsere Lebenslust in Lebensgier und Habgier verkehrt, verstricken wir uns in Schuld und machen uns und anderen das Leben schwer.

Wie behalten wir trotzdem unsere Freude an diesem Leben? Wie befreien wir uns immer wieder von den Ungerechtigkeiten und Qualen, die unsere Welt belasten? Wie kommen wir aus den »Höllen« unserer Angst heraus? Oder, wenn wir es nicht schaffen, wer hilft uns aus ihnen heraus?

Auch hier werden wir, wenn wir Christen sein wollen, zuerst auf Christus zu schauen haben. Wenn er ohne Sünde war, wie konnte das zugehen? Wo er doch offensichtlich Zorn und Enttäuschung, Liebe und Ungeduld kannte, wie aus den Evangelien ersichtlich ist? Dass er versucht wurde und versuchlich war, verhehlt die Bibel nicht. Aber wie konnte er dem Satan widerstehen, wenn er denn ein Mensch war wie Du und ich?

Weil er sich selbst ins Leiden brachte, anstatt andere leiden zu lassen. Weil er sich selbst opferte, statt andere über die Klinge springen zu lassen. Weil er auf Krieg und Waffengewalt verzichtete, obwohl er die dafür nötigen Legionen hätte herbeirufen können. Er wusste sich in der unmittelbaren Nähe eines grundgütigen, »gütekräftigen«, bedingungslos liebenden Gottes. Daraufhin riskierte er auch die Kreuzigung.

Diese Radikalität – woher kam sie? Sie war doch wohl mehr als der Gehorsam, zu dem ein Sohn seinem Vater gegenüber in der Lage ist, wie der alte Christushymnus in Philipper 2 nahe legt. Da war ein Glauben, ein Vertrauen, eine Nähe, vor dem alle Ausleger letztlich verstummen. Und es ist keine faule Ausrede, wenn man sagt, dass dies das Geheimnis Christi gewesen sei, das ihn von uns unterscheidet, auch wenn es uns zugedacht ist.

Die Theologen der ersten Jahrhunderte haben versucht, dieses Geheimnis in den Aussagen zu fassen, Jesus sei Mensch und Gott gewesen, wahrer Gott vom wahren Gott, und doch ganz und ungemindert ein Mensch wie wir. Sie haben dieses Geheimnis in ihren Versuch hineingenommen, das Leben dieses grundgütigen, allerbarmenden Gottes als eine trinitarische Bewegung zu fassen. So konnten sie sagen, dass wir – und die ganze Welt mit uns – uns nicht nur einer unermüdlich schaffenden Gotteskraft verdanken, sondern dass diese Kraft auch die Qualität der Versöhnung und Erneuerung hat, um auch die Höllen, die wir einander schaffen, zu umfangen und zu überwinden.

Wenn also Friede werden soll, dann nur so: Durch Liebe. Durch Gerechtigkeit und Barmherzigkeit. Durch Vergebung, Versöhnung und Verwandlung. Ich erinnere an Zink, der gesagt hat, die Menschheit werde vor allem Mitgefühl benötigen, um in den kommenden Krisen bestehen zu können.

Und wie ist es mit dem Tod, dem »größten Feind«? Wir werden uns auch an dieser »Front« um eine Entfeindung kümmern müssen. Im Gegensatz zu den alten Träumen von der Unsterblichkeit und noch entschiedener im Gegensatz zu den neuen Träumen von der unendlichen Verlängerung des Lebens sollten Christen die Endlichkeit der Menschen als Zeitgenossenschaft zu allen endlichen Wesen in einem endlichen Gesamtsystem nicht nur seufzend akzeptieren, sondern beherzt begrüßen. Endlichkeit ist nicht nur eine anthropologische, sondern auch eine kosmische Gegebenheit, darum müssen sich an ihr die ethischen Fragen nach dem Maß des Machbaren und Wünschbaren ausrichten. Die Begrenztheit unseres Erdenraumes zieht die Begrenztheit unserer Lebenszeit nach sich. Damit aber erhält die Spanne, die uns zugemessen ist, einen besonderen Wert. Darum sollten wir uns darum mühen, dass die Lebenszeit für möglichst viele Menschen möglichst erfüllt, sinnvoll und schöpferisch verlaufen kann. Der unzeitige, gewaltsame Tod (als Folge von Hunger, Vertreibung, Krieg, Folter) bleibt eine Provokation, mit der wir uns nicht abfinden können. Aber es gibt auch den willkommenen Tod, wenn wir »lebenssatt« sind. Erde zu Erde, Asche zu Asche, Sternenstaub zu Sternenstaub. Auch das ist Heimkehr. Wir bleiben geborgen.[31]

Und was wird aus der Theosis? Aus der Heiligung und Vervollkommnung? Auch diese Grundkonzepte müssen im Modus von »embrace« neu gedacht werden. Wenn wir mit Moltmann davon sprechen, dass die Menschen zum Bild und Gleichnis des dreieinigen Gottes gebildet sind und wenn diese Dreieinigkeit als eine die Schöpfung einschließende dynamische Bewegung der Liebe verstanden werden muss, dann ist die Ebenbildlichkeit als eine immer tiefere Einstimmung in diese Bewegung der Liebe zu denken. Dann führt uns die Theosis nicht in einen Gegensatz zur natürlichen und körperlichen Welt, sondern in den Versuch, sie auf Liebe, Einfühlsamkeit und Versöhnung hin zu transformieren. So wird Vergottung nicht an ihrer Weltflucht, sondern an ihrer »Weltleidenschaft« erkannt.[32]

5. KAPITEL

Abschied von Paul Gerhardt?
Christliche Spiritualität für Erdlinge

Angesichts der unermesslich gestiegenen Gefährdungen für diese Erde ist es mehr denn je die Berufung der Kirchen, im Geist des Gottesfriedens zu der Befriedung unserer Verhältnisse beizutragen. Das ist kein Unterfangen, das sich mit ein paar moralischen Appellen bewerkstelligen lässt. Es ist auch keine Aufgabe, bei der es in erster Linie auf wissenschaftliche Kenntnisse oder technische Erfahrungen ankommt, obgleich solche Fähigkeiten wichtig sind. Die Kirchen sind vor allem dazu da, die seelischen Grundlagen für das Verhalten und die Handlungsmöglichkeiten der Menschen im Auge zu behalten. **Jede »Weltsorge« trägt die Seelsorge in sich,** insofern als diese sich um die Stärkung der seelischen Widerstandskräfte und den Aufbau der seelisch-leiblichen Belastbarkeit bemüht. Denn ohne sie sind wir nicht in der Lage, unsere persönlichen, beruflichen und sozialen Aufgaben zu bewältigen. Wie aber kann diese Seelsorge angesichts der Endzeitmacht unserer Epoche aussehen? Anders formuliert: Wie gestaltet sich eine »Spiritualität für Erdlinge« im 21. Jahrhundert?

Aber braucht man überhaupt eine Spiritualität? Viele Mitmenschen scheinen zu denken, dass mit einer guten Portion Rationalität schon viel gewonnen sei. Der »gesunde Menschenverstand« braucht keinen Glauben. Dieser ist allenfalls Privatsache und ein Relikt aus alten Zeiten.

Mir fällt immer wieder auf, wie verblüfft viele Menschen reagieren, wenn sie gläubigen Menschen begegnen. »Sind Sie wirklich »gläubig?« fragen sie dann. Um nicht selten fortzufahren: »Also ich bin nicht religiös.« Oder: »Ich glaube zwar auch an ein höheres Wesen, aber in die Kirche laufen, das tue ich nicht.« Solche Sätze verraten zumindest zweierlei. Zum einen lassen sie erkennen, dass christlicher Glaube und christliche Frömmigkeit als etwas Exotisches gelten, das nicht länger in unsere Zeit passt. Man assoziiert den Glauben mit der Beachtung altmodischer Sitten (wie Kirchgang) oder Gebräuchen (wie Tischgebet).

Das sollte uns Christen zu denken geben; denn diese Wahrnehmung von außen lässt erkennen, wie fremd das gottesdienstliche Leben und die persönliche Frömmigkeit vielen Mitmenschen geworden sind. Kirchentage und andere medial inszenierte religiöse Massenereignisse bewirken keine echte Veränderung dieser Einstellungen. Die Hemmschwellen bei den lokalen Kirchen und den klassischen Gottesdiensten bleiben hoch. Und die Beliebtheit der Heiligabend-Gottesdienste bestätigt diese Regel. Kirchliche Insider tun gut daran, diese Entfremdung selbstkritisch zu bedenken. Sie ist ein Indiz dafür, dass der christliche Glaube nicht mehr als eine Kraft wahrgenommen wird, welche das ganze Leben zu prägen vermag.

Zum andern aber lassen derlei Reaktionen erkennen, dass viele Menschen heute außerstande sind, über die Tiefenmotivation ihres Lebens Auskunft zu geben. Ein »höheres Wesen« ist keine Hilfe. Es hinterlässt allenfalls Ratlosigkeit und Zorn, wenn es in Krisenmomenten keine Wunder bewirkt. Die Frage ist, ob Menschen wirklich ohne irgendwelche religiösen Inhalte auskommen. Die Vielfalt parareligiöser Einstellungen lässt das Gegenteil vermuten. Die geradezu frenetisch anmutende Sorge um Sicherheit sowohl auf der privaten wie auf der wirtschaftlichen und politischen Ebene verrät tief sitzende Verunsicherungen und Lebensängste.

Darum stellt sich noch einmal die Frage: Wie könnte eine Spiritualität aussehen, die Menschen von heute befähigt, den sich zuspitzenden globalen Bedrohungen ins Auge zu sehen und dazu beizutragen, dass wir eine Kultur der Lebensfreude, der Gütekraft und der schöpferischen Lebensgestaltung unter den obwaltenden endzeitlichen Bedingungen aufbauen? Mit dieser Frage stellt sich für die Christen die selbstkritische Frage, als wie tragfähig sich die ererbten Formen christlicher Seelsorge und Frömmigkeit erweisen. Und da sind drastische Abschiede nötig, nicht nur, weil die traditionelle Spiritualität nicht mehr verstanden wird, sondern weil sie den endzeitlichen Bedingungen unserer Tage nicht mehr gewachsen ist. Solche Abschiede fallen schwer.

5.1. Paul Gerhardt zum Beispiel

Einer der wichtigsten und einflussreichsten Dichter evangelischer Kirchenlieder ist Paul Gerhardt (1607–1676). Seine Poesie ist so gewinnend und einprägsam, dass manche Christenmenschen viele seiner Choräle auswendig aufsagen können. Aber was ist das für eine Theologie, die dieser Pastor aus der Zeit des Dreißigjährigen Krieges in so einfühlsame Verse gebracht hat? Nehmen wir die Nummer 529 im Evangelischen Gesangbuch.

5. Kapitel: Abschied von Paul Gerhardt? Christliche Spiritualität für Erdlinge

»Ich bin ein Gast auf Erden / und hab hier keinen Stand; der Himmel soll mir werden, da ist mein Vaterland.« Mit diesen prägnanten Sätzen wird das Thema genannt, das dann in zwölf Strophen entfaltet wird: Die Erde als Fremde, der Himmel als Vaterland.

Die Mühen des Lebens auf dieser fremden Erde werden in den Versen 2 bis 6 in kräftigen Bildern ausgemalt: *»Was ist mein ganzes Leben / von meiner Jugend an / als Müh und Not gewesen? / So lang ich denken kann, / hab ich so manchen Morgen, / so manche liebe Nacht / mit Kummer und mit Sorgen / des Herzens zugebracht«.* (Str. 2) Dieses Schicksal, das in der 3. Strophe weiter ausgemalt wird, erscheint nun keineswegs als eine besonders grausame Ausnahme, sondern als ein Zustand, der auf alle Menschen aller Zeiten zutrifft. Darum heißt es in Vers 4: *»So ging's den lieben Alten ... ihr Kreuz war immer groß.«* So war das Leben schon immer, voller Trübsal und Schrecken. Wie sollte es auch anders sein, wo doch diese Erde ein »fremdes Zelt« (Vers 6) ist, eine Straße voller Gefahr, die ein Christ zu wandern hat, mit dem einzigen Trost, dass sie »zur Heimat« führt? Zusammenfassend heißt es in Strophe 9: *»Die Herberg ist zu böse, der Trübsal gar zu viel ...«*

Im Gegenüber zu den Bildern des irdischen Schreckens erscheint dann in herrlichen Bildern die Landschaft der Hoffnung: *»Mein Heimat ist dort droben, / da aller Engel Schar / den großen Herrscher loben ...«* (Strophe 7) Folglich heißt es dann: *»Zu dem steht mein Verlangen, / da wollt ich gerne hin ....«* In einer Aufnahme des Bildes vom Haus dichtet Paul Gerhardt dann pointiert: *»Wo ich bisher gesessen, / ist nicht mein rechtes Haus. / Wenn mein Ziel ausgemessen, / so tret ich dann hinaus; / und was ich hier gebrauchet, / das leg ich alles ab, / und wenn ich ausgehauchet, / so scharrt man mich ins Grab.«* (Vers 10). Eine deutliche Missachtung des Leibes klingt in dem Bild an, welches die Grablegung als ein Verscharren bezeichnet. Der Leib ist nicht mehr als ein Kadaver oder, in Luthers drastischen Worten, ein »Madensack«.

Umso triumphaler fällt dann der Gegensatz aus: *»Du aber, meine Freude, / du meines Lebens Licht, / du ziehst mich, wenn ich scheide, / hin vor dein Angesicht / ins Haus der ewgen Wonne ...«* (Vers 11) Und dann heißt es abschließend: *»Da will ich immer wohnen / und nicht nur als ein Gast ...«* (Vers 12)

Der Durchgang durch dieses Kirchenlied zeigt, dass es von dem Gegensatz zwischen der Erde als einer ungastlichen Fremde und dem Himmel als der ewigen und wonnevollen Heimat lebt. Die Erde stellt nicht das Haus des Lebens dar, das der Schöpfer den Menschen zur Wohnung gegeben hat. Es ist nicht mehr als ein Zelt, ein notdürftiger Unterstand für Menschen, die unterwegs sind. Leben heißt, unbehaust wandern zu müssen. Das eigentliche Haus befindet sich in der »Heimat dort droben«. Erst dort fängt das eigentliche Wohnen an.

Welche Folgerungen ergeben sich aus einer solchen Anschauung der Welt?

Es ist zuerst zu betonen, dass dieser Choral keine vereinzelte Aussage in unserem Gesangbuch ist. Ähnliche Bilder lassen sich auf Schritt und Tritt finden. Selbst das beliebte Sommerlied von Paul Gerhardt »Geh aus, mein Herz, und suche Freud in dieser schönen Sommerzeit« lebt von dem Gegensatz zwischen der »armen Erde« und dem »güldnen Schlosse« (Str. 9). Das Leben in der Natur wird in idyllischen Bildern geschildert. Es ist von den Lerchen und Täublein, der Nachtigall und der Glucke mit ihrem »Völklein«, dem Storch, den Schwalben und der »unverdrossenen Bienenschar« die Rede. Und doch heißt es, all dieser Schönheit zum Trotz, in der 10. Strophe: *Welch hohe Lust, welch heller Schein / wird wohl in Christi Garten sein! / Wie muss es da wohl klingen, / da so viel tausend Seraphim / mit unverdrossnem Mund und Stimm / ihr Halleluja singen.*« Es versteht sich, dass auch die stimmgewaltigsten Nachtigallen den Vergleich mit den Seraphim nicht bestehen können. Und wieder wünscht sich das gläubige Herz fort: »*O wär ich da! O stünd ich schon, / ach süßer Gott, vor deinem Thron ...*«

Wie gesagt, Paul Gerhardt ist kein Einzelfall. Ich könnte die Verse von Simon Dach (1605–1659) anführen, wo es heißt: »*Ach wer wollte denn nicht gerne sterben / und den Himmel für die Welt ererben? / Wer wollt hier bleiben, / sich den Jammer länger treiben lassen? / Komm, o Christe, komm, uns auszuspannen, / lös uns auf und führ uns bald von dannen! / Bei dir, o Sonne, / ist der Frommen Seelen Freud und Wonne.*«[1]

Oder nehmen wir das Lied von Valerius Herberger (1562–1627), das mit dem programmatischen Satz beginnt: »Valet will ich dir geben, du arge, böse Welt« (EKG 523). Sehr bekannt ist auch das Lied der Eleonore Fürstin von Reuss (1835–1903), das den Kasus der Jahreswende zum Anlass nimmt, um zu fragen: »*Warum es so viel Leiden / so kurzes Glück nur gibt?*« Um dann zu antworten: »*Dass nicht vergessen werde, / was man so gern vergisst: / dass diese arme Erde / nicht unsere Heimat ist. / Es hat der Herr uns allen, / die wir auf ihn getauft, / in Zions goldnen Hallen / ein Heimatrecht erkauft.*« (EKG 63, Strophen 2 und 3)

Immer wieder erscheint der dualistische Gegensatz zwischen der Erde als dem Ort des Schreckens, der Fremde und Sklaverei auf der einen Seite und dem Himmel als dem eigentlichen und unvergänglichen Vaterland. Die Lust, die es in ihren irdischen Formen nicht geben kann (und darf), wird in der himmlischen Welt als »Wonne« ins Unendliche gesteigert. Das Leben diesseits des Todes ist entfremdet, verdorben, ohne bleibenden Wert. Dass der Tod an seinem Ende steht, ist dafür ein zusätzlicher Beweis. Das wahre Leben gibt es erst jenseits der Endlichkeit in der himmlischen Unsterblichkeit. Diese Frömmigkeit hat zum Ziel, aus den Menschen keine fröhlichen Erdenbürger und Erdenbürgerinnen, sondern Himmelsbürger und Himmelsbürgerinnen zu machen.

Exkurs: Bevor ich weitere Folgerungen ziehe, sei kurz begründet, warum ich mich auf Autorinnen und Autoren aus dem Gesangbuch beziehe und nicht auf theologische Experten aus der akademischen Welt. Wo es um Spiritualität geht, kommt es nicht auf gelehrte Abhandlungen an, sondern auf Texte aus der kirchlichen »Gebrauchsliteratur«, die natürlich auch ihre äußerst trivialen Seiten hat. Ich meine die Kindergebete (»Lieber Gott, mach mich fromm, dass ich in den Himmel komm.«), die Devotionalien, die anrührenden Lieder, die rhythmisch betonten songs (daher die Beliebtheit der Spirituals!), die frommen Bildchen und Kalender und dergleichen mehr. Sie üben den stärksten und nachhaltigsten Eindruck auf die Frömmigkeit der »gewöhnlichen« Christenmenschen aus; denn sie enthalten die Bilder, die die Gläubigen im Herzen tragen. Darum sind sie für alle frömmigkeitsgeschichtlichen und natürlich insbesondere für alle religionspädagogischen Ansätze und Methoden von Bedeutung. Die gelehrte Theologie erreicht diese Ebene nicht. Das gilt im Übrigen auch für die ökumenische Theologie, wie sie vor allem von der Kommission für Glauben und Kirchenverfassung verfolgt wird. Ihre Verlautbarungen, wie zum Beispiel die berühmten Lima-Dokumente zu Taufe, Eucharistie und Amt, wurden von theologischen Experten erarbeitet, folgen einem argumentativen Stil und zeigen nur wenige Verbindungen zu der »trivialen« Bilderwelt der Gläubigen. Es kann daher nicht verwundern, dass diese wichtigen Ergebnisse ökumenischer Verständigung nur einen geringen Einfluss auf die traditionellen, konfessionell geprägten Gottesdienste finden und folglich auch die meisten Gläubigen unberührt lassen.

Zweifellos ist dieser Dualismus in vielen Fällen lebensgeschichtlich durchaus verständlich. Paul Gerhardt lebte während des dreißigjährigen Krieges. Es ist begreiflich, dass er klagte: »Die Herberg ist zu böse …« Herbergers Lied »Valet will ich dir geben« entstand während einer Pestepidemie. Und so breitet sich auch bis in unsere Tage diese weltflüchtige, himmelssüchtige Frömmigkeit gerade dort aus, wo Menschen Tag für Tag unter Hunger und Elend, Not und Entbehrung leben müssen. Es gibt kein wahres Leben vor dem Tod, das ist eine alltägliche Erfahrung. Es ist die Grundlage für die Spiritualität der evangelikalen und fundamentalistischen Gemeinden, die gerade in den Elends- und Notstandsgebieten der Erde aus dem Boden schießen.[2]

Und doch ist es paradoxerweise so, dass eine solche Frömmigkeit gerade den Kräften in die Hände arbeiten kann, denen an dem Fortbestehen verelendender Strukturen gelegen ist. Wo konkrete Ursachen von Reichtum und Armut, Unterernährung und Kindersterblichkeit, Produktionsformen und Arbeitslosigkeit in ein allgemeines, ja transzendentales Weltverhängnis überführt werden, sitzen die »Herren der Welt« am sichersten im Sattel.

Bei allem Verständnis für die lebensgeschichtlichen Hintergründe dieser weltflüchtigen Frömmigkeit ist doch kritisch zu bemerken, wie wenig sie wahrzunehmen vermag, dass diese Erde immer noch Gottes gute Schöpfung bleibt. Es verschwimmt der Blick dafür, dass das Reich Gottes im Himmel wie auf Erden ist. Diese Spiritualität verliert aus den Augen, dass die Hoffnung auf Gottes Gerechtigkeit und der damit verbundene Protest gegen alle Formen von Unrecht und Ausbeutung und die daraus folgende konkrete Solidarität mit den Notleidenden nicht in einen transzendentalen Dualismus zwischen Himmel und Erde überführt werden darf. Denn wo dies geschieht, macht sich eine Verachtung der Schöpfung breit. Da wundert es dann auch nicht, dass die himmlische Seligkeit mit der Vernichtung der Welt und ihrer Geschöpfe verbunden wird.[3]

Der entscheidende Punkt in dieser Frömmigkeit ist daher der Dualismus. Er zerteilt Gottes Welt in Himmel und Hölle, oben und unten, Licht und Finsternis, gut und böse, ewige Seele und sterblichen Körper, in Geist und Materie, Ewigkeit und Endlichkeit – übrigens auch Mann und Frau! Folglich muss, wenn es nicht anders geht, um das eine zu retten, das andere zum Teufel gehen. Wo etwa das Heil der unsterblichen Seele zum Kern der christlichen Verkündigung und Frömmigkeit gemacht wird, muss die Sorge um das Wohl der Schöpfung als zweitrangig, ja als verdächtig erscheinen; denn wer sich allzu eifrig um »weltliche« Probleme wie Politik oder Ökonomie sorgt, hängt wohl noch zu sehr an diesen vergänglichen Dingen.

Und daraus folgt: Die Konzentration auf die ewige, jenseitige Seligkeit als Befreiung aus dem Joch des Irdischen führt zu einer ethischen Grundeinstellung, die auf Verdacht und Domestikation ausgerichtet ist. Verdächtig sind bei diesem Dualismus die Kräfte der Natur, denen oft dämonische Eigenschaften zugesagt wurden. Gefährlich, bedrohlich und versucherisch sind die Energien des Leibes und seiner Sinne, die daher auch gern als »Fleischeslust« angeprangert wurden. Folglich müssen diese Kräfte gezähmt und gezügelt oder doch wenigstens »kompensiert« werden. Mit der Natur steht man immer irgendwie auf Kriegsfuß. Darum sind Kontrolle und ständige Beherrschung das Gesetz des Überlebens. So lange diese Erde als ein Ort der Fremde betrachtet wird, ist Friede allenfalls eine Ausnahme. Die Realität ist Kampf auf Leben und Tod.

Ist diese die Welt verneinende Spiritualität eine Besonderheit der evangelischen Kirchen? Keineswegs. Paul Gerhardt und die anderen von mir zitierten Dichter von Kirchenliedern sind nur Glieder einer langen Kette von Theologen, Kirchenführern und Seelsorgern, die bis ins Neue Testament zurückreicht. Denn schon in den Gründungstexten der Christenheit finden sich Hinweise auf eine dualistische Abspaltung der Welt als der Fremde von der himmlischen Welt als der eigentlichen Heimat der gläubigen Seelen. Viele haben vergessen, dass unser Begriff »Parochie« auf das griechische Wort »paroikía« zurückgeht. Eine »paroikía« war eine Gemeinsschaft von »paroikoi«, also Menschen, die sich – von ihrem eigentlichen »Haus« entfernt – in der Fremde befinden. Auf diese Weise verstanden sich die Christen als eine Art »Gastarbeiter«. So gebraucht der 1. Petrusbrief (1,17; 2,11; auch Eph 2,19) dieses Wort. In den anschließenden Generationen der Apostolischen Väter wurde dieses Verständnis weiter entfaltet. So kann denn auch gesagt werden, dass die Gemeinschaft der Jüngerinnen und Jünger Christi eine »paroikía« bildet, mithin eine »Himmelsbürgerschaft«, die der vorfindlichen Welt fremd gegenüber steht.

Das war in den Anfangszeiten der Kirche durchaus verständlich; denn die Nachfolgegemeinschaft des Auferstandenen konnte gar nicht anders, als die Welt des Imperium Romanum als eine widergöttliche zu verstehen. Dieses »Imperium« mit seinen Göttern und Kaiserkulten, seiner militärischen Omnipräsenz in allen Teilen der damals bekannten »Ökumene«, mit der Verelendung der Provinzen, der Korruption und Lasterhaftigkeit der Oberschichten ließ sich schlechterdings nicht als Heimat verstehen. Die Christusleute waren allenfalls Beisassen, Erdenbürger auf Zeit. Aber ihr wahres Bürgerrecht (»politeuma«) war im Himmel (So in Phil 3,20).

In den ersten Jahrzehnten hatte dieses Verständnis von »paroikía« noch den Charakter von Widerstand. Wer sich so definierte, distanzierte sich von den mehr als zweifelhaften Werten und Machenschaften der sie umgebenden Gesellschaft. Widerstand war das Zeichen ihrer Nachfolge, das Martyrium für viele Christen eine unvermeidliche Konsequenz. »Haben sie mich verfolgt, so werden sie euch auch verfolgen«, hatte der Meister gesagt (vgl. Joh 15,20). Und so war es ja auch gekommen. Wer sich in einer solchen Welt zu Hause fühlen wollte, musste als Verräter am Reich Gottes gelten.

Im Laufe der Zeit verlor sich das Element des Protestes. Und als das Christentum Staatsreligion im Römischen Reich wurde, erübrigte sich der Widerstand. Ja, es gab Theologen, welche die Auffassung vertraten, das Reich Gottes habe im christlichen Römischen Reich seine weltliche Entsprechung und Gestalt gefunden.[4] Damit wurde die »paroikía« allmählich zu einem lediglich beschreibenden Begriff für die an bestimmten Orten versammelte Gemeinde, die Parochie eben. Und als solches ist dieses Wort in unseren Sprachen heimisch geworden. Heute ahnt niemand mehr, dass »Parochie« einmal die Selbstbezeichnung unangepasster Widerstandsgruppen war. Anders ausgedrückt, das ursprüngliche Motiv einer eschatologischen Unangepasstheit verwandelte sich immer stärker in eine Frömmigkeit, die nicht »von der Welt« sein wollte und sich darum immer stärker auf das Heil in der himmlischen Welt ausrichtete. Die Gotteshäuser wurden immer stärker zu Glaubensburgen, die Liturgien mit ihren Riten und Gesängen trugen dazu bei, diese Heilshoffnung beständig in Erinnerung zu rufen. Es bildeten sich Frömmigkeitskulturen, die sich von denen der breiten Masse absetzten. So verstand sich zum Beispiel der Pietismus – im Gegenzug zu einem immer angepasster und »orthodoxer« werdenden Staatskirchentum – als eine Erneuerungsbewegung mit der ausgeprägten Tendenz, das Heil der Seele im Kontrast zur »Welt« zu betonen. Das geht sehr gut aus einem Lied hervor, das der von August Hermann Francke bekehrte Halle'sche Arzt Christian Friedrich Richter dichtete.[5] Darin heißt es: »*Sie wandeln auf Erden und leben im Himmel, / sie bleiben ohnmächtig und schützen die Welt. / Sie schmecken den Frieden bei allem Getümmel, / sie kriegen, die Ärmsten, was ihnen gefällt. / Sie stehen im Leiden / und bleiben in Freuden, / sie scheinen getötet den äußeren Sinnen / und führen das Leben des Glaubens von innen.*«

Es erübrigt sich, darauf hinzuweisen, dass es auch in anderen Kirchenfamilien vergleichbare Bewegungen gegeben hat. Es ist auch nicht verwunderlich, dass diese Frömmigkeitsformen von Außenstehenden nicht mehr begriffen und darum auch oft lächerlich gemacht wurden. Wer versteht in unserer säkularisierten Gesellschaft noch die »Sprache Kanaans« der pietistischen Zirkel? Wer versteht in dem ebenso säkularisierten Griechenland noch die alten Gesänge und liturgischen Praktiken der orthodoxen Kirche?

5. Kapitel: Abschied von Paul Gerhardt? Christliche Spiritualität für Erdlinge

So ehrwürdig und gravitätisch ihre Gottesdienste anmuten, sie sind der Bevölkerung, vor allem ihrem männlichen Teil, fremd geworden. Die bei allen beliebte Liturgie in der Osternacht ist die Ausnahme und bestätigt die Regel, wie es in den Kirchen bei uns die Gottesdienste am Heiligen Abend tun.

Doch es geht nicht nur um die Verständlichkeit von Spiritualität und ihre gesellschaftliche Akzeptanz. Die Frage, die mich hier beschäftigt, ist: Wird die christliche Spiritualität, wie ich sie vor allem unter Bezug auf Paul Gerhardt skizziert habe, den von uns Menschen herbeigeführten endzeitlichen Bedingungen gerecht? Verhilft sie uns zu einer engagierten, mutigen und lebensbejahenden christlichen Praxis? Meine Antwort ist, dass dies ihr nicht mehr gelingt. Gewiss, der christliche Glaube muss von einer Gewissheit durchdrungen sein, die alle vorfindlichen Lebensbedingungen zu überschreiten und zu transzendieren vermag. Der christliche Glaube lebt aus dem Frieden Gottes und führt daher zu einer grundsätzlichen Unangepasstheit gegenüber den Heilsversprechungen und Glücksverheißungen, die von allen Seiten auf die Menschen eindringen. Insofern ist die Berufung auf den Himmel nötig, um den Gegensatz zu den Gefahren oder Versuchungen der Welt auszudrücken.

Aber ist Paul Gerhardt so zu verstehen? Ist der kategorische Dualismus seiner Lieder nur ein poetischer Ausdruck dieser eschatologischen Unangepasstheit, wie er halt für den Barock typisch ist? Ich nehme an, dass seine Texte heute oft so verstanden werden. Sie lassen sich dann auch mit einer leicht ironischen Distanz genießen. Aber ich halte das für eine verharmlosende Deutung, die sich gebildete Menschen, die an eine kritische Interpretation von Texten gewöhnt sind, leisten können. Im Gegensatz zu ihnen nehmen viele Christenmenschen Paul Gerhardt beim Wort. Sie lesen in seinen Liedern die Verachtung der verdorbenen und gefallenen Welt, erkennen in ihnen ihre eigenen Erfahrungen und ziehen daraus den Schluss, dass die Verhältnisse unlösbar und unheilbar sind. Also schicken sie sich in das Unglück und Leid, das sie trifft, weil es zu der Wanderschaft gehört, welche die wahren Gläubigen durch die finsteren Täler dieser »armen Erde« führt. So wie Paul Gerhardt – und andere – es geschrieben haben, so ist es.

Ist es wirklich so? Ja, in vielen Fällen ist es wirklich so. Millionen und Abermillionen Menschen verbringen ihre Tage in einem verzweifelten Überlebenskampf. Sie kennen nichts anderes als eine feindliche Welt. Wenn sie Christen sind, dann nährt sich ihr Trost nur aus der Hoffnung, dass es jenseits dieses Elends eine Stätte des Friedens und der vollkommenen Freude gibt. Und wie dringend brauchen sie diese Hoffnung, wenn sie, um ein Beispiel zu nennen, an der Trauer um ihre verhungerten Kinder nicht ganz zerbrechen wollen. Aber ist es angemessen, die Menschen auf ein gnädiges Jenseits zu vertrösten? Darf man mit Paul Gerhardt zu ihnen sprechen: »Gib dich zufrieden und sei stille«?[6] Wo es dann in der 13. Strophe heißt: »*Es kann und mag nicht anders werden, / alle Menschen müssen leiden; / was webt und lebet auf der Erden / kann das Unglück nicht vermeiden …*« Um dann in der 14. Strophe den Schluss zu ziehen: »*Es ist ein Ruhetag vorhanden, / da uns unser Gott wird lösen; / er wird uns reißen aus den Banden / dieses Leibs und allem Bösen. / Es wird einmal der Tod herspringen / und aus der Qual uns sämtlich bringen. / Gib dich zufrieden!*«

Diese Art von Zufriedenheit hat eine zu große Ähnlichkeit mit einer fatalistischen Ergebung in ein unmenschliches Geschick. Mehr noch, sie bekommt zynische Züge, weil sie den Elenden nicht hilft, nach den Gründen ihres Elends zu fragen und gerechtere Lösungen einzuklagen. Damit sind wir wieder bei dem Ausgangspunkt der Überlegungen in diesem Buch. Wohl trifft es zu, dass eine Hungersnot von heute so aussieht wie eine Hungernot vor einigen Jahrhunderten, und für die Betroffenen fühlt sie sich auch genauso an. Und doch gibt es einen grundsätzlichen Unterschied zwischen vielen Formen des Elends in Paul Gerhardts Tagen und solchen von heute. Und zwar den, dass der Anteil menschlicher Mitwirkung und Einflussnahme auf Dürrezeiten und Flüchtlingselend in unserer Zeit sehr viel höher ist als früher.

Die Hungersnöte im Horn von Afrika, um nur dieses Beispiel zu nennen, sind auf das Engste mit dem beispiellosen Zuwachs an menschlicher Macht verbunden. Denn das Ausbleiben der Regenzeiten hängt mit dem Klimawandel zusammen, und der ist weithin von Menschen gemacht. Zudem ist der Aufbau von sozialen Strukturen, zum Beispiel in Somalia, durch einen Jahrzehnte währenden, selbstzerstörerischen Bürgerkrieg unmöglich gemacht worden. Immer wieder haben die Warlords, die sich an diesem Krieg mästen, internationale Hilfslieferungen verboten oder sich rücksichtslos an ihnen bereichert. Unter diesen Gegebenheiten ist ein«Gib dich zufrieden und sei stille« der falsche Rat.

5.2. Abschied vom Wahn der Unsterblichkeit

Der »Ruhetag«, der alle Qualen dieses vergänglichen Lebens ersetzen und beschwichtigen soll, ist die ewige Glückseligkeit in Gottes himmlischer Welt. Dort sind die wahren und unzerstörbaren Wohnungen der Seligen. So glauben es auch heute noch ungezählte Christenmenschen. Sie denken sich den Himmel räumlich und konkret irgendwo über den Wolken. Dort thront der »liebe« Gott, umgeben von seinen Engeln. Dort finden die Gläubigen ihre ewige Ruhe. »*Über den Sternen, / da wird es einst tagen, / da wird mein Hoffen und Sehnen gestillt*«, wie viele Kirchenchöre dieses fromme Lied (von Ida von Hahn-Hahn, 1803–1878) wohl noch in ihrem Repertoire haben.

Dass es aber in diesem Universum für einen Himmel keinen geographisch zu bezeichnenden Ort gibt, pfeifen die Spatzen schon längst von den Dächern der wissenschaftlichen Institute. Auch die professionellen Theologen sind sich darin einig, dass es keinen Himmel gibt, jedenfalls nicht in dem räumlichen Sinne, wie ihn die triviale Frömmigkeit sich vorstellt. Da wird, vor allem bei Beerdigungen, sehr oft eine doppelbödige Sprache benutzt, die eine scheinbare Übereinstimmung mit der traditionellen Frömmigkeit suggeriert. Aber ein ernsthafter Streit um eine Frömmigkeit, die unserer Epoche gerecht wird, lässt sich so nicht führen.

Es wäre ehrlicher, einzugestehen, dass es keinen Himmel gibt, dahin sich eine unsterbliche Seele flüchten kann, wenn sie ihren sterblichen Leib mit seinen irdischen Lasten endlich hinter sich hat lassen dürfen. Gewiss, ein solches Eingeständnis enthält eine Ernüchterung, die viele als eine Provokation empfinden dürften, auch wenn die Vorstellung von einem Ort mit weißen Wolkenbergen, pausbäckigen Engeln und lustwandelnden Seligen nicht erst seit Ludwig Thoma zum Gegenstand unzähliger Karikaturen und Witze gemacht worden ist. Der Abschied von einem solchen »Himmelreich« bedeutet ja keineswegs, dass Christen auf das Symbol »Himmel« verzichten müssen. Es bleibt unverzichtbar als ein Name für die Alternative der Gottesherrschaft, für die eschatologische Unangepasstheit, die mit dem Gottesglauben verbunden ist. »Himmel« bleibt das Symbol für den Widerstand gegen alles vergeudete und zerstörte Leben in dieser Welt. Es bleibt bestehen als der archimedische Punkt, mit dem das Unrecht erkannt werden kann, das die »Herren« der Welt – zu denen mittlerweile auch ein paar Frauen gehören – als »Schicksal« oder »alternativlosen Zwang der Verhältnisse« ausgeben. Und nur wenn wir so von dem Himmel sprechen, können wir ihn als eine Kategorie des Widerstands verstehen. Wie es in Kurt Martis

Gedicht heißt, das zum Glück in das Evangelische Gesangbuch aufgenommen wurde: »*Der Himmel, der ist, / ist nicht der Himmel, der kommt, / wenn einst Himmel und Erde vergehen ... Der Himmel, der kommt, / das ist die Welt ohne Leid, / wo Gewalttat und Elend besiegt sind.*« (EG 153, Strophen 1 und 3)

Es ist also nötig, den dualistischen Unterton in dem traditionellen Verständnis von Himmel und Erde aufzulösen. Damit verbindet sich auch die Auflösung des dualistischen Gegensatzes zwischen einer unsterblichen Seele und einem sterblichen Leib. Seele und Leib bilden eine Einheit, die im Tode nicht in eine unsterbliche Seele und einen vergänglichen »Rest« auseinanderfällt. Aufzulösen ist auch die dualistische Färbung der Vorstellung vom »ewigen Leben« im Gegensatz zu einer endlichen Lebenszeit. Wenn das Neue Testament, vor allem das Johannes-Evangelium, von einem »ewigen Leben« spricht, so meint es keine unendliche Zeit, die nach unserer Lebenszeit beginnt und auf immer vor sich hin dauert. Vielmehr verstehe ich »ewiges Leben« als ein Symbol für Gottes Zukünftigkeit. Es ist also ein Ausdruck für das Vertrauen, das wir in Gottes Zeit setzen, die alle unsere Zeiten trägt, erträgt und auffängt. Ein ewiges Leben ist ein Leben in Gottes Fülle, ist erfülltes Leben, und zwar unter irdischen Verhältnissen.

Auch dieses Verständnis mag vielen als eine Kränkung erscheinen, weil es die traditionellen Ewigkeitsvorstellungen, die ja im Grunde Unsterblichkeitsphantasien sind, außer Kraft setzt. Wir sterben mit Leib und Seele, und wir bleiben mit Leib und Seele in Gottes ewiger Welt. Wie dieses Bleiben aussieht, ist uns entzogen und muss uns nicht beschäftigen. Dagegen sollten wir die tröstliche Seite dessen zulassen, das uns die neuen Forschungen zur Entstehung unseres Universums zu erkennen geben, nämlich dass wir mit Geist und Körper, mit Leib und Seele Produkte dieser unfassbar großen Welt sind und bleiben. In den Konstellationen unserer Zellen finden sich Spuren der Baugeschichte dieses Universums. Wir Menschen sind also ganz und gar geschichtliche Wesen, und was nach unserem Tod von uns bleibt, verwandelt sich in neue organische Gestalten. Wir sind Kinder großer Verwandlungen. Alles bleibt in der Geschichte unseres Universums erhalten, bis auch dieses einmal vergeht.[7] Es ist also nichts an uns ewig, in dem Sinne der absoluten Unvergänglichkeit und Unsterblichkeit. Wie ja auch diese Erde in wenigen Milliarden Jahren von einer sich aufblähenden Sonne verschlungen sein wird.

Wenn also nichts mehr jenseits der Geschichtlichkeit gedacht werden kann, dann sollten wir Christen auch nicht länger meinen, wir sollten oder könnten das, was wir »Ewigkeit« nennen, als abstrakte und reine Zeitlosigkeit denken. Ewigkeit ist die Zeit Gottes; sie transzendiert die Erdenzeit, die jedes Lebewesen hat. Sie umgibt sie, ohne sie zu entwerten. Sie stellt jedes Leben in die Entwicklung des Lebens auf dieser Erde, so wie sie die Geschichte dieser Erde in die Geschichte ihrer Galaxie einzeichnet. Gewiss, das sind Zeiträume, die uns unüberschaubar erscheinen und deshalb »ewig« anmuten. Aber wenn wir versuchen, in ihnen zu denken, kommen wir zu einer Auflösung dualistischer Vorstellungen und zu einer integrierenden Wahrnehmung des Lebens. Vor allem aber kommen wir zu einem entspannteren Verständnis des Todes.

Es ist daher möglich (und nötig), dieses geschichtliche Leben keineswegs als etwas Vorübergehendes gering zu achten, sondern ihm die Kostbarkeit zuzugestehen, die ihm als einer einzigartigen Manifestation des Lebendigen zukommt. Wenn ich mir klar mache, dass ich nur dieses eine Leben habe, wird es wertvoll. Dann darf ich es nicht von mir werfen, seine Kräfte werde ich nicht vergeuden oder missachten. Dazu gehört, dass ich die Grenzen meiner Endlichkeit als zu mir gehörig annehme und bewusst durchschreite. So kann das Bedenken meiner Sterblichkeit mich lebensklug machen, was ja nicht nur bedeutet, dass ich meine Schwächen, mein Versagen und meinen Verfall akzeptiere, sondern dass ich in ihnen die Schönheit und die Köstlichkeit des Lebens zu entdecken und zu pflegen suche.

Wenn ich mein Dasein so als wertvoll erkenne, dann will ich auch, dass alle Erdenbürger die Möglichkeit und den Raum bekommen, um den Schöpfungsgedanken, den sie verkörpern, zur Entfaltung zu bringen. Da sie so wertvoll sind wie ich, müssen sie die gleichen Möglichkeiten erhalten, die ich für mich reklamiere. Das ist der Ausgangspunkt für eine Gerechtigkeit, die allen Lebewesen zugutekommt.

Damit ist ein wichtiger Punkt erreicht: Wenn wir uns von dem Wahn der end-losen Unsterblichkeit verabschieden, ist nicht nur die traditionelle christliche Frömmigkeit herausgefordert. Auch die säkularisierten Gestalten der Unsterblichkeitshoffnung, die heute im Schwange sind, müssen sich dieser Herausforderung stellen. Und dort wird die Zumutung möglicherweise noch brisanter. Zu den politischen und ökonomischen Leitbildern unserer Tage, die man auch mit dem Begriff »Zivilreligionen«[8] bezeichnen kann, findet sich der Glaube an die Unendlichkeit der Welt. Immer noch sprechen Politiker und Manager von einem materiellen Wachstum, das ohne Ende wachsen soll. Sie setzen also voraus, dass die Schätze der Erde unerschöpflich sind und dass die Erde unbegrenzt belastbar ist. Sie glauben also auf ihre Weise an ein ewiges Leben. Unerschöpflichkeit und Unendlichkeit aber sind ungeschichtliche Attribute; sie verweigern sich der grundsätzlichen Endlichkeit allen Lebens. Und gerade aufgrund dieser Verweigerung wird die Zerstörung unserer Lebensverhältnisse verantwortungslos beschleunigt. Die Klimakatastrophen, die über die Welt hereinbrechen und überall Angst und Tod verbreiten, sind eine Frucht der Illusion von Unendlichkeit.

5.3. Merkmale einer Frömmigkeit für Erdlinge

Im vorigen Kapitel habe ich im Anschluss an Mystiker unserer Zeit den christlichen Glauben als ein Sich-Gründen beschrieben. Gemeint ist damit das tiefe Vertrauen in die tragenden und ermutigenden Kräfte eines Gottes, der seiner Welt mit seiner befriedenden Energie die Treue hält. Es ist ein Vertrauen in die zeitliche und räumliche Verlässlichkeit unseres Daseins und macht uns gerade deshalb frei und mutig, mit seiner Verwundbarkeit und Empfänglichkeit schöpferisch umzugehen.

Doch können wir ein solches Grund-Vertrauen üben? Psychologen sprechen davon, wie elementar wichtig das Grundvertrauen für die Entwicklung eines Menschen ist. Aber sie verweisen auch darauf, dass es sich in den ersten Lebensjahren bildet. Dass also Menschen, die in ihrer ersten Lebensphase mit ständigen Verunsicherungen zurechtkommen mussten, die größten Schwierigkeiten haben werden, zu so etwas wie Grundvertrauen zu gelangen. Deshalb noch einmal die Frage: Ist die Frömmigkeit, die sich um ein solches Daseinsvertrauen bemüht, zum Scheitern verurteilt, wenn es ihr nicht gelingt, schon in den ersten Jahren in einem Menschen Wurzeln zu schlagen?

Es ist sicher richtig, dass frühkindliche Erfahrungen fragloser Verlässlichkeit für die Entwicklung einer lebensfrohen und schöpferischen Spiritualität wichtig sind. Und doch bleibt Spiritualität oder Frömmigkeit eine Suche, welche die ganze Lebenszeit begleitet, die immer wieder vor neuen alltäglichen Herausforderungen steht und darum auch ein Leben lang geübt werden kann und muss.

Ich will vier Merkmale nennen, die dazu beitragen können, wie Erdlinge lebensfrohe, lebensbejahende, mutige und schöpferische Erdenbürger werden können.

5. Kapitel: Abschied von Paul Gerhardt? Christliche Spiritualität für Erdlinge

Staunen – Bewunderung – Ehrfurcht

Um noch einmal an die bereits zitierten Sätze von Albert Einstein zu erinnern:
»Das herrlichste und tiefste Gefühl, das wir spüren können, ist die mystische Empfindung. Dort liegt der Keim jeder wahren Wissenschaft. Derjenige, dem dieses Gefühl fremd ist, der nicht von Bewunderung ergriffen oder von Ekstase hingerissen werden kann, ist ein toter Mensch. Zu wissen, dass das, was undurchdringlich ist, dennoch existiert, sich als höchste Weisheit und strahlendste Schönheit manifestiert, die unsere stumpfen Fähigkeiten nur in äußerst primitiver Form wahrnehmen können, diese Gewissheit, dieses Gefühl steht im Kern jedes wahrhaft religiösen Sinnes.«[9]

Einstein spricht ausdrücklich als Wissenschaftler. Die wissenschaftlichen Methoden und Analysen bezeichnet er als »stumpfe Fähigkeiten«, mit denen wir unsere Welt nur in »äußerst primitiver Form wahrnehmen« können. Dass einer der bedeutendsten Wissenschaftler des 20. Jahrhunderts so skeptisch über die Möglichkeiten seiner Zunft urteilt, gibt zu denken. Gerade weil in der Regel die Wissenschaften, vor allem die sich selbst so nennenden »exakten« Naturwissenschaften, den ersten Platz in der Erklärung der Weltprobleme beanspruchen. Einstein hingegen spricht emphatisch von dem Gefühl (!) der Bewunderung und der ekstatischen Hingerissenheit, in dem sich die verborgene Weisheit und Schönheit der Welt zu erkennen geben. Wer diesen »religiösen Sinn« nicht kennt oder in sich zulässt, ist für ihn ein »toter Mensch«.

Wer also mit Herz und Sinnen, mit Leib und Seele in dieser Welt zu Hause sein will, kommt aus dem Staunen nicht hinaus. Und wer gerät nicht in Entzücken, wenn er/sie ein neugeborenes Kind im Arm hält? Es braucht einer nur die wunderbar geformten Fingernägel an den zierlichen Händen eines Babys anzusehen und ist von Ehrfurcht ergriffen. Wohin wir blicken, von überall kommen die Wunder unserer natürlichen Welt uns entgegen. Um nur zwei Beispiele zu nennen: Je genauer wir die Entfaltung der genetischen Codes in den Lebewesen zu beobachten in der Lage sind, desto tiefer wird unsere Bewunderung. Je mehr wir über die Auswirkungen der Meeresströmungen auf das globale Klima erfahren, desto größer wird unsere Ehrfurcht. Zur Ehrfurcht gehört freilich auch unser Erschrecken über die urtümliche Gewalt in den Bewegungen der tektonischen Platten dieser Erde, die Erdbeben und Tsunamis auslösen und ganze Städte und – wie im Falle des japanischen Fukoshima – hochgefährliche nukleare Anlagen außer Kontrolle bringen können.

Gewiss können jetzt die theologischen Fachleute einwenden, Staunen und Bewunderung seien ein religiöses Gefühl, das sich überall finden lasse. Bereits vor hundert Jahren habe Rudolf Otto es mit den Stichworten »mysterium tremendum« und »mysterium fascinans« umschrieben[10]. Es handele sich dabei jedoch nicht um eine spezifisch christliche Glaubensäußerung. Ja, einige werden noch einen Schritt weitergehen und dieses religiöse Gefühl in die Nähe der »Naturreligiosität« mit pantheistischen Untertönen rücken. Gerade Karl Barth und seine Schule misstrauen dieser Form der Annäherung an das Göttliche und setzten dagegen eine Theologie, die von der Selbstoffenbarung Gottes ausging. Wie notwendig diese Kritik war, zeigte sich während des »Dritten Reiches«, als die Bewegung der »Deutschen Christen« dem völkisch-rassistischen Denken eine eigenständige Offenbarungsqualität zubilligte und viele Kirchen zu Mitläufern des Nationalsozialismus machte.[11]

Das war freilich nicht die Front, gegen die sich zum Beispiel Albert Einstein mit seinem Plädoyer für die Bewunderung und Ekstase als fundamentale mystische Gefühle stellte. Er wandte sich gegen eine sich selbst überschätzende Rationalität, die dann paradoxerweise in eine Wissenschaftsgläubigkeit mündete, welche letztlich nichts gegen die Entwicklung, Herstellung und Verwendung von Atombomben ins Feld zu führen wusste. Einsteins Nuklearpazifismus gewinnt seine Kraft aus der vermeintlich »irrationalen« religiösen Empfindung für die unerreichbare Weisheit und Schönheit der Schöpfung.

Seit Einsteins Tagen hat sich, wie ich schon mehrfach betont habe, diese rationalistische Vermessenheit im Verbund mit big science und big money zu einer Endzeitmacht entwickelt, die das Leben auf diesem Planeten bedroht. Darum ist es so wichtig, die Bedeutung des Staunens, der Bewunderung und der Ehrfurcht neu zu betonen. Sie bezeichnen ein Merkmal einer Spiritualität, die den Menschen wieder an den Ort bringen will, wohin er gehört, nämlich in die Gemeinschaft mit allem Lebendigen auf diesem einzigartigen Planeten. Wer das Staunen wieder übt – und ich glaube, es lässt sich üben, auch wenn man es lange vernachlässigt hat –, macht sich damit eine Dimension des Widerstands gegen eine Art zu denken zu eigen, die an die Machbarkeit aller Dinge glaubt und menschlichen Interessen und Wünschen absoluten Vorrang einräumt.

Was Einstein mit den Worten Schönheit und Weisheit bezeichnet, führt uns zu dem Begriff des Heiligen. Gerade angesichts der immer größer werdenden Säkularisierung ist es nötig, den Sinn für die Heiligkeit der Lebensordnungen dieser Erde zu wecken und zu kultivieren. Denn was heilig ist, das entzieht sich unseren manipulativen Neigungen, Vorlieben und Begehrlichkeiten. Es trägt seinen Wert in sich selbst, seine Würde ist unabhängig von seiner Nützlichkeit für uns Menschen. Was uns heilig ist, das darf nicht angetastet und mutwillig zerstört werden.

Die bedenkenlose Enttabuisierung aller Lebensbezüge ist kein Ruhmesblatt für freiheitliche Gesellschaften, zu denen unsere deutsche gehören will. Auch wenn es altmodisch erscheint, so sollten zumindest die christlichen Kirchen an der Dimension der Heiligkeit festhalten. Sie ist so etwas wie ein cordon sanitaire, ein Schutzring, der alles umgibt, das besonders verletzlich ist.

Demut

Je stärker unser Gefühl für die ungeheuerlichen Wunder dieser Erde wird, desto demütiger wird unser Sinn. Staunen und Ehrfurcht vor der Weisheit und Schönheit der Erde lassen uns erkennen, wie einzigartig unsere Lebenswelt ist. Was musste alles zusammenkommen, damit wir Erdlinge überhaupt eine Chance zum Leben bekamen! Demut ist eigentlich nicht mehr als eine realistische Selbsteinschätzung und insofern alles andere als Unterwürfigkeit.

Ich habe einmal gelesen, das Wort »Demut« hinge mit »Demeter«, also »Mutter Erde«, zusammen. Dann wäre die Demut also der Mut, der aus der Verbundenheit mit der Erde erwächst. Sozusagen geerdete Energie.

Doch zeigt ein Blick in das ehrwürdige Grimmsche Wörterbuch, dass »Demut« von dem frühhochdeutschen »deomuth« kommt. Und da »deo« das Wort für Knecht war, müssten wir bei Demut an die Gesinnung eines Knechtes denken. Dieses Wort hat Luther dann für die Übersetzung des lateinischen »humilitas« benutzt. Und da dieses Wort von »humus«, also Erde, abgeleitet ist, kommt wieder die Assoziation mit der Erde ins Spiel. Dann wäre Demut eine erdnahe Kraft, für Erdlinge genau das Richtige!

Im alltäglichen Sprachgebrauch aber wird Demut oft mit knechtischer Botmäßigkeit und Untertanengesinnung verbunden. Und wo jemand gedemütigt wird, da macht man ihn klein und niedrig. Wer das immer wieder erleben muss, verliert die Freude am Leben.

Auch die christliche Frömmigkeit hat dazu beigetragen, dass die Demut einen negativen Beigeschmack erhielt. Sie hatte ohne Zweifel Recht damit, den Gläubigen angesichts der Größe und Macht Gottes eine demütige Haltung einzuschärfen. Aber dadurch hat sie vielen Menschen den »hohen Mut« genommen, ihr Leben mit all seinen Kräften beherzt und tatkräftig anzunehmen.[12] Mit Händen zu greifen ist diese Praxis in dem Weihe-Ritual für die Bewerber um das Priesteramt in der römisch-katholischen Kirche. Sie müssen sich ausgestreckt auf die Erde legen, um so die Entäußerung ihres Selbst und ihre vollständige Unterordnung unter die Herrschaft Gottes symbolisch darzustellen. Das ist ein Akt der Demut, der innerhalb der hierarchischen Struktur der Kirche als ein Zeichen für widerspruchsfreien Gehorsam gelten kann und soll.

Darum ist die Demut vielen Menschen verdächtig. Es will niemand mehr Knecht oder Magd sein. Und das ist auch gut so, wenn wir bedenken, wie oft die Forderung nach Demut unterdrückerische und entwürdigende Zustände stabilisieren musste. Wie rechtlos und abhängig waren die Dienstboten früher bei uns und sind es in vielen Ländern der Erde auch heute noch! Darum wollen wir frei und unabhängig sein.

Aber muss dieser begreifliche Wunsch nach Freiheit mit der Verleugnung unserer Abhängigkeit verbunden werden? Es schadet uns Erdlingen nichts, einzugestehen, wie abhängig wir von den Lebensrhythmen der Erde sind. Wir sind nicht lebensfähig ohne die Photosynthese der Pflanzen, ohne saubere Luft oder sauberes Trinkwasser. Wir sind Produkte der Erde und werden niemals etwas anderes sein. So grandios unsere künstlichen Welten auch sein mögen, sie können doch nur innerhalb des Bedingungsgefüges dieser Erde existieren. Und wo dieses Gefüge nicht anerkannt wird, werden unsere artifiziellen Konstrukte selbstzerstörerisch. Es steht uns Erdlingen also wohl zu Gesicht, die Reichweite und die Grenzen unserer wissenschaftlichen und technischen Möglichkeiten realistisch einzuschätzen und unsere Arbeit entsprechend einzurichten.

Und spätestens dann zeigt sich, dass Demut eine spezifische Art von Mut darstellt. Demut und Durchhaltekraft gehören zusammen. Eine grandiose Idee zu haben, ist schön. Aber sie in die Wirklichkeit umzusetzen, erfordert viele mühsame Einzelschritte, kostet manche Rückschläge und verlangt viel Ausdauer. Ein englischer Forscher hat gesagt, eine großartige Erfindung benötige ein Prozent »inspiration«, also schöpferische Eingebung, aber 99 Prozent »perspiration«, also Schweiß und Mühe. Nur die demütige Arbeit bringt uns voran, nicht der schnelle Erfolg.

Und deshalb ist hier auch ein Lob der vielen »dienstbaren Geister« angebracht, deren Arbeit uns erst dann auffällt, wenn sie ausfällt. Hut ab vor den

Frauen und Männern, die spätabends noch unsere Büros aufräumen oder in aller Herrgottsfrühe unsere Brötchen backen. Hut ab vor den Männern, die unseren Müll von den Straßen holen. Großen Respekt vor den Krankenschwestern und Pflegern, die morgens um sechs ihren Dienst beginnen, vor den vielen Frauen und wenigen Männern, die Haus und Küche immer wieder in Ordnung bringen, vor den Angestellten in den Behörden, die sich jeden Morgen neu über ihre Akten beugen. Ein Lob der Demut, die in diesen ständig wiederkehrenden Dienstleistungen lebt, in der täglichen Plackerei, mit der kein Nobelpreis zu gewinnen ist, aber ohne die auch niemand einen Nobelpreis bekommen könnte.

Demut ist eine Gestalt des Mutes, die für Erdlinge unentbehrlich ist.

Aber es geht um mehr. Demut ist die Bereitschaft, sich immer wieder an das Bedingungsgefüge zurückzubinden, welches das Leben von uns Erdlingen trägt.

Sie ist darum das beste Mittel gegen das Gift der Hybris, der übermütigen Überschätzung der eigenen Möglichkeiten. Nicht die Demut, sondern der Übermut und der Hochmut (beide typisch männlich!?) verbergen sich in dem Selbstverständnis unserer modernen Welt. Dazu bemerkt die Wiener Sozialethikerin Ingeborg Gabriel: »Die wichtigste Quelle dieses grundsätzlichen Überlegenheitsgefühls (sc. der Moderne) ist die immense Macht, sich die Kräfte der Natur nutzbar zu machen und sie durch technischen Fortschritt zu beherrschen. Der Mensch ist von seinen Fähigkeiten als homo faber so überzeugt, dass er dazu neigt, die dunklen Seiten dieses Modernisierungsprozesses aus dem Blick zu verlieren.«[13] Was in diesen Seiten als »Endzeitmacht« bezeichnet, ist der Endpunkt dieses hybriden Prozesses. Um ihn umzuwenden, ist die Wiederentdeckung der Demut von existentieller Bedeutung.

Dankbarkeit

Bewunderung und Demut führen zur Dankbarkeit. Wie könnte es anders sein, als dass einem das Herz aufgeht, wenn man die Wunder sieht, die uns umgeben und in uns wirken. Dann nimmt eine tiefe Ergriffenheit von uns Besitz und macht unsere Sinne weit.

Dankbarkeit für die Fülle der Erde ist alles andere als die unterwürfige Zufriedenheit der Kriecher und Duckmäuser. Sie öffnet unser Denken, so wie wiederum das Nachdenken unsere Dankbarkeit vertieft. Damit entsteht eine Wertschätzung der Fülle des Lebendigen, die uns aufleben lässt.

Dankbarkeit bildet den Grundton unserer Lebensfreude; denn sie erschließt uns ständig neue und beglückende Seiten unserer Erdenbürgerschaft.

Wer sich in der Dankbarkeit übt, wird weniger Energie in das Klagen und Jammern stecken. Das »Klagen auf hohem Niveau« ist allgegenwärtig, der Ausdruck einer Unzufriedenheit, die aus einem übersteigerten Anspruchsdenken kommt. Wer hat uns beigebracht, von der Natur zu erwarten, dass sie uns allezeit schönes Wetter zu liefern habe? Und dass unser Leib dazu gemacht sei, fehlerlos zu funktionieren?

Dieses Anspruchsdenken hängt mit dem zusammen, was die griechische Philosophie »pleonexia« nannte, »eine von Begehren und Gier beherrschte Lebens- und Denkweise, die unausweichlich den inneren und äußeren Frieden zerstört«, wie Ingeborg Gabriel in dem zitierten Aufsatz bemerkt.[14]

Freilich ist sofort hinzuzufügen, dass diese Gier ständig durch eine immer gewiefter agierende Werbeindustrie gefördert wird. Sie weckt immer neue Begehrlichkeiten auf neue Produkte und suggeriert den Konsumenten, diese stünden ihnen zu. »Das sind Sie sich schuldig!«, flüstert die Werbung uns ein. »Ich kaufe, darum bin ich«, wäre dann das Motto einer Lebensauffassung, die sich von der Gier leiten lässt und damit zugleich ein immer größeres inneres Vakuum in Kauf nimmt.

Wenn ich der Dankbarkeit das Wort rede und das viele Klagen moniere, dann ist mir doch auch klar, dass es für viel zu viele Menschen auf der Welt viel zu viele Gründe zum Klagen gibt. Die Verelendung weiter Teile der Erde schreit zum Himmel. Die Leiden der Flüchtlinge, die Schmerzen der Verhungernden, die Plagen der von Kriegen heimgesuchten Völker dürfen mit einem Appell an die Dankbarkeit nicht verleugnet werden. Gerade weil die Dankbarkeit uns für die Wohltaten der Welt empfänglich macht, macht sie uns kritisch, wo es um die Befriedigung von Gier geht. Sie macht uns aber gewiss auch empfindsam für die Ungerechtigkeiten, unter denen so viele Menschen leiden.

Mitgefühl

Und damit führt die Dankbarkeit direkt zu dem, was ich das Mitgefühl nennen will. Dieser Begriff spielt, wie ich gezeigt habe, nicht nur bei Jörg Zink, sondern noch mehr bei Johann Baptist Metz eine zentrale Rolle. Gemeint ist die Haltung, die uns Erdlinge als Erdenbürger mit Leib und Seele, mit Verstand und allen Sinnen an unsere Mitwelt bindet. Sie macht uns aufmerksam auf die tiefe Verwandtschaft mit unseren Mitgeschöpfen und führt dazu, dass ihr Leiden uns in Mitleidenschaft zieht.

Darum führt das Mitgefühl zuerst in das Mitleid oder, um es mit dem englischen Wort zu sagen, in die »compassion«.[15] Die Bewunderung für die Wunder der Erde schärft unser Mit-Leiden für die Wunden, die ihr geschlagen werden. So sehr wir uns über die Segnungen freuen, die wir von der Erde und ihren Geschöpfen empfangen, so tief empfinden wir auch ihr Leid, ihre Verluste und Beschädigungen, ihre Willkür und Grausamkeit. Die Com-Passion ist daher keine moralische Pflicht, der wir uns seufzend und widerwillig beugen, sondern die andere Seite der wachsamen Empfänglichkeit für das subtile Gefüge des Lebendigen um uns herum.

Dieses sym-pathische Bewusstsein bezieht sich auf die Erde als unsere Heimat. Aber diese globale Sicht fällt uns schwer, weil sie die Reichweite unserer Sinne und unseres Verstandes zu überfordern droht. Darum ist es wichtig, unser Mitgefühl in unseren direkten Umgebungen zu üben. Das gilt vor allem im Umgang mit Kindern oder in der Sorge für bedürftige Mitmenschen, in dem Kampf für gerechte Arbeitsverhältnisse und menschenwürdige Löhne. Es gilt aber auch in unserem Umgang mit Tieren oder in der Pflege einer Geranie auf der Fensterbank.

Ein Rückverweis auf Buber erläutert, was hier gesagt werden soll: Wenn wir die Wirklichkeit um uns herum mit Mitgefühl betrachten, nehmen wir wahr, dass sie ein mitteilsames, ein kommunikatives Wesen hat. Was uns umgibt, sind nicht nur Sachen, die wir gebrauchen, verschwenden oder wegwerfen können. In ihnen wohnt auch eine Art von »Du«. In jedem Gegenstand steckt ein Gegenüber. Es gibt mir etwas, aber es verlangt auch etwas von mir. Es wird oft so getan, als gäbe es diese Dimension der Mitteilsamkeit nur zwischen Menschen und als sei sie das eigentliche Merkmal unseres Person-Seins. Es mag sein, dass die Intensität der Kommunikation zwischen Menschen am höchsten sein kann. Aber darum sollten wir nicht übersehen, dass auch unsere Beziehungen zu anderen Lebewesen, ja auch zu Sachen etwas Kommunikatives haben, oder doch haben können.

Darum hat Mitgefühl auch sehr viel mit Einfühlungsvermögen zu tun. Damit meine ich die Einstellung, die unser Erkennen und Verstehen an die Kraft unserer Einfühlsamkeit bindet. Wir erkennen, wie sich etwas verhält, wenn wir es lange und genau beobachten, wenn wir uns in es hineindenken. Diese Art der Intuition steht oft am Anfang von langen Erkenntnis-Ketten. So haben in der Regel wissenschaftliche Forschungen begonnen. Es ist aber schon oft dargelegt worden, dass dieser Aspekt der Einfühlung in vielen modernen naturwissenschaftlichen und technischen Forschungs- und Produktionsmethoden verlorengegangen ist. Die Gegenstände werden nicht mehr als Gegenüber aufgefasst, sondern auf ihre Dinglichkeit festgelegt. Sie haben nichts mehr mitzuteilen, sondern werden auf ihren Wert als Objekte der Erforschung und/oder Vermarktung reduziert. Dieser Prozess der Verdinglichung bezieht sich längst nicht mehr nur auf die so genannten Rohstoffe der Erde, auch nicht nur auf Pflanzen und Tiere, sondern auch auf uns Menschen selbst. So werden Jugendlichkeit, Attraktivität oder Sexualität zu »Waren« oder »Dienstleistungen«, die gezielt eingesetzt und vermarktet werden.

Wenn ich die Einfühlsamkeit als ein Merkmal einer Spiritualität vorschlage, die uns Erdlingen angemessen ist, dann auch deshalb, weil wir eine Kraft benötigen, die sich der Tendenz zur Verdinglichung und Vermarktung entgegenstemmt. Wir brauchen ein neues Bewusstsein für die Interdependenz aller Gestalten des Lebens auf dieser Erde. Also eine einfühlsame Intelligenz, die nicht nur darauf aus ist, alle menschliche Aktivitäten so zu gestalten, dass sie innerhalb der Belastbarkeitsgrenzen der Erde bleiben, sondern auch so, dass sie den Gesetzen der Natur zu entsprechen sucht, anstatt sie zu zerstören.

Darum ist Compassion auch mehr als bloße Empfänglichkeit. Sie fühlt sich in das Andere hinein und versucht so, sein Leid zu erfassen und sich von dieser Wahrnehmung fremden Leids selbst noch einmal neu in Frage stellen zu lassen. So gewinnt die einfühlsame Intelligenz auch ihre selbstkritische Tiefendimension.

Wie wichtig sie ist, lässt sich an neuen Wissenschaftszweigen wie der Bionik und der Synthetischen Biologie verdeutlichen. Sind sie Beispiele für eine einfühlsame Intelligenz oder lediglich neue Varianten einer auf Beherrschung und Manipulation ausgerichteten Ingenieurskunst? Sind sie geeignet, das Leid in der Welt zu verringern oder vermehren sie es auf eine bisher nicht gekannte Weise?[16]

In den folgenden Kapiteln soll es darum gehen, konkrete Folgerungen zu beschreiben, die sich aus einer bewussten Akzeptanz unseres Lebens als Erdlingen ergibt. Doch vorher sei noch einmal die Frage aufgeworfen, die ich bereits bei dem Stichwort »Staunen« geäußert habe: Wie christlich sind denn die vier Merkmale der hier skizzierten Spiritualität? Zuerst würde ich entgegnen, dass Bewunderung, Demut, Dankbarkeit und Mitgefühl/Compassion ja keineswegs unchristlich sind. Im Gegenteil, sie gehören zum Kernbestand jeder christlichen Frömmigkeit und Tugendlehre. Aber es trifft doch zu, dass sie nicht primär von Christus her, also christologisch, sondern schöpfungstheologisch gedacht sind. Anders gesagt, es steht nicht die klassische Frage nach der Erlösung der Menschen von dem Fluch der Sünde im Zentrum. Vielmehr geht es um die Suche nach den Konsequenzen, die sich aus der Erkenntnis ergeben, dass wir Menschen – zusammen mit allen anderen Gestalten des Lebens – geschaffene Wesen sind und dass dieses Geschaffen-Sein eine spezifische Verantwortung hervorruft, die angesichts der Endzeitmacht unserer Epoche eine beispiellose Bedeutung gewinnt. Plakativ zugespitzt: **Es geht um die Konturen einer verantwortlichen Erdenbürgerschaft und nicht um die Vorsorge für eine erhoffte Himmelsbürgerschaft.**

Zugleich aber möchte ich betonen, dass die vier von mir skizzierten Merkmale einer Spiritualität für Erdlinge nur eine Art Rahmen darstellen, innerhalb dessen andere Fragen ihre Bedeutung behalten. Um nur wenige zu nennen: Wie gehst du mit Verrat und Vergeblichkeit um? Was wird aus deiner Angst vor Verlust und Tod? Wie kommst du mit der Zwiespältigkeit deines Lebens zurecht? Worauf setzest du deine Hoffnung?

Die Frömmigkeit, die ich hier zu umreißen versuche, versteht sich als ein Schritt hin zu einer »Erdreligion«, welche die Menschenwelt als Teil der Erde versteht und so aus uns Erdlingen verantwortungsvolle ErdenbürgerInnen macht.[17] Aber, freilich, bis dahin ist es noch ein weiter Weg, und die Zeit ist kurz.

6. KAPITEL

Bewohnen statt Beherrschen[1]

Mittlerweile gehört »Nachhaltigkeit« zum rhetorischen Standardprogramm der Politiker. Damit wollen sie sagen, dass sich sämtliche menschlichen Aktivitäten innerhalb der Grenzen der Belastbarkeit der Biosphäre bewegen müssen. In Wirklichkeit aber sind sie immer noch weit davon entfernt, diesem Ziel zu entsprechen. So einfach ist es offensichtlich nicht, sich den zerstörerischen Folgen der Endzeitmacht zu stellen. Und es ist kein »alter Meister« in Sicht, den der Zauberlehrling zu Hilfe rufen könnte und der mit seinem souveränen »In die Ecke, Besen Besen! Seid's gewesen!« die vertrauten Machtverhältnisse wiederherstellen könnte. Wenn wir der Zauberlehrling sind, so müssen wir auch der Meister sein; es gibt keinen »deus ex machina«, der uns die Lösung unserer Probleme abnimmt. Das zu beherzigen, kostet große Mühe, und »grüne« Politiken stehen, weltweit gesehen, noch am Anfang. Wie also werden aus den Erdzerstörern Erdenbürgerinnen und Erdenbürger?

Ich habe in den vorigen Kapiteln zu zeigen versucht, dass die christlichen Kirchen bei dieser programmatischen Aufgabe eine zweideutige Rolle einnehmen. Sie haben weithin mit einer doppelten Identität gespielt, indem sie die Bewährung unseres irdischen Lebens mit der Erwartung einer Himmelsbürgerschaft verbunden haben. Der neutestamentliche Begriff der »paroikía«, von dem im vorigen Kapitel die Rede war, spiegelt diese Doppeldeutigkeit wider, verlagert allerdings das Schwergewicht auf den Aspekt der Himmelsbürgerschaft und unterstreicht, dass die wahren Gläubigen dieser gefallenen Welt als Fremde gegenüber stehen und in ihr weder eine »bleibende Stadt« haben noch suchen sollten. Aber ist dieser Vorbehalt eine gute Voraussetzung dafür, diese Erde mit Leib und Seele als die Heimat der Menschen anzusehen, als das Haus des Lebens, das zu bewohnen unser einzigartiges Vorrecht ist?

Im Vorfeld der Vollversammlung des Ökumenischen Rates der Kirchen 1998 in Harare habe ich mich an der Abfassung eines Memorandums beteiligt, welches das »Plädoyer für eine ökumenische Zukunft« erarbeitet hat. Mit ihm wollten wir Einfluss auf die Einstellungen unserer Kirche angesichts der endzeitlichen Krise, in der sich die Welt befindet, nehmen.² Darin benutzten wir die Wendung »Von der Domination zur Einwohnung«, um den Paradigmenwechsel anzudeuten, der uns aufgegeben ist. Das Wort »Domination« sollte das Weltmodell der grundsätzlichen Beherrschbarkeit der Erde bezeichnen. Was damit gemeint ist, hat Ignacio Ramonet, der Chefredakteur von »Le Monde diplomatique«, im Dezember 1999, also am Vorabend des 21. Jahrhunderts, auf eine Weise beschrieben, die auch zehn Jahre später leider noch gültig ist:

»Ein zentrales Phänomen springt ins Auge: Der Dynamik der Globalisierung kann sich kein Staat der Erde mehr entziehen. Wir haben es mit einer zweiten kapitalistischen Revolution zu tun ... Nie zuvor waren die Herren der Welt ein so enger Zirkel, und nie zuvor hatten sie soviel Macht ... Die informationstechnologische Revolution der letzten zwanzig Jahre hat den Trend zu einer immer stärkeren Konzentration von Macht und Kapital gewaltig beschleunigt. Die Gentechologie und die Manipulation lebender Organismen werden zu Beginn des nächsten Jahrtausends einen weiteren Entwicklungssprung bringen ... Was auf uns zukommt, ist eine umfassende Privatisierung des Lebens, ja der gesamten Natur. Diese Art der Eroberung ist von erschreckenden Zerstörungsprozessen begleitet ...³

Die Finanzkrisen von 2008 und 2011 beleuchten die zerstörerische Wucht des um die Erde schwappenden Kapitals. Sie bestärken Ramonets Analyse. Sie bestätigen, was wir von »Plädoyer« in unserem Memorandum gesagt haben, nämlich dass »das Weltmodell der Beherrschung der Erde durch die Menschen ein Weltzerstörungsmodell« ist. Zerstörerisch nannten wir die Zentralisierungsprozesse in Politik und (Geld)wirtschaft, weil sie dazu führen, dass die »global players« eine Oligokratie bilden und demokratisch gewählte Strukturen, also vor allem die Parlamente, schwächen. Zerstörerisch nannten wir die Uniformisierung der Kulturen der Erde, weil sie den Untergang lokaler Kulturen beschleunigen und damit auf viele Bevölkerungsgruppen chaotisierend wirken. Für zerstörerisch hielten wir das Ausmaß der Verfügungsmacht der wissenschaftlichen Forschung, zum Beispiel in der Atomwirtschaft oder der Gentechnologie, weil deren Risiken nicht nur unvollständig erkannt, sondern auch nicht wieder zurückgeholt werden können. Damit ist der Kern des selbstzerstörerischen Weltmodells erreicht, der darin besteht, dass er die Menschen zur Fehlerlosigkeit verurteilt. Sie werden also, theologisch gesprochen, dazu verdammt, »wie Gott« zu sein, oder so wie wir uns Gott vorzustellen angewöhnt haben, also allwissend, allmächtig, fehlerlos. Damit bekommt das Weltmodell der Beherrschung den Charakter der Selbstvergötzung, und solche Tendenzen sind immer tödlich.

In unserem Memorandum versuchten wir zu zeigen, dass die zerstörerischen Folgen des Weltmodells der Beherrschung die ökumenische Orientierung, zu der sich unsere Kirchen bekennen, elementar angeht. Das griechische Wort »Ökumene« bezeichnet bekanntlich die ganze bewohnte Erde. Daher ist die ökumenische Bewegung immer am Gesamt der Erde interessiert, sie ist sozusagen von Natur aus global ausgerichtet. Diesem Ziel war auch die Sorge um die Einheit der Kirche und die Überwindung der Spaltungen zugeordnet. Während des 20. Jahrhunderts galt die Tagesordnung der Ökumene, die dann in dem 1948 gebildeten Ökumenischen Rat der Kirchen sowie in den konfessionellen Weltbünden und regionalen Kirchenräten organisatorische Strukturen erhielt, dem Wohl und Wehe der Menschen und den Grundfragen der politisch-ökonomischen Weltordnung. Menschenwürde, soziale und wirtschaftliche Gerechtigkeit, Vermeidung von (Bürger-)Kriegen waren wichtige Themenfelder. Es ging um die Überwindung von Armut, Rassismus oder Sexismus. Diese Programme bleiben aktuell und wichtig. Sie müssen aber in die Klammer gesetzt werden, welche die immer unverhohlener auftretende endzeitliche Lebenskrise bildet. Thetisch formuliert: **Es geht jetzt zuerst darum, ob die bewohnte Erde bewohnbar bleibt.** Denn was nützen die schönsten ökumenischen Programme, wenn die Erde unbewohnbar geworden sein sollte? Zwar träumen Science-Fiction-Autoren von der Besiedelung ferner Planeten durch heroische Astronauten. Seit August 2012 sucht ein Roboter auf dem Mars nach Lebensmöglichkeiten für Menschen. Und wenn es nach Präsident Obama geht, sollen in zwanzig Jahren Menschen den Nachbarplaneten betreten. Gleichwohl bleibt der Mensch ein Erdling und damit das Produkt einer Evolution, wie sie so nur auf diesem »blauen Planeten« möglich gewesen ist. Und selbst wenn ihm der Sprung auf andere Planten gelänge, so müsste er doch die irdischen Lebensbedingungen mitnehmen, um existieren zu können.

Fragen wir also: Wie kann diese Erde bewohnbar bleiben? Was muss geschehen, damit sich auch künftige Generationen in ihr zu Hause fühlen können? Im Interesse einer bewohnbaren Erde, im Interesse einer wohnlichen Welt geht es nun um die **epochale Aufgabe, das Weltmodell der Domination durch das Weltmodell der Einwohnung zu ersetzen.**

Das klingt theoretisch, ist aber alles andere als das. Es erfordert ein radikales Umdenken und Umlernen. Gerade auch für Christenmenschen.

6. Kapitel: Bewohnen statt Beherrschen

6.1. Ein Fremdwort lernen: Ökodomie

Daher ist es für Christenmenschen an der Zeit, ein Wort zu lernen, das im Neuen Testament und dort vor allem in den Briefen des Apostels Paulus recht häufig vorkommt. Es heißt: *oikodomé*. Für die alten Griechen war es ein Allerweltswort; es bezeichnete den Bau eines Hauses und, in einem allgemeineren Sinn, den Aufbau und die Gestaltung eines Haushalts, einer Hausgemeinschaft. Paulus nimmt dieses Wort, das jeder kannte, und überträgt es auf den Aufbau der christlichen Gemeinden. Seine eigene Arbeit als Apostel nennt er seinen Beitrag zu der Oikodome (in 2. Kor 13,10). Er interpretiert sich selbst als »oikodómos«, als »Baumeister« (in 1. Kor 3,10) und ermahnt die Christen in Rom, miteinander im Sinne der Oikodomé umzugehen (Röm 14,19). Es haben also alle, die sich zu Christus halten wollen, eine »ökodomische« Funktion, weil alle mit ihren jeweiligen Kräften für den Aufbau und die Ausgestaltung der Gemeinde gebraucht werden. In diesem Zusammenhang spricht der Apostel auch von den »Charismen«, den Gnadengaben des Heiligen Geistes. Sie sind nur insoweit charismatische Kräfte, als sie der Erbauung der Gemeinde zugute kommen. Wer seine Gaben gegen das Wohl der Gemeinde einsetzt, handelt uncharismatisch und anti-ökodomisch. Wie Paulus sich das vorstellt, zeigt er ausführlich im 14. Kapitel des 1. Korintherbriefes.

Das Fundament der Oikodome ist nach 1. Kor 3,11 Jesus Christus. Einen anderen Grund kann und darf es nicht geben; denn von ihm geht nicht nur der »Bauplan« aus, sondern von ihm kommt auch die Energie, die den Prozess des Bauens überhaupt erst ermöglicht. Es ist die Liebe, von der es in 1. Kor 8,1 programmatisch heißt, dass sie »aufbaut«, während die ekstatische Erkenntnis, die »Gnosis«, auf die sich damals viele Korinther viel einbildeten, lediglich »aufbläht« und damit Gemeinschaftsfähigkeit und Verständigung erschwert.

Das Allerweltswort Oikodome wird also von Paulus theologisch aufgewertet und gegen die Pseudo-Apostel gewendet, die mit hochtrabenden gnostischen Erleuchtungen viel Eindruck machten, aber auch viel Verwirrung in die jungen Gemeinden einschleppten. Gegen die anarchisierenden Wirkungen der Super-Erleuchteten betont Paulus mit dem Stichwort der Oikodomé die unspektakulären, pragmatisch-konstruktiven Lebensformen der Gemeinde. Während die Gnosis Konflikte sät, ist die Oikodome friedensfähig und befriedend.[4]

Es ist daher angebracht, die Oikodome als eine zentrale Kategorie der paulinischen Theologie zu bezeichnen. Otto Michel sagt in seinem Artikel, die Oikodome müsse »teleologisch, pneumatisch, kultisch und ethisch verstanden« werden.[5] Was das bedeutet, bleibt allerdings sowohl bei Michel als auch bei anderen Fachleuten des Neuen Testaments unklar.

Nun ließe sich leicht einwenden: Warum sollen wir uns neu mit dem Stichwort der Oikodome befassen? Hat es nicht schon längst in der christlichen Frömmigkeit Fuß gefasst? Und zwar vor allem in den pietistischen Zirkeln, wo viel von Erbaulichkeit die Rede war und ist? Es lässt sich nicht bezweifeln, dass sich diese Kreise auf die Ausführungen des Paulus beziehen und mit dem Begriff des »Erbaulichen« eine christliche Haltung beschreiben wollen, die nicht nur geistlich »erhebend« ist, sondern auch zu einer sittlich-konstruktiven Frömmigkeitspraxis führt. Freilich blieb diese erbauliche Einstellung de facto oft auf die Zirkel Gleichgesinnter beschränkt und förderte damit nicht selten sektiererische Absonderungstendenzen.

Andere werden darauf hinweisen wollen, dass das Element der Oikodome doch zur Genüge seinen Eingang in die Theorien und Praxisvorstellungen von Gemeindeaufbau gefunden habe[6]. Warum sollten wir uns also um das Fremdwort bemühen, wenn es doch längst in die vielfältigsten Unternehmungen zum Aufbau und zur Belebung der christlichen Gemeinden übersetzt worden ist?

Meine Antwort lautet: Weil in dem ursprünglichen Stichwort, wie Paulus es gebraucht hat, eine Bedeutung steckt, die sowohl in der »Erbaulichkeit« der Frommen als auch in den Bemühungen um den Gemeindeaufbau verloren gegangen ist. Mein Verdacht geht dahin, dass der ursprüngliche Sinn der Oikodome von der Wirkung des Paroikia-Begriffes her abgeschwächt und domestiziert worden ist. Denn solange sich die christlichen Gemeinden als die Verbände verstehen, in welchen sich die Himmelsbürger bei ihrer Reise durch das Elend dieser Welt gegenseitig unterstützen, geraten die eschatologischen und kosmischen Inhalte einer ökodomischen Lebenspraxis unter die Räder. Es kommt also darauf an, diese ökodomische Fantasie aus ihrer parochialen Umklammerung und Lähmung zu befreien. Hier sind meine Gründe:

6.1.1. Der kosmische Radius der Auferstehung

Es ist angebracht, sich an die explosive Ausbreitung der ersten Christengemeinden zu erinnern. Woher kam diese Energie, die doch die Welt verändert hat? Am Anfang steht die Ausgießung der heiligen Gotteskraft im Tempel von Jerusalem. Dort erfuhren die verängstigten Jünger Jesu, dass die Kraft des Auferstandenen von ihnen Besitz ergriff. Sie entdeckten in sich Energien und Begabungen, von denen sie bis dahin nichts geahnt hatten. Diese gaben ihnen gleichsam Flügel, die sie dazu brachten, die Grenzen von Sprachen und Kulturen zu überwinden, soziale und geographische Beschränkungen zu sprengen. Die von der Kraft des Auferstandenen angerührten Frauen und Männer empfanden sich als neu geboren, als »neue Kreatur« (vgl. 2. Kor 5,17 u. ö.). Die Welt erschien ihnen in einem neuen Licht. Von der Auferweckung durchleuchtet, war sie eine »neue Schöpfung«. Das Römische Reich, das sich doch für allmächtig hielt, verlor seinen Nimbus. Der »kyrios« Christus war schon dabei, sein »neues Reich« zu gründen.

Diese wenigen Hinweise beleuchten den kosmischen Radius der Auferstehung. Nicht das Heil einer einzelnen versprengten Seele, sondern das Wohl der Schöpfung ist das Ziel des Gottesfriedens.

Begeistert von dieser radikalen Alternative finden die Zeugen des Auferstandenen ihren Weg. Dass sie verlacht und verfolgt, gemartert und getötet werden, hält sie nicht auf. Kleine Gemeinden entstehen, zuerst in den Häusern der Gläubigen, bald über sie hinauswachsend, von einer mitreißenden Attraktivität. Es sind **ökodomische Zellen**, die sich durch Briefe, Besuche, Kollekten und Hilfsprogramme miteinander vernetzen. Vor sich sehen sie das »neue Jerusalem«, wie es vom Himmel herabkommt. Gott nimmt unter seinen Geschöpfen Wohnung; so beschreibt es die Offenbarung des Johannes mit glühenden Bildern (vgl. Kap 21, 1ff). **Die Einwohnung Gottes in seiner Schöpfung erscheint so als das Ziel der Inkarnation**. Gott ist nicht Mensch geworden, um alsbald wieder zu verschwinden, sondern um zu bleiben. Die Schöpfung ist nicht die Bühne, auf der sich das Drama des menschlichen Heils abspielt, sondern sie ist selbst heils- und heilungsbedürftig.

Die Frühe Kirche hat diesen Zusammenhang von Schöpfung und Heil mit Nachdruck festgehalten, oft gegen häretische Verunsicherungen, wie zum Beispiel vonseiten der Gnostiker. Das ist der innere Grund für die Entwicklung eines dreieinigen Gottesbildes. Durch die »ruach«, die von Anfang an mit Gott und in Gott war, ist der Christus durch Maria zur Welt gekommen. So wird der Schöpfer- und Bundesgott der Juden durch diese Gotteskraft als der Vater des Erlösergottes der Christen erkannt. Welche Kämpfe diese strikte Rückbindung an den jüdischen Glauben für die jungen Gemeinden mit sich brachte, lässt sich an dem Konflikt mit Marcion ablesen, der in der Mitte des 2. Jahrhunderts eine veritable Gegenkirche schuf, weil er auf einem rigorosen Gegensatz zwischen dem bösen Gott der Juden und dem »guten« Gott, der sich in dem Welterlöser Christus offenbart hatte, bestand. Darum lehnten Marcion und die von ihm beeinflussten Kreise das Alte Testament ab, ließen nur das Evangelium des Lukas in einer bearbeiteten Form und zehn Paulusbriefe gelten.

Diese Gefahren, die aus einer dualistischen Gottesvorstellung hervorgingen, wurden mit dem trinitarischen Ansatz überwunden. Die Gotteskraft, die im Johannes-Evangelium der »Logos« genannt wird, verbindet Schöpfung und Erlösung. Andreas Gryphius hat das sehr schön zum Ausdruck gebracht:

> »Das wesentliche Wort, das in den Ewigkeiten,
> eh eine Zeit entstund, Gott ist und Gott geschaut,
> das Wort, durch das Gott hat der Erden Haus gebaut,
> durch das der Himmel stund, das Licht, das uns wird leiten.
> hat sich der Welt vertraut
> und nimmt an unser Fleisch und schwere Last der Zeiten.«

Die ökodomische Sendung der Gemeinde Christi steht in der Kraft dessen, der »der Erden Haus gebaut« hat. So wird die kosmische Reichweite der Botschaft Jesu verständlich.

6.1.2. Ökodomie als Gestalt des Widerstands

Es geht bei der Ökodomie um das Bauen, um den beständigen Prozess des Gestaltens. Damit ist auch gesagt, dass die Welt nicht so ist, wie sie sein soll. Sie bedarf der Transformation, die in dem Auferstandenen und seiner versöhnenden Energie in Umrissen sichtbar wird. Der Ostermorgen bringt das Licht, in dem die vorfindliche Welt mit ihrer Gier, Gewalt und Destruktivität erst voll erkennbar wird. Er taucht die Welt in ein helles, eschatologisches Licht. In diesem Licht zu wohnen und die Welt zu verändern, ist das Lebenselexier der ökodomischen Zellen. Sie wollen nicht nur in Worten, sondern in ihrem Leben die radikale Alternative verkörpern. Das Stichwort der Ökodomie ist daher der praktische und alltägliche Ausdruck einer eschatologischen Kritik. Es geht nicht um die *annihilatio*, sondern um die *transformatio mundi*, also nicht um Verneinung und Vernichtung, sondern um Verwandlung und Erneuerung der Welt.

Deshalb enthält das Oikodome-Konzept den Aspekt des Protestes, den wir auch bei dem ursprünglichen Paroikia-Begriff angetroffen haben. Denn wo etwas neu aufgebaut, geplant, entworfen und entwickelt werden soll, da soll etwas Bestehendes und Vorfindliches verwandelt und abgeschafft werden. Wo das Fundament Christus heißt, wird ein Bau entstehen müssen, der sich von den Tempeln unterscheidet, in denen sich die Cäsaren huldigen lassen. Dieser Aspekt des Widerspruchs durchzieht die ethischen Empfehlungen des Neuen Testament. »Stellt euch nicht dieser Welt gleich«, sagt Paulus mit Nachdruck in seiner Einleitung zu den Ermahnungen, die er an die Gemeinde in Rom richtet (Röm 12,2). Dort heißt es denn auch sehr pointiert: »Vergeltet niemand Böses mit Bösem … Lass dich nicht vom Bösen überwinden, sondern überwinde das Böse mit Gutem.« (12,17 und 21) Wie grundlegend die für unveränderlich geltenden sozialen, ethnischen oder ökonomischen Strukturen in Frage gestellt werden, erhellt die zu Recht berühmte Passage im Brief an die Galater: »Hier – also in der Gemeinschaft derer, die Christus »angezogen« haben – ist nicht Jude noch Grieche, hier ist nicht Sklave noch Freier, hier ist nicht Mann noch Frau.« (Gal 3,28) Das Stichwort der Ökodomie stellt sich gegen alle Tendenzen zur Anpassung an bestehende Verhältnisse; es setzt diese in Frage und notfalls außer Geltung.

So gesehen, liegen die Begriffe »Paroikía« und »Oikodomé« ursprünglich sehr nahe beieinander. Solange beide als Ausdruck der eschatologischen Unangepasstheit verstanden werden, ergänzen sie sich. Wo sich diese eschatologische Distanz verliert, fällt ihr revolutionärer Gehalt in sich zusammen.

Die Konsequenzen für die Ethik liegen also auf der Hand. Der Geist des Auferstandenen, der die ökodomische Praxis beflügelt, ist die bedingungslose Liebe, die vor dem Opfer des eigenen Lebens nicht Halt macht, wie das Kreuz Jesu verbürgt und wie es viele Märtyrer bis auf diesen Tag bezeugen. Und so wie alle Liebe nach Verleiblichung, Vereinigung und Austausch strebt, so verlangt auch die Liebe Christi danach, alles Geliebte zu durchdringen und fruchtbar zu machen. **Der Friede Christi kommt als Praxis der Befriedung zum Tragen**. Das ökodomische Programm ist daher keine Sache für einsiedlerische, weltverneinende und introvertierte Konventikel, sondern für Gemeinden, die für die Erde leben und sich gegen alle Kräfte stemmen, die den Frieden der Schöpfung und das Gemeinwohl aller Geschöpfe beeinträchtigen, verletzen oder zerstören. Die Erde bleibt also die Heimat; sie wird nicht den Mächten überlassen, die sie für so viele Mitgeschöpfe zur Hölle machen. Gerade in ihrer Treue zur Erde als dem Raum der Schöpfung Gottes bleiben ökodomische Gemeinden Orte des Widerstands.

6.2. Stichwort Subsistenz – Merkmale einer ökodomischen Ethik

Wo das Stichwort »bewohnen statt beherrschen« in die Diskussion gebracht wird, erhebt sich oft der Einwand, das sei doch nichts anderes als ein romantisches »Zurück zur Natur«. Die Menschen seien nun einmal kulturschaffende Wesen und stünden damit immer in einem grundsätzlichen Widerspruch zur Natur. Trifft diese Argumentation unter den Bedingungen der Endzeitmacht noch zu?

Zuerst einmal ist festzuhalten: Das Weltmodell, das sich an dem Stichwort »Bewohnen« orientiert, nimmt die Natur in der Tat anders wahr, als es unter den Bedingungen der Domination geschieht. Es respektiert die Natur als das Lebenssystem dieses Planeten, in welches wir Menschen eingebettet sind, und beherzigt, dass wir nicht eine Sekunde außerhalb von ihm existieren könnten. Damit tritt eine ganzheitliche Betrachtungsweise der globalen Interdependenzen in den Vordergrund. Die Natur wird mit einer neuen Empfindsamkeit und Einfühlsamkeit wahrgenommen. Die immer unberechenbarer werdenden Klimaereignisse wie Starkregen, Überschwemmungen, Dürren oder Orkane werden nicht als Äußerungen einer feindseligen Natur interpretiert, gegen die man sich mit neuen, vor allem technischen Mitteln zur Wehr setzen muss. Vielmehr werden diese Naturkatastrophen auch als Indikatoren ernst genommen, an denen sich der prekäre Belastungsgrad des Erdsystems ablesen lässt.

Daraus ergibt sich die Aufgabe zu lernen, auf welche Art und Weise die Menschen ihre Verhältnisse und Lebensformen einrichten können, damit die »carrying capacities« der Erde nicht noch stärker gefährdet werden. Darüber hinaus geht es jetzt darum, alles menschliche Verhalten wieder so auszurichten, dass es deutlich unterhalb der Belastbarkeitsgrenzen der Erde bleibt. Um an Kurt Martis Überlegungen anzuknüpfen: Der Begriff der Schonung gewinnt Vorrang. »Die Schöpfung (inklusive Geschöpf Mensch!) braucht Schonung ... die bisherige Schonungslosigkeit könnte die Selbsterneuerungskraft der Schöpfung eines Tages erschöpft haben. Schonung im Umgang mit allem Lebendigen bedeutet deshalb Widerstand, Aufstand gegen die rücksichtslose Ausbeutung, Ausplünderung der Erde und ihrer Bewohner in den Lüften, auf und im Boden, in den Meeren.«[7] Vielleicht kann es so noch gelingen, die Lebensbedingungen für die Menschen und andere bedrohte Lebewesen auf dem bereits erreichten prekären Zustand zu stabilisieren.[8]

So macht das Weltmodell des Bewohnens in einem grundsätzlichen Sinn mit der Einsicht ernst, dass alles menschliche Wirtschaften – und das schließt auch die großen Volkswirtschaften ein – immer nur als **Subsistenzwirtschaft** gedacht werden kann.[9] Bislang hat die vorherrschende volkswirtschaftliche Lehrmeinung die Subsistenzwirtschaft lediglich als ein Modell betrachtet, das durch ein niedriges Entwicklungsniveau in der Produktionstechnik und durch geringe Arbeitsteilung gekennzeichnet ist. Man hat es bei ländlichen Gesellschaften in »unterentwickelten« Ländern gelten lassen, wo es darum ging, dass Clans oder Dorfgemeinschaften die für ihr Leben nötigen Produkte selbst herstellten und mit überregionalen Märkten nichts zu tun hatten. Diese Form der Ökonomie galt – und gilt weiterhin – als primitiv, weil sie den global operierenden Markt- und Finanzökonomien unterlegen ist.

Nun aber zeigt gerade die Erdkrise, wie primitiv diese vermeintlich hoch entwickelte Weltmarktwirtschaft ist; denn sie setzt sich über die simple Einsicht hinweg, dass jedes menschliche Wirtschaftssystem nur innerhalb der Grenzen subsistieren kann, die von dem Lebenssystem Erde vorgegeben werden. Darum muss der Gedanke der Subsistenz neu zur Geltung gebracht werden. Seine ökonomische Engfassung ist obsolet. Subsistenz ist ein Leitbegriff für unser Verständnis einer nachmodernen menschlichen Kultur.[10]

Denn darin besteht ja die Spannung, dass alles menschliche Verhalten ein kulturierendes ist. Anders ausgedrückt, wo Menschen aktiv werden, verwandeln sie Natur in Kultur. Das traf bereits für die primitiven Völker zu, die zum ersten Mal Steinkeile oder Schleudern verwendeten, um sich gegen angreifende Tiere zu wehren oder sie zu erlegen. Auch die so genannten »Naturvölker« sind Kulturvölker. So sehr sie sich den natürlichen Lebensbedingungen angepasst haben, so deutlich haben sie diese doch auch für ihre eigenen Bedürfnisse benutzt und verändert. So weiß man heute zum Beispiel, dass große Teile des Amazonas von verschiedenen Völkerschaften besiedelt waren, freilich auf eine »ambulante« Weise, die eine rasche Regenerierung des Urwaldes ermöglichte.

Wie anders sehen die Verhältnisse am Amazonas heute aus, wo die Subsistenzwirtschaften der Urbevölkerung durch die Beherrschungs- und Vernichtungsökonomie der »aufstrebenden Wirtschaftsmacht« Brasilien ersetzt worden ist! Mit den rabiaten Mitteln der Abholzung und des Abbrennens sind riesige Waldflächen bereits unwiederbringlich zerstört worden.[11] In der »Systematik« der von Domination bestimmten Ökonomie folgt auf die Abholzungsindustrie die landwirtschaftliche Fleischproduktion. Sind die Flächen dann völlig entwaldet, werden Zuckerrohr für die Ethanolproduktion und Soja (für den Export) angebaut. Wenn jedoch die ohnedies relativ dünne

Humusschicht ganz ausgelaugt ist, bleiben versteppte und erodierte Böden übrig, auf denen sich der ursprüngliche Wald nicht wieder ansiedeln kann. Das hat globale Folgen. Denn das Amazonas-Becken ist die »Lunge der Erde«. So wird überall das Atmen schwer, wenn dieser Urwald verwüstet wird.

Es kann also auch bei dem Paradigma des Bewohnens nur um die Frage gehen, welche **Art von Kultur wir Menschen unter den Bedingungen der Endzeitmacht gestalten**. Welche ökodomische Fantasie ist nötig, um Kulturtechniken zu erhalten und zu fördern, die es den Menschen ermöglichen, die »Wohnlichkeit« der verschiedenen Erdregionen vorsichtig einzuschätzen und so schonend auszugestalten, dass ihre nachhaltige Bewohnbarkeit gewährleistet bleibt? Ich will einige Kriterien nennen, die nach meiner Auffassung berücksichtigt werden müssen.

6.2.1. Leben-in-Gemeinschaft

Das erste und grundsätzliche Merkmal ist **Leben-in-Gemeinschaft**. Was damit gemeint ist, brauche ich hier nicht weiter zu beschreiben, weil ich bereits in den vorhergehenden Kapiteln darüber gesprochen habe. Ich verweise hier vor allem auf die Ausführungen, die sich auf Kroeber und Buber beziehen. Es geht um den Beziehungscharakter des Lebendigen, zu dem wir gehören. Gerade weil wir uns so sehr daran gewöhnt haben, das menschliche Leben von dem aller anderen Geschöpfe zu trennen, muss immer wieder ins Bewusstsein gehoben werden, dass es aufs tiefste mit den Lebensprozessen der Erde verwoben ist. Es geht nicht nur darum, dass die Primaten nahe mit uns verwandt sind. Die Beziehungen reichen viel tiefer. So sind wir Menschen ohne die Fotosynthese gar nicht zu denken. Wir werden beatmet, bevor wir atmen können.

Es ist auch bereits ausgeführt worden, dass unser Leben-in-Gemeinschaft nur innerhalb einer bestimmten Schwankungsbreite der Lebensbedingungen dieser Erde vor sich gehen kann, also wesentlich darauf angewiesen ist, dass diese fließenden Gleichgewichte erhalten und respektiert werden. Wo alle Lebensformen gleich gewichtig sind, sind sie auch gleich wichtig und gleich viel wert. Wir befinden uns also, auch das wurde bereits gesagt, in intersubjektiven Systemen. Und das hat wiederum weit reichende Folgen für unser Rechtsverständnis. Noch immer haben wir um die Anerkennung der Menschenrechte in allen Ländern der Erde zu kämpfen. Und doch muss dieser Kampf immer bewusster als Teil des Kampfes um Tier- und Pflanzenrechte oder – genereller gefasst – um die Rechte der Erde verstanden werden. Anders gesagt, das Gemeinschaftsgefüge des Lebendigen ist selbst als oberstes Rechtssubjekt zu verstehen. Das wird ansatzweise bei der Einrichtung von Naturschutzgebieten und Biosphärenreservaten berücksichtigt. Aber auch hier finden sich nicht selten Begründungen, die sich an menschlichen Bedürfnissen und Interessen, etwa touristischer Art, orientieren und damit zu Verzerrungen der Intersubjektivität des Lebendigen führen.[12]

Auch muss in diesem Zusammenhang daran erinnert werden, dass unser Leben-in-Gemeinschaft nicht nur räumlich, sondern auch zeitlich zu verstehen ist. Das intersubjektive Lebenssystem, an dem wir Anteil haben, verbindet uns nicht nur mit der Vergangenheit und mit allem, was unsere Vorfahren uns hinterlassen, aufgebürdet oder auch geschenkt haben. Es verbindet uns in gleicher Weise mit der Zukunft, und zwar insofern, als all unser Tun und Lassen die Lebensbedingungen unserer Nachkommen beeinflussen wird. Daraus ergibt sich, und auch darauf habe ich bereits hingewiesen, unser Verständnis von Verantwortung. Denn wie sollten wir überhaupt vernünftig von Verantwortung sprechen können, wenn wir uns nicht als Teil einer Gemeinschaft verstünden, die uns angeht, anspricht und herausfordert? Verantwortung macht nur Sinn innerhalb eines intersubjektiven Gefüges von Beziehungen. Was freilich auch heißt, dass Verantwortung verkümmert, wo dieses vitale Gefüge verdinglicht wird. Und das geschieht ja überall, wo Menschen sich selbst oder andere nur noch als Material ansehen und behandeln, wo Pflanzen und Tiere oder auch ganze Ökoregionen lediglich nach ihrem Nutzwert beurteilt werden. Auch das wurde bereits vielfach dargestellt.

Es gibt zum Glück auch Gegenbewegungen. Um dies an einem Beispiel zu verdeutlichen: Wir erleben derzeit eine Renaissance des Gartenbaus. Schrebergärten sind wieder »in«. Es werden kommunale Gärten eingerichtet. Man überlegt sich, wie man den Anbau von Gemüse und die Produktion von Lebensmitteln wieder in den Städten heimisch machen kann. Dabei kommen unterschiedliche Motive zusammen. Da ist zuvörderst das Motiv der **Versorgungssicherheit**; denn Menschen leiden Mangel und müssen die Chance bekommen, sich wieder selbst zu versorgen, soweit dies eben geht. Dieses Anliegen muss gerade in den Mega-Städten der Erde wieder stärker zur Geltung gebracht werden. In ihnen lebt schon jetzt über die Hälfte der Weltbevölkerung. Es wird darauf ankommen, Balkone, Hinterhöfe, Freiflächen und Brachen zu begärtnern, weil die Belieferung dieser wuchernden Riesenstädte mit Lebensmitteln immer teurer werden wird, von der Qualität dieser Lebensmittel ganz zu schweigen.

Zum andern wollen in den hochentwickelten Industrie- und Konsumgesellschaften mehr und mehr Menschen wieder wissen, was sie essen; denn sie haben gegenüber der Massenproduktion von Lebensmitteln, den hohen Transportkosten oder der Verödung der Anbauflächen durch chemische Düngemittel eine gehörige Skepsis entwickelt. Und dies zu Recht. Wer aber wieder selbst Gemüse, Blumen oder Früchte anbaut, macht die Entdeckung, dass diese Arbeiten eine neue und, wie viele sagen, sogar heilsame Nähe zur Natur mit sich bringen. Es geht also nicht mehr nur um **Versorgungsqualität**.

Das intersubjektive Motiv gewinnt an Bedeutung. Denn wer mit Pflanzen umgeht, lernt, dass diese Mitgeschöpfe ihre eigenen Rhythmen des Wachsens und Reifens haben, und das erfordert Respekt und Geduld. Man lernt, dass die Pflanzen unterschiedliche Ansprüche an ihre Standorte haben, und das verlangt genaue Beobachtung. Man achtet in einer anderen Weise auf die klimatischen Bedingungen, auf Regen, Sturm oder Sonne. Was in den Nachrichten bei uns in Deutschland als »gutes Wetter« herausgestellt wird, ist eben nicht immer gut, weil es für die Pflanzen schädlich sein kann. Damit lernen die gärtnernden Menschen, dass die »Wettermacher« im Fernsehen nur an einem störungsfreien Gebrauch der Natur interessiert zu sein scheinen. Für sie ist Sonnenschein ein Genuss-Artikel. Wer wieder mit Pflanzen umgeht, lernt den Wechsel von Regen und Sonnenschein zu schätzen. Und wenn diese Balance nicht stimmt, wenn es zu nass oder zu trocken wird, muss man akzeptieren lernen, dass die Natur ihre Gaben von Jahr zu Jahr anders verteilt. Aber man spürt auch auf direkte Weise, was es bedeutet, wenn durch die Erderwärmung immer härtere Klimaschwankungen entstehen. Damit wächst die ökodomische Empfindsamkeit.

6.2.2. Kompatibilität oder Verträglichkeit

Als zweites Kriterium nenne ich **Kompatibilität** oder **Verträglichkeit**. Auch dieses Stichwort berührt noch einmal Aspekte, die ich bereits behandelt habe. Alles menschliche Schaffen verwandelt Natur in Kultur. Natur wird also zu einem Objekt unseres Tuns, und das schafft zugleich eine gewisse Distanz. Darum stehen wir den Ökosystemen, die wir besiedelt haben, manchmal als Freunde, öfter jedoch als Feinde gegenüber. Wir sind zugleich Gärtner und Räuber, Treuhänder und Feind. Oder um es mit einem Pionier der ökologischen Bewegung, Sir Frank Fraser-Darling (1903–1979), zu sa-

6. Kapitel: Bewohnen statt Beherrschen

gen: »Der Mensch ist, biologisch gesehen, ein Aristokrat. Er herrscht über die Tiere, die Pflanzen und selbst über die Landschaft seines Planeten. Der Mensch ist privilegiert.« Und Sir Frank folgert daraus, dass »der Aristokrat der Diener seines Volkes ist. Es beinhaltet den Begriff der Zurückhaltung. Das heißt, dass Überlegenheit akzeptiert wird, dass man sie sich weder in eitler Selbstüberschätzung anmaßt noch sie in herablassender Bescheidenheit von sich weist.«[13]

Jahrtausende lang durften wir Menschen annehmen, die Ökosysteme der Erde seien unendlich. Nun aber zwingt uns die Erdkrise, die wir über uns gebracht haben, zu der schwierigen Lektion, dass diese Systeme endlich und daher nur begrenzt belastbar sind. Alle Kulturen müssen daher unterhalb der Belastungsgrenzen der Erde bleiben bzw. wieder dorthin gebracht werden. Sie müssen also mit den Funktionsformen dieses Planeten kompatibel sein. Was das heißt, will ich an zwei Beispielen kurz beleuchten.

In der Geschichte der Erde hat es Perioden gegeben, in denen die Radioaktivität so hoch war, dass sich kein organisches Leben entwickeln konnte. Erst nachdem sich diese Strahlung über lange Zeiträume hinweg abgeschwächt hatte, konnten Pflanzen und Tiere und schließlich auch wir Menschen entstehen. Das heißt: Hohe radioaktive Strahlung und organisches Leben sind nicht kompatibel.

Mit der Kernspaltung aber wird diese Kompatibilität wieder außer Kraft gesetzt. Die künstliche Freisetzung von Radioaktivität durch Atomwaffen und Kernreaktoren zur Stromgewinnung bedroht organisches Leben. Selbst wenn keine Atombombe mehr gezündet werden würde und alle Kernkraftwerke zu hundert Prozent störungsfrei funktionieren sollten, wäre das Problem ihrer »Endlagerung« noch nicht gelöst. Und selbst wenn es »sichere« Deponien gäbe, würden unsere Nachkommen über Tausende von Jahren dazu verurteilt sein, diese zu bewachen und zu schützen. Diese einfache Überlegung zeigt, dass die Nuklearindustrie nicht kompatibel ist, weil sie die Weltgesellschaft mit einem unüberschaubaren Risiko belastet.

Ein anderes Beispiel: Im Frühjahr 2011 wurde bekannt, dass sich auch über der Arktis ein riesiges Ozonloch gebildet hat. Verursacht wird die Zerstörung der Ozon-Schicht in der Atmosphäre durch Fluorkohlenwasserstoffe, die z. B. in Kühlschränken, Sprays oder Klimaanlagen eingesetzt werden. Wo aber die Ozon-Schicht ausgedünnt wird, kann ultraviolette Strahlung ungefiltert auf die Erde dringen, wo sie Haut und Augen beschädigt. Damit erweist sich, dass die Freisetzung der FCKW sich nicht mit den Bedürfnissen des organischen Lebens verträgt.

So zeigt sich, wie wichtig das Kriterium der Kompatibilität im Blick auf industrielle Produktionen und Konsumgewohnheiten ist.

6.2.3. Korrigierbarkeit oder Fehlerfreundlichkeit

Aus diesem Merkmal ergibt sich das Kriterium der **Korrigierbarkeit** oder **Fehlerfreundlichkeit**. Was gemeint ist, lässt sich leicht erklären. (Umso erstaunlicher ist, dass es nicht beherzigt wird!) Da wir Menschen von Natur aus Fehler machen, dürfen wir keine Prozesse in die Welt setzen, die wir nicht korrigieren können, wenn sie sich als fehlerhaft erweisen. Auch hier ist die Atomindustrie in ihren militärischen wie angeblich friedlichen Varianten ein treffliches Beispiel. Die Radioaktivität, deren Gefährlichkeit nicht bezweifelt wird, kann nicht wieder zurückgenommen werden, nachdem sie einmal frei gesetzt worden ist. Die Katastrophen von Tschernobyl und Fukushima sind bedrückende Beweise für dieses einfache Prinzip. Und selbst wenn es von nun an keine nuklearen Unfälle mehr geben sollte, so sind doch die kommenden Generationen insofern zur Fehlerlosigkeit verurteilt, als sie die bereits bestehenden Strahlungsrisiken unter Kontrolle werden halten müssen, um sich selbst nicht zu gefährden. Wer sich selbst oder andere sowie kommende Generationen zur Unfehlbarkeit verdammt, handelt unverantwortlich.

Die Entscheidung der jetzigen Bundesregierung zum (Wieder-)Ausstieg aus der Atomwirtschaft kann als ein Beweis für die Anerkennung dieses Prinzips gelten. Zugleich muss jedoch festgehalten werden, dass damit eine grundsätzliche fehlerfreundliche Einschätzung anderer Hochtechnologien noch nicht beschlossen worden ist. So weist zum Beispiel Steffi Ober vom NABU darauf hin, dass der Wechsel von erdölbasierten zu pflanzenbasierten Ökonomien innerhalb der Tradition verharrt, »mit Ingenieurskunst und technischem Fortschritt all die Probleme lösen zu wollen, die aus technischem Fortschritt und einem verengten, ingenieursmäßigen Verständnis von Natur und Umwelt resultieren.«[14] Es wird also auf dem weithin noch unerforschten Gebiet der so genannten Bioökonomie, welche die wirtschaftliche Nutzung von Pflanzen, Tieren oder Mikroorganismen zum Gegenstand hat, eine fehlerunfreundliche Denkweise beibehalten. Dabei hatte Carl Friedrich von Weizsäcker schon vor mehreren Jahrzehnten festgestellt: »Eine Wissenschaft, die sich für die Folgen nicht verantwortlich weiß, und eine Technik, die nicht bewusst fehlerfreundlich geplant ist, sind moralisch und politisch unreif«[15].

Die gleiche Form von Unreife lässt sich auch bei der Synthetischen Biologie[16] beobachten. Sie gilt auch für den Bereich des Geo-Engineering, wo es darum geht, die Sonneneinstrahlung zu beeinflussen oder die CO^2-Konzentration in der Atmosphäre zu reduzieren, z. B. durch die Düngung der Meere mit Eisen oder Phosphor. Bei all diesen Überlegungen sind die unerwünschten Folgen nicht abschätzbar. Dass sich viele »Erdingenieure« ernsthaft Sorgen um die Folgen der bereits eingeleiteten Erdkrise machen, ist unbestritten. Zugleich aber verharren sie mit ihren Lösungsvorschlägen in dem Weltmodell, dass diese Krise hervorgebracht hat.

Das Kriterium der Korrigierbarkeit ergänzt also unsere Aktivitäten um den Aspekt der Folgenabschätzung. Das ist besonders relevant für wissenschaftliche Forschungsprojekte und technologische Entwicklungen. Hier ging man bisher gerne von der »Reinheit« der Wissenschaft aus und überließ die Anwendung, und damit auch mögliche »schmutzige« Konsequenzen, den »unwissenschaftlichen« wirtschaftlichen, politischen oder militärischen Institutionen. Wir benötigen ein Verständnis von Wissenschaftlichkeit, das umfassender ist und auch die Folgen der eigenen Forschung zum Gegenstand der Forschung macht.

6.2.4. Eigentum und Nutzungsrechte

Ich habe bisher von Kriterien gesprochen, die sich eigentlich von selbst verstehen. Umso bestürzender ist die Frage, warum sie nicht zur Anwendung kommen. Das dürfte zum einen daran liegen, dass wir Menschen mit unserem Bewusstsein noch nicht dort angekommen sind, wohin unsere wissenschaftlichen, technischen und organisatorischen Fähigkeiten uns gebracht haben. Wie Albert Einstein schon feststellte: »Welch triste Epoche, in der es leichter ist, ein Atom zu zertrümmern als ein Vorurteil!« Aber es geht ja nicht nur um Vorurteile, die immer ein Element des Bösartigen und Unbelehrbaren mit sich führen, sondern um die schlichte Unfähigkeit des Bewusstseins, die präzedenzlosen Beschleunigungen in den wissenschaftlich-technischen Bereichen nachzuvollziehen und ihre Auswirkungen auf das Ganze angemessen abzuschätzen. Der Haushalt der Ideen und ethischen Werte wird von Traditionen geleitet, die in vergangenen Epochen wurzeln. Darum werden alle neuen Entwicklungen zuerst einmal in die alten Denkmuster gepresst oder, wenn dies nicht gelingt, verharmlost oder aus dem Bewusstsein verdrängt. Um Einsteins Satz zu variieren: Welch triste Epoche, in der Atome gespalten, Vorurteile aber abgespalten werden!

Ich berühre damit die große Frage, wie rasch sich Denkgewohnheiten verändern lassen. Wie rasch kann und will der »antiquierte« Mensch (Günter Anders) umlernen? Das dürfte umso langsamer vor sich gehen, je massiver die Interessen sind, die auf dem Spiel stehen. Und zu diesen massiven Interessen gehören vor allem **Theorie und Praxis des Privateigentums**.

Damit öffnet sich ein weites und konfliktreiches Themenfeld, zu dem ich hier nur wenige Überlegungen anstellen kann. Zuerst möchte ich festhalten, dass es seit Urzeiten so etwas wie Eigentum gegeben hat. Eigentum war ja nicht ohne Grund einmal ein Synonym für »Eigenschaft«. Damit wird deutlich, dass alle Menschen und so auch die Kulturen, die sie geschaffen haben, bestimmte Merkmale von Eigentum aufweisen. Es ist allen Menschen, Familien und Völkern eigentümlich, dass sie so etwas wie einen Raum benötigen, in dem sie ihre Kräfte und Begabungen entfalten können. Wir brauchen ein Dach über dem Kopf, und mehr als nur ein Dach. Wir benötigen Werkzeuge für unsere Arbeit, Lebensmittel zum Essen, Kleider zum Anziehen und so weiter. Aber wir brauchen mehr als das. In allen Kulturen haben Menschen Dinge hergestellt, in denen sich ihr Bewusstsein und ihre eigentümlichen Begabungen abbilden. Ich denke nicht nur an die großen Kunstwerke der Menschheit, die Kompositionen, Dichtungen, Gemälde und Skulpturen einzigartiger Künstler, nicht nur an die bahnbrechenden Werke der Religionsstifter und Philosophen, und nicht nur an die visionären Entwürfe von Architekten und Städtebauern. Bewundern muss man auch die »Alltagskunst« der Völker, deren frühe Manifestationen in den 35 000 Jahre alten Wandmalereien von Lascaux, Chauvet und Altamira zu bewundern sind. Aber erwähnt werden müssen auch die Webarbeiten der Ursprungsvölker Latein- und Nordamerikas, die Kunst der Teppichknüpfer von Marokko bis Indien, die vielen Künste im Umgang mit dem Färben und Bedrucken von Stoff oder Papier, und so weiter. In all diesen Aktivitäten geht es nicht mehr um die bloße Subsistenz, sondern um so etwas wie die Entfaltung von Lebensart, zu der nicht zuletzt der Sinn von Schönheit gehört. So gesehen, weisen diese Formen von Eigentum über ihre Erschaffer hinaus; sie dienen nicht nur dem privaten Genuss, sondern sind Allgemeingut und künstlerisches Vermächtnis.

Diese wenigen und sehr allgemeinen kulturgeschichtlichen Hinweise zeigen, dass es so etwas gibt, was ich »Person-Eigentum« oder »Human-Eigentum« nennen möchte. Damit will ich Eigentumsverhältnisse bezeichnen, die streng an die Entfaltung von Personen und den für sie konstitutiven familiären Beziehungen geknüpft sind. Dass es auch in diesen Verhältnissen Formen von Missbrauch gibt, steht außer Frage.

Was mich indessen in diesem Zusammenhang beschäftigt, ist eine Entwicklung im Verständnis von Eigentum, die als ein kennzeichnendes Merkmal der Neuzeit gelten kann. Sie ist vor allem mit der (rechtlichen wie ökonomischen) Ausweitung des Personbegriffs und der Verdinglichung der Natur verbunden.

So hat es mich überrascht zu erfahren, dass Begriffe wie »Privatbesitz« oder »Personal-Eigentum« erst gegen Ende des 18. Jahrhunderts entstanden sind.[17]. Parallel dazu stellt F. Fürstenberg in seinem Artikel »Eigentum« für die RGG, 3. Auflage, fest: »Die allgemeine, unbeschränkte Verfügungsgewalt über das Privateigentum (Art. 17 der Déclaration des droits de l'homme et du citoyen, 1789) ist erst das Ergebnis des in der Neuzeit sich durchsetzenden Grundsatzes der Vertragsfreiheit. (Liberalismus). Die sozialen Bindungen des Eigentümers werden fast völlig beseitigt ...«[18] Aufschlussreich ist Rabes Zusammenfassung der Hegelschen Definition von Eigentum: »Hegel definiert das Eigentum als Sache, durch die die Person sich die Sphäre äußerer Freiheit gibt. Die Sache erhält durch Aneignen, Formieren und Gebrauchen, dadurch dass »Ich meinen persönlichen Willen in sie hineinlege«, erst ihre Wirklichkeit, ihr reelles Sein zugerichteter Natur. Indem der Mensch die Natur versachlicht, befreit er sein Dasein aus dem Naturzustand. So wird Eigentum zum Anfang seiner Freiheit, zur Bedingung, sie im ganzen Umfang ihrer geistig-sittlichen Substanz zu verwirklichen.«[19] Aus heutiger Sicht zeigen bereits Ausdrücke wie »zugerichtete Natur« oder »Versachlichung«, wie selbstverständlich der Abstand zwischen Mensch und Natur selbst für einen so reflektierten Philosophen wie Hegel geworden war. Diese Distanz ist auch bei Marx vorhanden, auch wenn er Hegel vom Kopf auf die Füße stellen wollte. Er hat dessen Sicht bekanntlich dahingehend verändert, dass er die Privatheit des Eigentums als eine Gefangenschaft an das Haben und also als Grund der menschlichen Entfremdung verstand. Darum betonte er, dass der Mensch vermöge seiner hervorbringenden Tätigkeit, die als menschliche immer auch eine gesellschaftliche ist, an dem Wohlstand der Allgemeinheit beteiligt ist und darin zugleich sein individuelles Eigentum findet. Dagegen hat dann der Liberalismus des 19. Jahrhunderts das Eigentum »zum schrankenlosen, staatlichem Einfluss strikt entzogenen Herrschaftsrecht des Individuums über seine Habe« erklärt[20].

Die Auswirkungen dieser Sicht haben im 20. Jahrhundert geradezu exponentiell mit der rechtlichen Ausweitung des Verständnisses von »Person«

zugenommen. Sie wurde im Gegenüber zur Allgemeinheit oder zum Staat als eine eigenständige Rechtsgröße aufgefasst. In dieser Form konnte der Begriff dann auch für privatwirtschaftlich geführte Betriebe, Firmen und Banken gebraucht werden.

Das mochte hingehen, solange Privatbetriebe überschaubare Familienbetriebe bildeten, in denen es ja nicht selten so etwas wie patriarchal geprägte Formen von gemeinschaftlicher Verantwortung gab. Es kam jedoch in dem Maße zu gravierenden Verzerrungen, als sich solche Betriebe zu global agierenden Korporationen ausbildeten. Sie wurden durch das liberale Konzept von Privateigentum gestützt, das sich in den USA am wirkungsmächtigsten durchgesetzt hat. Als diese Nation im 20. Jahrhundert zur führenden Supermacht des »freien Westens« aufstieg, erhielt dieses Verständnis eine quasi sakrosankte Gültigkeit. Dazu trug nicht zuletzt die zermürbende Gegnerschaft des »Westens« unter der Leitung der USA zu den staatssozialistischen Systemen im »Ostblock« unter der Führung der UdSSR bei. Sie bestimmte zwischen 1950 und 1990 die Weltpolitik.

Im Rückblick zeigt sich, dass dies der ideologische Kontext war, in welchem – vor allem unter dem Einfluss von Margaret Thatcher und Ronald Reagan – die Privatisierung vieler Staatsbetriebe, aber auch vieler staatlicher oder kommunaler Versorgungsgesellschaften in den 80er Jahren vorangetrieben wurde. Sie haben die sozialen Bindungskräfte des Eigentums geschwächt und die Verfügungsgewalt privatwirtschaftlich geführter Gesellschaften gestärkt. Darum gibt es inzwischen »Privatbetriebe«, die global agieren und keiner demokratischen Kontrolle unterliegen, obwohl ihr wirtschaftliches Volumen und ihre finanzielle Macht sehr viel größer sind als die vieler Staaten. Kritische Einwände wurden rasch als »sozialistisch« gebrandmarkt. Und als der Ostblock zusammenbrach, verstanden viele Zeitgenossen dies als Beweis für die grundsätzliche Überlegenheit des wirtschaftlichen Systems, das auf dem Privateigentum gründet. Dieses System hat sich gegen Ende des 20. Jahrhunderts global durchgesetzt. Es hat sich von den USA als seinen Mutterland gelöst und bildet sogar in dem staatssozialistischen System der Volksrepublik China das machtpolitisch treibende Subsystem. Damit bildet es nunmehr das entscheidende Subjekt dessen, was ich Endzeitmacht nenne. Seine Dynamik vertieft die Erdkrise mit all ihren zerstörerischen Folgen. Es ist jedoch derzeit noch so, dass die Vorteile, die dieses System seinen Nutznießern zu gewähren vorgibt – wobei diese Nutznießer ja zugleich auch die Besitzer der meinungsbildenden Medien sind – die Fragen nach der Überwindung der unkalkulierbaren

Folgen der Erdkrise verdrängen können. Dieses massive Verweigerungssyndrom stellt nach meiner Auffassung das größte Hindernis für das radikale Umlernen, das der Menschheit aufgetragen ist, dar. Immerhin zeigt sich in der »Occupy-Wallstreet«-Bewegung, die im Herbst 2011 in New York begann und die Tummelplätze der Global Players immer deutlicher in den Blick nimmt, so etwas wie der Anfang einer kritischen Gegnerschaft, die möglicherweise dazu beiträgt, dieses verhängnisvolle Syndrom aufzulösen.

6.2.5. Pflichten der Bewohnbarkeit

Während ich dies schreibe, ist allerdings noch nicht auszumachen, ob bei dieser Neuorientierung die von mir genannten Kriterien der Gemeinschaftsfähigkeit, Kompatibilität und Fehlerfreundlichkeit wieder zu ihrem Recht kommen können. Und mit ihnen würde sich die Einsicht durchsetzen müssen, dass auch Theorie und Praxis von Privateigentum unter die Rahmenbedingung der Subsistenz gestellt und von ihr her begrenzt werden müssen. Demnach darf nichts von dem, was Menschen sich aneignen dürfen, die Funktionstüchtigkeit der Erde und ihrer Ökosysteme gefährden. Anders ausgedrückt, alles Eigentum wird begrenzt und bemessen von dem, was ich das »Erdeigentum« nenne. Ich meine damit die Luft, das Wasser, die Erde und die (Sonnen-)Energie. Früher hat man von den vier Elementen Luft, Wasser, Feuer und Erde gesprochen. Bisher galt die Tendenz zur Privatisierung vor allem der Erde und ihren Energiequellen. Aber in vielen Teilen der Erde, vor allem in großen Städten, ist man auch dabei, das Wasser zu privatisieren. Auch der Luftraum wird insofern wie Privateigentum behandelt, als er unsere Schadstoffe aufnehmen muss. (Ich sehe schon den Tag kommen, an dem die Kinder reicher Eltern mit Sauerstoffpatronen zur Schule gehen, damit sie vor der verpesteten Luft geschützt sind, während die armen Kinder weiterhin mit Atemwegserkrankungen fertig werden müssen.)

Es scheint mir nötig, diese Überlegungen zum Verständnis des Eigentums um zwei »properties« der Erde zu ergänzen. Ich nenne zuerst die **Zeit** oder die **Geschichtlichkeit**. Was damit gemeint ist? So wie die Erde ihre eigene Zeit hat, so besitzt auch jede Spezies auf dieser Erde ihre eigene Zeit und benötigt sie, um zu entstehen, zu wachsen, sich fortzupflanzen und zu sterben. Das delikate Gewebe des Lebendigen besteht ja gerade darin, dass diese Arten miteinander kommunizieren, voneinander leben und sich wechselseitig erhalten. Wo jedoch dieser Anspruch der Arten auf ihre eigene Geschichte sowie der Anspruch der Arten auf das lebenserhaltende Beziehungsgeflecht missachtet und beschädigt werden, entstehen gefährliche Risse und Löcher. Genau dies geschieht bei einem verabsolutierten Verständnis von Eigentum. Wenn alles nichtmenschliche Leben als »herrenloses Gut« aufgefasst wird, das dem Zugriff der Menschen ohne Einschränkungen zugänglich ist, ja durch den menschlichen Zugriff erst wirklich wird, dann wird diese Geschichtlichkeit übergangen und zerstört. Das massenhafte Artensterben, das zur Zeit vor sich geht, ist eine der Konsequenzen. Die Verfügungsmacht der Menschen findet an dem Recht auf die Geschichtlichkeit aller Lebensformen ihre Grenze. Es gehört also zum Gedanken der Subsistenz, das Kriterium der Geschichtlichkeit zu respektieren.

Der andere Aspekt besteht in der **Universalität des Wissens**. Was damit gemeint ist, lässt sich leicht verstehen. Die Institution Universität beruht auf dem Prinzip, dass das Wissen der Menschheit allen Interessierten zugänglich sein soll. Es soll dem Gesamtwohl dienen. Deshalb hat sich die »scientific community« auch Regeln gegeben, nach denen sie weltweit funktioniert. Dass dieses Regelwerk immer wieder verletzt wird, bestätigt nur seine Wichtigkeit. Es gehört also zum Wesen von Wissenschaft und Forschung, dass sie öffentlich zugänglich ist, und das Rechtsprinzip des »geistigen Eigentums« setzt diesen Grundgedanken der allgemeinen Zugänglichkeit nicht außer Kraft.

Aufschlussreich ist jedoch, dass nun auch das Wissen unter Privatisierungsdruck geraten ist. Mehr und mehr »private« Firmen oder regierungseigene Stellen (wie zum Beispiel das Militär) haben ihre eigenen Forschungsstätten eingerichtet, die zwar nach wissenschaftlichen Methoden arbeiten, deren Ergebnisse jedoch nicht mehr zugänglich gemacht werden dürfen. Sie werden zum »geistigen Eigentum« der Geldgeber. Ihre Geheimhaltung dient geschäftlichen oder nationalen Interessen. Ein Beispiel: Während der staatliche Anteil an der Finanzierung von Forschung in der Bundesrepublik Deutschland 1962 noch bei 51 % lag, war er 1999 auf 34 % gesunken. Der Anteil der Forschungsförderung durch die Wirtschaft stieg in diesem Zeitraum von 49 % auf 66 %. »Anstelle einer Wissenschaft, die nach dem Verfassungsauftrag nur dem Erkenntnisinteresse und dem Wohle Aller verpflichtet frei forschen soll, tritt schleichend eine Wissenschaft, die entgegen dem Verfassungsauftrag abhängig und weisungsgebunden Forschungsziele zugunsten privater Profitinteressen selektiert, Erkenntnisse und deren Nutzung privatisiert oder im Falle von Nutzungsrisiken als Betriebsgeheimnis zurückhält.«[21]

Warum ist das Ausmaß an Privatisierung nicht längst Gegenstand öffentlicher Kritik? Oder warum ist uns der Gedanke, dass die Erde mit ihren vielen Lebensformen ihre eigenen Eigentumsrechte hat, so fremd? Doch wohl deshalb, weil wir die Erde nicht als ein Subjekt mit eigenen Rechten zu verstehen gewöhnt sind, genauso wenig wie wir den Gedanken akzeptiert haben, dass auch Tiere und Pflanzen ihre eigenständigen Lebensrechte haben. Hier wirkt sich der Trend der Moderne zur Versachlichung und Verdinglichung der Natur nachteilig aus. Wenn alles, was nicht unter menschlichem Zugriff steht, als »herrenloses Gut« gilt, dann ist ein intersubjektiver Rechts- und Eigentumsbegriff undenkbar.

Wenn wir jedoch mit der Einsicht ernst machen, dass alles menschliche Leben und Tun nur innerhalb der Lebensrhythmen der Erde subsistieren kann, muss die Verabsolutierung des Privateigentums in Frage gestellt werden, wozu vor allem auch eine kritische Begrenzung des rechtlichen Konzeptes von »Privatperson« gehört.

Ich möchte hier drei Kriterien nennen: die **Sozialpflichtigkeit**, die **Erbpflichtigkeit** und die **Erdpflichtigkeit**.

Das Kriterium der »Sozialpflichtigkeit des Eigentums« ist bekannt. Es besitzt Verfassungsrang. In Artikel 14 Absatz 2 des Grundgesetzes heißt es: »Eigentum verpflichtet. Sein Gebrauch soll zugleich dem Wohle der Allgemeinheit dienen.« Der Begriff »Wohl der Allgemeinheit« spiegelt das englische »common good« wider und bezieht sich auf die Wohlfahrt der menschlichen Gesellschaft im Gegenüber zum privat genutzten Eigentum. Ohne diese Maxime wäre der Aufbau unserer sozialstaatlichen Gesellschaftsordnung nicht vorstellbar. Wie stark diese Ordnung allerdings erodiert, belegen die Armuts- und Reichtumsberichte der Bundesregierung. Die Schere zwischen Reich und Arm geht auch in unserem Land immer deutlicher auseinander. Gerade weil das Kriterium der Sozialpflichtigkeit immer weniger berücksichtigt wird, muss es zumindest von den Kirchen immer deutlicher eingefordert werden. (Wozu freilich auch gehört, dass sich die Kirchen mitsamt ihrer diakonischen Einrichtungen streng an diesem Maßstab orientieren.[22])

Das Kriterium der Sozialpflichtigkeit muss allerdings um den intergenerationellen Aspekt ergänzt werden. Das ist mit Erbpflichtigkeit gemeint. Jeder von uns steht auf den Schultern derer, die uns vorangegangen sind. Wir leben von dem, was sie uns vermacht haben, wie wir freilich auch unter dem zu leiden haben, was sie uns an Unglück und Unrecht hinterlassen haben. Wenn wir allerdings bedenken, wie massiv die Lebensrechte unserer

Nachkommen durch die von uns bewirkte Erdkrise eingeschränkt werden, wird der Gesichtspunkt der Erbpflichtigkeit zu einem wichtigen Regulativ. Er kann dazu beitragen, den Missbrauch oder die Vergeudung von Eigentum zu begrenzen.

Diese beiden Formen der Pflichtigkeit bleiben allerdings auf das menschliche Gemeinwohl beschränkt. Darum halte ich es für angebracht, drittens von »Erdpflichtigkeit« zu sprechen. Damit wird die Verantwortung gegenüber der Lebensgemeinschaft der Erde zugespitzt. Das Verhältnis der Menschen zur Erde und ihren vielen Bewohnern wird aus seiner Beliebigkeit geholt und zu einem Rechtsprinzip erhoben. Das steht in einem markanten Widerspruch zu der Rechtsauffassung, die immer noch so tut, als seien die Pflanzen und Tiere, die Fließ-Systeme des Wassers, die Gletscher oder Meeresströmungen nichts anderes als beziehungslose Dinge, die dem Gebrauch oder auch dem Missbrauch der Menschen bedenkenlos ausgeliefert werden könnten.

Um diese Überlegungen zusammenzufassen: Der Leitgedanke der Subsistenz erfordert eine neue Kultur der Rücksichtnahme, welche die bisherige ausbeuterische Intelligenz durch eine einfühlsame und nachhaltige ersetzt. Es geht also um eine möglichst phantasievolle Ausgestaltung der Bewohnbarkeit der Erde für möglichst viele Erdenbürger.

Ein wesentlicher Aspekt dieser Rücksichtnahme wird es sein, das Konzept der Kreislaufwirtschaft auszubauen. Zum Glück ist Deutschland in der Wiederverwendung von »Restmüll« sowie Papier, Glas oder Plastik weiter als viele Nachbarländer. Aber es bleibt viel zu tun. Wir brauchen eine Wiederverwertungsindustrie, die auch komplizierte Maschinen, Fahrzeuge und elektronische Geräte umfasst. Vielleicht wäre es besser, Herstellung, Wartung und Wiederverwertung von Produkten nicht auf verschiedene Industriezweige zu verteilen, sondern als einen einzigen Produktionszusammenhang zu organisieren. Was ich damit meine, sei an folgendem Beispiel erläutert: Die Automobilindustrie der Zukunft würde sich nicht mehr nur mit Herstellung und Verkauf ihrer Fahrzeuge befassen, während andere Betriebe sich mit der Wartung und wiederum andere mit der Verwertung und Restmüllbeseitigung abgeben. Sie würde also die ganze »Lebensdauer« eines Automobils als einen zusammenhängenden Produktionsvorgang auffassen und damit zu einem ausdifferenzierten Leasing-System kommen. Zu diesem Zweck würde sie neben den Produktionsstätten auch ein System von Werkstätten und Servicestellen unterhalten. Und nach dem Ablauf der Brauchbarkeit würde das Auto in die Fabrik zurückgeholt und in seine

Einzelteile zerlegt werden, um diese dann so weit wie möglich wieder zu verwenden.

Wenn also die Automobilindustrie auch für die Rücknahme ihrer Produkte verantwortlich wäre, dann würde sie noch genauer als bisher in die Qualität und Verwendbarkeit der Einzelteile und Rohstoffe investieren bzw. ihre Zulieferer unter entsprechenden Konditionen aussuchen müssen. Das hätte weit reichende Folgen für die Attraktivität der Fahrzeuge. Ihre ökologische Bilanz könnte der Staat über seine Steuern beeinflussen. Für die Kunden würde dieses System bedeuten, dass sie nicht mehr Eigentümer ihres Autos sind, sondern Nutzungsrechte erwerben können.

Freilich hat dieses Beispiel eine große Schwäche. Es setzt voraus, dass die Automobilindustrie selbst zukunftsfähig ist. Wenn sie das werden oder bleiben will, wird sie sich noch sehr viel gründlicher um ihre ökologischen Konstruktionsbedingungen zu kümmern haben, als dies bisher der Fall ist.

6.3. Ökodomische Arbeitsfelder im 21. Jahrhundert

Wie werden aus Erdzerstörern Erdenbürger und Erdenbürgerinnen? Das war die Frage am Anfang dieses Kapitels. Anders gefragt: Wie lässt sich das Weltmodell der Domination, welches unsere Welt an den Rand globaler Zusammenbrüche gebracht hat, durch ein Weltmodell der Bewohnbarkeit ersetzen?

Zuerst habe ich mit dem Stichwort der Ökodomie versucht, eine Perspektive, die der Apostel Paulus in seinen Briefen entwickelt hat, neu zu Gehör zu bringen und als eine motivierende Kraft zu beschreiben, die Christenmenschen ermutigen und befähigen kann, unter den Bedingungen einer endzeitlichen Gefährdung zukunftsfähige Initiativen aufzubauen und durchzuhalten. **Ökodomische Fantasie** war das Stichwort. Die Erde als einen Haushalt zu verstehen, der aus Gottes Schöpfungsfrieden kommt und den wir Menschen möglichst einvernehmlich mit den anderen Erdenbürgern pflegen und bewohnen können, das war das Anliegen.

In einem zweiten Ansatz habe ich dann versucht, Merkmale einer ökodomischen Ethik zu skizzieren, die sich aus der einfachen Einsicht ergeben, dass sich alles menschliche Tun und Lassen bis hin zu den mächtigen internationalen Wirtschaftsbeziehungen unter den **Grundgedanken der Subsistenz** einordnen muss, damit globale Katastrophen noch vermieden werden können. In diesem Zusammenhang habe ich versucht zu zeigen, dass die größten Schwierigkeiten von Verzerrungen im Verständnis des Eigentums herrühren.

Im Folgenden möchte ich nun versuchen, einige Arbeitsfelder zu beschreiben, denen sich eine ökodomische Subsistenzpraxis vor allem widmen muss.

6.3.1. Anpassung an regionale Bedingungen

Ich beginne mit einer Sache, die eigentlich so selbstverständlich ist, dass sie keiner besonderen Erwähnung bedarf. Das ist die Notwendigkeit, dass alle menschlichen Kulturen sich den geographischen und klimatischen Bedingungen der unterschiedlichen Regionen der Erde anpassen müssen. In der Tat haben ja alle früheren Kulturen diesen Bedingungen Rechnung getragen. Man denke nur an die landwirtschaftlichen Anbau- und Zuchtmethoden, den Bau der Häuser, die Formen der Bekleidung, die Essensgewohnheiten und so weiter. Doch diese Selbstverständlichkeit versteht sich in unserer Zeit nicht mehr von selbst. Die Vielfalt in den traditionellen Anpassungskulturen wird zurückgedrängt, um einer uniformierenden Globalkultur Platz zu machen. Darum sehen sich inzwischen die »Skylines« der großen Städte rund um den Erdball immer ähnlicher. Immer ähnlicher sehen freilich auch die Slums aus, die sich im Schatten dieser »Himmelslinien« ausbreiten. Immer ähnlicher wird auch der Verkehr, der von Fahrzeugen mit Benzin- oder Dieselmotoren dominiert wird. Die weltweite Faszination dieser Art von Mobilität scheint ungebrochen, auch wenn dadurch die ökologischen Belastungen unkalkulierbar werden. Wohin diese gewalttätige Welteinheitskultur führt, habe ich bereits mehrmals beschrieben. Zum Glück gibt es inzwischen viele Bewegungen, die an Alternativen arbeiten. Es gibt, um nur einige Gruppen zu nennen, Architekten und Städtebauer, die an angepassten und nachhaltigen Modellen arbeiten. Es gibt Experten für den Aufbau von alternativen Verkehrsstrukturen, Initiativgruppen für die Produktion und den Vertrieb von regionalen Lebensmitteln.

Bislang aber besteht das Problem darin, dass es auf nationaler wie auf internationaler Ebene noch nicht die politischen Verbände und Strukturen gibt, die dieser Anpassungsphantasie die nötige Unterstützung zuteil werden lassen. Es gibt auch auf dem Sektor der Kirchen und Weltreligionen nur Ansätze davon, und darum fehlt es an der Bereitschaft, so etwas wie gemeinsame Rahmenpläne zu entwickeln. Obwohl es nun bereits zwanzig Jahre her ist, seit der amerikanische Kulturhistoriker und Zukunftsforscher Jeremy Rifkin in seinem Buch »Biosphere Politics« die Rahmenbedingungen für eine biosphärische Politik entwickelt hat[23], kommt das politische Umdenken nur zögerlich voran, wenn es nicht sogar wieder abgeschwächt wird, was leider nicht nur in der Vereinigten Staaten der Fall ist. Freilich ist zu bedenken, dass die politischen Zielsetzungen und Programme an dem Bewusstsein der Mehrheiten und damit auch an der Massivität der Verweigerungen ihre Grenze finden.

Darum hat es jede ökodomische Phantasie schwer. Sie muss immer zuerst die Grenzen der Apathie und Begriffsstutzigkeit überwinden. Aber sie kommt voran und erobert sich immer größere Felder des öffentlichen Bewusstseins. Ich will im Kontext dieses Abschnitts nur drei Aspekte nennen: Wassermanagement, Begrünung der Riesenstädte, geologisch angepasste Siedlungskonzepte.

6.3.2. Öko-gerechte Siedlungsformen

Um mit dem dritten zu beginnen: Rufen wir uns die verheerenden Überflutungen, die im Jahr 2011 aufgetreten sind, ins Gedächtnis: Im Juni in den südlichen Provinzen Chinas, im Juli in Südkorea, im September in Mittelamerika sowie in Pakistan, im Oktober in Thailand. Die Verwüstungen sind deshalb so groß, weil die ursprünglichen Flusstäler eingeengt und besiedelt worden sind, weil der Raum eingeschränkt worden ist, den die Mündungsgebiete der Ströme benötigen, um mit den Bewegungen des Wassers, also mit Schneeschmelze und Starkregen sowie mit Ebbe und Flut und dem steigenden Meeresspiegel zurechtzukommen. Eine ökodomische Intelligenz muss demnach ausfindig machen, mit welchen Risiken die Besiedelung dieser originären Räume behaftet ist, um dann entsprechende Vorkehrungen zu erarbeiten und politisch durchsetzbar zu machen. Freilich zeigt sich bereits an diesem Beispiel, wie eng diese Art von Intelligenz mit einem Bewusstsein für Verteilungsgerechtigkeit verbunden ist. Denn es sind vor allem die Armen, die in die bedrängten und deshalb bedrohlichen Gebiete abgedrängt werden. Sie müssen ihre Behausungen zu nahe am Wasser oder an durch Erdrutsche gefährdeten Hängen errichten und sind damit der nächsten »Naturkatastrophe« hilflos ausgeliefert.

Die Gefahr immer katastrophaler werdender Überflutungen nimmt in dem Maße zu, als die Meeresspiegel steigen, die Gletscher abschmelzen und die starken Regenfälle zunehmen werden. Zugleich wächst durch die Zunahme der Weltbevölkerung der Druck, diese bedrohten, zugleich aber fruchtbaren Räume zu besiedeln. Wie müssen dort die Städte der Zukunft aussehen? Wird man sie auf Stelzen setzen müssen, so dass fortan Kanäle an die Stelle von Straßen treten? Wird man Gärten bauen müssen, die auf riesigen Flößen liegen? Wie muss ein öko-sozialer Wohnungsbau aussehen?

Diese Art einer einfühlsamen Intelligenz ist auch dort wichtig, wo die tektonischen Bruchlinien der Erde verlaufen. Die Katastrophe von Fukushima im Frühjahr 2011 hat bei vielen, zum Glück auch bei einigen PolitikerInnen, die Einsicht bestärkt, dass hoch riskante Technologien wie etwa die Atomindustrie, nicht in Gebieten angesiedelt werden dürfen, die durch starke Erdbeben und Tsunamis gefährdet sind. (Bei der Nutzung der atomaren Energie gilt diese Regel im Übrigen nicht nur für tektonisch riskante Gebiete, sondern, wie bereits gesagt wurde, generell. Die Gefahren, die von ihr ausgehen, sind grundsätzlich inkompatibel für organisches Leben.) Im Übrigen zeigt gerade das Beispiel Japans, dass man sehr viel tun kann, um einigermaßen erdbebensicher zu bauen. In anderen Weltgegenden fehlt diese Einsicht oder wird durch korrupte Strukturen unterminiert. Darum sind am Ende wieder die Armen die am ärgsten betroffenen. Auch hier wiederholt sich, wie stark ökodomisch sensible Maßnahmen mit dem Aufbau gerechter Verhältnisse verknüpft werden müssen.

6.3.3. Wassermanagement

Nicht nur an den Flüssen und Küsten müssen Menschen neu lernen, mit den Wassermassen zu leben. Das Management des Wassers geht sehr viel weiter und betrifft jeden Haushalt.

Es war ein gewaltiger zivilisatorischer Fortschritt, als die Versorgung der Städte mit frischem Wasser sowie die Entsorgung der Abwässer eingeführt wurden. Er ist aber noch längst nicht abgeschlossen. Die wuchernden Elendsgebiete der Mega-Städte hat er noch nicht erreicht. Und andernorts gehen diese Errungenschaften auch wieder verloren, weil die Mittel fehlen, um die Versorgungsstrukturen aufrechtzuerhalten. Es ist schwer abzuschätzen, wie viel Wasser durch brüchige Rohrleitungen versickert.

Manchmal ist es der Überfluss an Wasser, der Misswirtschaft fördert. So habe ich während meines Aufenthaltes in Costa Rica miterlebt, dass es fast jedes Jahr am Ende der Trockenzeit zu Engpässen in der Wasserversorgung kam. Dabei ist das Land eines der regenreichsten der Erde! Am Ende der

Regenzeit kam es regelmäßig zu Überflutungen. Obwohl sich diese Notlage jedes Jahr wiederholte, haben die Regierungen Costa Ricas es bisher nicht geschafft, den Bau von Rückhaltebecken oder Zisternen durchzusetzen, um die Verknappung des Wassers am Ende der Trockenzeit zu vermeiden. Wassermanagement galt schlicht und einfach nicht als eine Aufgabe, der sich die Regierungen annehmen müssen.

So kommt es dann dazu, dass private Versorgungsfirmen dieses Management übernehmen und sich teuer bezahlen lassen. Das aber führt zu heftigen Auseinandersetzungen, weil die Menschen den Zugang zum Wasser als ein Menschenrecht auffassen, das erschwinglich bleiben muss. Wasser ist ein kosmisches Gut, das ist festzuhalten. Aber genauso wichtig ist der treuhänderische Umgang mit ihm. Wenn der Preis das einzige Regulativ sein soll, ziehen die Armen den Kürzeren. Also gehört es zum öko-gerechten Aufgabenkatalog der Staaten, diese Treuhänderschaft wahrzunehmen. Dazu gehört dann auch, den Zugriff auf das Wasser bei den Reichen einzuschränken. So ist zum Beispiel der Ausbau von Golfplätzen in dem wasserarmen Andalusien ein skandalöser Vorgang. Aber es muss auch kontrolliert und geregelt werden, in welchem Ausmaß Landwirtschaft und Industrie Flüsse, Seen oder das Grundwasser anzapfen dürfen; denn die Austrocknung der Gewässer und die Absenkung des Grundwasserspiegels ziehen andere und unkalkulierbare Nachteile nach sich.

Um auch hier ein Beispiel anzuführen: Es ist schon oft darauf hingewiesen worden, dass das fehlende Wassermanagement im Nahen Osten die wichtigste Ursache der Konflikte zwischen Syrien, Israel, Jordanien und Palästina darstellt. Der See Genezareth ist kaum noch lebensfähig; das Wasser des Jordan wird so stark abgezweigt, dass nur noch Tropfen das Tote Meer erreichen, welches daraufhin noch »toter« wird. Hier wie anderswo drohen Wasserkriege.

6.3.4. Begrünung der Mega-Städte

Vor zwanzig Jahren habe ich noch gemeint, die Entwicklung der immer unüberschaubar werdenden Riesenstädte müsse durch eine Art »Exodusbewegung« beendet werden. Ich habe gemeint, die Verödung des »flachen Landes« könne dadurch beendet werden, dass die riesigen Monokulturen der Agroindustrie durch kleinere und differenzierter arbeitende Betriebe ersetzt, dass kleinere Städte wieder attraktiv gemacht werden könnten. Damit könnten die Mega-Cities mit ihren ausufernden Slums entlastet und gleichsam »zurückgebaut« werden.[24] Dieser Gedanke scheint heute noch illusionärer zu sein, als er damals schon war. Der Zustrom der Menschen in die Mega-Städte ist ungebrochen, ebenso wie das Bevölkerungswachstum die städtischen Ballungsräume zum Überquellen bringt. Schon jetzt wohnen über die Hälfte der Menschen weltweit in den Städten. Dabei ist abzusehen, dass Klimakatastrophen, Verkehrschaos, Mangel an bezahlbaren Treibstoffen, Engpässe bei der Lebensmittel- und Wasserversorgung, bei der Gesundheitsfürsorge und der schulischen Betreuung das Elend der Stadtbewohner verschärfen werden.

Da also diese Mega-Städte nicht beseitigt werden können, müssen sie so umgestaltet werden, dass sie ökologisch verträglicher und für die Bewohner erträglicher werden. Ein Weg in diese Richtung stellen Begrünungs-Initiativen dar. Dabei ist in erster Linie nicht an Parks und Grünstreifen gedacht, obgleich Erholungsgebiete und »grüne Lungen« wichtig sind. Ich denke auch nicht zuerst an die Gewächs-Hochhäuser, in denen mit hohem technologischen Aufwand Obst und Gemüse produziert werden können. Es geht mir um Basis-Initiativen, zum Beispiel bei dem Anbau von Gemüse und Früchten in kommunalen Gärten, Hinterhöfen und Vorgärten. So können möglichst viele Formen von Selbstversorgung gestärkt werden, und vielleicht gewinnen die Menschen wieder ein Gefühl dafür, dass sie ihr Leben selbst in die Hand nehmen können.

Diese drei Aufgabenfelder stellen bei aller regionalen Unterschiedlichkeit weltweite Aufgaben dar. Sie erfordern ein neues politisches Engagement; sie müssen wissenschaftlich und administrativ gefördert werden. Aber ihr Gelingen hängt auch von lokalen Initiativen und der schöpferischen Mitarbeit der Menschen an der Basis ab. Es haben also auch Kirchengemeinden eine Chance zur aktiven Mitgestaltung.

Diese Hinweise zeigen zugleich, wie anspruchsvoll die Arbeit für ökodomisch-gerechte Wohnverhältnisse auf der Erde ist! Wie viel muss da getan werden! Hier eröffnen sich neue und aufregende Betätigungsfelder. Umso unbegreiflicher ist es, dass gerade die Arbeitslosigkeit unter jüngeren Menschen weltweit so hoch ist wie nie zuvor und sogar noch zuzunehmen droht, wie die Internationale Arbeitsorganisation (ILO) im August 2010 bekannt gemacht hat.[25] Es ist offensichtlich, dass die Welt eine Neuerfindung der Arbeit benötigt. Auch diese Herausforderung ist längst erkannt. Ich verweise auf das Buch »The Reinvention of Work«, das der amerikanische Mystiker Matthew Fox bereits 1994 vorgelegt hat. Jüngst hat das Umweltprogramm der Vereinten Nationen unter dem Titel »Grüne Ökonomie« einen umfang-

6. Kapitel: Bewohnen statt Beherrschen

reichen Bericht vorgelegt, der aufschlussreiche Beispiele enthält. So sind mithilfe eines Systems für Lohnzahlungen an arme Landarbeiter im indischen Bundesstaat Andhra Pradesh Projekte zur Wiedereinrichtung und Stabilisierung des Wasserhaushalts durchgeführt worden.[26] Andere Beispiele zeigen, wie in der Energiewirtschaft, in der Stadtentwicklung und anderen Arbeitsfeldern ökologisch wie ökonomisch sinnvolle Programme durchgeführt worden sind. Generell empfiehlt das Programm der Vereinten Nationen gezielte Öko-Investitionen in zehn Kernbereichen der Wirtschaft, darunter Energie, Hausbau, Verkehr, Landwirtschaft, Abfall und Tourismus. Zwei Prozent des globalen Sozialprodukts würden danach ausreichen, »um die globale Ökonomie auf einen nachhaltigeren Pfad zu bringen«, heißt es in dem Bericht.[27]

Es hat Jahrhunderte gedauert, bis sich das Weltmodell der Domination weltweit durchgesetzt hat. Wie groß seine destruktive Mächtigkeit ist, lässt sich derzeit an allen Ecken und Enden beobachten, falls man es nicht vorzieht, seine Augen zu verschließen. Aber wenn wir unsere Augen aufmachen, sehen wir nicht nur die katastrophalen Entwicklungen, sondern auch revolutionäre Aufbrüche, grüne Bewegungen, sozio-ökologische Netzwerke. Die Konturen eines ökodomischen Weltmodells tauchen auf. Aber die Zeit drängt. Einige wenige Jahre müssen genügen, um den Wandel hin zu einer »Weltinnenpolitik« (C. F. von Weizsäcker) oder einer »biosphärischen Politik« (J. Rifkin) zu vollziehen. Die Zeit für die »große Transformation« ist jetzt.

Dritter Teil:
Bewährungsfelder

7. KAPITEL

Frieden – Sicherheit in den Grenzen von Verwundbarkeit

Was im vorhergehenden Kapitel unter Verweis auf ökodomische Phantasie, Subsistenz und Bewohnbarkeit gesagt wurde, ist hoffentlich schön und gut, aber doch nur ein Anfang. Ein Weltmodell, das diesen Stichworten folgt, muss auf sehr viel mehr Fragen eine Antwort finden. Die wichtigsten, die sich mir aufdrängen, sind diese: Wie schützt sich eine bewohnbare Welt vor zerstörerischer Konkurrenz? Wie verträgt sich die Forderung nach Bewohnbarkeit mit dem zunehmenden Druck, den das Wachstum der Weltbevölkerung darstellt? Ist die Suche nach Lebensräumen nicht eine Einladung zum Krieg?[1] Als Deutscher kann man nicht umhin, daran zu denken, dass mit dem »Lebensraum«, den die »germanische Rasse« meinte für sich beanspruchen zu dürfen, die Vernichtung der slawischen Völker geplant wurde. Und ein Menschenleben später und angesichts der Bedingungen der Erderwärmung ist die Gefahr einer Wiederholung dieses fürchterlichen Missbrauchs, diesmal durch andere Akteure, durchaus nicht gebannt. Denn sowohl die Verteidigung eines vermeintlich »angestammten« nationalen Territoriums sowie der Kampf um eine sichere Zuflucht zum Überleben werden zunehmen. Man denke nur daran, dass es zur Mitte des 21. Jahrhunderts 150 bis 200 Millionen »Klimaflüchtlinge« geben dürfte. Schon jetzt versuchen Staaten oder große Investoren, sich in anderen Teilen der Erde riesige Ländereien zu sichern, um die Ernährung ihrer eigenen Bevölkerung gewährleisten zu können.[2] Wenn also nicht beizeiten über Alternativen nachgedacht wird, dürfte der Druck auf bewohnbare Siedlungsräume auf brutale Weise zunehmen.

Wie also kann der Friede für eine bewohnbare Welt unter solchen Voraussetzungen aussehen?

Es ist kein gutes Zeichen, dass diese Frage heute keine Konjunktur hat. Was die Tagesordnungen der Regierungen beherrscht, steht weithin unter dem Diktat der – finanzpolitischen und nationalen – Sicherheit und verstärkt damit den Kampf aller gegen alle um die Absicherung der jeweiligen nationalen Interessen. So umfasst zum Beispiel der Verteidigungsetat der USA derzeit an die 700 Milliarden US-Dollar und ist damit fast so hoch wie die entsprechenden Haushaltsposten aller anderen Länder der Erde. Aber um vor unserer eigenen Tür zu kehren: »Das Rüstungsvolumen der NATO hat sich nach dem Ende des Kalten Krieges trotz des verringerten Verteidigungsdrucks mehr als verdoppelt«, stellt Hans Gießmann, Direktor des Berghof Conflict Research in Berlin, fest.[3] Wie soll da Friede werden?

Meine These ist, dass nicht der immer noch vorherrschende Begriff der nationalen Sicherheit, sondern ein neues Verständnis von Verwundbarkeit einem Umdenken dienlich sein kann.

7.1. Der Ausgangspunkt: Verwundbarkeit

Verwundbarkeit ist die offene Stelle unseres Daseins. Sie begleitet uns jeden Tag und erinnert uns daran, wie endlich unser Leben ist. Aber gerade die Erinnerung an unsere Sterblichkeit möchten wir los sein. Darum haben sich schon immer die Menschen danach gesehnt, unverwundbar und unsterblich zu werden. »Und in dem Schneegebirge, da geht ein Brünnlein kalt. Und wer daraus getrunken, wird jung und nimmer alt.« So träumt das bekannte Volkslied von nicht endender Jugendlichkeit. Ein anderes Beispiel ist die Sage von Siegfried, dem jugendlichen Helden, wie er den Drachen tötet und durch ein Bad im Blut des Monsters unverwundbar wird. Doch das Heldenepos versäumt nicht, das Lindenblatt zu erwähnen, dieses kleine Fenster der Verwundbarkeit; denn es weiß, dass ein Held, der wirklich unverwundbar ist, selber über kurz oder lang ein Monster werden würde. Auch ein Held muss sterblich bleiben, sonst wird er unmenschlich. Doch was die Sage noch genau wusste, wird heute weithin geleugnet.

Es leben ganze Industrien von der Verleugnung der Verwundbarkeit. Das reicht von der Kosmetikindustrie und Schönheitschirurgie bis zur Erforschung und Aufstellung von Raketensystemen. Unvergesslich bleibt Präsident Reagans berühmter und entlarvender Ausspruch, die USA benötigten ein auf Satelliten gestütztes Raketenabwehrsystem, um »das letzte Fenster der Verwundbarkeit zu schließen« (»to close the last window of vulnerability«). Diese Redeweise verrät die merkwürdige Auffassung, dass Verwundbarkeit ein externes Phänomen sei, das nicht zu unserem Menschsein gehört. Dieses Denken hat dazu beigetragen, dass selbst unter Christen die Auffassung zu beobachten ist, es handele sich bei der Verwundbarkeit um einen Schaden, den man unbedingt vermeiden oder doch beseitigen müsse. Immer wieder fällt mir auf, dass zum Beispiel in englischsprachigen Fürbittgebeten

7. Kapitel: Frieden – Sicherheit in den Grenzen von Verwundbarkeit

für die Armen und Verwundbaren (»the poor and vulnerable«) gebetet wird. Womit nicht nur ersichtlich ist, dass die Menschen, die so beten, sich selbst für nicht arm und nicht verwundbar halten. Es wird auch angenommen, dass Armut und Verwundbarkeit gleichrangige Größen seien und dass das eine wie das andere mit Gottes Hilfe beseitigt werden könne. Gewiss, Armut lässt sich bekämpfen und überwinden. Aber ist es auch nur wünschenswert, die Verwundbarkeit zu beseitigen?

Also glaube ich, dass dieser Begriff grundsätzlicher bedacht werden muss. Wie bereits angedeutet, stellt unsere Verwundbarkeit den alltäglichen Ausdruck unserer Endlichkeit dar. Sie ist keineswegs eine – vorübergehende oder vermeidbare – Mangelerscheinung, sondern – anders als die Armut – eine zu unserem Sein gehörende, also ontologische Wirklichkeit. Doch was in dieser Allgemeinheit richtig ist, erweist sich im Blick auf die realen Bedingungen unseres Lebens von zwei Seiten her als eine Verallgemeinerung, die wütenden Protest hervorrufen kann. Denn einige sind verwundbarer als andere. Nicht nur einige, sondern viele, ja die Mehrheit der Menschheit ist **zu verwundbar** geworden. Wenn alle drei Sekunden ein Kind stirbt, zumeist aus vermeidbaren Gründen, etwa weil die Luft verschmutzt ist, weil Trinkwasser fehlt, weil ein Medikament unerschwinglich ist, dann heißt das: Hier ist zu viel Verwundbarkeit! Hier werden die einfachsten und grundsätzlichsten Formen einer Wertschätzung des Lebens verletzt. Und damit kann und darf man keinen faulen Frieden machen.

Oder um einen anderen Zugang zu skizzieren: Wenn ich eine Frau wäre, hätte ich wohl nicht mit einer allgemeinen ontologischen Betrachtung begonnen. Warum? Weil ich zuerst von der größeren Verwundbarkeit der Frauen im Gegensatz zu der von Männern hätte sprechen müssen. Auch in den modernen Demokratien gibt es immer noch rechtliche und soziale Benachteiligungen von Frauen. Diese vervielfältigen sich in traditionellen Gesellschaften und den mit ihnen verbundenen traditionellen Kirchen und Religionsgemeinschaften. Das zeigt sich zum Beispiel darin, dass nur in evangelischen Kirchen die kirchenrechtliche Benachteiligung von Frauen und ihr Ausschluss von den Leitungsämtern langsam beseitigt worden ist. In evangelikalen Kirchen, in der römisch-katholischen Kirche, in den orthodoxen Kirchen und in anderen Weltreligionen – vor allem im Islam – ist von einer Gleichberechtigung der Frauen immer noch wenig zu sehen.

Beide Beispiele sind nur knappe Andeutungen des ungeheuren Ausmaßes an zu viel Verwundbarkeit oder, um es mit einem künstlichen Begriff zu sagen, an **Überverwundbarkeit** (»overvulnerability«). (Vermutlich ist es diese, die in den vorhin erwähnten Fürbittgebeten gemeint ist.)

Die Realität der Überverwundbarkeit steht nun aber in einer direkten Relation zu der anderen Verzerrung von Verwundbarkeit, die sich in dem **Verlangen nach Unverwundbarkeit** äußert. Sie ist zu einer Triebfeder des globalisierten ökonomischen Systems unserer Tage geworden und verbirgt sich hinter dem allgegenwärtigen Sicherheitsdenken. So dient die »Sicherheitspolitik« der Vereinigten Staaten und in zunehmendem Maße auch der Europäischen Gemeinschaft der Absicherung einer gesellschaftlichen Ordnung, deren Motor das Bestreben nach Unverwundbarkeit ist.[4]

Ich erinnere noch einmal an die Begründung, mit der seinerzeit Präsident Ronald Reagan sein »Star Wars« Programm zu verteidigen suchte. Die USA müsse, so sagte er, »das letzte Fenster der Verwundbarkeit schließen«. Aber wo eine Weltmacht ihre Vormachtstellung mit einem militärischen System der Unangreifbarkeit zu befestigen versucht, wird sie monströs.

Wie mächtig die Illusion der Unverwundbarkeit in dem Bewusstsein der US-amerikanischen Bevölkerung verankert war, ließ sich an der unverhältnismäßigen Reaktion auf die Terrorangriffe auf das World Trade Center in New York und das Pentagon in Washington vom 11. September 2001 ablesen. Sie versetzte die Amerikaner in einen emotionalen Ausnahmezustand, welcher zügig in einen »Krieg gegen den Terrorismus« umgemünzt wurde. Er dauert jetzt bereits über zehn Jahre. Er hat den militärisch-industriellen Anteil der amerikanischen Volkswirtschaft aufgebläht und die Verschuldung der Supermacht in unvorstellbare Höhen getrieben. Genau deshalb hat dieser Krieg um Sicherheit dazu beigetragen, dass die USA ihren Status als einzig verbliebene Supermacht einzubüßen beginnen und jetzt – finanzpolitisch gesehen – unsicherer dastehen als je zuvor. Die Ziele dieses globalen Krieges gegen jede Form von Verwundbarkeit sind ebenso illusionär, wie ihre Begründungen wirklichkeitsfremd waren

Ich bin der Auffassung, dass wir die Wirkungsmacht der Sehnsucht nach Unverwundbarkeit nicht erfassen, wenn wir uns auf politische oder ökonomische Hinweise beschränken. Diese Sehnsucht ist auf vertrackte Weise Teil unseres Lebens geworden. Darum finde ich eine **ideologiekritische Vertiefung** aufschlussreich.

Zurück zur Siegfried-Sage: Das Lindenblatt bewahrt den Held vor der monströsen Unmenschlichkeit, die sich aus einer vollständigen Unverwundbarkeit ergeben hätte. Die Sage weiß also, wie lebenswichtig es ist, dass jedwedem Verlangen nach heldischer Unverwundbarkeit eine Grenze gesetzt wird. Anders versteht sich der »Monomythos des amerikanischen Superhelden«. In der Analyse von John Lawrence und Robert Jewett unterscheidet sich dieses mythische Modell von den mythischen Figuren, wie wir sie bei Siegfried oder Prometheus, Odysseus, Äneas oder auch Parzival finden.[5] In diesen klassischen Konfigurationen verlässt der jugendliche Held seine vertraute Umgebung, gerät in Gefahr, besiegt lebensbedrohende Ungeheuer und kehrt gereift in seine angestammte Welt zurück.

Anders verfährt der Mythos des amerikanischen Superhelden. Dieser kommt als erlösender Retter in eine von bösen Mächten bedrohte Situation. Wo die normalen Vertreter von Recht und Gesetz korrupt sind oder ängstlich scheitern, besiegt er die Feinde mit übernatürlichen Kräften und im Gebrauch eines übergesellschaftlichen, in seinem Heldentum verankerten Rechts. So stellt er die Ordnung wieder her und verschwindet (um beim nächsten Mal und an anderer Stelle sein unverwundbares Heldentum erneut unter Beweis zu stellen – ein trefflicher Grundzug für Film- und Fernseh-Serien!).

Lawrence und Jewett weisen m. E. überzeugend nach, dass diese mythische Figur sich tief in das Selbstverständnis Amerikas eingegraben hat. Und wenn ich hier bewusst nicht von den USA, sondern von »Amerika« spreche, dann meine ich den »american way of life«, der sich längst über die Welt verbreitet hat und – zumeist unbewusst – die leitende Vorstellung eines erfolgreichen Lebens geworden ist. Der »homo americanus«, um das so zu sagen, trägt deutliche Züge des superheldischen »Selfmademan«, also des Menschen, der sich selbst zu machen vorgibt und der diesen Lebensentwurf nach eigenem Recht und Gesetz durchzusetzen berechtigt ist. Die Sicherung dieser superheldischen Vorrangstellung rechtfertigt folglich alle Mittel. Was dann zur Folge hat, dass die Verlierer selbst an ihrem Elend schuld sind und dass Solidarität mit den Schwachen fehl am Platze ist.

Dieses Sicherheitsdenken herrscht weithin vor. Dass es so wenig Widerspruch findet, belegt, wie viele Menschen unserer Tage mehr oder weniger bewusst den sie begründenden Mythos der Unverwundbarkeit stützen und folglich so etwas wie eine »sichere« Gesellschaft nicht nur für möglich halten, sondern auch durchgesetzt sehen wollen, und sei es mit Gewalt.

Das mag ein weiterer Grund sein, warum der gedankenlose Umgang mit dem Begriff der Verwundbarkeit auch im kirchlichen Raum so weit verbreitet ist.

Aber vielleicht müssen wir in dieser ideologiekritischen Überlegung noch einen Schritt weitergehen. Da wir Menschen seit wenigen Jahrzehnten in einer selbst-gemachten Endzeit leben, mithin in einer Situation, für die es keine Vorläufer gibt, fällt es auch so schwer, sie gedanklich zu verarbeiten und in unserem Gefühlsleben unterzubringen. Es scheint mir daher angebracht, von einer abgründigen Verunsicherung zu sprechen, die wir vielleicht auch eine kosmische Verwundbarkeit nennen sollten.

Früher war der Tod viel alltäglicher als heute. Aber mitten in dem Schmerz über so viel Verlust stand die Überzeugung: Das Leben geht weiter! Das Leben selbst wird leben! Diese Gewissheit ist zerbrochen. Alle Gestalten des Lebens auf dieser Erde werden sterben, so wie die Erde selbst dereinst in einem Hitzetod zerschmelzen wird. Das ist eine verstörende Vorstellung. Die Menschen von heute müssen also mit einer universalen Endlichkeit zurechtkommen. Wie sollen sie das machen, wenn der alltäglich gewordene Nihilismus keine transzendierende Perspektive mehr zulässt? Dann bleibt nur noch das Nihil, das Nichts, und ein unendliches Fallen.

Eine Reaktion dürfte sein, den jeweils verfügbaren »sicheren« Raum mit frenetischer Entschlossenheit und folglich mit Zähnen und Klauen zu verteidigen. Und dies umso mehr, als mit dem ungebremsten Fortschreiten der Erderwärmung die Realität von Verwundbarkeit immer massiver auf uns eindringt und uns umso fassungsloser macht.

Diese emotionale, intellektuelle und ethische Fassungslosigkeit angesichts einer absolut gewordenen Endlichkeit verstärkt die Versuche, so etwas wie absolute Sicherheit zu erreichen. Solche Versuche sind im Kern gewalttätig. Sie vertiefen die Tendenz zu nationalstaatlichen Sicherheitsdoktrinen, die letztlich auf Verteidigungsstrategien und »preemptive strikes« hinauslaufen. Damit aber verstärken sie auch die Tendenz zu Abschottungs- und Verteilungskriegen. Parallel dazu dürfte die immer ausweglos werdende Überverwundbarkeit die Neigung zu – selbstzerstörerischer – terroristischer Gewalt anheizen. Das Phänomen des international agierenden Terrorismus ist sicher nicht vorbei. In beiden Fällen führt die Verleugnung der Verwundbarkeit zu einer Verinnerlichung des Unfriedens und damit zu erhöhten Kriegsgefahren.

Diese Andeutungen zeigen, wie wichtig es ist, einen konstruktiven Umgang mit dem Faktum der Verwundbarkeit zu kultivieren und damit zu einem Verständnis von Sicherheit zu gelangen, das friedensfähig ist.[6]

7.2. Gemeinschaftliche Sicherungssysteme jenseits der nationalen Sicherheitsdoktrine

Wenn ich Verwundbarkeit als eine ontologische, also zum Wesen allen Seins gehörende Wirklichkeit bezeichne, will ich sie keineswegs schönreden oder verharmlosen. Sie bringt viel Unglück und Leid in unser Dasein. Darum zeigt ein Blick in die Geschichte, dass die Menschen zu allen Zeiten versucht haben, sich dieses Schicksals zu erwehren. Angesichts ihrer Verwundbarkeit haben sie eine unendliche Fülle von Sicherungssystemen und Solidargemeinschaften entwickelt. Unter diesen sind Familien und Clans sicher die ursprünglichsten, sie sind immer noch die tragfähigsten. In der Tat lassen sich alle Kulturen als **Systeme gemeinschaftlicher Daseinssicherung** verstehen. Dass damit auch massive Ungerechtigkeiten institutionalisiert worden sind, wurde bereits erwähnt. Umso wichtiger ist es, ein prozessuales Verständnis von Sicherheit zugrunde zu legen, damit ihre ständige Veränderbarkeit gewahrt bleibt.

Ein anderes Sicherungssystem finden wir in den staatlichen Ordnungen. Seit urdenklichen Zeiten sind Völker und Clans von herrschenden Eliten – oft unter großem Zwang – zusammengeschlossen worden, um Machtblöcke zu schaffen, die in der Lage waren, ihren Lebensraum – oder was sie dafür hielten – abzusichern und gegen konkurrierende Machtzentren zu verteidigen. Solche Sicherungssysteme verbanden sich mit der Institution des Krieges, welche wiederum die dafür nötigen militärischen Einrichtungen und Apparate aus sich heraus setzte. Das alles braucht hier nicht näher entfaltet zu werden.[7] Allen rasanten Veränderungen zum Trotz verharrt auch die Welt von heute in den uralten Mustern (national-)staatlicher Sicherheitspolitik. Darum gibt es auch keinen Staat – mit der Ausnahme des kleinen Costa Rica –, der auf militärische Infrastrukturen meint verzichten zu können.[8]

Dieses Sicherheitsverständnis umfasst nicht nur den Schutz der Souveränität und der territorialen Unversehrtheit, sondern befasst sich auch mehr und mehr mit Aspekten der Wohlstands- und Versorgungssicherheit, wozu heute vor allem die Energieträger Öl und Erdgas, der Zugang zu Trinkwasser und Lebensmitteln sowie zu seltenen Wertstoffen gehören.[9] Es zeigt sich allerdings immer deutlicher, dass dieses Denken die mächtigeren Staaten dazu verleitet, sich die schwächeren gefügig zu machen, wo immer ihnen das nötig erscheint.[10] Es ist vor allem diese Sicherheitsdoktrin, welche das größte Hindernis für die heute notwendige biosphärische Politik bildet. So wird das alte Sicherheitsmodell, verschärft durch die globalen ökonomischen und militärischen Systeme, zu einer schweren Gefahr für eine überlebensgerechte Welt.

Natürlich bin ich nicht der Erste, dem dies auffällt. Schon der Report der Brundtland-Kommission von 1987 stellt fest, dass eine »umfassendere Definition von Sicherheit benötigt (werde), welche »militärische, politische, umweltbedingte und andere Konfliktquellen« einbeziehen müsste.[11] In der Verlängerung dieses Ansatzes werden heute viele Versuche unternommen, mit dem Konzept der **menschlichen Sicherheit** ein alternatives Verständnis aufzubauen und zur Geltung zu bringen. Was ist damit gemeint? Eine erste Definition habe ich bei Wikipedia gefunden. Ich zitiere sie nur, weil sie ebenfalls mit dem verengten Begriff von Verwundbarkeit operiert. Danach ist »menschliche Sicherheit« ein »derzeit entstehendes Paradigma zum Verständnis der globalen Verwundbarkeiten (sic!). Ihre Vertreter stellen mit ihm die geläufige Vorstellung der nationalen Sicherheit in Frage. Sie halten dafür, dass der eigentliche Referenzpunkt für Sicherheit nicht der Staat, sondern das Individuum sein solle.«[12]

Sehr viel genauer beschreibt die Friedensdenkschrift der EKD von 2007, was mit menschlicher Sicherheit gemeint ist. Unter Bezug auf den UNDP-Bericht von 1994 verbindet sie dieses Konzept mit dem der »menschlichen Entwicklung« und folgert, dass damit »Sicherheitsbedürfnisse der Menschen in ihrem Alltagsleben« gemeint seien. Dem liege die Überzeugung zugrunde, dass »es zu den Aufgaben der Staaten und der internationalen Gemeinschaft gehört, die einzelnen Menschen sowohl vor Gewalt als auch vor Not zu schützen.«[13]

Wie der Schutz vor Gewalt oder Not konkret aussehen kann, macht die Denkschrift deutlich:

»Die im UNDP-Ansatz miteinander verbundenen Konzepte »Menschliche Entwicklung« und »Menschliche Sicherheit« richten das Augenmerk auf die Überlebens- und Entfaltungsmöglichkeiten der einzelnen Menschen unter den verschiedenen gesellschaftlichen und staatlichen Rahmenbedingungen. Die Verknüpfung beider Konzepte entspricht dem auf der menschlichen Würde basierenden Konzept des Gerechten Friedens. Darin liegt ihre politische Neuerungskraft: In einer vernetzten, aber sozial zerklüfteten Welt, in der Schutz für die Einzelnen nicht (mehr) nur innerhalb staatlicher Grenzen, sondern auch von der internationalen Kooperation erwartet werden muss, kommt es … darauf an, gleichermaßen unmittelbare Gefahrenquellen (bewaffnete Gewalt, Hungerkatastrophen, Umweltzerstörung) zu beachten und die Förderung langfristig unabdingbarer Entfaltungsmöglichkeiten zu berücksichtigen.«[14]

Da der Begriff der menschlichen Sicherheit dem der nationalen Sicherheit gegenüber gestellt wird, bekommt er auch eine deutliche friedenspolitische Prägung, wie die Denkschrift zu Recht festhält. Wie aber können die einzelnen Menschen sich der Menschenrechtsverletzungen und Kriege erwehren, die ihr Leben immer wieder in Gefahr bringen? Denn selbst wenn es zutrifft, dass es heute weniger »große« Kriege zwischen den Nationen gibt, so nimmt doch die Zahl der »neuen Kriege« zu. Sie spielen sich in der Grauzone unterhalb der klassischen Kriege ab. Einige sind aus bürgerkriegsartigen Konflikten heraus entstanden, haben jedoch deren politische Zielsetzungen aufgegeben und stellen eine überwunden geglaubte Form von marodierender Gewalt dar, in der sich Warlords am Krieg bereichern. Die krassesten Beispiele dieser »neuen Kriege« finden sich derzeit im Kongo oder in Somalia.[15]
Dass sie viele Opfer fordern, ist bekannt. Diese unerklärten kriegerischen Unternehmungen dürften zunehmen, wenn im Zuge der Erderwärmung Siedlungsflächen unbebaubar werden, wenn die Lawine der Öko-Flüchtlinge anschwillt und der Druck auf bewohnbare und kultivierbare Regionen zunimmt.

Wo also »menschliche Sicherheit« in den Vordergrund gerückt wird, stellt sich die Frage nach dem Recht der »humanitären Interventionen«. Hat die internationale Staatengemeinschaft das Recht oder sogar die Pflicht, das Selbstbestimmungsrecht der Nationen und ihr Verständnis von nationaler Souveränität zu übergehen, wenn sich zweifelsfrei ergibt, dass Teile der Bevölkerung unter gravierenden Menschenrechtsverletzungen zu leiden haben? In Erinnerung sind die durchaus ambivalenten Eingriffe der USA in Somalia (1992) oder der NATO im Kosovo (1999), aber eben auch der unterlassene Eingriff während des Völkermords der Hutu an den Tutsi in Uganda (1994).

Eine Klärung dieser Problematik unternimmt die internationale Diskussion zum Stichwort der »Schutzverantwortung« (»Responsibility to Protect« = »R2P«), der 2001 von dem damaligen Generalsekretär der Vereinten Nationen, Kofi Annan, angeregt wurde. Was ist damit gemeint?

Wenn man auch hier von einer m. E. nützlichen Definition von Wikipedia ausgeht, lässt sich festhalten, dass dieses Konzept eine internationale Norm begründen will, jedoch (noch) keinen Rechtsstatus besitzt.

»R2P« rückt vier Formen von Verbrechen, die es zu vermeiden und zu beenden gilt, in den Mittelpunkt: Genozid, Kriegsverbrechen, Verbrechen gegen die Menschlichkeit, ethnische Säuberungen. Im Blick auf diese Verbrechen stellt die staatliche Souveränität keinen Freibrief, sondern eine Verantwortung dar. Diese setzt drei Handlungsstränge aus sich heraus:

1. Jeder Staat hat die Verantwortung, sein Staatsvolk vor diesen vier Massenverbrechen zu schützen.

2. Wo ein Staat dazu nicht in der Lage ist, hat die internationale Gemeinschaft die Verantwortung, diesem zu helfen, diese Kapazität aufzubauen. Das kann durch die Einrichtung von Frühwarnsystemen, durch die Mediation von Konflikten zwischen Bürgerkriegsparteien, die Mobilisierung von Eingreiftruppen und viele andere Maßnahmen erfolgen.

3. Wo ein Staat nachweislich bei dem Schutz seiner BürgerInnen versagt und überdies friedliche Einflussmöglichkeiten verhindert, hat die internationale Gemeinschaft die Verantwortung zu intervenieren, zuerst mit diplomatischen, dann mit Zwangsmaßnahmen und letztlich, als »ultima ratio«, mit militärischer Gewalt. Diesen letzten Ausweg der militärischen Intervention können nur der Sicherheitsrat der Vereinten Nationen und ihre Vollversammlung beschließen.

Es hat nicht an Stimmen gefehlt, welche die Intervention der NATO gegen den libyschen Diktator Ghaddafi im Sommer 2011 als eine Maßnahme verstanden, die durch diese »Schutzpflicht« gedeckt gewesen sei. Wenn das der Fall war, dann melden sich freilich sofort kritische Rückfragen: Warum hat die NATO dann nicht auch in Syrien eingegriffen, um die Menschen dort gegen ihren Diktator Assad zu schützen? Diese Frage verweist auf gravierende Schwachpunkte des Konzeptes. Unter den gegebenen Machtverhältnissen in den Vereinten Nationen und ihrem Sicherheitsrat ist eine allgemeine Durchsetzbarkeit nicht gegeben, vor allem dann nicht, wenn es um ein militärisches Eingreifen geht. Im Falle Syriens ist die regionale Situation so explosiv, dass eine militärische Intervention (Ende 2012) nicht kalkulierbar erscheint. Zum andern halten einflussreiche Mächte (wie zum Beispiel Russland) ihre jeweiligen geostrategischen Interessen für wichtiger, als dem Diktator sein mörderisches Handwerk zu legen. Ähnlich verhält es sich in anderen Regionen. So ist keine Macht der Welt willens oder in der Lage, die Tibeter gegen die Volksrepublik China in Schutz zu nehmen, auch wenn sich kaum bezweifeln lässt, dass in diesem Fall eine solche Schutzpflicht besteht. In der Tat könnte die internationale Anerkennung der »R2P« sogar einen gegenteiligen Effekt haben, indem sie nämlich solche Staaten, in denen schwere Menschenrechtsverletzungen vorkommen, dazu verleitet, militärisch aufzurüsten, um so das Risiko eines Eingreifens einer internationalen Schutztruppe unberechenbar zu machen und zu verhindern.

Gleichwohl sollte der internationale Verständigungsprozess um eine Schutzverantwortung nicht vorschnell ad acta gelegt werden. Er ist ein wichtiger Schritt für die internationale Gemeinschaft, in einer so zentralen politisch-ethischen Frage zu einem eigenständigen Subjekt zu werden und die Bremsklötze und Scheuklappen einer solchen Diskussion innerhalb nationalstaatlicher Bedingungen zu überwinden. Dieser internationale Diskurs ist immerhin ein Mittel, um die vorherrschende Doktrin der nationalen Sicherheit in Frage zu stellen und deren oftmals verbrecherischen Folgen anzuprangern. Die Schutzverantwortung sollte auch nicht nur – oder zuerst – von ihrem Ende, also einer militärischen Intervention, her diskutiert werden. Man sollte vielmehr die Chancen ergreifen und ausbauen, die sich in den Anfangsstationen eines möglicherweise schweren Konfliktes ergeben. In diesem Sinne wäre es wichtig, belastbare Frühwarnsysteme einzurichten, besonders gefährdete VertreterInnen von bedrohten Minderheiten durch Hilfsprogramme sowie öffentliche Begleitung zu schützen,[16] und Regierungen durch gezielte Öffentlichkeitsarbeit für eine internationale Kritik angreifbar zu machen.

Hier könnten Kirchen eine wesentliche Rolle spielen. Ja, im Grunde ist ein solches Verständnis von Schutzverantwortung für sie eine Selbstverständlichkeit;[17] denn schon immer haben Kirchen um ihre diakonische Verantwortung für alle in Not geratenen Menschen gewusst. Sie haben deshalb oft Hilfsprogramme für Menschen auf den Weg gebracht, die von Kriegen oder Katastrophen heimgesucht worden waren. Freilich haben sie in der Regel peinlich genau darauf geachtet, in politischer Hinsicht neutral und möglichst unauffällig zu bleiben. Hier haben vor allem religiös nicht gebundene Nichtregierungsorganisationen neue Akzente gesetzt. Unter dem Stichwort der «advocacy» geben sie wichtige Anstöße, von denen auch die Kirchen für ihre politische Arbeit lernen. Genau an dieser Stelle setzt die von der UN angestoßene R2P-Diskussion neue Akzente. Sie spricht alle potentiell beteiligten Akteure auf ihre politisch-ethische Verantwortung an. Für die Kirchen heißt dies nicht zuletzt, dass sie gezielt an einem engen und vertrauensvollen Netz ökumenischer Beziehungen arbeiten müssen. Denn solange die Kirchen sich vor allem innerhalb ihrer lokalen Strukturen bewegen und bewusstseinsmäßig in ihren angestammten ethnischen oder nationalstaatlichen Grenzen verharren – und das tun die meisten –, bleiben ihre ökumenischen und internationalen Aufgaben zweitrangig und halbherzig.

Diese wenigen Hinweise sollen zeigen, dass das Konzept der menschlichen Sicherheit einen wichtigen Ansatz bietet, um die offenkundigen Schwachstellen im Verständnis der nationalen Sicherheit aufzudecken. Zugleich aber wird deutlich, dass dieser Diskurs bisher noch viel zu anthropozentrisch ist und die Anliegen einer biosphärischen Politik nicht ausreichend zur Kenntnis nimmt. Wenn wir aber mit dem Leitbild einer bewohnbaren Welt und dem Faktum der grundsätzlichen Verwundbarkeit allen Lebens ernst machen, kommen wir nicht darum herum, ein Verständnis von Sicherheit zu entwickeln, das sich nicht nur an den Menschenrechten orientiert, sondern so etwas wie die Grundrechte der Gaia, also des lebendigen Organismus der Erde, mit einbezieht.

Es kommt also darauf an, die Verwundbarkeit als die grundsätzliche Voraussetzung und Rahmenbedingung unserer Lebenswelt anzuerkennen. Wenn wir das tun, verstehen wir, dass es Sicherheit immer nur in Übergängen geben kann, immer nur in der Form von **Sicherungen**. Und dafür müssen **kontextuell angepasste, ökologisch nachhaltige, sozial verbesserungsfähige und rechtlich sanktionierbare Standards** entwickelt werden. Das heißt auch, dass angesichts der planetarischen Bedrohungen unserer Epoche die globale Geltung dieser Standards sichergestellt werden muss. Dazu ist es noch ein weiter Weg.

Auch wenn sich der von Sam Huntington prognostizierte »Zusammenprall der Zivilisationen« als eine Übertreibung herausgestellt hat, sind wir doch von einem Miteinander der Kulturen im Sinne verträglicher Nachbarschaften noch weit entfernt. Sicher tragen die elektronischen Medien sehr stark zu einer globalen Vernetzung bei und stärken die Bildung eines Problembewusstseins, das die traditionellen Grenzen überschreitet. Sie sind offensichtlich in der Lage, internationale Lernprozesse zu beschleunigen. Zugleich aber machen sich mindestens zwei Nachteile auf gravierende Weise bemerkbar. Zum einen ist es die Gleichzeitigkeit der Themen, welche durch das Internet um die Erde transportiert werden. Terroristische Bewegungen organisieren sich dort genauso ungehindert wie pazifistische. Aufklärerische Inhalte stehen neben ideologischen. Das Potential von Verwirrung ist erheblich.

Den anderen Nachteil sehe ich darin, dass ein großer Teil der Weltbevölkerung nicht oder noch nicht in der Lage ist, auf diesen Autobahnen des

Internet zu verkehren. Neben das traditionelle Analphabetentum tritt das elektronische. Damit vertiefen sich Ungleichzeitigkeiten, welche wiederum Diskrepanzen innerhalb von Kulturen erzeugen und verschärfen können. Hier ergeben sich neue pädagogische Aufgaben, deren Dringlichkeit kaum überschätzt werden kann.

7.3. Friede und Sicherheit

Wie können wir das Sicherheitsdenken unserer Tage mit der Suche nach einem tragfähigen Verständnis von Frieden verbinden? Wie verhalten sich Verwundbarkeit und Friede zueinander?

Wenn ich hier die Auffassung vertrete, dass Sicherungssysteme eine kulturgeschichtliche Notwendigkeit darstellen, um exzessive Formen von Überverwundbarkeit zu vermeiden, dann meine ich damit auch, dass solche Sicherungssysteme grundsätzliche Aspekte von Frieden darstellen. Zum Frieden gehört eben auch, dass die Menschen Zugang zu sauberem Trinkwasser haben, in ordentlichen und erschwinglichen Wohnungen leben und auf den Straßen ungefährdet verkehren können, dass sie in ihren Arbeitsplätzen fair behandelt und gerecht entlohnt werden. Zum alltäglichen Frieden gehören Rechtssicherheit, allgemeine Krankenversicherungen und funktionierende Renten. Dies alles sind Teile sozialstaatlicher Sicherungssysteme, die einen genauso vitalen Anspruch auf globale Durchsetzung haben, wie ihn die Warenströme der Weltwirtschaft oder der Geldverkehr der Banken erfolgreich für sich reklamieren. Wenn ich also den Frieden als einen Prozess des »peace-building« auffasse, tritt er in die Nähe zu einem **Verständnis von Sicherheit als einer ständigen Bemühung um Sicherungen**. Vergleichbare Äußerungen finden sich übrigens bereits in der Bibel. So heißt es bei dem Propheten Micha, Jerusalem solle eine »sichere Wohnung« sein (Kap. 4,4). In Psalm 4,9 steht: »Ich liege und schlafe ganz mit Frieden; denn allein du, Herr, hilfst mir, dass ich sicher wohne.« Freilich gehört dazu, um wieder Micha zu zitieren, dass die Völker ihre Schwerter in Pflugscharen umschmieden und verlernen müssen, wie man Kriege führt.

Es ist unumgänglich, in diesem Zusammenhang auf die bekannten Äußerungen von Dietrich Bonhoeffer, die er im August 1934 in Fanö vorgetragen hat, einzugehen.[18] »Es gibt keinen Weg zum Frieden auf dem Weg der Sicherheit«, lautete einer seiner apodiktischen Sätze. Oder: »Friede ist das

Gegenteil von Sicherheit«. Bonhoeffer wertet ein »System von politischen Verträgen« oder eine »Investierung internationalen Kapitals in den verschiedenen Ländern« pauschal ab.

Es ist unumgänglich, den zeitgeschichtlichen Kontext für Bonhoeffers Thesen zu beachten. Seit der Machtergreifung Hitlers war ein Jahr vergangen, und die aggressive Ideologie der nationalen Sicherheit hatte der NSDAP viele Stimmen gebracht. Bonhoeffer sah voraus, dass diese Ideologie auf Krieg hinauslaufen musste und dass deshalb alle zwischenstaatlichen Verträge dem Frieden nicht würden dienen können. Es darf vermutlich auch nicht übersehen werden, dass der unglückselige »Friedensvertrag« von Versailles von 1919 noch in lebhaftester Erinnerung war. Nicht nur die Deutschen standen damals dieser Art von Verträgen misstrauisch gegenüber. Der »Internationalismus« galt durchaus nicht als etwas Erstrebenswertes.[19]

Auffällig aber ist aus heutiger Sicht, dass auch ein international so erfahrener Mann wie Bonhoeffer das damals verbreitete Misstrauen gegenüber internationalen Verträgen zwischen souveränen Staaten teilt. Dabei sind doch Verträge ein Mittel, Konflikte zwischen den Staaten zu regeln und auf diese Weise ein friedliches Miteinander zu fördern. Ich verweise auf Hannah Arendt, die aufzeigt, dass die Fähigkeit der Menschen, Versprechen zu geben und zu halten, also Verträge miteinander zu schließen, die Macht hat, »das Zukünftige zu sichern«. Sie nennt dafür zwei Gründe: Verträge bieten die Möglichkeit, die »Unabsehbarkeit des Zukünftigen« und die »Unergründlichkeit des menschlichen Herzens« ein wenig unter Kontrolle zu bringen.[20]

Diese Art von Überlegungen sind dem jungen Bonhoeffer offensichtlich fremd. Er scheint auch nichts davon zu halten, dass wirtschaftliche Verbindungen zwischen den Ländern mit der Hilfe internationaler Finanzmittel gefördert oder gestärkt werden können. Der Friede, um den es ihm in Fanö geht, orientiert sich an dem klassischen Thema von Krieg und Frieden zwischen Völkern.

Die Bedeutung wirtschaftlicher Machtverhältnisse spielt dabei eine untergeordnete Rolle. Darum ist auch das Sicherheitsverständnis, das ihn beschäftigt, offensichtlich das der nationalen Sicherheit, welches durch die tiefen ideologischen Gegensätze anfangs der 30er Jahre noch an Schärfe gewinnt und darum die Völkerwelt mit einem lähmenden Geflecht von Misstrauen überzieht: »Sicherheiten fordern heißt Misstrauen haben, und dieses Misstrauen gebiert wiederum Krieg.«[21]

7. Kapitel: Frieden – Sicherheit in den Grenzen von Verwundbarkeit

Bonhoeffer war sich darüber im Klaren, dass die nationalsozialistische Sicherheitspolitik eine Politik der Kriegsvorbereitung war und darum eine radikale Gegenposition erforderlich machte. Er findet sie in einer Theologie, die sich streng auf Christus konzentriert: »Friede soll sein, weil Christus in der Welt ist, d. h. Friede soll sein, weil es eine Kirche Christi gibt, um deretwillen allein die ganze Welt noch lebt.« Aus heutiger Sicht dürfte solch ein Satz mit einer so unverblümten ekklesiozentrischen Zuspitzung schwerlich zu verteidigen sein.

Aber so wie Bonhoeffer die Weltlage sieht, müssen wir anerkennen, dass seine radikalen Sätze kein theologischer Selbstzweck waren, sondern ebenso radikale ethische Folgerungen aus sich heraus setzten Er sucht nach einer Begründung für eine die Welt umgreifende Friedensalternative und findet sie in der Gemeinschaft, die sich strikt auf Christus gründet. Diese Kirche hat das Recht und die Verantwortung, die Christenmenschen unter den Anspruch Christi zu stellen, und dieser Anspruch ist umfassender als alle anderen Ansprüche, die Menschen, Völker und Mächte aneinander haben können. Daraus folgt ein christozentrisch begründeter Pazifismus: »Sie (sc. die Christen) können nicht die Waffen gegeneinander richten, weil sie wissen, dass sie damit die Waffen auf Christus selbst richteten.«[22] Aus diesem Grund fordert er auch das »große ökumenische Konzil der Heiligen Kirche Christi aus aller Welt«, weil nur dieses so sprechen könne, »dass alle Welt zähneknirschend das Wort vom Frieden vernehmen muss und dass die Völker froh werden, weil diese Kirche Christi ihren Söhnen im Namen Christi die Waffen aus der Hand nimmt und ihnen den Krieg verbietet …«[23].

Bekanntlich hat sich die Ökumenische Bewegung bis heute nicht auf ein solches Friedenskonzil verständigen können. Und selbst wenn es dazu käme, würde sie schwerlich die Autorität gewinnen, die Völkerwelt mit ihrem Ruf zum Frieden zu überzeugen und den Krieg zu verbieten. Bonhoeffers Gestus entspricht noch zu sehr der weltpolitische Situation von 1934, die von der Reichweite des britischen Imperiums und der beginnenden Weltmacht-Stellung der USA geprägt war. Sicher war die Parole von der »Evangelisation der Welt in dieser Generation«, die John R. Mott, der charismatische Führer der Weltmissionsbewegung, wenige Jahre zuvor ausgegeben hatte, in den Herzen der ökumenischen Jugend- und Studentenvereinigungen noch sehr lebendig!

Doch sollten wir deshalb den dringlichen Appell Bonhoeffers zu den Akten legen? Gewiss nicht! Auch wenn die Christenheit mittlerweile nur mehr eine – und dazu noch nicht einmal eine einmütige – Stimme in dem

Stimmengewirr der Weltreligionen darstellt, ist der Anspruch Christi nicht erledigt. »Kämpfe werden nicht mit Waffen gewonnen, sondern mit Gott. Sie werden auch dort noch gewonnen, wo der Weg ans Kreuz führt«, sagt Bonhoeffer in dieser Ansprache.[24] Er hat seine Worte elf Jahre später mit seinem Leben bewährt. Von Bonhoeffer sollten zumindest die Kirchen lernen, dass es nicht ihr Einfluss auf die Macht-Etagen der Welt ist, der den Frieden schafft und die Abschaffung des Krieges voranbringt, sondern die eindeutige, mutige und leidensbereite Haltung einer an Christus gebundenen Gemeinschaft.

Wenn Bonhoeffer Christus radikal in die Mitte rückt, dann stellt er damit den Menschen ins Zentrum, in dem sich der Friede Gottes inkarniert hat. Und dieser Friede gewinnt seine Macht nicht mithilfe von Armeen und Massenvernichtungswaffen oder, wie Jesus selbst sagt, mit »zwölf Legionen Engeln« (Mt 26, 53), sondern mit der Hilfe einer unbedingten und leidensbereiten Liebe. Der Gott Jesu Christi macht sich verwundbar. Er entäußert sich aller Unverwundbarkeit. Aber gerade in dieser Verwundbarkeit offenbart er eine befreiende Kraft. Eine Kraft, die »in den Schwachen mächtig« ist, wie Paulus der Gemeinde in Korinth schreibt (2. Kor 12, 9) und in seinem Leben immer wieder erfahren hat.

Das Kreuz ist nicht nur für die Korinther eine »Torheit«, wie Paulus schrieb, sondern auch für viele Menschen heute; denn sie können und wollen nicht anders, als Göttlichkeit mit Allmacht und Unangreifbarkeit zu assoziieren. In diesen Zusammenhang passt die berühmte Frage, die Stalin dem französischen Außenminister Laval 1935 gestellt haben soll: »Der Papst. Wie viele Divisionen hat er?«[25] Aber nicht nur Gewaltherrscher wie Stalin fragen so. Ein Gott, der das Leid auf sich nimmt, der Gewalt nicht mit Gewalt beantwortet, scheint aller Weisheit der Welt so radikal zu widersprechen, dass es auch den Mächtigen von heute als sinnlos betrachten.

Ich komme damit auf die Ausführungen am Anfang dieses Kapitels zum Stichwort Verwundbarkeit zurück. Wenn wir uns als Christen an Christus, seinem Leben, seinem Tod und seiner Auferstehung orientieren, dann verstehen wir den Frieden keineswegs als eine Überwindung von Verwundbarkeit, sondern als ein Leben unter den Bedingungen von Verwundbarkeit. Wir leugnen nicht das Leid, die Not und die Angst, die sich in dieser fundamentalen »condition humaine« finden. Aber wir werden hellhörig, scharfsichtig und tatkräftig, wenn wir auf die vielfältigen Gestalten von Überverwundbarkeit stoßen und kämpfen für ihre Überwindung, wohl wissend dass es auch dann immer noch Formen von Angst und Verzweiflung gibt, die nur ausgehalten werden können. An Christus lernen wir, dass der Friede, der aus dem Wissen um Verwundbarkeit kommt, eine Kraft ist, die von unten kommt und Menschen durch Leid, Not und Angst zu tragen vermag.

8. KAPITEL

Man hat ja noch niemals versucht, den Krieg ernsthaft zu bekämpfen. Man hat ja noch niemals alle Schulen und alle Kirchen, alle Kinos und alle Zeitungen für die Propaganda, des Krieges gesperrt. Man weiß also gar nicht, wie eine Generation aussähe, die in der reinen Luft eines gesunden und kampfesfreudigen, aber kriegsablehnenden Pazifismus aufgewachsen ist.
Kurt Tucholsky

Endzeitmacht und Kriegsmacht oder: Warum ist der Pazifismus keine Massenbewegung?

Alle sind sich einig, dass der Krieg eine furchtbare Geißel der Menschheit ist. Trotzdem finden sich nur wenige, die sich für ihre Abschaffung stark machen. Wie ist das möglich?

Mit rationalen Argumenten ist dieser Zwiespältigkeit nicht beizukommen. Das ist das illusionäre Moment in dem bekannten Leitsatz der UNESCO: »Da Krieg in den Köpfen der Menschen entsteht, muss auch der Frieden in den Köpfen der Menschen verankert werden.« Denn weder der Krieg noch der Friede sind eine reine Kopfsache. Darum verfangen auch ethische Appelle an die Vernünftigkeit der Menschen nicht.

Freilich spielen ökonomische Interessen eine große Rolle. Schon Präsident Eisenhower, der ja weiß Gott kein Pazifist war, warnte vor dem »militärisch-industriellen Komplex« als einer gigantischen Kriegstreiberei. Dass sich dieser »Komplex« trotz seiner offenkundigen Unvernünftigkeit seit Eisenhowers Zeiten noch ausgeweitet hat, liegt auch daran, dass er sich auf sehr tief verwurzelte Emotionen und Motive, Bilder und Rituale stützen kann. Diese sind es, welche die Menschen in dem Glauben behaften und bestärken, dass der Krieg und alle seine Schrecken etwas Unausweichliches seien. Wenn also Krieg und Frieden eine Sache des Herzens und damit der Gefühle und Leitbilder sind, dann müssen sozialpsychologische und kulturgeschichtliche Fragestellungen und Einsichten zum Zuge kommen, wenn sich in der Haltung der Menschen zum Krieg etwas Entscheidendes ändern soll.

8. Kapitel: Endzeitmacht und Kriegsmacht oder: Warum ist der Pazifismus keine Massenbewegung?

8.1. »Krieg hat's immer gegeben!«

So reden viele. Und fügen hinzu: »Das ist schrecklich, aber nicht zu ändern!« Wenn wir nach den Gründen für diese resignative Formel fragen, heißt es: Bis in graue Vorzeiten hinein haben Clans oder Völker oder Nationen oder Imperien gegeneinander gekämpft, um Weideplätze, um fruchtbares Land, um Handelswege, um »Lebensraum«, um Vormacht, Kontrolle und Herrschaft. Und die Herrscher, die besonders rabiat und listenreich vorgingen, erhielten oft auch noch den Beinamen »der Große«.

Diese Auffassung nimmt die Geschichte – die ja zumeist als eine Art Kriegsgeschichte erzählt worden ist – zum Anlass, den Krieg als eine Art Naturgesetz zu betrachten. Freilich, wenn Kriege so unvermeidlich sind wie Erdbeben, ist der Wunsch nach ihrer Abschaffung ein Hirngespinst.

Aber was wir »Krieg« nennen, ist ein geschichtliches und gesellschaftliches Phänomen, von Menschen veranstaltet, von Menschen verantwortbar. Und darum hat er sich auch dramatisch verändert. (Wobei ich nicht glaube, dass die Kriege im Laufe der Zeit grausamer geworden sind. Der mörderischen Phantasie waren auch früher keine Grenzen gesetzt, wie zum Beispiel an der »Entwicklung« der Foltermethoden abzulesen ist.)

Und doch sind die Kriege von heute substantiell anders als die früherer Epochen. Nicht nur weil die zivilen Verluste die der Streitkräfte bei weitem übersteigen. Dazu gehört auch, dass in vielen Fällen der Unterschied zwischen Kombattanten und Nichtkombattanten kaum noch erkennbar ist. Vor allem aber ist der Krieg mit der Erfindung der Atombomben zu einer Option der menschheitlichen Selbstvernichtung geworden. Das ist, wie bereits im Einleitungskapitel ausgeführt wurde, die weltgeschichtliche Zäsur. Ihr endzeitlicher Charakter wurde von unserer »Kriegskunst« produziert. Was in diesem Buch Endzeitmacht genannt wird, ist eben vor allem auch eine endzeitlich gesteigerte Kriegesmacht.

Spätestens an diesem Punkt kommt der fatalistische Glaube an die Unvermeidlichkeit des Krieges an sein Ende. Wenn uns Menschen unser (Über-)Leben lieb ist, muss umgedacht und, wenn das Wort erlaubt ist, »umgefühlt« werden. Da es fortan um biosphärische Innenpolitik geht, ist die Institution des Krieges antiquiert.

Doch mit dem »Umfühlen« ist es so eine Sache. Das liegt wohl auch an dem Umstand, dass die nuklearen Vernichtungswaffen unsichtbar sind, beziehungsweise versteckt gehalten werden (müssen). Damit bleibt auch ihre Bedrohlichkeit unsichtbar und unfühlbar. Und in einem grundsätzlicheren

Sinne wird es wohl vor allem daran liegen, dass das Ausmaß der möglichen Zerstörung alle menschlichen Vorstellungen übertrifft. Immerhin existiert mit der Erinnerung an Hiroshima und Nagasaki noch so etwas wie ein Schrecken vor einem Atomkrieg, der die Mächtigen der Erde bisher davon abgehalten hat, ihn auszulösen. Was sie freilich nicht daran hindert, an der »Verfeinerung« dieser endzeitlichen Instrumente zu arbeiten und unterhalb dieser Ebene unterschiedliche »konventionelle« Waffensysteme zu unterhalten und zu »modernisieren«.

Wie lässt sich der Glaube an die Unvermeidlichkeit von Kriegen erschüttern? Der pauschale Hinweis auf die »Antiquiertheit« der Menschen (Günther Anders) hilft nicht weiter. Vielleicht hilft es weiter, wenn wir diesen Fatalismus als eine Form von Verdrängung betrachten, die sich in unterschiedlichen Kontexten auch sehr unterschiedlich manifestiert.

Um mit einer einfachen Beobachtung zu beginnen: Die Völker der Erde haben unterschiedliche Erfahrungen mit dem Krieg gemacht. So erinnern sich die Deutschen meiner Generation noch lebhaft und leibhaftig an die Gräuel des 2. Weltkriegs. Aber bei unseren westlichen Nachbarn Frankreich und Großbritannien ist es schon ganz anders. Bei ihnen vermischen sich Erinnerungen an erlittene Zerstörungen mit solchen von Sieg und Triumph. Und diese Erfahrungen haben die Bereitschaft, kriegerische Unternehmungen durchzuführen (wie zum Beispiel um die Falkland-Inseln) begünstigt, wobei immer noch die Illusion mitspielt, eine imperialistische Großmacht zu sein. Die Wahrnehmung des Krieges wird bei den US-Amerikanern, deren Vernichtungspotentiale die aller anderen Völker der Erde übersteigt, noch einmal ganz anders erfahren. Sie haben seit dem Sezessionskrieg (1861–1865) im eigenen Land keinen Krieg erlebt, sondern ihn immer nur weit entfernt, also in Lateinamerika, Europa und Asien, geführt. Das verschafft ihnen die Möglichkeit, Krieg als ein **externes** Geschehen zu verstehen, das die eigene Lebenswelt nicht ernsthaft tangiert. Natürlich waren Opfer zu beklagen, aber sie werden bis heute mit einem Ehrenmantel soldatischen Heldentums überkleidet und damit als ein Sonderfall abgefunden. Zur Externalisierung des Krieges gehört auch das Argument, das man in den USA oft hört: Wir haben diese Auseinandersetzungen ja nicht gewollt, sondern mussten in sie eintreten, um sie zu beenden. Wir waren im Grunde immer nur der große Weltpolizist, und unsere Soldaten sind als Friedensmacher gestorben.

Lässt sich dieses Phänomen der Externalisierung auch auf die Deutschen beziehen, die heute jung sind und für die der 2. Weltkrieg in weiter Ferne liegt? Für diese Annahme spricht, dass es keine allgemeine Wehrpflicht mehr gibt, dass also die jungen Menschen sich nicht mehr persönlich mit dieser Frage beschäftigen müssen. In der allgemeinen Wahrnehmung verändert sich die Bundeswehr zu einer hochtechnisierten Institution für Auslandseinsätze, die unseren Alltag nicht sonderlich berühren. Darum sind auch die Soldaten, die zum Beispiel mit schweren posttraumatischen Stress-Syndromen aus Afghanistan zurückkehren, eine Verlegenheit und ein lästiges Randphänomen, das vom Mainstream möglichst effektiv verdrängt wird.[1]

Es wäre sicher aufschlussreich zu untersuchen, ob dieser Trend zur Externalisierung auch in anderen Ländern beobachtet werden kann. Mein Eindruck ist, dass er für die geostrategischen Planungen der NATO eine beträchtliche Rolle spielt und damit zugleich das politische Argument bedient, demzufolge die NATO ein großes Instrument zur Sicherung des Friedens darstelle. In diesem Zusammenhang muss bedacht werden, dass die militärische Entwicklung von immer raffinierteren ferngesteuerten Tötungsmaschinen, den so genannten »Drohnen«, viele Menschen glauben machen kann, dass es sich bei dem Krieg der Zukunft gleichsam um chirurgische Eingriffe zur Beseitigung gefährlicher Objekte und damit auch um eine Steigerung der eigenen Sicherheit handele.

Wie aber lässt sich das Element der Täuschung, das wir uns nur zu gern gefallen lassen, überwinden? Ich bin der Meinung, dass wenigstens die Kirchen dagegen halten können, indem sie bewusst machen, dass wir Menschen zuerst einmal allesamt Opfer der global gewordenen Kriegsgefahren sind. Die kirchliche Verkündigung kann darauf verweisen, dass unsere Verwundbarkeit auf beispiellose Weise gesteigert worden ist und dass es folglich darauf ankommt, uns in der **Internalisierung** der Kriegsgefahr zu üben, weil sie zu den Voraussetzungen gehört, unser Überleben zu sichern.

Bevor ich diesen Gedanken weiter verfolge, will ich eine Beobachtung erwähnen, die auf den ersten Blick vielleicht als ein »Nebenkriegsschauplatz« erscheint: Sie betrifft, was ich die **Zerfaserung des Begriffs des Krieges** nennen möchte. Es ist seit 1945 kein Krieg mehr förmlich erklärt worden, obgleich viele stattgefunden haben. Nur hatten sie nicht mehr die »klassische« Form der Kriege zwischen Nationen. Dadurch wurde auch die Neigung verstärkt, den Krieg nicht mehr bei seinem Namen zu nennen, sondern als friedensdienliche Operationen, gleichsam als Polizei-Einsätze unter erschwerten Bedingungen, auszugeben. Ein trauriger Höhepunkt dieser Form von semantischer Umdeutung bestand darin, dass die USA und ihre Verbündeten ihren Krieg gegen den Terrorismus seit 2001 »Enduring Freedom« nennen.

Zur Zerfaserung gehören aber auch die von Mary Kaldor so genannten »neuen Kriege«. Gemeint sind damit die Unternehmungen marodierender Truppen unter der Führung von Warlords, die nicht wegen politischer Ziele, sondern zu ihrer Bereicherung durch die Kriege selbst geführt werden. Auf die bedrückenden Vorkommnisse im Osten des Kongo oder in Somalia wurde bereits hingewiesen. Was sich dort abspielt, sind Beutezüge, Vergewaltigungen, Erpressungen und Plünderungen einer völlig zügellosen Soldateska, die vor allem für Frauen und Kinder desaströse Folgen haben. Das gilt auch für die verbrecherischen Rachefeldzüge zwischen Drogenbanden. So hat der Drogenkrieg in Mexiko schon mehr als 40 000 Opfer gefordert.

Aber die Zerfaserung von Begriff und Wirklichkeit des Krieges geht auch in andere Richtungen. Ich meine die Schwächung von Volkswirtschaften durch ökonomische Auflagen und Sanktionen, wie sie z. B. von IWF und Weltbank durchgesetzt werden. Die von ihnen erzwungenen »Konsolidierungsmaßnahmen« führen nicht selten zu einer Auflösung sozialer Strukturen, zum Beispiel im Bereich der Gesundheitsfürsorge oder der Schulen. Man kann also auch ohne den Einsatz von Bomben und Raketen Länder ruinieren.

Ein anderes kriegsartiges Phänomen ist das »land grabbing«. Auch dies wurde bereits erwähnt. Es ist eine Art von Landnahme, die von einflussreichen Länder oder Investoren betrieben wird, um große landwirtschaftlich nutzbare Flächen an sich zu bringen. Das Ziel ist zumeist, die Produktion von Lebensmitteln für die eigene Bevölkerung langfristig zu sichern. Dabei werden korrupte Regierungen bestochen oder mit anderen Mitteln unter Druck gesetzt, während die Landnutzungsrechte der einheimischen Landbevölkerung missachtet werden. Die Folge ist Vertreibung – eine der typischen Folge von Kriegen.

Und dabei war von einer sehr viel gefährlicheren Form versteckter Kriegsführung noch gar nicht die Rede. Ich meine die Ausplünderung der Natur durch die Spezies homo sapiens, diesen Krieg, den niemand Krieg nennt, aber der von so vielen Akteuren an so vielen verschiedenen Schauplätzen geplant und durchgeführt wird.

Es gibt eine weitere Gestalt der Zerfaserung im Begriff des Krieges, die in seiner **Virtualisierung** besteht. Gemeint sind die Video-Spiele, die oft in rasanten Verfolgungen und Tötungen bestehen. In ihnen wird das Töten zu einem Spiel. Und da es ja »nur« ein Spiel ist, kann es von dem wirklichen

8. Kapitel: Endzeitmacht und Kriegsmacht oder: Warum ist der Pazifismus keine Massenbewegung?

Leben abgespalten und damit als ein externes Phänomen betrachtet (und verharmlost) werden. So argumentieren vor allem die Hersteller und ihre medienpsychologischen Zuträger, nicht zuletzt auch deshalb, weil mit den Video-Spielen inzwischen mehr Geld verdient wird als mit der klassischen Filmindustrie. Sie haben verständlicherweise ein Interesse daran, dass die Amokläufe junger Männer, zum Beispiel im schwäbischen Winnenden oder – im Dezember 2012 – in der Sandy Hook Volksschule in amerikanischen Newtown, nicht mit dem ständigen Konsum solcher Tötungsspiele assoziiert werden.[2]

Freilich wird niemand behaupten wollen, dass virtuell geführte Gewaltspiele in reale Verbrechen umschlagen müssen. Das geschieht nur in Ausnahmefällen. Ich behaupte jedoch, dass von diesen virtuellen Gewaltspielen ein Schatten auf die Wahrnehmung alltäglicher Konflikte fällt. Er äußert sich in der Überzeugung, dass Konflikte nur mit Gewalt »gelöst« werden können. Im Schlagschatten dieser virtuellen Gewalt wird der Glaube an die Unvermeidlichkeit von Krieg immer wieder befestigt. Verräterisch ist der Slogan, mit dem Activision/Blizzard seine neueste Version von »Call of Duty – Black Ops II« an den Mann zu bringen versucht, übrigens mit einem unglaublichen Erfolg: »In jedem von uns steckt ein Soldat.« »Call of Duty« spielt in einer »apokalyptische(n) Stadt, in der jeder gegen jeden kämpft«.[3]

Wenn alle Konflikte und Konkurrenzkämpfe als Kriege verstanden werden, sind wir alle immer und überall – potentiell oder tatsächlich – Krieger. Dann ist das Leben Krieg, und Gewalt wird zu einem Naturzustand. Das aber bedeutet nichts anderes, als dass die zivilen Bereiche unseres Lebens durch kriegerisches Denken, kriegerische Parolen und dann eben auch kriegerische Praktiken unterwandert werden. Statt an einer Zivilisierung der kriegerischen Gewalt zu arbeiten, lassen wir eine zunehmende Gewaltförmigkeit unserer Zivilität zu.

Es ist also nötig, eine semantische und damit auch denkerische Ordnung zu erarbeiten. Nicht jeder Konflikt verdient den Namen Krieg. Um mit einem Beispiel zu beginnen: Es ist dringend nötig, die Vermischung der Funktionen und Arbeitsformen von Polizei und militärischen Streitkräften aufzuklären. Denn Polizisten sind Polizisten und keine »weichere« Form von Soldaten. So wie Soldaten auch keine »robustere« Form von Polizisten sind. Polizisten haben ein ganz anderes Selbstverständnis als Soldaten. Das Ethos der Polizei ist von dem Gesichtspunkt der Gesetzestreue her definiert. Es dient der Aufrechterhaltung von Rechtsordnungen. Vermittlung in Konflikten und Hilfsbereitschaft in Notfällen spielen maßgebliche Rollen. Die Waffe darf nur in Ausnahmefällen benutzt, ihr Einsatz muss gerechtfertigt werden. Polizisten sind Diener und Treuhänder ziviler Ordnungen. Wobei nicht geleugnet werden soll, dass auch diese Institution und ihre Vertreter korrumpierbar sind.

Das Ethos der Soldaten ist dagegen ganz anders definiert. Sie werden aktiv, wo Konflikte mit Formen internationalen Rechts nicht mehr bearbeitet werden können (oder sollen); sie haben den Auftrag, mit Waffengewalt zerrissene Machtverhältnisse wieder herzustellen oder neue zu erzwingen. Dabei nehmen sie »Kollateralschäden« in Kauf, die inzwischen sehr viel größer sind als die »Verluste«, welche die Streitkräfte sich gegenseitig zufügen.

Es ist also an der Zeit, dass wenigstens die Kirchen sich um eine **deutliche Unterscheidung von Polizei und Militär** bemühen und diese auch für die öffentliche Diskussion einfordern.

Wir kommen zu einer genaueren semantischen und denkerischen Ordnung, wenn wir das, was Krieg ist, von dem her definieren, was er **bewirkt**. Wenn wir also Krieg von seinen Opfern her bestimmen. Demnach verdient der Drogenkrieg in Mexiko diese Bezeichnung zu Recht. Wenn wir von den Opfern her denken, sind die »Konsolidierungsmaßnahmen« von IWF und Weltbank, mit denen ja inzwischen auch die Europäische Gemeinschaft zusammenarbeitet, eine Form von Krieg. Die ärmeren Bevölkerungsschichten geraten immer stärker ins Elend, während die reichen Oberschichten als typische Kriegsgewinnler ihre Vermögen ins sichere Ausland schaffen. Dann ist auch das »land-grabbing« eine Form von Krieg, weil es Vertreibung und Verelendung bewirkt. Aber dann ist gerade auch der »Klimawandel« ein Krieg, bei dem nicht nur unermesslich viele Heimatvertriebene produziert, sondern auch tief greifende Schäden an den Kreisläufen der Natur ausgelöst werden. Das Artensterben mit seinen beängstigenden Ausmaßen wäre dann als eine Folge unseres Krieges gegen die Natur zu bezeichnen.

Wenn wir bereit wären, von den Opfern her den Krieg zu definieren, müssten wir uns neu darüber Gedanken machen, welche **Möglichkeiten der Zivilisierung** sich uns bieten. Wie können die Handelskriege, die Wasserkriege und die Versorgungskriege der Zukunft unter die Maßstäbe zur Humanisierung des Krieges gestellt werden, wie sie in den Haager und Genfer Konventionen formuliert worden sind? Wie müssen diese internationalen Rechtsstandards zum Schutz von Verwundeten, Kranken oder Schiffbrüchigen, von Kriegsgefangenen oder Flüchtlingen weiter entwickelt

8. Kapitel: Endzeitmacht und Kriegsmacht oder: Warum ist der Pazifismus keine Massenbewegung?

werden, damit den Kriegen dieses Jahrhunderts wirkungsvoll begegnet werden kann? Aber auch dies ist zu bedenken: Wie müssen die Video-Spiele aussehen, die zivilen Standards genügen?

Krieg hat's immer gegeben, sagt man. Aber unter den Bedingungen globaler Selbstvernichtung ist Krieg ubiquitär geworden. Und gerade deshalb ist er, zumindest für uns, die wir – noch – in der Zone der Kriegsgewinnler leben, unsichtbar und unhörbar geworden. Er lässt sich noch hinter Verharmlosungen verstecken. Wenn wir wieder klarer sehen wollen, müssen wir darauf bestehen: Was Krieg ist, entscheiden die Opfer, nicht die Macher. Und da jeder von uns ein Opfer ist oder werden kann, müssen wir uns gegenseitig helfen, dass es Kriege nicht mehr geben kann.

8.2. »Krieg ist Männersache!«

Auch dies ist eine Auffassung, die weithin geteilt wird, wenngleich die Realität sie längst entwertet hat. Es dürften wenige Bereiche geben, in denen die alten Bilder in einem so auffälligen Kontrast zur Wirklichkeit stehen.

Gewiss waren die römischen Legionäre Männerverbände, genauso wie auch die mongolischen Reiterheere, die Truppen Friedrichs des Großen oder die Armeen der beiden Weltkriege eine Sache von Männern gewesen sind. Aus diesen und vielen anderen Anlässen sind die großen Leitbilder entstanden: Der Feldherr auf dem hohen Ross, der Soldat als der harte unbeugsame Krieger, der edle Ritter in seinem Kettenhemd, der opferbereite Held, der Kamerad, der für den anderen durch dick und dünn geht. Ich hatt' einen Kameraden ...

So antiquiert diese Bilder auch sein mögen, sie behalten doch eine merkwürdige Vitalität, auch wenn sie den Raum des Militärischen weithin verlassen haben. Die semantische und konzeptionelle Zerfaserung des Krieges, die ich vorhin angedeutet habe, bewirkt auch eine Zerfaserung im Bild des Kriegers. In vielen Filmen und Fernseh-Serien, in Comics und Video-Spielen treffen wir auf Bilder von Kriegern, Helden und Supermännern. Die Jedi-Ritter geistern durch futuristische Science-Fiction-Streifen. In den kriegerischen Video-Spielen wie dem bereits erwähnten »Call of Duty« werden die Spieler in aufwändig inszenierte Schlachten verwickelt. Die Bilder von harten Männern, die keine Gefahr fürchten oder bedenkenlos zuschlagen, üben vorwiegend auf Jungen und Jugendliche eine irrlichternde Faszination aus.

Doch was haben diese Gewaltphantasien mit den hochtechnisierten Streitkräften von heute zu tun? Wer sie ausleben will, scheint eher in ein Dschungel-Camp zu passen. Und doch gibt es viele Querverbindungen zwischen der Industrie, welche die gewalthaltigen Video-Spiele produziert, und den Streitkräften. Denn auch die Soldaten, die eine Drohne über Hunderte von Kilometern hinweg auf den Weg schicken, um einen für feindlich erklärten Mitmenschen zu ermorden, müssen sich ihre Tötungshemmung abgewöhnen. Gleichwohl kann das Verfahren der Fernsteuerung eine Expertin oder ein Experte übernehmen. Das Geschlecht tut da nichts zur Sache. Heldenmut ist nicht gefragt, und Waghalsigkeit eher ein Risiko als eine Tugend.

Wer Helden sucht, braucht keine Uniformträger mehr. Der Gegensatz zwischen dem schneidig-virilen Offizier und dem unscheinbar-servilen Zivilisten war schon in Zuckmayers »Der Hauptmann von Köpenick« Gegenstand eines großen, wenn auch bitteren Gelächters. Die Helden von heute sind Fußball-Stars, Rennfahrer oder »Boxlegenden«, aber keine Stuka-Piloten wie einst Ernst Udet.

Gleichwohl meint auch unser Land, auf die Rituale des Soldatischen nicht verzichten zu können. Ja, es hat den Anschein, als hätte die deutsche Bundesregierung ein Interesse daran, diese noch auszugestalten.[4] Vielleicht ist dies auch eine Reaktion auf die Tatsache, dass sich deutlich weniger junge Menschen bereitfinden, in die neue Freiwilligenarmee einzutreten. Gleichwohl kann diese Tatsache schwerlich als ein Beweis dafür gelten, dass bei den jungen Leuten von heute der alte Konsens, dass die Sicherheit eines Landes in seiner Wehrhaftigkeit besteht, hinfällig geworden ist.[5]

Noch immer werden Staatsgäste offiziell »mit militärischen Ehren« begrüßt. Diese Zeremonie dient als symbolischer Ausdruck dafür, dass die Sicherheit eines Landes durch seine militärische Wehrhaftigkeit gewährleistet wird. Wenn es wirklich um die Sicherheit Deutschlands ginge, wäre es sinnvoller, hundert Ingenieure, die für die Stromversorgung verantwortlich sind, aufzubieten! Im Ernst, wäre es nicht an der Zeit, ein Begrüßungszeremoniell zu entwickeln, das die Friedensbereitschaft des Landes unterstreicht?[6]

Auch wenn es inzwischen Soldatinnen gibt, ist die eigentümliche Beziehung von nationaler Souveränität und männlich dominierten Streitkräften nicht überwunden. Maskuline Leitbilder spielen immer noch eine prägende Rolle. Der Soldat ist der Mann, der sich »für Volk und Vaterland« zu opfern bereit ist. Dieses »Für uns Gestorben« zieht sich durch die Zeremonien am

8. Kapitel: Endzeitmacht und Kriegsmacht oder: Warum ist der Pazifismus keine Massenbewegung?

Volkstrauertag. Es wird bei jedem Trauerakt für einen Soldaten, der bei einem Einsatz getötet wurde, hervorgerufen. Welche Bedeutung hat diese Stellvertreter-Funktion? Sie verweist auf ein heikles Geflecht von Empfindungen.

Dazu dürfte vor allem die Tatsache gehören, dass Soldaten, die »gefallen« sind – auch dieses Wort ist wieder gebräuchlich geworden! – sich für das Wohl des Landes geopfert haben. Sie sind nur »gefallen«, also nicht wirklich brutal ums Leben gebracht worden. In diesem semantischen Gestus meldet sich das tiefe moralische Dilemma, einer ausgewählten Gruppe die Überwindung eines Tabus zuzumuten, das so alt ist wie die Menschheit, nämlich das Tötungstabu. Menschliches Leben ist unantastbar und heilig. Darum darf es nicht getötet werden. Das Tabu ist uns allen in Fleisch und Blut übergegangen. Um dieses Tabu außer Kraft zu setzen, müssen gewaltige Hemmungen überwunden werden. Das gelingt am besten dadurch, dass höhere Heiligkeiten als die Heiligkeit des menschlichen Lebens aufgerichtet werden. Das waren oft »Volk und Vaterland« und andere politische Ziele, das waren leider oft auch angeblich von einem Gott befohlene Kriege.

Welche deutschen Politiker von heute dürfen es wagen, dieses Tötungstabu außer Kraft zu setzen? Und welches »summum bonum«, welches höchste Gut, dürfen sie angesichts der »Einsätze« geltend machen? In den 50er Jahren wurde der Aufbau der Bundeswehr nach erbitterten Diskussionen mit dem Auftrag der Verteidigung gerechtfertigt. Doch heute sind die »Aktionen« der Bundeswehr nicht mehr durch den ursprünglichen Verfassungsauftrag gedeckt, sondern stellen Unternehmungen dar, die an imperialistische oder neokolonialistische Interventionen erinnern.

Wo eine Gesellschaft jungen Menschen diese »heilige Sache« zumutet, ist sie es ihnen natürlich schuldig, sie sowohl als »Helden« wie als »Opfer« zu würdigen.[7]

Gerade aus christlicher Sicht ist eine Kritik solcher Konzepte von Stellvertretung nötig. Zum einen müssen sie darauf bestehen, dass das »Für-uns-Gestorben« Jesu Christi ein für allemal gilt. Im Lichte dieses Selbstopfers sind alle neuen Opfer-Theorien äußerst kritisch zu betrachten.[8]

Zum andern werden sie nachfragen müssen, ob mit der Rede von dem »Opfer«, das die getöteten Soldaten »für uns« erbracht hätten, nicht wieder der Rechtfertigung des Krieges das Wort geredet wird.

Und was bleibt von der männlichen Aggressivität, die sich doch angeblich in Kriegen austoben muss? Es lohnt sich, an die »Erklärung von Sevilla zur Gewalt« zu erinnern, die 1986 von 20 international führenden Wissenschaftlern verabschiedet, 1989 von der UNESCO anerkannt und mittlerweile von über hundert nationalen und internationalen wissenschaftlichen Verbänden und Vereinigungen unterzeichnet wurde. In dieser Erklärung wird als wissenschaftlich unhaltbar bezeichnet, dass

- der Mensch von seinen tierischen Ahnen die Neigung zum Kriegführen übernommen (habe) (Ethologie);
- Kriegführen und andere gewalttätige Verhaltensweisen beim Menschen genetisch vorprogrammiert (seien) (Biogenetik);
- in der menschlichen Evolution sich aggressives Verhalten gegenüber anderen kooperativen und prosozialen Verhaltensweisen durchgesetzt (habe) (Evolutionsforschung);
- das menschliche Gehirn gewalttätig (sei) (Neurophysiologie);
- Krieg durch einen Trieb, einen Instinkt oder ein anderes einzelnes Motiv verursacht (werde) (Psychologie).[9]

Diese Erklärung ist bedeutsam, weil sie herausstellt, dass männliche Aggression keineswegs genetisch oder evolutionsgeschichtlich bedingt ist, sondern sozialen Prägungen und Ausgestaltungen unterliegt. Doch es ist ein langer Weg, von dieser wissenschaftlichen Erkenntnis zur emotionalen Akzeptanz und praktischen Verwirklichung zu gelangen. Wenn wir zum Beispiel berücksichtigen, dass seit 1986, dem Jahr der Verabschiedung dieser Erklärung, ein ungeheurer Aufschwung bei der Verbreitung kriegerischer Video-Spiele vor sich gegangen ist, dann fragt sich, ob damit nicht ein neuer Raum entstanden ist, der einer **Remilitarisierung männlicher Aggressivität** Vorschub leistet. Was also bewirkt die Forderung nach einer Abschaffung des Krieges, wenn es so schwer fällt, Umgangsformen, pädagogische Materialien und spielerische Mittel zu entwickeln und zu verbreiten, die eine Entmilitarisierung männlicher Aggressivität voranbringen können?

In diesem Zusammenhang muss auch das schwierige **Verhältnis von kriegerischer Gewalt und männlicher Sexualität** wenigstens kurz angesprochen werden. Bekanntlich hat Ernst Jünger seine Erfahrungen im 1. Weltkrieg in einer sexuell aufgeladenen Form zu verarbeiten unternommen. Typisch ist folgendes Zitat:

> »Oh, Leben du! Noch einmal, einmal noch, vielleicht das letzte! Raubbau treiben, prassen, vergeuden, das ganze Feuerwerk in tausend Sonnen und kreisenden Flammenrädern verspritzen, die gespeicherte Kraft verbrennen vorm Gang in die eisige Wüste. Hinein in die Brandung des Fleisches, tausend Gurgeln haben, dem Phallus schimmernde Tempel errichten.«[10]

8. Kapitel: Endzeitmacht und Kriegsmacht oder: Warum ist der Pazifismus keine Massenbewegung?

Im Januar 2012 kam ein Video in Umlauf, das amerikanische Soldaten zeigt, die auf tote Taliban urinieren. Schimmernde Tempel des Phallus?!

Für Jünger war der Krieg die abenteuerliche Alternative zu der bürgerlichen Enge und spießerlichen Wohlanständigkeit der wilhelminischen Zeit. Er schildert die Schlacht als eine orgiastische Steigerung des Lebens, als eine radikale Enthemmung aller männlichen Kräfte. Die Glorifizierung des Phallischen sollte die verklemmte Sexualmoral der Vorkriegszeit gleichsam aufsprengen.

Es ist sehr die Frage, ob die Verherrlichung des Krieges durch den Offizier Jünger die Wirklichkeit der Materialschlachten und das Leid der Landser je auch nur annähernd erfasst hat. Nimmt man zum Beispiel die Erinnerungen von Carl Zuckmayer zum Vergleich, so haben seine Erfahrungen während des vierjährigen Gemetzels eine ganz andere Färbung. Er schreibt:

»Ich habe kein Kriegsbuch geschrieben und keine Kriegergeschichten erzählt. Mir schien es unmöglich, das mitzuteilen – vergeblich, das als Wirklichkeit Erlebte, sei es in einem verklärten, heroischen, kritischen Licht, wiederzugeben oder auch nur sachlich davon zu berichten.«[11]

Jüngers Sätze muten uns heute nicht nur befremdlich, sondern peinlich an. Denn die sexuelle Revolution, die sich im Laufe der letzten vier oder fünf Jahrzehnte in großen Teilen der Welt ausgebreitet hat, hat längst die Enthemmung gebracht, zu der Jünger die extreme Situation des Krieges zu benötigen schien. Heute ist Porno so alltäglich wie Popcorn. Auch hier spielen die Medien, vor allem die elektronischen, eine Rolle, die vor hundert, ja vor fünfzig Jahren unvorstellbar war. Pornographische Materialien, die sexuelle Gewalt verherrlichen, sind im Internet allgegenwärtig.[12] Sie spricht vor allem Jungen und Männer an. Daraus ergibt sich, dass sexuelle Gewalt, die früher allenfalls im Krieg seinen Platz, wenn auch nicht sein Recht reklamierte, sich auf vielfältigen Kanälen in die Alltagswelt hinein ausgebreitet hat. Wenn also das Phänomen, dass Krieg Männersache sei, überwunden werden soll, muss die Arbeit auf diesen vielfältigen Kanälen beginnen. Wenn Frieden schaffen bedeutet, den Krieg zu verlernen, heißt dies auch, die vielen kleinen kriegerischen und gewalttätigen Bilder und Aktionen, die in unsere Alltagswelt eingesickert sind, auszuschalten, zu entwerten, zu verlernen.

In diesem Zusammenhang ist es natürlich unbedingt nötig, das Verhältnis von Männern und Frauen zu thematisieren und die fälligen Veränderungen zu thematisieren, die das Verhältnis von Männerbildern gegenüber

Frauenbildern zum Gegenstand haben. Wenn man früher sagte, dass die Männer vom Mars, die Frauen dagegen von der Venus stammten, sollten mit dieser quasi-überirdischen Wesensbeschreibung unveränderliche Unterschiede zwischen den Geschlechtern bezeichnet werden. Dagegen haben sich die feministische Bewegungen im Verlauf der letzten Jahrzehnte mit Erfolg zur Wehr gesetzt. Es gibt in einem grundsätzlichen Sinne keine »Männerbastionen« mehr, weder im Handwerk, noch im Management oder in den Streitkräften, auch wenn es in der Praxis noch sehr viel Ungleichheit und – mehr oder weniger versteckten – Widerwillen bei vielen Männern gibt.[13] Die Männer gelten als die großen Verlierer, die Frauen als die Gewinnerinnen. Finden auch deshalb die bereits erwähnten elektronischen Kriegsspiele so viele begeisterte Anhänger?

»Bedroht der irrationale Kult um starke, bewaffnete Männlichkeit den Weltfrieden?« Mit dieser Frage eröffnet Ute Scheub ihr Buch zum Thema »Heldendämmerung. Die Krise der Männer und warum sie auch für Frauen gefährlich ist.«[14] Wenn vorhin von einer »Zerfaserung« der Institution des Krieges und von einer Zerfaserung der Bilder vom »Krieger« die Rede war, so zeigt sich jetzt, dass es in der Tat eine starke Verunsicherung im Blick auf die Leitbilder gibt, nach denen sich Männer ausrichten können.

Deshalb wird die Frage akut: Wie sehen die Leitbilder für ein ziviles Leben aus? Auf welche Werte kommt es an? In den Sinn kommen zuerst Zivilcourage, persönliche Integrität, moralische Souveränität und Unabhängigkeit, Respekt vor anderen Menschen und ihren Werten, Mut, Tapferkeit und, dies vor allem, Empathie. Dieses Ethos der Zivilität wurde auf exemplarische Weise von Freiheitskämpfern wie Mahatma Gandhi oder Martin Luther King jr. vorgelebt, obgleich beide zur Frage der Gender-Gerechtigkeit nicht eben viel zu sagen wussten.

Doch ist es zugleich wichtig, an die von Pazifistinnen gegründeten Friedensbewegungen zu denken. Wer erinnert sich noch daran, dass bereits 1919 in Zürich die Internationale Frauenliga für Frieden und Freiheit ins Leben gerufen wurde?[15]

Zu einer Leitfigur ziviler Transformation ist auch Nelson Mandela geworden. Er hat während seiner 27 Jahre während Haft in harten inneren Kämpfen die Überzeugung gewonnen, dass ein Bürgerkrieg sein Heimatland zerstören würde und dass deshalb nur eine versöhnungspolitische Perspektive einen Neuanfang würde eröffnen können. In diese Liste gehören aber auch Frauen wie Rosa Parks, die den Busstreik in Montgomery Alabama auslöste, oder Hildegard Goss-Mayr, die sich um gewaltfreie Konfliktlösun-

8. Kapitel: Endzeitmacht und Kriegsmacht oder: Warum ist der Pazifismus keine Massenbewegung?

gen einen großen Namen gemacht hat.[16] Man wird auch an Mohamed Bouazizi denken müssen, mit dessen Freitod die tunesische Revolution ihren Anfang nahm. Ich erwähne Wissenschaftler wie Albert Einstein oder Carl-Friedrich von Weizsäcker, religiöse Führergestalten wie Albert Schweitzer oder Dietrich Bonhoeffer, um anzuzeigen, dass es durchaus auch männliche Vorbilder ziviler Größe gibt. Was sie auszeichnet, ist die Bereitschaft, zum Wohl der Gemeinschaft neue Ideen zu entwickeln, neue Wege zu gehen, sich aufs Spiel zu setzen oder sogar ihr eigenes Leben aufzugeben. Sie setzen die Buntheit neuer Lebensentwürfe gegen die Uniformisierung und den Zwang der Militärs.

Aber die Frage geht weiter: Braucht das zivile Engagement den heldischen Einzelnen, den Führertypen, die medientaugliche Galionsfigur? Die Antwort müsste Ja und Nein umfassen. Wir brauchen die charismatisch begabten Einzelnen, aber nicht die gewaltbereiten Superhelden. Wir brauchen »Empowerment-Experten«, also Frauen und Männer, die einer Bewegung eine Stimme und ein Gesicht zu geben vermögen, um diese zu ermächtigen. Und das heißt auch: Das zivile Engagement braucht das Team, die Gruppe, die Gemeinschaft. Die Chancen zivilgesellschaftlicher Veränderungen hängen ab von gemeinschaftlichen Anstrengungen, dem Streik, der Demonstration, dem Boykott. Solche Maßnahmen setzen voraus, dass es viele souveräne Einzelne gibt, die sich einer gemeinschaftlichen Sache anschließen und unterordnen.

Auch hier ist die Aggressivität von Männern und Frauen nötig. Aber es ist eine Aggressivität, die sich nicht in Kriegen austoben muss, sondern Begeisterung und Leidenschaft im gemeinsamen Kampf erweckt. Die Entmilitarisierung männlicher Aggressivität und ihrer symbolischen Ausdrucksformen ist eine alltägliche Aufgabe. Wenn ich an die Akzeptanz der Kriegsdienstverweigerer zurückdenke, so meine ich, dass an diesem Punkt vielleicht doch ein bedeutsamer Wandel eingetreten ist.

Gerade wir Männer müssen uns fragen: Wie verbinden wir Zärtlichkeit mit Kraft, Stärke mit Schwäche? Wie bekommen wir ein Bild von unserer Sexualität als einer wertvollen Gottesgabe, die nicht ängstlich abgespalten und als etwas Böses bei »Feinden« bekämpft zu werden braucht? Wie verbinden wir Begehren mit Respekt, Lust mit Einfühlungskraft?

8.3. »Es kann der Beste nicht in Frieden leben, wenn es dem bösen Nachbarn nicht gefällt.«

Kaum eine Zeile aus Schillers »Wilhelm Tell« ist bekannter als diese. Sie wird oft zitiert, als handele es sich dabei um eine Art Naturgesetz. Ich will gar nicht bestreiten, dass es den »bösen Nachbarn« gibt, solange wir bereit sind zuzugeben, dass auch wir eines anderen böser Nachbar sein könnten.

Aber gibt es den bösen Nachbarn denn nicht wirklich? Ich denke an kurze Diskussionen bei der Internationalen Ökumenischen Friedenskonvokation in Kingston (Mai 2011) zum Thema der Abschaffung des Krieges. Nachdem sich der anglikanische Pfarrer und Quäker Paul Oestreicher dafür ausgesprochen hatte, wandte sich ein Teilnehmer aus Norwegen, ein früherer Ministerpräsident, vehement gegen diese Forderung. Er begründete seine Einstellung mit dem Hinweis auf den norwegischen Widerstand gegen die Besetzung durch deutsche Truppen im 2. Weltkrieg. Dieser militärische Widerstand sei richtig und rechtens gewesen. Und ebenso gerechtfertigt seien auch die Kriege von afrikanischen Befreiungsbewegungen gegen ihre europäischen Kolonialherren, um eine nationale Unabhängigkeit zu erkämpfen.

Leider waren diese Diskussionen viel zu kurz, denn sonst hätte darauf hingewiesen werden können, wie oft sich die Führer von Befreiungsbewegungen in Diktatoren verwandelt haben – ein Beleg für die Tatsache, dass Gewalt fast immer Gewalt nach sich zieht. Zudem hätte angemerkt werden können, dass ja auch der Kampf von Gandhi den englischen Kolonialherrschern galt und trotzdem nicht in der Übernahme der kriegerischen Mittel des britischen Imperiums bestand. (Dass Gandhis Erbe der Gewaltfreiheit von seinen Nachfolgern veruntreut wurde, steht auf einem anderen Blatt.)

Um Gandhis Bedeutung zu unterstreichen: Seine Gewaltfreiheit bestand zuerst in seiner Freiheit von der Gewalt seiner Gegner. Deshalb konnte er eigenständige Strategien entwickeln. So machte er sich auch frei von einer dualistischen Interpretation der politischen Reaktionsmuster, die immer wieder darauf hinausläuft, dass Gewalt mit Gewalt bekämpft und damit von einer Generation auf die andere verschoben, aber niemals aufgehoben und überwunden wird. Gandhi versuchte immer wieder, die Tendenzen der Verfeindung zu unterlaufen und auf der gegnerischen Seite Menschen wahrzunehmen, die so sind wie wir. So widersetzte er sich der immer wieder aufkeimenden Neigung, das Böse nur bei dem Nachbarn zu suchen. Es ist freilich genau diese Freiheit zur Entfeindung gewesen, die seinen Mörder auf den Plan gerufen hat.

Wie zerstörerisch dieser Dualismus sein kann, wird an dem Krieg gegen den Terrorismus deutlich, den Präsident George W. Bush jr. nach den terroristischen Anschlägen vom 11. September 2001 begann. Er hat zu einer Globalisierung des Terrors geführt und wieder einmal bewiesen, wie kontraproduktiv und im wahrsten Sinn reaktionär solche vergeltungspolitischen Maßnahmen sind.[17]

Diese dualistische Interpretation politischer Zustände ist auch deshalb so gefährlich, weil sie brutale Vereinfachungen gestattet und provoziert. Diese haben freilich etwas Verführerisches, weil sie den Machthabern das Nachdenken über komplexe Zusammenhänge ersparen. Aber solche Reduktionen sind bereits wegen der ihnen innewohnenden Brutalität gewaltförmig. Darum lassen sie auch keine anderen Optionen als kriegerische zu.

Die immer wiederkehrende Faszination des Dualismus besteht darin, dass das eigene Böse auf den Gegner projiziert wird und dort beseitigt werden soll. Das macht die Lösung von Konflikten so schwierig. Denn dass Nachbarn miteinander Konflikte haben und dass es deshalb zu ernsthaften Gegnerschaften kommen kann, ist unvermeidlich. Dass aber aus solchen Gegnern Feinde oder gar Erbfeinde werden, ist das Ergebnis eines Denkens in absoluten Gegensätzen; denn es übersieht, dass auch die Gegner Nachbarn bleiben. Dass also letztlich ein Weg gefunden werden muss, mit ihnen gütlich auszukommen.

Wie kann es gelingen, die **Kategorie der Nachbarschaft** zu stärken? Es ist idealistisch, von der Menschheit als einer großen Familie zu sprechen. Dafür sind die Unterschiede zu gravierend. Aber es sollte doch möglich sein, die unterschiedlichen Völker mit ihren religiösen, sozialen und kulturellen Prägungen **als Nachbarn zu verstehen, die lernen müssen, in einer endlichen Welt mit endlichen Ressourcen auf verträgliche und nachhaltige Weise miteinander umzugehen.** Wer einem »clash of civilizations« das Wort redet, fördert feindselige und unversöhnliche Politikmuster. Es wird – und zwar gerade unter den endzeitlichen Bedingungen unserer Zeit – alles darauf ankommen, die üblichen Muster einer rivalisierenden Politik zu vermeiden und nach Formen von nachbarschaftlichem Interessenausgleich zu suchen. Wie soll, um nur ein Beispiel zu nennen, das Problem der Klimaflüchtlinge, die es in wenigen Jahrzehnten millionenfach geben dürfte, konstruktiv bewältigt werden, wenn es dazu keine nachbarschaftlichen Vereinbarungen gibt?

8.4. »Es ist unser Umgang mit dem Schmerz …«

»… der darüber entscheidet, ob die menschliche Entwicklung eine destruktive oder eine friedliche Richtung nimmt«, schreibt Arno Gruen[18]. Für ihn als Psychologen ist klar: Wenn wir das Leid, das sich in uns findet, nicht annehmen und in unser Person-Sein integrieren können, ballt es sich zu einer Last zusammen, die wir nur los zu werden meinen, indem wir sie abspalten und auslagern. Das Böse in uns wird dann auf die »bösen Nachbarn« projiziert und dort mit mörderischer Gewalt bekämpft.

Nun ist es immer ein wenig bedenklich, individualpsychologische Erkenntnisse auf Gesellschaften und Völker zu übertragen. Das führt dann oft auch zu der vereinfachenden Folgerung, dass die Welt den Frieden finden würde, wenn nur jeder mit sich selbst und seinen Nachbarn in Frieden leben würde. Zwar können einzelne Menschen, um noch einmal an Nelson Mandela zu erinnern, eine Politik des Ausgleichs und der Versöhnung vorantreiben, weil sie selbst in langen inneren Kämpfen über den Wunsch nach Rache hinausgelangt sind. Aber es ist doch auch so, dass wir als einzelne Menschen nicht nur auf die Verhältnisse um uns herum einwirken, sondern dass umgekehrt auch unsere persönliche Entwicklung von außen, das heißt von kulturellen, medialen und politischen Einflüssen geprägt wird.[19] Und zu diesen Einflüssen gehört auch, dass es besonders den Männern schwer gemacht wird, sich zu ihren Schwächen und Schmerzen zu bekennen.

Das gilt vor allem für zwei Formen von Leid, die ich kurz hervorheben will. Ich nenne zuerst den Umgang mit der eigenen Verwundbarkeit. Darüber wurde im vorigen Kapitel bereits ausführlich gehandelt.[20] Ich will hier lediglich auf den Aspekt zurückkommen, dass es eine tief sitzende und mächtige Angst vor der Verwundbarkeit gibt, nicht nur weil sie so viel Leid mit sich bringt, sondern auch weil sie oft auch das abgrundtiefe Gefühl des Mangels bloß legt. Vielleicht sind viele Männer als kleine Kinder der Erfahrung von Mangel und Leere besonders häufig ausgesetzt gewesen, weil ihnen mit dem Spruch »Ein richtiger Junge weint nicht!« die Liebe versagt geblieben ist, nach der sie sich sehnten und die sie sich und anderen nicht eingestehen durften.

Aber auch dies sei noch einmal wiederholt: Verwundbarkeit ist die Gegenseite von Empfänglichkeit. Und diese ist die Grundlage für alles Schöne und Schöpferische, das wir ebenfalls von klein auf in uns aufgenommen haben. Empfänglichkeit ist die Matrix für alles kreative Tun. Sie bringt Leidenschaft, sie kostet Leid, aber sie ist auch großes Glück. Darum, wenn wir (Männer) uns der eigenen Verwundbarkeit verschließen, verweigern wir uns auch unserer Empfänglichkeit. Dann sind wir nicht mehr in der Lage, diese Verwundbarkeit und Empfänglichkeit bei anderen Menschen zu erkennen. Und diese Erkenntnis benötigen wir wie das tägliche Brot, weil sie Teil der Compassion ist, mit der unsere Friedensfähigkeit steht und fällt.

Die andere Gestalt von Leid, mit der wir unseren Frieden machen müssen, ist die **Kränkung**. Mehr noch als die Schuld, die wir im Tun und Unterlassen auf uns laden, empfinden wir die Kränkungen und Demütigungen, die wir erleiden, als beschämende Beschädigungen unseres Selbst. Kränkungen übersetzen sich in ohnmächtigen Hass, in den brennenden Wunsch nach Rache, in übersteigerte Geltungsbedürfnisse und Vorstellungen von Ehre.

Und Kränkungen sind keineswegs nur ein Leid, das uns als einzelne Person ereilt. Es gibt sie auch als gemeinschaftliche Erfahrung. Die arabischen Völker verstehen ihre Geschichte gegenüber den westlichen Nationen als eine Kette von Demütigungen und Erniedrigungen. Der Hass auf die USA und ihre angebliche Rolle als »Weltpolizei«, den ich zum Beispiel auch in Lateinamerika oft beobachtet habe, erwächst aus Erfahrungen von Erniedrigung.[21]

Wer an solche Kränkungen gebunden ist, ist nicht friedensfähig. Wie aber können wir von dieser Last befreit und geheilt werden? Ich glaube, dass Vergebung sehr viel mit der Heilung von Kränkungen zu tun hat. Ich könnte hier an Hannah Arendt erinnern, die darauf hingewiesen hat, dass Vergebung die Möglichkeit sei, um uns von den Ketten der Vergangenheit zu befreien und handlungsfähig zu werden.[22] Oder ich denke an den südafrikanischen Bischof Ruben Philipp, der mir sagte: »Ich habe den Weißen ihre Apartheid-Politik vergeben, auch wenn keiner von ihnen von mir persönlich Vergebung erbeten hat. Aber ich will mich nicht durch meine Abhängigkeit von ihrer Bitte oder durch meine Kränkungen definieren lassen. Meine Handlungsfähigkeit hängt davon ab, dass ich innerlich frei bin.« Er hätte auch sagen können: Ich kann für Frieden und Gerechtigkeit eintreten, weil ich mich von meinen Kränkungen befreit habe.

Es ist meine feste Überzeugung, dass die fatale Mächtigkeit und politische Reichweite von Kränkungen nicht angemessen erkannt wird. Sonst würde es mehr Versuche geben, die gängige Praxis der Erniedrigungspolitik durch versöhnungspolitische Initiativen zu ersetzen. Versöhnungsbereitschaft,

Vermeidung von Beschämung, Friedensfähigkeit und nachhaltige Nachbarschaft gehören zusammen. Wo sie beherzigt werden, wird die Abschaffung von Kriegen zu einer realen Möglichkeit.[23]

8.5. Zusammenfassung: Zur Abschaffung des Krieges und der Zivilisierung von Konflikten

Warum ist der Pazifismus immer noch die Ausnahme? Ich habe in diesem Kapitel vor allem sozialpsychologische und kulturgeschichtliche Aspekte genannt. Diese gelten bei den selbsternannten Realisten weithin als »weiche« Themen, die sich nicht durchhalten lassen, sobald es um »harte« Interessen geht. Darum will ich hier versuchen, einige konkrete Folgerungen aufzulisten.

- Die Akzeptanz des **Krieges als einer quasi-natürlichen Institution** ist immer noch weit verbreitet. Der Krieg gilt als unverzichtbar und unvermeidlich, wenn es um die Verteidigung der eigenen Interessen geht. Dahinter steht die Auffassung, dass Konflikte nur durch eine konfrontative Zuspitzung und unter Einsatz von Gewalt beendet werden können. Das gilt für den privaten Bereich, wo handgreifliche Gewalt immer noch eine große Rolle spielt. Man kann sogar sagen, dass dieses Reaktionsmuster durch die rasante Verbreitung von Gewaltspielen und -videos geradezu trainiert wird.[24] Es gilt jedoch auch für die Konflikte, die sich auf der Ebene der Staaten oder Allianzen ergeben. Auch hier herrscht die gewaltträchtige »Lösung« vor.
Es breitet sich allerdings auch die Einsicht aus, dass kriegerische Gewalt ihre Grenze an den global gewordenen Gefährdungen findet, wenn neue Weltkriege mit unabschätzbaren Folgen vermieden werden sollen. Deshalb geht es in Zukunft darum, die gemeinsamen Interessen der Menschheit angesichts der ubiquitären Bedrohung in das Zentrum zu rücken und ein System ziviler nachbarschaftlicher Verständigung zu stärken, das flexibel und robust genug ist, um sich trotz aller wirtschaftlichen und sozio-kulturellen Zerklüftungen zu behaupten. **Die Abschaffung der Institution des Krieges wird zu einer weltinnenpolitischen Selbstverständlichkeit**.
- Die Zivilisierung von Konflikten und der Aufbau nachbarschaftlicher Verständigungs- und Kooperationsprozesse erfordert ein Bündel an Maßnahmen. Es wird unter anderem darum gehen müssen, tief sitzende Erfah-

8. Kapitel: Endzeitmacht und Kriegsmacht oder: Warum ist der Pazifismus keine Massenbewegung?

rungen von Schuld und Kränkung, die das Leben von Völkern belasten, aufzuarbeiten. Die »Entkränkung« von Erinnerungen, also versöhnungspolitische Initiativen, müssen ihren Platz bei dem Aufbau nachbarschaftlicher Verständigung finden. (Damit befasst sich das folgende Kapitel.) Vor allem aber betrifft die Zivilisierung den militärisch-industriellen Sektor und führt dort zu drastischen Umorientierungen. Der dringliche und in seinem Ausmaß riesige Umbau der Weltwirtschaft, der in wissenschaftlichen Expertisen mit dem Stichwort der »Dekarbonisierung« umschrieben wird, macht erforderlich, dass die Produktions- und Verteilungsstrukturen von Waffen und Munition umgerüstet werden. Alles Kriegsgerät ist im günstigsten Falle totes Material; und dafür ist es zu knapp und zu teuer. Die Energiewirtschaft dieses Jahrhunderts erfordert neue regionale, zwischenstaatliche, also nachbarschaftliche Kooperationen. Da sind ganz andere Experten gefragt als die militärischen. Darum ist nicht einzusehen, warum die Verantwortlichen für die Kriegswirtschaft kein vitales Interesse daran haben sollten, sich diese neuen, interessanten und lukrativen Arbeitsfelder zu erschließen.

- Nun wird immer wieder eingewandt, militärische Kräfte seien als »ultima ratio«, also als letztes Mittel bei verhärteten Konflikten, unverzichtbar. Gerade an diesem Punkt ist jedoch ein drastisches Umdenken nötig. Das Ziel der Zivilisierung von Gewalt impliziert auch ein anderes Konfliktmanagement. Ich kann mich an diesem Punkt auf die »Erarbeitung eines Programms zur Überwindung des Krieges als Instrument der Politik« beziehen, das unter der Leitung von Michael Held für die Friedenskonvokation in Kingston (2011) vorgelegt worden ist.[25] Dabei nehmen Überlegungen zu einem Frühwarnsystem einen großen Raum ein. Mit diesem ist ein feinmaschiges zivilgesellschaftliches Netz zur Aufdeckung und Begleitung von Konflikten, die zu eskalieren drohen, gemeint. Die Kirchen sind Teil solcher Netze und nehmen so ihre »Responsibility to Prevent« wahr, also eine **Schutzverantwortung zur Vermeidung von Konflikten**, bevor sie in Gewalt umschlagen.
- Ein solches Frühwarnsystem benötigt **Friedensfachkräfte**. Für ihre Schulung wird bislang nur ein Bruchteil der Ressourcen aufgewendet, die für den Aufbau militärischer Strukturen bereitgestellt werden. Hier ist ein radikales Umdenken erforderlich.[26] Das gilt insbesondere für den Fall, dass Konflikte in Bürgerkriege umschlagen. Die Erfahrungen auf dem Balkan, in Libyen oder Syrien zeigen, dass militärische Maßnahmen keine

Lösung bringen, sondern das Hass- und Konfliktpotential verschärfen, und zwar auch in solchen Fällen, wo durch massive militärische Präsenz ein scheinbarer Friede erzwungen worden ist.
- Militärische Einsätze intensivieren konfrontative Verfahren; sie sind deshalb ungeeignet, den Verlauf von Konflikten zu entschärfen und zu beenden. An ihre Stelle werden in Zukunft **internationale Polizei-Verbände** treten müssen. Denn wie bereits gesagt wurde, orientiert sich das Ethos des Polizeilichen an Rechtsnormen; es ist ihnen gegenüber rechenschaftspflichtig. Der Einsatz von Schusswaffen ist begrenzt.[27] Polizeiliche Einsätze geschehen möglichst für und mit der Gesellschaft, sie sind also als ein Teil der zivilgesellschaftlichen Konfliktregulierung zu verstehen. Deshalb ist es auch wichtig, eine Militarisierung der Polizei zu vermeiden. Bisher verfügt die internationale Staatengemeinschaft nur über das militärische Instrument der »Blauhelme«. Deshalb kommt viel darauf an, dass sich global arbeitende zivilgesellschaftliche Organisationen, zu denen auch der Ökumenische Rat der Kirchen gehört, dafür einsetzen, das Konzept des »just policing« auf internationaler Ebene zu etablieren.[28] Das gilt auch dort, wo die Polizei korrupt ist und darum von der Bevölkerung abgelehnt wird. Korruption und Machtmissbrauch gibt es auch in der Welt des Militärs. Wo hingegen die Polizei aufgewertet und nicht länger als schlecht bezahlter Büttel verhasster Machthaber missbraucht wird, dürften Reformen schneller zum Erfolg führen.
- Es bleibt freilich der grundsätzliche Einwand bestehen, den Dorothee Sölle hervorgehoben hat, dass Gewalt – und letztlich auch der Krieg – eine Folge von Besitzgier und dem daraus abgeleiteten Sicherheitsstreben ist. Woraus zu schließen ist, dass die Freiheit von Gewalt so lange ein Wunschdenken bleibt, als es keine Freiheit von diesen Formen der Gier gibt. Das bedeutet auch: So lange die Verfügungsgewalt über die Güter der Erde so ungleich verteilt ist, wie das heute der Fall ist, finden Kriege zur »Verteidigung« solch ungerechter Besitzverhältnisse immer wieder ihre Befürworter. Ein gerechter Friede, der an der Überwindung der Institution des Krieges arbeitet, muss daher auch für die Überwindung des schreienden Gegensatzes zwischen Reichtum und Armut eintreten.[29] Insofern ist wahr, dass es ohne Gerechtigkeit keinen Frieden geben kann.[30]

9. KAPITEL

»*Wir müssen lernen zu verzeihen. Sonst sind wir verloren.*«
Rafik Schami

Friede mit der Vergangenheit – Versöhnung als Bestandteil von Weltinnenpolitik[1]

Den Ausgangspunkt der Überlegungen in diesem Buch bildet die These, dass in einer Zeit präzedenzloser Gefährdungen präzedenzlose Lösungen nötig werden. Anders gesagt: Wenn biosphärische Weltinnenpolitik den globalen Ordnungsrahmen für politisches Handeln bilden muss, sind von den herkömmlichen Formen nationalstaatlicher Politik keine befriedigenden Lösungen mehr zu erwarten. Die klassische »Außenpolitik« der Nationalstaaten wird »antiquiert«, vor allem auch deshalb, weil kriegerische Konfrontationen immer noch zu ihrem Arsenal gehören. Wenn also Weltinnenpolitik das Gebot dieser Zeit ist, wird die berühmte Formel des Militärtheoretikers Carl von Clausewitz, derzufolge der »Krieg die Fortsetzung der Politik mit anderen Mitteln« sei, zu einem Motto für Anarchisten.

Dagegen macht Weltinnenpolitik mit der Erkenntnis ernst, dass es für die Politik keine anderen Mittel als friedliche geben kann, wenn denn die Gefahr eines Atomkrieges, die wie ein Damokles-Schwert über der ganzen Welt hängt, vermieden werden soll und wenn der Krieg gegen die Natur, der unter dem beschönigenden Begriff des Klimawandels geführt wird, nicht auch selbstzerstörerische Bürgerkriege aus sich heraus setzen soll.

Der Ausdruck »Weltinnenpolitik« verweist auf einen Forschungszweig, der inzwischen unter dem Begriff »global governance« weltweit eine beträchtliche Bedeutung gewonnen hat.[2] Er untersucht, wie Steuerungssysteme und Problemlösungen erarbeitet werden können, die über nationalstaatliche Verfahren hinausreichen. Die Akteure, die in diese Prozesse einbezogen werden müssen, sind nicht nur die Nationalstaaten, sondern auch zivilgesellschaftliche Zusammenschlüsse, zu denen auch die Kirchen mit ihren ökumenischen Verbänden gehören, sowie Privatunternehmen mit globaler Bedeutung, die Vereinten Nationen mit ihren Unterorganisationen und regionale Integrationsprojekte. So verschieden diese »global players« sind, so verschieden sind auch ihre Ziele und Handlungsoptionen. Für sie lassen sich vermutlich immer nur Überschneidungsflächen ausmachen, die dann gemeinsame Vereinbarungen aus sich heraussetzen können. Ich erwähne hier nur die Vereinbarungen zu Abrüstung und Rüstungskontrolle. Ein anderes Thema, das in diesen Kontext gehört, umfasst die bereits erwähnte »Schutzverantwortung« (»responsibility to protect«), weil sie sich der Frage stellt, unter welchen Bedingungen die internationale Staatengemeinschaft das Recht und die Pflicht reklamieren kann, die Souveränität eines bestimmten Staates massiv zu beschränken, wenn dieser sich schwerer Menschenrechtsverletzungen gegenüber Minderheiten im eigenen Land schuldig macht.

Soweit ich sehe, werden unter dem Begriff der global governance jedoch kaum die Probleme behandelt, die sich aus den Erinnerungen der Völker ergeben und die so etwas wie den großen Erzählstrom bilden, welcher ihren jeweiligen Selbstverständnissen zugrunde liegt und aus dem sich viele »typische« Handlungsoptionen und »Interessen« entwickeln. Ich berühre damit ein anderes Stichwort, das in jüngster Zeit eine breite wissenschaftliche Arbeit produziert hat, nämlich den Ausdruck »Narrative«.

Ein Blick ins Internet zeigt, dass sich die wissenschaftliche Literatur zu den Themen »global governance« und »Narrative« breit aufgefächert hat. Auch werden die Formen, in denen sie sich berühren und überschneiden, auf vielfältige Weise untersucht.[3] Dabei überwiegen, soweit ich sehe, politikwissenschaftliche, ökonomische und soziologische Forschungsrichtungen.[4]

Ich möchte im Folgenden versuchen, diese Diskussionen um Überlegungen zu erweitern, die theologische und kulturpsychologische Aspekte aufnehmen. Sie lassen sich in der These zusammenfassen: **Im Interesse einer Weltinnenpolitik benötigen wir versöhnungspolitische Ansätze.** Sie sind ein Gebot der Realpolitik, die in diesem Jahrhundert nötig ist. Oder um es mit dem syrisch-deutschen Erzähler Rafik Schami zu sagen: »Wir müssen lernen zu verzeihen. Sonst sind wir verloren.«[5] Mit diesen lapidaren Worten fasst er die Aufgaben zusammen, die sich für die verschiedenen Völkerschaften und Religionsgemeinschaften in seinem Heimatland Syrien nach dem Sturz des Diktators Assad stellen werden. Schamis Sätze gelten aber auch für die globale Situation, wenngleich eine Parallelisierung angesichts des Blutvergießens in Syrien für uns (noch) unstatthaft erscheinen mag.

Das Stichwort »Versöhnungspolitik« bezieht sich auf die Tatsache, dass die Handlungsoptionen der Völker und Nationen in großen Erzählströmen

9. Kapitel: Friede mit der Vergangenheit – Versöhnung als Bestandteil von Weltinnenpolitik

wurzeln. In ihnen bilden die Erinnerungen an Siege und Niederlagen, an ruhmreiche und schändliche Zeiten einen irrlichternden Subtext. Diese großen Narrative enthalten natürlich auch die Erfahrungen, die ein Volk mit seinen Nachbarn gemacht hat. Sie berichten von Feindschaften und Freundschaften, von Kriegen und friedlichen Zeiten. Aber unter und mit solchen Überlieferungen schwingen sehr tiefe und unerledigte Erfahrungen mit. Diese haben mit Schuld und Beschämung, Unrecht und Kränkung, Demütigung und Ohnmacht zu tun. Wenn diese traumatischen Aspekte nicht aufgenommen und geheilt werden können, behalten sie eine gefährliche Mächtigkeit. Sie beeinflussen die Muster, mit denen Völker und Gruppen einander wahrnehmen, sie bilden und verfestigen die Feindbilder und Stereotypen, Voreingenommenheiten und Ressentiments, die oft von einer Generation zur nächsten hinüber getragen werden. Gerade weil diese »Gefühle« in den offiziellen Narrativen der Politiker nicht bewusst aufgearbeitet werden, sind sie in der Lage, Konflikte dramatisch zu verschärfen und Übereinstimmungen zu vereiteln. Darum müssen alle Versuche, zu einer Politik des Friedens zu gelangen, von versöhnungpolitischen Initiativen begleitet werden.

Mir ist bewusst, dass Begriffe wie Schuld oder Kränkung, Demütigung oder Sendungsbewusstsein als »weiche« Begriffe gelten, die in politischen und politikwissenschaftlichen Diskursen, die sich gerne rational und »objektiv« geben, gemieden werden. Es wissen auch die säkularisierten Medien mit solchen »soft issues« wenig anzufangen. Ich will trotzdem den Versuch machen zu zeigen, wie vernünftig und weitblickend es ist, diese untergründigen Aspekte der nationalen Narrative in öffentliche und wissenschaftliche Diskurse einzubeziehen. Was man verschiedentlich »Vergangenheitspolitik« nennt, muss in der Lage sein oder sich in die Lage versetzen, den Subtext von Schuld und Kränkung in seine Analysen aufzunehmen.[6]

In diesem Zusammenhang will ich auf Einsichten verweisen, die der Schweizer Religionswissenschaftlicher und Friedensforscher Richard Friedli entwickelt hat.[7] Er verweist auf Samuel Huntingtons viel zitiertes Buch »Clash of Civilizations« von 1996[8], in dem acht zivilisatorische Räume beschrieben werden, zwischen denen es Bruchzonen und Überschneidungsflächen gibt, die unter konfliktiven Umständen in offene Krisen ausarten können. Im Gegensatz zu dieser vereinfachenden Sicht nennt Friedli im Anschluss an Gustav Mensching vierzehn religiöse »Lebensmitten«, die jeweils »harte« und »weiche« »Religionsformen« ausbilden können. Das Konzept der Lebensmitte, das Friedli im Übrigen wegen seiner vitalistischen

Missverständlichkeit durchaus kritisiert, eröffnet ihm ein Verständnis von »Tiefenkulturen«, die den Lebensäußerungen und Handlungsoptionen von Gruppen und Völkern zugrunde liegen und ihnen ihre dynamischen Eigentümlichkeiten geben. Friedli belegt dies an dem tiefenkulturellen Hintergrund des Genozids in Uganda und dem Kastensystem in Indien. Er zeigt die Manipulierbarkeit solcher tiefenkulturellen Wirkungssysteme, wenn er ausführt: »Im Grundprogramm jeder der jeweiligen kulturellen und religiösen Identitäten, von denen Mensching vierzehn charakterisiert hat, sind nämlich beide religiösen Potentialitäten angelegt, die »harten« wie die »sanften«, und je nach den wirtschaftlichen oder politischen Bedrohungsszenarien, Risikophantasien oder Verfolgungsängsten treten dann die empathischen oder die aggressiven Veranlagungen an die gesellschaftliche Oberfläche.«[9] Es bleibt jedoch bei Friedli offen, woher solche »Risikophantasien« oder »Verfolgungsängste« stammen und ob die »aggressiven Veranlagungen« nicht ihrerseits traumatische Ursprünge haben könnten. In der Tat meine ich, dass als traumatisch empfundene Erfahrungen von Schuld und Demütigung, Scham und Schande eine virulente Mächtigkeit behalten und Risikophantasien oder Verfolgungsängste befeuern können. Anders formuliert: Traumatische Erinnerungen an Schuld und Leid sind riskante und manchmal sogar explosive Treibsätze innerhalb der Tiefenkulturen der Völker. Es hängt sehr viel davon ab, diese »Landminen« zu finden und zu entschärfen, damit die empathischen Qualitäten zugunsten einer friedlichen Weltinnenpolitik zum Zuge kommen können.

Warum aber ist es so mühsam, an diese »Landminen« heranzukommen?

9.1. Schuld und Kränkung im Leben der Völker

Während der Arbeit an diesem Kapitel fand in Deutschland eine Art politisches Possenspiel statt, in dem der vormalige Bundespräsident Christian Wulff die Hauptrolle spielte. Nach einem zwei Monate dauernden Medienspektakel erklärte er am 17.2.2012 seinen Rücktritt. Ihm wurden Handlungen vorgeworfen, die zumindest den Geruch von Begünstigung und Vorteilsnahme hatten. Es waren dies zumeist eher kleinliche Vorkommnisse, aber doch bedeutsam genug, um seinen Ruf als den ersten Repräsentanten unseres Landes zu beschädigen. Bei allem, was bisher bekannt geworden ist, handelte es sich um Vorgänge, die strafrechtlich irrelevant zu sein scheinen. Folglich verschanzte sich der Jurist Wulff hinter der Behauptung, er

9. Kapitel: Friede mit der Vergangenheit – Versöhnung als Bestandteil von Weltinnenpolitik

habe sich nichts zuschulden kommen lassen. Im Übrigen hat er bereitwillig zugegeben, Fehler begangen zu haben und diese bedauert. Aber er betonte auch bei seinem Rücktritt, dass er sich – im strafrechtlichen Sinne – für unschuldig hält.

Ich erinnere an dieses betrübliche Possenspiel nur deshalb, weil in ihm mit einem verengten Begriff von Schuld gehandelt wurde. Schuld kam nur in einem strafrechtlichen Sinne in Betracht. Aber dass ein Mensch auch gegenüber seinem Amt, den damit verknüpften Pflichten sowie dem daran gebundenen Respekt gegenüber der Bevölkerung schuldig werden kann, wurde beharrlich ausgeblendet. Es wurde nicht beherzigt, dass jeder, der seine Schuld leugnet, sich selbst beleidigt. Dass er seine Mündigkeit aufgibt, weil er keine Verantwortung für die eigenen Entscheidungen und Unterlassungen übernimmt. Fehler sind etwas anderes als Schuld. Fehler geschehen, weil man es nicht besser weiß. Aber es gibt Entscheidungen und Unterlassungen, deren Reichweite man wissen kann und wissen muss. Man riskiert bewusst ihre Verfänglichkeit, aus welchen Gründen auch immer. Und genau hier, wo es um eigenständiges Handeln, um Souveränität und Verantwortungsbewusstsein geht, fängt Schuld an. Wer das nicht wahrhaben will und sich auf die allgemeine Fehlerhaftigkeit der Menschen zurückzieht, begibt sich seiner Souveränität und beleidigt sein Verantwortungsbewusstsein.

Das gilt im Besonderen bei dem Recht der Begnadigung, das in der deutschen Verfassung keinem Kardinal oder Bischof, sondern allein dem/der Bundespräsidenten/in zusteht. Wie soll dieses Gnadenrecht wahrgenommen werden, wenn nicht verstanden wird, dass Schuld und Unschuld nicht nur formal-juristisch gemessen werden können? Der anspruchsvolle und heikle Umgang mit dem exklusiven Recht der Begnadigung setzt eine souveräne Form von Lauterkeit und Rechtlichkeit voraus. Und in diesem umfassenderen Sinn ist Wulff als Bundespräsident schuldig geworden und musste letztendlich sein Amt quittieren.

Die »causa Wulff« wird bald nur noch eine Fußnote in der Geschichte der Bundesrepublik sein. Aber sie verweist auf ein sehr viel größeres Dilemma. Wie kann im Raum des Politischen mit Schuld umgegangen werden? So verwirrend der Umgang mit diesem Phänomen ist, so deutlich ist doch auch, dass ein auffälliger Wandel zu beobachten ist.

Der Politikwissenschaftler Graham Dodds hat 2003 eine umfangreiche Liste von politischen Entschuldigungen zusammengestellt.[10] Bei der Durchsicht fällt auf, dass es seit 1980 und dann besonders in den 90er Jahren eine geradezu sprunghafte Zunahme von »apologies« gegeben hat. Dies bestätigt der Bostoner Psychiater Aaron Lazare in seinem Buch »On Apology«. Nach seinen Erkundungen sind besonders die 90er Jahre ein Jahrzehnt der Entschuldigungen gewesen.[11] Um lediglich einige wenige Beispiele zu nennen: Der 40. und 50 Jahrestag zur Erinnerung an das Ende des 2. Weltkriegs bildete oft den Anlass. Für die Bundesrepublik Deutschland sprach Präsident Richard von Weizsäcker 1985 eine weithin beachtete Entschuldigung aus. Auch der japanische Kaiser deutete einen Sinneswandel an, als er am 7.9.1984 gegenüber dem südkoreanischen Präsidenten erklärte, »es sei bedauerlich, dass es in diesem Jahrhundert eine unglückliche Periode gegeben hat«[12] Sie führte dazu, dass diese Worte des Bedauerns sechzehn Jahre später von dem südkoreanischen Präsidenten Roh Tae Woo akzeptiert wurden.[13] Auch Königin Elisabeth II. unterzeichnete im November 1995 ein Gesetz, in welchem Großbritannien seine »uneingeschränkte Entschuldigung« gegenüber den Maoris in Neuseeland für den Raub ihres Landes im Jahr 1863 erklärte. Als Folge dieses Gesetzes wurden 112 Millionen US-Dollar bereitgestellt sowie Ländereien zurückgegeben.[14] Vergleichbare Entschuldigungen hat es in Australien gegenüber den Aborigines gegeben oder in Südafrika gegenüber den Opfern des Apartheid-Regimes. Auch Präsident Bill Clinton hat offizielle Entschuldigungen ausgesprochen. Besonderes Gewicht verdient die so genannte »Apology Resolution« zum 100. Jahrestag des Umsturzes der Monarchie von Hawaii 1893, die fünf Jahre später (1898) zur Annektierung des Inselreiches als Bundesstaat der USA geführt hatte. Clinton setzte sie am 23.11.1993 in Kraft. Erwähnt sei auch die förmliche Zeremonie im Weißen Haus am 16. Mai 1997 gegenüber den Opfern der 48 Jahre dauernden Tuskegee-Syphilis-Studie.[15]

Zur gleichen Zeit haben viele Kirchen im Blick auf ihre jeweilige historische Schuld Entschuldigungen ausgesprochen. Besonders häufig hat sich Papst Johannes Paul II. mit Entschuldigungen zu schuldhaften Vorgängen in der römisch-katholischen Kirche geäußert. (Wobei er stets genau zwischen sündigen Mitgliedern der Kirche und der schuldlosen Institution unterschied!) Es ist aber auch bemerkenswert, dass manche Entschuldigungen, die erwartet und gefordert wurden, eben nicht erfolgt sind. So haben sich z. B. Präsident Bush sr. (1991) und Präsident Clinton (1995) geweigert, sich bei Japan für den Abwurf der Atombomben auf Hiroshima und Nagasaki zu entschuldigen.

Unabhängig von der Frage, ob inzwischen eine deutliche Abnahme solcher Entschuldigungen zu beobachten ist, sei hier eine erste Schlussfolgerung erlaubt. Es ist offensichtlich so, dass in den Erinnerungskulturen der

9. Kapitel: Friede mit der Vergangenheit – Versöhnung als Bestandteil von Weltinnenpolitik

Nationen etwas in Bewegung gekommen ist. Es wird deutlich, dass die mit den Verbrechen verknüpften Traumatisierungen im Leben der Völker nicht länger mit dem Mantel des – oft forcierten – Vergessens zugedeckt, beschwichtigt oder verschwiegen werden können.

Dieser Wandel zeigt sich in besonderer Weise bei den vielen Wahrheitskommissionen, die in verschiedenen Ländern eingerichtet worden sind, um Menschenrechtsverletzungen und Verbrechen gegen die Menschlichkeit aufzuarbeiten. Auch wenn es oft nicht gelungen ist, die Schuldigen vor Gericht zu bringen oder die Leidtragenden angemessen zu entschädigen, so haben diese Kommissionen mit ihren Berichten dennoch eine Veränderung in den Tiefenkulturen ihrer jeweiligen Länder bewirkt. Jedenfalls sind die Systeme der Straflosigkeit, der vor allem in Lateinamerika berüchtigten »impunidad«, brüchig geworden.[16] Solche Bemühungen um eine neue Wahrnehmung historischen Unrechts und ihrer Opfer werden auch mit dem Begriff der »transitional justice« beschrieben. Sie finden in der Entwicklung des internationalen Strafrechts ihren Widerhall.[17]

Je intensiver sich im Zuge der Globalisierung die Interdependenzen zwischen den Völkern ausprägen, desto deutlicher kommt auch das Unrecht, das zwischen ihnen steht, wieder zum Vorschein. **Die neuen Narrative einer globalisierten Welt erzwingen auch eine neue Beschäftigung mit dem Leid, das zwischen den Menschen steht.** Insofern ist es ein Gewinn, dass auch Regierungen über vergangenes Unrecht und deren Reichweite nachzudenken beginnen.

Aber die Beschäftigung mit historischer Schuld und ihre Aufarbeitung in der Form von »apologies« oder »Wahrheitskommissionen« sind bestenfalls ein Anfang, wenn es zu substantiellen Versöhnungen kommen soll. Viele der Entschuldigungen, die Graham Dodds auflistet, sind rasch wieder in Vergessenheit geraten, weil sie eine Art Automatismus vorauszusetzen schienen. So als sei eine Entschuldigung bereits dadurch wirksam, dass sie überhaupt ausgesprochen wurde! Doch wer von Schuld redet, muss auch die andere Seite in den Blick nehmen, nämlich die Seite derer, die die Folgen der Schuld zu tragen hatten. Das sind die Opfer der Unterdrückungen, Kriege, Genozide, Überfälle, der Folterungen und medizinischen Versuchsreihen. Sie bleiben oft im Dunkeln.

Es seien nur zwei Beispiele genannt, um die Schwierigkeiten zu beleuchten, die sich ergeben, wenn die Opfer wirklich in die Diskussion einbezogen werden. So weist Dodds in seiner Liste darauf hin, dass sich die Vereinigte Kirche von Kanada im August 1986 bei den kanadischen Ureinwohnern für das von der Kirche verübte Unrecht entschuldigt hat. Zwei Jahre später aber hat die Vertretung dieser Völker, die »All-Native Circle Conference«, diese Entschuldigung zwar zur Kenntnis genommen, aber nicht angenommen.[18]

Das zweite Beispiel betrifft die Zwangsprostituierung von ca. 200.000 koreanischen Frauen als »comfort women« für die Bordelle japanischer Soldaten während des 2. Weltkrieges. 1995 sprach der japanische Premierminister Murayama dafür eine Entschuldigung aus und richtete eine Stiftung zur Leistung von Wiedergutmachungszahlungen ein. Diese Entschuldigung wurde ein Jahr später wiederholt und richtete sich an 500 der koreanischen Frauen, die überlebt hatten. Nur sechs von ihnen nahmen die Entschädigungszahlung an. Damit war das Unrecht jedoch nicht aus der Welt geschafft. Im April 1998 erklärte der südkoreanische Präsident Kim Dae Woo, dass seine Regierung nicht länger versuchen werde, von der japanischen Regierung eine offizielle Kompensation für diese Frauen zu erwirken, dass aber auf einer offiziellen Entschuldigung bestanden werde und dass man einzelne Personen nicht daran hindern werde, Entschädigungszahlungen zu erreichen. Wenige Tage später wies ein japanisches Gericht Ansprüche koreanischer »comfort women« auf eine offizielle Entschuldigung und Entschädigungszahlungen ab. Obwohl diese Frauen sehr gelitten hätten, gebe es für die japanische Regierung sowohl für eine Entschuldigung wie für Kompensationen keine rechtliche Verpflichtung.[19]

Beide Beispiele belegen, wie langlebig Erfahrungen von Unrecht sind. Kränkungen sind Beschädigungen des Selbst. Sie haben die Wucht von Traumatisierungen. Deshalb haften sie so stark in unserer Erinnerung, vielleicht sogar stärker als eigenes schuldhaftes Tun. Denn sie machen uns kleiner, als wir sind. Mit aufgezwungener Ohnmacht zu leben, fällt schwer. Ich zitiere den israelischen Schriftsteller David Grossman: »Wenn ich an den Holocaust denke, ist das dominierende Gefühl immer noch das der Kränkung. Nicht Zorn oder Rachegefühle, auch kein Hass, sondern eine bittere, untröstliche Kränkung darüber, dass Menschen so etwas angetan wurde.«[20] Oder um eine aktuelle Äußerung zu zitieren: Die algerische Journalistin Ghania Mouffok schreibt: »In einer Diktatur zu leben, ist eine der erniedrigendsten Erfahrungen, die ein Mensch machen kann. Es ist auch diese Erniedrigung, gegen welche die arabischen Völker sich erhoben haben. Es war eine Erhebung der unterdrückten Seelen.«[21] Weil Menschen solche Demütigungen als eine Entmenschlichung erfahren, müssen sie sie auf die Ebenen der Verdrängung, der Abstumpfung, des Ressentiments, eines generalisierten Misstrauens oder einer kriegerischen »Entschlossenheit« verlagern.

9. Kapitel: Friede mit der Vergangenheit – Versöhnung als Bestandteil von Weltinnenpolitik

Das gilt nicht nur für einzelne Menschen, sondern für ganze Volksgruppen und Nationen. Darum wiederhole ich, was ich bereits im vorhergehenden Kapitel gesagt habe: Die Reichweite und das Gewicht von Kränkungsgeschichten werden sowohl im persönlichen Leben wie im politischen Raum beharrlich unterschätzt.[22] Als Deutsche können wir nicht übersehen, dass die Diktatur der Nationalsozialisten sich auch deshalb relativ reibungslos etablieren konnte, weil große Teile unseres Volkes die Niederlage im 1. Weltkrieg als einen »Dolchstoß« und die Bedingungen des Versailler Friedens als eine Schande empfanden. Weil Hitler dieser Kränkung Worte gab und eine radikale Heilung versprach, waren so viele nur zu gerne bereit, ihm in die Tyrannei zu folgen. Und der Holocaust, in dem Nazi-Deutschland den größten Teil der europäischen Judenheit auslöschte, stellt wiederum eine so grausame Kränkung für die überlebenden jüdischen Menschen dar, dass sie mit grimmiger Entschlossenheit Israels aggressive Okkupationspolitik gegenüber den Palästinensern und eine bellizistische Politik gegenüber ihren Nachbarn unterstützen. Auch die verzweifelten Ausbrüche ohnmächtigen Zorns aufseiten der Palästinenser gründen in den massiven Kränkungen, welche mit der »Naqba« von 1948, also den Vertreibungen aus ihrer Heimat, begann und sich in dem Alltag der Unterdrückung bis heute beständig wiederholt.[23] Auch an anderen Orten der Erde finden sich solche massiven Kränkungen. Man kann zum Beispiel die irische, die polnische oder die ungarische Politik, um nur diese drei europäischen Nachbarn zu nennen, nicht verstehen, wenn man keinen genauen Blick auf die Geschichte der Demütigungen, welche diese Völker im Lauf der Jahrhunderte erlebt haben, zulässt.

Dies sind nur Beispiele und Andeutungen, aber sie zeigen: Die zerstörerische Gewalt, welche die Schuld in unserer Welt besitzt, wird aus der Perspektive derer, die ihre Opfer und Leidtragenden sind, überdeutlich. Der mächtige Schatten der Schuld ist die Kränkung; und die gewalthaltigen Ausgeburten der Kränkung produzieren wiederum neue Schuld. Darin liegt eine zerstörerische Dynamik, welche die Teufelskreise der Gewalt und der Rache immer wieder neu belebt. Kein Wunder, dass sich diese immer wieder disruptiv und potentiell kriegerisch auf die Versuche auswirken, internationale Vereinbarungen zu treffen. Das wichtige Unternehmen der »global governance« ist ständig gefährdet, wenn und solange es diese tiefenkulturellen Mächtigkeiten vernachlässigt. Anders gesagt: Weltinnenpolitik muss versöhnungspolitische Aspekte aufnehmen. Da ist es mit sporadischen Entschuldigungen nicht getan. Ohne eine bewusste und durchdachte Befreiung aus den Fesseln von Erniedrigung und Kränkung sind alle Formen von Kooperation gefährdet.

9.2. Zur Dynamik von Versöhnungsprozessen

Auf dem Hintergrund der bisher skizzierten Problematik soll jetzt versucht werden, den prozessualen Charakter von Versöhnung zu systematisieren. Dass dabei Vereinfachungen auftreten, nehme ich in Kauf.

Grundsätzlich muss berücksichtigt werden, dass jedes Unrecht eine **doppelte Wirkungsgeschichte** aus sich heraus setzt. Es entsteht auf der Täterseite eine **Schamverleugnungsgeschichte**, deren Ausdrucksformen, zum Beispiel Verharmlosung, Rationalisierung oder Rechtfertigung, ich hier nur nennen kann.[24] Auf der Opferseite entsteht eine **Beschämungsgeschichte**, die auch ihre eigenen Formen des Verdrängens und forcierten Verschweigens herausbildet. Es sind diese ineinander verkanteten Wirkungsgeschichten, die sich als Traumatisierungen in das Gedächtnis von Völkern einprägen. Und je länger sie andauern, desto härter und unnachgiebiger werden die Positionen, desto höher wird die Mauer der wechselseitigen Ressentiments, Verdächtigungen und Blockierungen. Da laufen – im Kleinen wie im Großen – latente Kriege ab, die leicht in offene ausarten können. Ich betone diese Wechselseitigkeit, weil sie leicht übersehen wird. Wie weiter oben beschrieben wurde, sind viele Entschuldigungen formuliert worden, ohne dass die Opfer konkret ins Auge gefasst wurden. Es gibt hier also eine gewisse »Täter-Fixierung«, die auf der »Opfer-Seite« als eine zusätzliche Beleidigung empfunden werden kann.

Wo jedoch der Druck der internationalen Verflechtungen und die Wünsche nach friedlicheren Formen der Kooperation zunehmen, haben Versöhnungsprozesse eine Chance. Und ich spreche hier mit Nachdruck von *Prozessen*, weil man beachten muss, dass solche Lösungen lange dauern, ja im Letzten niemals abgeschlossen werden können.

Es lassen sich mindestens drei Schritte unterscheiden, auch wenn sie sich natürlich in der Praxis oft überlagern.

Den **ersten Schritt** wird die Täterseite machen müssen, indem sie sich mit einer Bitte um Entschuldigung an die Opferseite wendet. Eine solche Bitte um Vergebung muss, wenn sie ernsthaft sein will, eindeutig und präzise sein, und zwar insoweit als sie das verschuldete Unrecht in den Einzelheiten und Folgerungen benennt. Sie muss in der Anerkennung der eigenen Schuld

9. Kapitel: Friede mit der Vergangenheit – Versöhnung als Bestandteil von Weltinnenpolitik

ausdrücklich und unmissverständlich sein und die Bereitschaft erkennen lassen, für die Auswirkungen des begangenen Unrechts mit ausgleichenden Maßnahmen geradestehen zu wollen.[25]

Ein solcher Schritt erfordert eine beträchtliche emotionale und moralische Souveränität; denn er enthält durchaus den Charakter der Entblößung. Wer so unverhohlen von seiner Schuld zu reden wagt, macht sich verwundbar, aber er beweist zugleich großen Mut. Die Rede des Bundespräsidenten Richard von Weizsäcker vierzig Jahre nach dem Ende des 2. Weltkrieges wies diese Aspekte auf und wurde deshalb auch von den Völkern, die unter dem Krieg hatten leiden müssen, als würdig und angemessen anerkannt.

Aus dieser Perspektive wird auch deutlich, warum pauschale Entschuldigungen nicht nur erfolglos sind, sondern die Verbitterung der Opfer oft noch vertiefen. Ich denke dabei zum Beispiel an manche Erklärungen katholischer Bischöfe in Deutschland nach dem Bekanntwerden der Missbrauchsfälle in kirchlichen Einrichtungen im Jahr 2010; denn sie waren nicht mit direkten Kontakten mit Opfern dieser Missbrauchsfälle verbunden. Auch erschienen Angebote von Schadensersatz als unangemessen oder ließen zu lange auf sich warten.

Eine solche Bitte um Vergebung ist aber nur ein erster Schritt. Den **zweiten Schritt** muss, wiederum vereinfacht gesprochen, die Opferseite tun. Sie muss sich darüber klar werden, ob sie dieser Bitte entsprechen und damit die Vergebung gewähren will. Ich erinnere an die Position der kanadischen Ureinwohner. Sie nahmen die Entschuldigung der Vereinigten Kirche Kanadas zwar entgegen, akzeptierten sie jedoch nicht. Sie wurde offensichtlich als eine Erklärung empfunden, die der Tiefe ihrer Leidensgeschichte nicht standhielt.

Vergebung zu gewähren, ist kein Automatismus, obwohl oft so getan wird, als sei mit der bloßen Bitte um Entschuldigung diese bereits gewährt. Im Gegenteil muss begriffen werden, was eine Bitte um Entschuldigung bei den Leidtragenden auslöst. Die Konfrontation mit ihr enthält für sie eine schreckliche und schmerzvolle Zumutung. Sie werden gezwungen, an den Ort ihrer Erniedrigung zurückzukehren und das ganze Ausmaß ihrer Kränkungen wieder ins Auge zu fassen. Damit brechen die oft mühsam kaschierten Verwundungen wieder auf. Die Verbitterungen werden wieder wach, so als wären sie gestern geschehen.

Zugleich braucht es Zeit für die Erörterung der Frage, ob die Bitte um Vergebung dem Maß des erlittenen Leides gerecht wird, ob sie also mit der Gewährung der Vergebung beantwortet werden kann. Diese Entscheidung erfordert ebenfalls ein hohes Maß an emotionaler Souveränität; denn mit der Vergebung wird ja auch der eigene Opfer-Status verlassen. Am Beispiel der koreanischen »comfort women« wurde deutlich, wie schmerzlich dieser Prozess ist. Es dauert lange, bis man/frau die Knechtschaft der Kränkungen verlassen und wieder Souverän im eigenen Haus werden kann.

Wer also die Bereitschaft zur Vergebung aufbringt, befreit nicht nur die Täterseite von der Last ihrer Schuld, sondern befreit auch sich selbst von der Last der Erniedrigungen. In dem Vorgang des Vergebens ereignet sich auch so etwas wie eine Heilung der traumatischen Erfahrungen, und beides zusammen führt zu einer neuen gemeinsam erkämpften Souveränität und eröffnet ein neues und befreiendes Miteinander.

Damit beginnt ein **dritter Schritt**, nämlich die Beglaubigung des Vergebungsprozesses und damit auch der Beginn einer Bundesgenossenschaft im Sinne einer entfeindeten Gemeinschaft oder einer gleichberechtigten und gleichwertigen Nachbarschaft. Gemeinhin ist dies der Ort, an dem über »Wiedergutmachung« entschieden wird. Der Begriff ist irreführend, weil streng genommen nichts, was einmal an Unrecht und Gewalt geschehen ist, wieder gut gemacht werden kann. Er ist auch deshalb misslich, weil er oft mit finanziellen Entschädigungsleistungen gleichgesetzt wird. Bei dem 3. Schritt geht es jedoch um mehr als Geld. Es können und müssen Verfahren gefunden werden, die dazu beitragen, dass

(1) die Folgelasten vergangenen Unrechts abgeschwächt werden,
(2) Vorkehrungen getroffen werden, damit sich alte Verbrechen nicht wiederholen und
(3) praktische Maßnahmen des Lastenausgleichs vereinbart werden, also kooperative Projekte auf sozialen, pädagogischen, politischen und wirtschaftlichen Praxisfeldern.

9.3. Schwierigkeiten

Im Spiegel der soeben skizzierten drei Schritte in Versöhnungsprozessen lassen sich die auffälligsten Schwierigkeiten gut erkennen. Schon bei dem ersten Schritt, der Formulierung und Bekanntgabe der Entschuldigung, treten nicht selten Versäumnisse auf, die den ganzen Vorgang blockieren können, bevor er richtig begonnen hat. Darum ist noch einmal zu betonen, dass es hier um ein möglichst umfassendes Bild von der Wahrheit des Unrechts,

9. Kapitel: Friede mit der Vergangenheit – Versöhnung als Bestandteil von Weltinnenpolitik

dem die Entschuldigung zu entsprechen sucht, gehen muss. Wie ernst eine solche »apology« ist, lässt sich an folgenden Faktoren ablesen:

1. An der Eindeutigkeit, mit der das Unrecht oder das Kriegsverbrechen beim Namen genannt wird. Es geht hier um die Anerkennung der Schuldgeschichte (»recognition«).
2. An der Genauigkeit, mit der dieses Verbrechen in ihren Einzelheiten und Konsequenzen erläutert werden. Dies ist der Aspekt der Erläuterung (»explanation«).
3. An der Ausdrücklichkeit, mit der das Bedauern über das verübte Unrecht ausgesprochen wird. Hier kommt der Aspekt der Reue zur Geltung (»remorse«).
4. An der ausdrücklichen Bereitschaft, für die Auswirkungen der begangenen Verbrechen mit ausgleichenden Maßnahmen geradezustehen. Hier geht es also um Entschädigungen (»reparations«).

Diese spezifischen Aspekte verweisen zugleich darauf, dass eine Entschuldigung nicht sich selbst genügen, sondern wirklich nur die Eröffnung eines Prozesses sein kann. Sie muss sich mit allem Ernst den Menschen (oder Völkern) zuwenden, die unter der Schuld gelitten haben. Sie ist daher auch ein Beleg für die Bereitschaft der »Täterseite«, wirklich in einen Dialog mit der »Opferseite« einzutreten. Schon dies ist ein Schritt hin zu einer Beendigung der Mechanismen der Entwürdigung, die jedes Verbrechen mit sich bringt. Die tiefe Ernsthaftigkeit, die zu jeder schonungslosen Offenlegung der eigenen Untaten gehört, kann auf der Opferseite eine ebenso ernsthafte Resonanz auslösen, welche die Bereitschaft zur Vergebung zu fördern vermag.

Es muss freilich auch gesehen werden, dass Entschuldigungen zwischen verschiedenen Völkern bzw. ihren Regierungen auch deshalb missverstanden werden können, weil sie in den unterschiedlichen Kulturen unterschiedlich verstanden werden.[26]

Ein anderer Aspekt, der förmliche und umfassende Entschuldigungen verhindern hilft, ist die Angst vor Gesichtsverlust. Gemeinhin fassen Staatenlenker eine Apologie als ein Zeichen von Schwäche auf, und diese muss unter allen Umständen vermieden werden. Das gilt nicht nur im Blick auf Kritiker im eigenen Land, sondern auch angesichts der gegnerischen Seite. Schließlich dürfte ein sehr wichtiger Grund für die Vermeidung von Entschuldigungen darin bestehen, exorbitant hohen Entschädigungsforderungen auszuweichen. Insgesamt lassen diese Motive erkennen, dass dieser Aspekt von Versöhnungspolitik noch sehr unterentwickelt ist.

Es gibt aber auch oft die Situation, dass eine Opfergruppe eine Entschuldigung verlangt und nicht erhält. Ich denke hier vor allem an die Armenier. Sie reklamieren von der Türkei eine Entschuldigung für den Genozid von 1914–1916. Die Türkei hingegen ist nicht bereit, die Vorgänge während des 1. Weltkriegs als Genozid zu betrachten. Über dieses ungelöste Problem hat es seit fast hundert Jahren immer wieder gravierende politische Konflikte gegeben, die weit über das direkte Verhältnis zwischen der Türkei und Armenien hinaus gehen und z. B. das Verhältnis der Türkei mit all jenen Ländern beschädigt, die diesen Genozid anerkennen.

Freilich ist das Beharren auf einer Entschuldigung auch für das armenische Volk selbst eine Last. Und zwar insofern als alle Formen der Selbstwahrnehmung von diesem Ereignis überschattet und geprägt werden. Armenier sind somit in der Gefahr, zu Gefangenen ihrer eigener Leidensgeschichte zu werden. Damit bleiben sie, so paradox es klingt, von dem Ja oder Nein ihrer alten Unterdrücker abhängig.

Ganz anders ist dagegen die Aufarbeitung der Unrechtsgeschichte während des südafrikanischen Apartheid-Regimes verlaufen. Die Wahrheits- und Versöhnungskommission hat es geschafft, die Leiden und Kränkungen aus dem forcierten Schweigen herauszuholen und in den Narrativ des neuen Südafrika einzuzeichnen. Dies war gerade für die Leidtragenden der Apartheid eine kathartische Erfahrung. Viele Frauen und Männer nahmen die Gelegenheit wahr, sich ihrer Beschämungsgeschichte auszusetzen; sie gingen die alten Leidenserfahrungen noch einmal durch, und indem sie davon berichteten, konnten sie sich von ihnen innerlich lösen und befreien.[27]

Dieser Prozess der Selbstreinigung enthielt zugleich das weit reichende Angebot des Verzeihens an die weiße Bevölkerung, die in und mit dem Apartheid-Regime schuldig geworden war. Dass ein beträchtlicher Teil der Weißen dieses Angebot nicht angenommen hat, ist eine Tragödie, die sich vielleicht noch schmerzhaft auswirken wird.[28] Insofern ist auch die überaus verdienstvolle Arbeit der Wahrheits- und Versöhnungskommission unvollständig geblieben. Das Angebot der Versöhnung hat zwar den Raum geschaffen, in dem sich die schuldige Seite zu einer grundsätzlichen Bitte um Vergebung hätte veranlasst fühlen können, aber dazu fehlten ihr offensichtlich Mut und Vertrauen.

Auch der dritte Schritt in Versöhnungsprozessen kann zum Scheitern des ganzen Vorhabens beitragen. Um noch einmal auf die Arbeit der südafrikanischen Wahrheits- und Versöhnungskommission zurückzukommen: Sie hat im Blick auf den Lastenausgleich detaillierte und ausführliche Vorschläge

9. Kapitel: Friede mit der Vergangenheit – Versöhnung als Bestandteil von Weltinnenpolitik

erarbeitet und der Regierung in Prätoria zum Vollzug unterbreitet.[29] Diese aber nahm die Empfehlungen nur zögerlich auf und bequemte sich erst Jahre später zu partiellen Reparationen. Mit dem Ergebnis, dass die Erfolge der Kommission, deren Herangehensweise ich immer noch für exemplarisch halte, unter der Last unerfüllter Hoffnungen zerrieben werden könnten.

Eine andere folgenschwere Variante, die sich mit diesem dritten Schritt stellt, sehe ich in dem Deutsch-Israelischen Wiedergutmachungsabkommen (dem »Luxemburger Abkommen«) vom 10.9.1952. Darin verpflichtete sich die Bundesrepublik Deutschland zu der Zahlung von 3 Milliarden DM an Israel. In einem Zusatzprotokoll verpflichtete sich die BRD gegenüber der Jewish Claims Conference zu der Zahlung von 450 Millionen DM für individuelle Wiedergutmachungsleistungen.[30] Fast ein Jahr vor dem Abschluss dieser schwierigen Verhandlungen gab Bundeskanzler Adenauer in der Sitzung des Deutschen Bundestages am 27. September 1951 im Auftrag der Bundesregierung eine Erklärung zur Haltung Deutschlands gegenüber dem Holocaust, den Juden und Israel ab. Diese Erklärung, die als Grundlage für die Beziehungen der Bundesrepublik und Israel betrachtet werden kann, ist von allen Parteien des Deutschen Bundestages einmütig angenommen worden. Er erklärte:

»Die Bundesregierung und mit ihr die große Mehrheit des deutschen Volkes sind sich des unermesslichen Leides bewusst, das in der Zeit des Nationalsozialismus über die Juden in Deutschland und in den besetzten Gebieten gebracht wurde. Das deutsche Volk hat in seiner überwiegenden Mehrheit die an den Juden begangenen Verbrechen verabscheut und hat sich an ihnen nicht beteiligt.
Es hat in der Zeit des Nationalsozialismus im deutschen Volke viele gegeben, die mit eigener Gefährdung aus religiösen Gründen, aus Gewissensnot, aus Scham über die Schändung des deutschen Namens ihren jüdischen Mitbürgern Hilfsbereitschaft gezeigt haben. Im Namen des deutschen Volkes sind aber unsagbare Verbrechen begangen worden, die zur moralischen und materiellen Wiedergutmachung verpflichten, sowohl hinsichtlich der individuellen Schäden, die Juden erlitten haben, als auch des jüdischen Eigentums, für das heute individuell Berechtigte nicht mehr vorhanden sind.
Auf diesem Gebiet sind erste Schritte getan. Sehr vieles bleibt aber noch zu tun. Die Bundesregierung wird für den baldigen Abschluss der Wiedergutmachungsgesetzgebung und ihre gerechte Durchführung Sorge tragen …
Die Bundesregierung ist bereit, gemeinsam mit Vertretern des Judentums und des Staates Israel, der so viele heimatlose jüdische Flüchtlinge aufge-

nommen hat, eine Lösung des materiellen Wiedergutmachungsproblems herbeizuführen, um damit den Weg zur seelischen Bereinigung unendlichen Leides zu erleichtern.
Sie ist tief davon durchdrungen, dass der Geist wahrer Menschlichkeit wieder lebendig und fruchtbar werden muss. Diesem Geist mit aller Kraft zu dienen, betrachtet die Bundesregierung als die vornehmste Pflicht des deutschen Volkes.«[31]

Obwohl alle im Parlament vertretenen Parteien dieser Erklärung grundsätzlich zustimmten, fanden die im Luxemburger Abkommen getroffenen Vereinbarungen und ihre Zusatzprotokolle im März 1953 nur eine knappe Mehrheit.[32] Offensichtlich war auch in der deutschen Bevölkerung nur eine geringe Zustimmung zu diesem Gesetz vorhanden. Ohne diese Situation im Einzelnen diskutieren zu können, darf doch wohl der Schluss gezogen werden, dass Adenauer sozusagen den dritten Schritt vor dem ersten und zweiten getan hat. Er sprach zwar ausdrücklich davon, dass die Lösung des »materiellen Wiedergutmachungsproblems ... den Weg zur seelischen Bereinigung unendlichen Leides ... erleichtern« solle. Aber diesen Weg gab es allenfalls partiell. Es hat nie eine Wahrheitskommission gegeben, welche den Versuch hätte machen können, dieses »unendliche Leid« in Umrissen zu erfassen und den kathartischen Prozess, was Adenauer »seelische Reinigung« nannte, sowohl für die Opfer der Shoah wie für die schuldig gewordenen Deutschen zu ermöglichen. Die inhaltliche Beschäftigung mit der deutschen Schuld ist erst in den 1960er Jahren in sehr unterschiedlichen Gruppen und auf sehr unterschiedliche Weise aufgegriffen worden. Und es ist deshalb folgerichtig, dass auch in Israel sowie bei den in der Welt verstreuten jüdischen Gemeinden eine solche »seelische Reinigung« auf größte Schwierigkeiten gestoßen ist. Die militaristische Prägung der israelischen Sicherheitspolitik, mit der die Okkupation palästinensischen Landes gerechtfertigt wird, verrät eine grimmige Entschlossenheit, so etwas wie den Holocaust nicht ein zweites Mal zuzulassen. Darin äußert sich eine Art von Gefangenschaft durch das erlittene Leid, das Israel daran hindert, die Leiden, die es nun wiederum seinen Nachbarn zufügt, zu erkennen und zu beenden.[33]
Dies sind alles nur Beispiele, um zu verdeutlichen, wie schwierig es ist, versöhnungspolitische Prozesse zu planen und durchzuführen, vorausgesetzt dass die Bereitschaft besteht, sich auf sie einzulassen. Diese Bereitschaft hängt ja keineswegs nur von den politischen Leitungseliten ab, sondern setzt eine weit gehende Zustimmung der beteiligten Gruppen und Völker voraus.

9. Kapitel: Friede mit der Vergangenheit – Versöhnung als Bestandteil von Weltinnenpolitik

Was also von Fuchs und Nolte »Vergangenheitspolitik« genannt wird, erfordert die breite Zusammenarbeit aller gesellschaftlich relevanten Gruppen, vor allem des pädagogischen Sektors.

In diesem Zusammenhang will ich etwas ausführlicher auf drei Gesichtspunkte, denen eine zentrale Bedeutung zukommt, zu sprechen kommen.

9.3.1. Tiefenerinnerung

Ich beginne mit einem Vorfall, der mir immer wieder ins Gedächtnis kommt: 1969 machten meine Frau und ich in Irland Urlaub. Dabei kamen wir in ein Dorf, das von einer großen Kirchenruine beherrscht wurde. Nachdem wir das Gebäude, das einstmals offensichtlich prächtig gewesen war, besichtigt hatten, kamen wir mit einer Bäuerin ins Gespräch. Sie zeigte mit dem Daumen auf die Ruine und sagte: »Cromwell did that to us!« (»Cromwell hat uns das angetan!«) Da ich seitdem oft wieder in der Republik und in Nordirland gewesen bin, weiß ich, dass der Satz dieser Frau keine Ausnahme ist, sondern eine auf der ganzen Insel verbreitete Konstruktion von Geschichte widerspiegelt. Was jener Cromwell mit seinen Truppen zwischen 1649 und 1651 getan hat, ist in der Tat brutal gewesen und würde nach heutigen Standards als Kriegsverbrechen bezeichnet werden. Es bekam in der Erinnerung des irischen Volkes als »An Mallacht Cromail« (»der Fluch von Cromwell«) eine Schlüsselbedeutung. Fortan verstanden sich die Iren als das Volk, das immer wieder unter gnadenloser Unterdrückung durch die Engländer zu leiden hatte. Der irische Nationalismus gründet sich also zu einem erheblichen Ausmaß auf die Interpretation der eigenen Geschichte unter dem Vorzeichen des »chosen trauma«.[34] Der Begriff »chosen trauma« verkennt nicht, dass es in der näheren oder ferneren Vergangenheit traumatische Erfahrungen gegeben hat. Er zeigt aber, dass jenes Ereignis in einem verwickelten Prozess »ausgewählt« wurde, um die Identität der traumatisierten Gruppe zu prägen. Statt »Wahl« sollte man vielleicht besser von einem »selbstevidenten« Vorgang sprechen, womit ich andeuten will, dass sich eine traumatische Erfahrung so nachdrücklich in das Selbstverständnis einer Gruppe einprägen kann, dass es sich zum beherrschenden hermeneutischen Schlüssel entwickelt. Zum anderen behält der Ausdruck »chosen« ein gewissen Recht, weil er festhält, dass solche traumatischen Erfahrungen durch spätere Machthaber instrumentalisiert und verschärft werden können. Ein besonders bedrückendes Beispiel dafür ist die ideologische Überhöhung und Benutzung der Erinnerung an die

Schlacht auf dem Amselfeld von 1389 durch den serbischen Machthaber Milosevic 600 Jahre später.[35]

Wo ein »chosen trauma« das bestimmende Identitätsmerkmal eines Volkes bildet, ist dieses Volk nicht länger in der Lage, seine eigene Geschichte differenziert zu betrachten. Wo und wenn es also selber Unrecht verübt hat, wird dies als eine Notwendigkeit gerechtfertigt, die sich geradezu zwangsläufig aus dem Leid und der Vermeidung weiteren Leides ergibt. Damit kann die eigene Schuldgeschichte verschleiert werden. Darüber hinaus erschwert ein »chosen trauma« die Wahrnehmung von traumatischen Erfahrungen bei anderen Völkern und Gruppen. So führt die selektive Selbstwahrnehmung der eigenen Geschichte zu einer selektiven Wahrnehmung der Geschichte der Nachbarn und schränkt damit die Wahrnehmung der politischen Spielräume auf der internationalen Ebene ein.

Es gibt jedoch auch das konträre Phänomen, dem Volkan leider keine Aufmerksamkeit widmet und dass ich »chosen triumph« nenne. In diesem Fall werden nationale Triumphe oder siegreich geführte Kriege zum hermeneutischen Schlüssel für die Selbstwahrnehmung. Das ist vor allem bei den USA der Fall, die nach ihrer Befreiung von der britischen Kolonialmacht für sich eine von Gott kommende Erwählung und damit eine besondere weltgeschichtliche Beauftragung (»manifest destiny«) reklamierten. Diese Herrschaftsideologie hat bis heute zur Rechtfertigung ihrer Weltmachtbestrebungen dienen müssen.[36] Auch hier behindert diese Ideologie eine selbstkritische Wahrnehmung der Folgen, welche die Unterdrückungen, Beschämungen und Demütigungen bei den unterlegenen Völkern ausgelöst haben. Ähnliche Formen von »chosen triumph« hat es auch in Deutschland gegeben, und zwar in jenen Jahren, als am deutschen Wesen die Welt genesen sollte. Auch in Frankreich, das sich bis heute an seine einstmalige »grandeur« klammert, oder in Großbritannien, das sich gerne mit den Erinnerungen an das kolonialistische Imperium schmückt, sind Spuren einer Identität nach dem Muster des »chosen triumph« vorhanden.

Um diese Überlegungen mit denen von Friedli zu verbinden: Was bei ihm »Tiefenkultur« genannt wird, muss auch die traumatisierenden Erfahrungen von Schuld und Kränkung in sich verarbeiten. Wenn wir dazu berücksichtigen, dass es eine Fülle solcher Tiefenkulturen gibt, ist nicht zu erwarten, dass die Bearbeitung solcher Traumata nach gleichen Mustern verläuft. Vielmehr haben die unterschiedlichsten Überlieferungen und religiös-weltanschaulichen Deutungen eine prägende Rolle. So hat zum Beispiel Bischof Desmond Tutu, der den Vorsitz der südafrikanischen Wahr-

9. Kapitel: Friede mit der Vergangenheit – Versöhnung als Bestandteil von Weltinnenpolitik

heits- und Versöhnungskommission führte, immer wieder an das Konzept des »ubuntu« erinnert, das bei den Bantu-Völkern eine tiefenkulturelle Bedeutung hat. Ubuntu ist die fundamentale Gemeinschaftlichkeit aller Menschen, so dass sich jedes Individuum von der Gemeinschaft her empfängt und von ihr auch getragen wird. Folglich gehört Vergebungsbereitschaft und Wiedereingliederung des Getrennten zu den Grundsätzen des Ubuntu. Es lässt sich schwerlich in Abrede stellen, dass es in der Tat in der Arbeit des TRC in Südafrika erschütternde Beweise dieser Vergebungsbereitschaft gegeben hat. Wenn diese von so vielen Weißen des Landes nicht verstanden und akzeptiert wurden, lag dies vielleicht nicht nur an bösem Willen, sondern an einer ähnlich profunden tiefenkulturellen Prägung, derzufolge es letztlich keine Vergebung gibt, weil jedes Unrecht bezahlt werden muss. Wenn es trotz großer Bemühungen bisher nicht gelungen ist, auf dem Balkan, etwa zwischen Serben, Kroaten und Bosniaken, eine Wahrheitskommission einzurichten, so mag dies auch daran liegen, dass dort tiefenkulturelle Momente wie Ehre und Rache einen zentralen Platz einnehmen.

Mit diesen Hinweisen will ich eine doppelte Schwierigkeit ins Auge fassen, die versöhnungspolitische Bemühungen kennzeichnet: Zum ersten erfordert es für die Beteiligten eine große Anstrengung, sich der Bedeutung von Schuld und Kränkung in ihren jeweiligen Überlieferungen zu stellen und deren hermeneutisches Gewicht angemessen einzuschätzen. Zum anderen muss untersucht werden, welche tiefenkulturellen Merkmale es zwischen den Beteiligten gibt, auf die sie sich verständigen können und wollen. Hier beginnt, was ich »Tiefenerinnerung« nenne. Sie entwickelt sich, wo versucht wird, über die selektiven Identitätsmerkmale und deren explosive Mächtigkeit hinauszugelangen und eine **gemeinsame Erinnerungskultur** zu schaffen. Es geht also darum, Räume gemeinschaftlichen Erinnerns zu eröffnen, in denen genug Vertrauen vorhanden ist, damit die beschämenden und schamvollen Erinnerungen ausgesprochen und in einem gemeinsamen Lernprozess verarbeitet werden können.

Damit öffnet sich die Tiefenerinnerung für die glücklichen und unglücklichen Perioden bei den benachbarten Völkern, arbeitet also an einer verbindenden Geschichtsschreibung, versucht, mit den Augen der anderen das eigene Land zu sehen. So entsteht die Möglichkeit, die praktische Kooperation zwischen verschiedenen Völkern auf die Basis einer empathischen Wahrheitssuche und des damit entstehenden Vertrauens zu stellen. Wie angemerkt, hat Vamik Volkan diese Wahrheiten und die mit ihnen auftauchenden Leiden und Leidenschaften in einigen exemplarischen Fällen über

Jahre hinweg zu erreichen versucht. Vergleichbare Arbeiten hat der israelische Psychologe und Friedensforscher Dan Bar-On unternommen, zuerst indem er jüdische und deutsche Jugendliche zusammenbrachte, dann indem er Begegnungen zwischen israelischen und palästinensischen Jugendlichen und zwischen jungen Menschen auf dem Balkan herbeiführte und moderierte.[37]

Es ist zu billig, diese Versuche als peripher abzutun. Sie sind wichtige »Laboratorien«, um die Tragfähigkeit von versöhnungspolitischen Initiativen zu erkunden. Auf lange Sicht sind Arbeitsgemeinschaften von SchulbuchautorInnen und PädagogInnen, die im Sinne einer Tiefenerinnerung an Lehrmitteln für den Geschichtsunterricht und vergleichbare Fächer arbeiten, wichtiger. Doch auch diese Maßnahmen sind nichts ohne den politischen Willen der Beteiligten, Prozesse der Verständigung und Annäherung zu erreichen.

9.3.2. Versöhnung als Grundlage für Bündnisse

Es wurde bereits mehrfach auf Hannah Arendts Werk »Vita Activa« hingewiesen. Darin hat sie die Auffassung geäußert, die Möglichkeit des Verzeihens sei mit Jesus Christus in die Welt gekommen. Ob das zutrifft, lasse ich dahingestellt. Vielmehr glaube ich, dass die Möglichkeit der Versöhnung eine Gabe ist, die zum Menschsein aller Menschen gehört.

Hannah Arendt beschreibt, dass wir Menschen mit dem Verzeihen die Fesseln lösen, die uns an vergangenes Tun (und Unterlassen) binden. Könnten wir nicht verzeihen, so müssten wir in dem Diktat des Gestern verharren und könnten nichts wahrhaft Neues unternehmen. So einleuchtend dieser Zusammenhang ist, so verwunderlich ist es für Arendt, dass diese große Chance des Verzeihens nicht zu einem selbstverständlichen Aspekt unserer politischen Praxis geworden ist.[38]

In diesem Kontext schreibt sie: »Im Gegensatz zum Verzeihen, dass im Politischen niemals ernst genommen worden ist, ... hat das Vermögen, Versprechen zu geben und zu halten, und die ihm innewohnende Macht, das Zukünftige zu sichern, in der politischen Theorie und Praxis ... eine außerordentliche Rolle gespielt.« Dass dies so ist, erklärt Arendt mit zwei Gründen, der »Unabsehbarkeit des Zukünftigen« und der »Unergründlichkeit des menschlichen Herzens«.[39]

Anders gesagt, die Bündnisfähigkeit und die Bündnisbedürftigkeit der Menschen entspringen dem Bestreben, angesichts der Unübersichtlichkeit

9. Kapitel: Friede mit der Vergangenheit – Versöhnung als Bestandteil von Weltinnenpolitik

und Bodenlosigkeit der auf uns zustürzenden Zeit Freiräume der Verlässlichkeit und Schutzräume der Übersichtlichkeit zu gewinnen.

Das leuchtet sofort ein. Was ich jedoch merkwürdig finde, ist, dass Arendt die Fähigkeit, Vergebung zu erbitten und zu gewähren, und die Fähigkeit, Bündnisse zu schließen und zu halten, nicht miteinander verbindet. Was sie die »Unergründlichkeit des menschlichen Herzens« nennt, ist so unergründlich gar nicht, sondern verweist, wie die Psychologie überdeutlich gezeigt hat, auf die Motive, Impulse und Belastungen, die aus der Vergangenheit auf unser Verhalten und unsere Handlungsspielräume einwirken, ohne dass wir uns ihrer Mächtigkeit immer bewusst sind. Dazu gehören in einem bedeutendem Maße auch die Erblasten schuldhaften Tuns und Unterlassens ebenso wie die Bürden erlittener Kränkungen. Diese Erinnerungen sind wie Ketten, die uns an die Vergangenheit fesseln. Als »identity marker« beeinflussen sie die tiefenkulturellen Rahmenbedingungen für unsere Gedanken und Empfindungen, sie legen uns auf bestimmte Verhaltensweisen und Reaktionsmuster fest. Damit verengen sie nicht nur unsere Handlungsspielräume, sie unterminieren auch unsere Bündnisfähigkeit und tragen so dazu bei, dass die Zukunft noch unberechenbarer wird, als sie es ohnedies schon ist.[40]

Um ein Beispiel aus der christlichen Religion zu nehmen: Alte Trauliturgien verraten, wie wichtig eine »geordnete Vergangenheit« für die Belastbarkeit eines Ehe-Bundes ist. In ihnen werden vor der Eheschließung alle Beteiligten – und mithin die Öffentlichkeit – ausdrücklich aufgefordert, »etwa bekannte Gründe, weshalb diese beiden Menschen nicht sollten ehelich zusammenkommen, zu nennen oder fortan auf ewig zu schweigen«. Diese Formel spiegelt die Erfahrung wider, dass ungelöste und verdrängte Konflikte für jedes neue Bündnis eine gefährliche Virulenz behalten, unabhängig davon, ob es zwischen zwei Menschen oder zwischen Völkern geschlossen wird. Wo die Völker nicht über ihre verdrängten und verschwiegenen Feindbilder und Ressentiments hinaus gelangen, steht es um die Erfolgsaussichten internationaler Bündnispolitik nicht gut. Da dies in der Regel nicht bedacht wird, sind viele Bündnisse oft das Papier nicht wert, auf dem sie geschrieben werden. Damit wird noch einmal unterstrichen, dass das Projekt der »global governance« sich sehr viel ausführlicher und intensiver um die Tiefenkulturen der Völker sowie um die Möglichkeiten gemeinschaftlicher Tiefenerinnerungen kümmern muss, wenn stabile Begründungen für eine gemeinsame Friedenspolitik entstehen sollen. Ohne die Arbeit an gemeinsamen Narrativen bleiben diplomatische Verabredungen, völkerrechtliche Übereinkünfte und ökonomische Absprachen oberflächlich. Bundesschlüsse, die dauerhaft belastbar sein sollen, brauchen eine Verankerung in den Überlieferungsströmen der beteiligten Partner.

9.3.3. Schuld und Umkehr

Um noch einmal auf Hannah Ahrendt zurückzukommen. Sie bemerkt, dass die Möglichkeit des Verzeihens im politischen Raum niemals so recht wahrgenommen worden sei. Das mag daran liegen, dass die Verzeihung nur dort politische Folgen haben kann, wo Schuld eingestanden wird.

Ich habe weiter oben darauf hingewiesen, dass es gerade politischen Akteuren außerordentlich schwer fällt, Schuld einzugestehen. Sie ziehen es vor, von »Fehlern« zu sprechen. Fehler aber lassen sich korrigieren, ohne dass die Grundeinstellung geändert werden muss.

Bei dem Phänomen der Schuld aber ist es anders. Da muss die Grundeinstellung geändert werden. Eine Umkehr ist gefordert. Eine solche profunde Sinnesänderung stellt die beteiligten Akteure vor grundsätzliche, nicht selten lebensgefährliche Herausforderungen.

Zwei Beispiele: Der ägyptische Präsident Anwar El Sadat gab mit seiner Reise nach Jerusalem im November 1977 die bis dahin geltende Politik der Leugnung des Staates Israel und damit der grundsätzlichen Feindschaft auf. 1979 kam es – unter der Vermittlung von Präsident Jimmy Carter – zu einem Friedensvertrag mit dem »Judenstaat«. Sadats Wende war so radikal, dass sie den erbitterten Protest seiner Gefolgsleute hervorrief, mit dem Ergebnis, dass er 1981 von einem seiner eigenen Soldaten ermordet wurde.

Ähnlich erging es dem israelischen Premier Yitzhak Rabin. Als er begann, allen Ernstes mit den Palästinensern über einen Friedensvertrag zu verhandeln, wurde er 1995 von dem jungen Yigal Amir ermordet.

Beide Fälle zeigen, dass auf der politischen Ebene Prozesse der Umkehr sorgfältig vorbereitet werden müssen. Ohne eine breite Zustimmung der jeweiligen Völker können ihre führenden Vertreter keine weit reichenden Friedensschlüsse vereinbaren. Freilich können auch solche bewusstseinsverändernden Programme der Tiefenerinnerung nicht verhindern, dass sektiererische Extremisten zur Waffe greifen. Es bleibt so, dass, wer mit Schuld umgeht, sein Leben aufs Spiel setzt. Das dürfte auch ein wichtiger Grund sein, warum Politiker sich an diese Aufgabe nicht heranwagen.

9.3.4. Vergeben und Vergessen

Es sei wiederholt, dass versöhnungspolitische Initiativen entwickelt werden müssen, wenn Weltinnenpolitik in friedlichen Bahnen verlaufen oder friedliche Bahnen finden soll. Gleichwohl scheint mir ein Wort der Vorsicht angebracht. Auch wenn es zu einer aufrichtigen Erinnerung an verborgene Verbrechen und Kränkungen kommt, auch wenn es ehrliche Bemühungen um Lastenausgleich gibt, so sind die Erinnerungen doch nicht tot. Sie bleiben lebendig. Aber es kann dahin kommen, dass sie das Element der Verbitterung und des aufwühlenden Grimms verlieren. Wer also meint, das Vergangene könne oder solle vergessen werden, täuscht sich über den Charakter der Tiefenkulturen. Sie bleiben wach, aber sie können, wenn dieses Wort erlaubt ist, entgiftet werden. Doch eine gewisse Wehmut lässt sich nicht vermeiden, wenn wir an das Leid denken, dass wir verübt haben oder erdulden mussten.

Der katholische Theologe Johann Baptist Metz hat immer wieder darauf hingewiesen, dass die »memoria passionis«, die Erinnerung an das Leid, den gemeinsamen Bezugspunkt für die Menschheit bilden könnte. Nicht an den Triumphen entscheidet sich, was die Menschen wirklich zueinander führt, auch nicht an dem »persuit of happiness«, den die Verfassung der USA zu einem Leitbild erhebt, sondern an dem Wissen um das Leid, das keinen verschont. Überall auf der Welt schmecken die Tränen der Menschen nach Salz. Liegt in diesem bitteren Geschmack nicht eine Gemeinsamkeit, die alle tiefenkulturellen Prägungen überschreitet und transzendiert? Und sind nicht darum die tiefe Achtung vor dem Leid und die Verantwortung aller Menschen für die Vermeidung allen vermeidbaren Leides die Ziele, die den Anspruch von Versöhnungspolitik begründen? Ich glaube, dass dies der Punkt ist, an dem sich die Erzählströme der Völker berühren, so verschieden sie sonst auch sind. Und wo diese Berührungspunkte erkannt werden, öffnen sie Wege für eine verlässliche und belastbare Weltpolitik.

9.4. Einführung: Versöhnung mit der Natur?

Wenn Weltinnenpolitik friedliche Bahnen finden will, muss schließlich auch die Frage nach der Versöhnung mit der Natur gestellt werden. Ein kurzer Blick auf die Erzählströme der Völker lässt erkennen, dass die Natur in vielen Fällen als eine »Naturgewalt« empfunden wurde, der die Menschheit hilflos ausgeliefert ist. Das beschreibt zum Beispiel der biblische Mythos von der Sintflut (in 1 Mose 6–8). Doch es kommen auch andere tiefenkulturelle Erinnerungen in den Sinn. So sagte mir vor Jahren eine Bäuerin in den Walliser Alpen: »Alle hundert Jahre kommt der Berg!«. Und in Norddeutschland bleibt die Erinnerung an die Marcellusflut vom Januar 1362 in Erinnerung. Das war die »Grote Mandränke«, welche die Westküste Schleswig-Holsteins dramatisch veränderte. Detlev von Liliencrons bekannte Ballade »Trutz, blanke Hans« beginnt mit dem melancholischen Satz: »Heut bin ich über Rungholt gefahren, die Stadt ging unter vor sechshundert Jahren«. Liliencron schildert die Nordsee als »Mordsee« und macht das Meer damit zu einem mörderischen Feind der Menschen.

Es ist vielleicht nicht unangebracht zu vermuten, dass in vielen Kulturen das Verhältnis zur Natur im Modus des »chosen trauma« beschrieben worden ist und auch heute noch beschrieben wird. In diesen Narrativen verstehen die Menschen sich als ausgeliefert und bedroht, immer mussten sie sich gegen die Gewalt der Natur zur Wehr setzen. Mit der Folge, dass so etwas wie Versöhnung mit der Natur undenkbar erschien.

Auf der anderen Seite erscheint es mir erwägenswert, die Geschichte der Naturbemächtigung, welche während der letzten fünf Jahrhunderte immer rasantere und dramatischere Formen angenommen hat, im Modus des »chosen triumph« zu lesen. Die »große conquista«, also die Eroberung der Welt und ihrer Kräfte war nur möglich, weil die Natur sich als Objekt auffassen und verdinglichen ließ. Wo aber die Natur als bloßer Gegenstand verstanden wird, dem eine eigene Subjektivität abgeht, ist Versöhnung kein Thema.

Nun stellen jedoch die endzeitlichen Lebensbedingungen, in denen sich die Menschheit heute befindet, beide Sichtweisen in Frage. Wenn die »große Transformation« die »große conquista« korrigieren und überwinden soll, dann gewinnt sie auch so etwas wie versöhnungspolitische Aspekte. Und dazu gehört auch die Bereitschaft, die tiefenkulturellen Erzählströme hinter sich zu lassen.

Dabei ist freilich zu bedenken, dass die Natur nicht vermenschlicht werden darf. Sie ist kein Subjekt, das schuldig werden oder erlittenes Unrecht vergeben kann, wie das bei Menschen der Fall ist. Gaia ist keine Erdgöttin, die mit Rache oder Vergebung auf menschliche Untaten zu reagieren vermag. Gleichwohl bildet sie ein Lebensgefüge, das durch das Verhalten eines ihrer Geschöpfe, der Spezies homo sapiens, in Mitleidenschaft gezogen wird. Insofern ist es nötig, davon zu reden, dass wir Menschen uns an diesem Beziehungsgefüge des Lebendigen versündigen. Ein solches Schuldbewusstsein könnte dazu beitragen, dass die Einsicht in die Verheerungen, welche menschliches Verhalten der Natur zufügt, zunimmt, so dass die Kräfte der Empathie und der Compassion wachsen können.

Der große Umbau der Weltgesellschaft bekommt damit auch kompensatorische Züge. Es geht nicht um eine »Wiedergutmachung« der Verwüstungen, die bereits in Gang gebracht worden sind, sondern nur noch um eine Begrenzung der Belastungen, mit denen die Ökosysteme und ihr globales Beziehungsgefüge auch weiterhin zu funktionieren vermögen.

10. KAPITEL

Friede ist Gerechtigkeit plus Gnade

»Friede ist nichts ohne Gerechtigkeit!« »Der Friede ist die Frucht der Gerechtigkeit!« »Ohne Gerechtigkeit kein Friede!« Bei vielen Anlässen habe ich diese und ähnliche Behauptungen gehört. In ihnen kommt zum Ausdruck, wie sehr der Begriff des Friedens durch einen allzu fahrlässigen Gebrauch ausgehöhlt worden ist. Im Gegensatz dazu hat es den Anschein, als sei der Begriff der Gerechtigkeit unverbrauchter und eindeutiger. Nicht ohne Grund nimmt der Begriff des »gerechten Friedens« in der ökumenischen Diskussion der letzten Jahre einen breiten Raum ein.[1] Auch das Motto der 10. Vollversammlung des ÖRK (Oktober/November 2013 in Busan, Korea) stellt das Begriffspaar »Gerechtigkeit und Frieden« in den Mittelpunkt.[2] Es ist offensichtlich, dass diese Begriffe als die beiden Pole einer Ellipse verstanden werden sollen. Der eine kann ohne den anderen nicht inhaltlich angemessen gedacht und zur Anwendung gebracht werden.

Ich habe in diesem Buch bisher den Begriff »gerechter Friede« vermieden; denn ich bin der Auffassung, dass die volle Bedeutung des Friedens nur erreicht werden kann, wenn sie die Anliegen aufnimmt, die sich an das Wort Gerechtigkeit haften. Es ist mir völlig klar, dass es keinen Frieden ohne Gerechtigkeit geben kann. Aber wir müssen wissen, was wir mit Gerechtigkeit meinen; denn so eindeutig ist dieser Begriff durchaus nicht. Und wenn wir das tun, dann wird uns deutlich, dass der Friede mehr ist als Gerechtigkeit.

10.1. Gerechtigkeit hat viele Gesichter

Denn was ist mit dem Wort Gerechtigkeit gemeint? Gibt es nicht auch hier eine beträchtliche Bandbreite der Bedeutungen? Im christlichen Verständnis ist zuerst zwischen der menschlichen oder irdischen Gerechtigkeit und der Gerechtigkeit Gottes zu unterscheiden. Und dann gibt es innerhalb der menschlichen Gerechtigkeit wiederum sehr markante Unterschiede, die berücksichtigt werden müssen.

10. Kapitel: Friede ist Gerechtigkeit plus Gnade

Ich will zuerst wesentliche Bedeutungsvarianten in unserem alltäglichen Verständnis von Gerechtigkeit und ihren Bezug zum Frieden beschreiben.

10.1.1. Der Rechtsfriede – Die bestrafende, aufrichtende und ausgleichende Gerechtigkeit

Wenn wir von Gerechtigkeit sprechen, denken wir in der Regel zuerst an unser Rechtswesen. Wo ein Gericht Recht spricht, geschieht Gerechtigkeit. Sehen wir genauer hin, so kommen bereits hier verschiedene Aspekte von Gerechtigkeit zur Geltung. Vereinfacht gesprochen, handelt es sich bei einem Urteil über die schuldig gesprochene Person und der Verkündung des Strafmaßes um die bestrafende Gerechtigkeit (»punitive justice«). Die Strafe ist der Ausdruck dafür, dass jeder Mensch, der ein Unrecht verübt, dafür büßen soll. Damit wird nicht zuletzt auch die Würde des Straftäters geachtet und bestärkt. Die Strafe ist auch ein Ausdruck dafür, dass das Recht eine Würde hat, die auf der Ahndung des Unrechts bestehen muss.

In der Tat ist das Rechtswesen eine zivilisatorische Errungenschaft, die gar nicht hoch genug geschätzt werden kann. Mit ihm geben sich die Menschen eine Struktur wechselseitiger Verantwortung und Inpflichtnahme. Die Bürgerinnen und Bürger übertragen das Gewaltmonopol auf ihren Staat. Je mehr sie sich auf die Unbestechlichkeit und Souveränität der Gerichte verlassen können, desto selbstverständlicher kann ihre Bereitschaft sein, auf die Wahrnehmung ihrer individuellen Vergeltungswünsche zu verzichten. (Wie schwer vielen Menschen dieser Verzicht fällt, lässt sich daran ablesen, dass bei massiven Gewaltverbrechen die Neigung zur Lynchjustiz zunimmt, wobei die so genannten »sozialen Medien« eine bedenklich »asoziale« Rolle spielen.) Je stabiler das Vertrauen der Menschen in die Zuverlässigkeit und Unbescholtenheit der Gerichte ist, desto gelassener können sie miteinander umgehen.

Doch haben die Gerichte nicht nur die Aufgabe, der strafenden Gerechtigkeit zu genügen, obwohl sie gemeinhin im Vordergrund steht. Der Aspekt der Buße und Ahndung muss um den der Aufrichtung und Resozialisierung (»restorative justice«) ergänzt werden. Resozialisierung ist nach § 2 des Strafvollzugsgesetzes sogar das Ziel des Strafvollzugs. Diesem Ziel begegnet die öffentliche Diskussion nicht selten mit Skepsis, weil die Rückfallquote hoch ist und die Bevölkerung gerade bei schweren Straftaten wie Mord oder Sexualverbrechen eine Resozialisierung für aussichtslos hält.

Dennoch bedarf das Ziel der Rehabilitation der bewussten Pflege. Besonders jugendliche Straftäter müssen durch die Gerichte die Chance bekommen, an ihrem Unrecht zu lernen, damit sie sich wieder in die Gesellschaft eingliedern können. Wie wichtig das Ziel der »restorative justice« ist, wird am Beispiel der USA besonders deutlich. Dort wird das Element der Bestrafung überbetont. Darum sind die Gefängnisse überfüllt. Folgt man den Angaben von »Rankaholics«, sind in den USA derzeit 737 von 100 000 Einwohnern im Gefängnis, während es zum Beispiel in Deutschland nur 94 sind, und in vielen europäischen Ländern noch weniger.[3] Darum sind in den USA viele Gruppen, vor allem solche aus dem Bereich der Kirchen, darum bemüht, das Element der »restorative justice« zu stärken. In unserem Land laufen derartige Bemühungen unter dem Begriff des »Täter-Opfer-Ausgleichs« (TOA). Wie dies zum Beispiel in Hamburg gehandhabt wird, beschreibt das Justiz-Portal der Hansestadt wie folgt:

»Der TOA ist ein Verfahren im Strafverfahren, in dem Beschuldigte und Geschädigte die Möglichkeit erhalten, mit Unterstützung einer professionellen Vermittlung die Folgen einer Straftat auszugleichen (Tatausgleich). Der TOA zielt auf eine möglichst umfassende Wiederherstellung des Rechtsfriedens ab, insbesondere durch die besondere Berücksichtigung der immateriellen und materiellen Interessen der Geschädigten.[4]«

Solche Verfahren beleuchten sehr zutreffend, in welcher Weise die aufrichtende Gerechtigkeit über die strafende hinausgeht. Sie nehmen das Beziehungsgefüge zwischen Täter und Opfer in den Blick, das durch die Straftat beschädigt worden ist, und suchen nach Wegen, wie es wieder in Ordnung gebracht werden kann. Im idealen Falle erfährt nicht nur das Opfer, dass sein Leid verstanden und sein Schaden fair ausgeglichen wird. Auch der Täter kann die Erfahrung machen, dass ihm konstruktive Optionen zur Verfügung stehen, ja dass es so etwas wie Vergebung geben kann.

Es ist deutlich, dass diese Gestalt der »restorative justice« noch weiter ausgebaut werden sollte, weil unser Rechtswesen noch zu sehr täterorientiert ist. Damit soll gesagt sein, dass es in erster Linie damit befasst ist, die Schuld des Angeklagten nachzuweisen und zu ahnden. Dem dient auch der Grundsatz »in dubio pro reo«, auch wenn er eine Fülle von spitzfindigen Verfahren hervorgebracht hat, mit deren Hilfe Schuldsprüche vereitelt werden können.

Wenn wir jedoch das Element der »aufrichtenden Gerechtigkeit« stärker zur Geltung bringen wollen, muss diese Täterorientierung um die »Opferorientierung« erweitert werden. Zur Zeit ist es ja noch vielfach so, dass die

10. Kapitel: Friede ist Gerechtigkeit plus Gnade

Geschädigten, die hier pauschal »Opfer« genannt werden, in solchen Verfahren als »Nebenkläger« auftreten und nicht selten den Eindruck gewinnen, ihnen bleibe die Beachtung verwehrt, die sie glauben erwarten zu dürfen. Denn mit der Befriedigung, die Täter bestraft zu sehen, ist es nicht getan. Dadurch wird das erlittene Unrecht noch nicht kompensiert. Für die seelische und soziale Aufrichtung der Opfer sind zusätzliche Anstrengungen nötig.[5] Bei geringeren Straftaten wird dies, wie soeben beschrieben, durch Ausgleichsverfahren geregelt werden können, doch je schwerer die Verbrechen sind, desto mühsamer wird es sein, Kompensationen vorzuschlagen, die als angemessen gelten können. Und bei extremen Verbrechen werden die Opfer damit zu leben haben, dass es keine Kompensationen gibt.

Diese Einschränkung ändert nichts an der Feststellung, dass ein funktionierendes und ohne Korruption arbeitendes Rechtswesen eine Volksgemeinschaft stabilisieren und damit auch befrieden kann. Wo der Staat das Gewaltmonopol verantwortungsbewusst wahrnimmt und zu diesem Zweck den Gerichten die Freiheit und Unabhängigkeit einräumt, die sie benötigen, ist ein wesentlicher Schritt zu dem, was man »Rechtsfrieden« nennt, getan.

Aber in diesem Wort steckt noch ein zusätzlicher Gedanke, der die Ziele der bestrafenden, resozialisierenden, aufrichtenden und kompensatorischen Gerechtigkeit transzendiert. Das ist der Gedanke der Gnade, der Begnadigung oder auch der Amnestie. Um die Definition von Klaus Schubert und Martina Klein in ihrem »Politiklexikon« von 2006 zu zitieren: Amnestie ist der »Verzicht auf die Bestrafung von Straftaten. Ehemals Ausdruck absoluter Machtfülle, setzt die Amnestie geltendes Recht temporär außer Kraft, um die Chance der sozialen oder politischen Versöhnung über den Akt der rechtlichen Sanktionierung zu stellen.«[6]

Begnadigung oder Amnestie sind also eine Sonderform der Rechtsprechung, welche einen zeitlich begrenzten und auf einen bestimmten Personenkreis bezogenen Verzicht auf das Recht und seine Wirkungsmöglichkeiten darstellt. Darin zeigt sich die Einsicht, dass auch ein sehr gut funktionierendes Rechtswesen nicht imstande ist, allen Formen von Unrecht gerecht zu werden. Es kann daher im Interesse des Staatswohls sein, bestimmte Straftaten nicht zu ahnden bzw. auf ihren Vollzug zu verzichten. Schubert und Klein nennen hier zum Beispiel das Ziel der Versöhnung. Freilich ist ein solcher Verzicht außerordentlich heikel. Das Instrument der Amnestie ist nicht selten aus fadenscheinigen opportunistischen Gründen missbraucht worden. Darum ist das Recht der Begnadigung in der Regel dem Staatsoberhaupt vorbehalten und unterliegt präzisen Einschränkungen. Gleichwohl verweist es auf die Tatsache, dass ein verantwortlich wahrgenommenes Rechtswesen über sich selbst hinausweisen muss, wenn es nicht totalitär werden will. Der Friede in einer Gesellschaft ist auf funktionierende Gerichte angewiesen und zielt zugleich über diese hinaus. Er bedarf des weiten Raumes, den in unserer Sprache das Wort Gnade andeutet.

Im Übrigen eröffnet dieses Verständnis des Rechtsfriedens auch den Zugang zu der Tatsache, dass es viel Unrecht gibt, welches gar nicht justiziabel ist. Die Reichweite eines funktionierenden Rechtssystems ist gleichsam nach oben wie nach unten begrenzt. Wenn wir zum Beispiel an den Holocaust denken, stellen wir fest, dass unsere rechtsstaatlichen Strukturen an ihre Grenze kommen, auch wenn sie natürlich unverzichtbar bleiben. Denn ein solches massenhaftes und Völker übergreifendes Verbrechen kann nicht angemessen geahndet, gesühnt oder kompensiert werden. Das hat sich auch bei dem Internationalen Militärgerichtshof mit seinen Nürnberger Prozessen von 1945 bis 1946 gezeigt, so verdienstvoll seine Arbeit auch gewesen ist. Immerhin wurde mit ihm zum ersten Mal der Versuch unternommen, Kriegsverbrechen und Verbrechen gegen die Menschlichkeit rechtlich zu fassen.[7]

Wenn ich sage, dass die Reichweite des Rechts auch nach unten hin begrenzt ist, meine ich damit die intimsten und persönlichsten Lebensumstände, in denen Unrecht geschieht und für die es gleichwohl kein Recht und keine Richter gibt. Je näher Menschen miteinander leben, desto vielfältiger sind die Möglichkeiten, dass sie einander Leid zufügen. In Ehen und Familien sowie in Arbeitsverhältnissen gibt es viele bösartige, rücksichtslose und sogar gewaltsame Handlungen, für die sich keine Paragraphen finden, auch wenn nicht selten schwerste Schäden angerichtet werden. Ich denke zum Beispiel an mehrtägigen Liebesentzug bei Kindern, eine »Erziehungsmaßnahme«, die zwar auf körperliche Übergriffe verzichtet, aber nachhaltige Schäden auslösen kann, die schwer nachzuweisen und folglich nicht justiziabel sind. Es gibt vielfältige Formen von Mobbing, sowohl zwischen Ehepartnern, als auch gegenüber abhängigen Angehörigen, das nicht selten hinter wohlanständigen Umgangsformen verborgen wird.[8] Das Mobbing in Schulen und Unternehmen wird mittlerweile immer deutlicher angesprochen, doch zeigt sich auch hier, dass es keine gerichtlichen Mittel gibt, um diesem Übel wirksam zu begegnen. Der Friede, den das Recht hervorbringen kann, ist nur ein Teil des Friedens, den Familien,

Hausgemeinschaften, Schulen und Firmen suchen und benötigen. Einen ebenso wesentlichen Raum müssen Mediationen und Versöhnungsprozesse einnehmen.

Anders gesagt: Die Gerechtigkeit mit ihren bestrafenden, resozialisierenden und kompensatorischen Funktionen weist über sich hinaus. Damit Unrecht aufgegriffen und Leid geheilt werden können, leisten Gerichte einen wichtigen Beitrag. Aber über sie hinaus bleibt viel zu tun (und auszuhalten). Dazu muss das große Wort Gnade in alltägliche Verhaltensformen übersetzt werden. Zu dem »Kleingeld« der Gnade gehören Rücksicht und Nachsicht. Sie können im alltäglichen Zusammenleben manchen Verletzungen ihre Schärfe nehmen. Zu den kleinen Münzen gehören auch Gelassenheit und Vergebungsbereitschaft. Sie können zu einer bewussten »Streitkultur« beitragen und verhindern, dass Konflikte, die ja unvermeidbar sind, in verletzende und strafbare Handlungen umschlagen. Es gibt auch Formen von Rechthaberei und Unversöhnlichkeit, die den Gerichten unnötige Arbeit machen. Wer von der Gerechtigkeit erwartet, dass sie unsere Verletzungen und unser Unglück heilt, erwartet zu viel. Das Regelwerk der Gerechtigkeit wird zum Rechtsfrieden, wenn es den größeren Raum, den ich mit Gnade angedeutet habe, eröffnen und bewahren hilft.

10.1.2. Friede mit der Vergangenheit – »Transitional Justice«

Der in der englischen Literatur gebräuchliche Ausdruck der »transitional justice« lässt sich im Deutschen mit dem Begriff der »Vergangenheitsbewältigung« nicht angemessen wiedergeben. Gemeint ist das Bemühen, bei dem Übergang von einem Unrechtsregime zu einem demokratischen Rechtsstaat Mittel und Wege zu finden, um einen gerechten Umgang mit den Verbrechen der alten Regierung zu ermöglichen. Ich habe bereits auf das Luxemburger Abkommen verwiesen, mit dem die junge Bundesrepublik unter Kanzler Adenauer das massenhafte Unrecht gegenüber den Juden zu kompensieren versuchte. Dass es dabei nicht um eine tief greifende Aufarbeitung der Verbrechen der Nazi-Diktatur ging, wurde auch hervorgehoben. Erst Ende der 60er Jahre kam es zu engagierten Auseinandersetzungen um die Schuld der Deutschen an den Juden. Aber eine Wahrheits- und Versöhnungskommisssion, wie sie später in Südafrika zum Zuge kam, hat es in unserem Land nicht gegeben.

Die »Übergangsgerechtigkeit« hat sich erst in den zahlreichen Wahrheitskommissionen – auch von diesen war bereits die Rede – ein mehr oder minder funktionsfähiges Instrument geschaffen. Mit ihrer Hilfe ist es in vielen Fällen gelungen, die Opfer namhaft zu machen, ihre Leidensgeschichten in das kollektive Gedächtnis ihrer jeweiligen Völker einzuschreiben und damit etwas für die Wiederherstellung ihrer Würde zu tun. In anderen Fällen ist es gelungen, wenigstens die größten Verbrecher namhaft zu machen, auch wenn eine bestrafende Gerechtigkeit oft nicht zum Zuge kam.[9]

So unterschiedlich – und unterschiedlich erfolgreich – die vielen Wahrheitskommissionen auch arbeiten konnten, sie beweisen, dass nicht nur das Unrecht von einzelnen Menschen geahndet und in seinen Auswirkungen bei den Opfern so weit wie möglich geheilt werden muss, sondern dass auch das kollektive Unrecht von diktatorischen Regierungen nach Formen der Ahndung und Bearbeitung verlangt, damit seine Folgelasten nicht neue demokratische Aufbrüche belasten. Die Freiheit, die eine demokratische Ordnung voraussetzt und zu bewähren hat, bedarf der Befreiung aus den Gefängnissen der Diktatur. Wo Menschen mit den traumatischen Folgewirkungen von Unfreiheit zu leben gezwungen sind, haben es freiheitliche Verfassungen schwer.

Es ist dies eine Einsicht, die sich erst zögerlich durchzusetzen beginnt. Amnesie und Straffreiheit, die berüchtigte »impunidad«, beherrschen noch in vielen Ländern den Umgang mit der Vergangenheit. Ich denke dabei auch an die Länder unter dem diktatorischen Regime der Sowjetunion, in denen eine selbstkritische Beschäftigung mit den Verbrechen kommunistischer Gewaltherrscher wie Stalin immer noch unterdrückt wird.

Ich möchte aber auch einen historischen Zusammenhang erwähnen, bei dem es immer noch an Versuchen mangelt, so etwas wie eine »Übergangsgerechtigkeit« herzustellen. Das ist die Epoche des europäischen Kolonialismus und der Sklaverei. Zwar ist die Sklaverei schon lange abgeschafft, aber die seelischen Spätfolgen sind immer noch zu beobachten. Und auch wenn die ehemaligen Kolonien fast alle politisch unabhängig geworden sind, wirkt die kolonialistische Vergangenheit nach. Das war zum Beispiel bei dem Genozid in Ruanda (1994) der Fall. Dort spielte die Bevorzugung der Tutsi durch die englischen Kolonialherren gegenüber den zahlenmäßig überlegenen Hutu eine Rolle, auch wenn freilich andere Gründe hinzuzurechnen sind. Aber es gibt auch weniger drastische Formen, in denen sich die Last der Unterdrückung und der Versklavung von einer Generation zur nächsten überträgt. Diese unerledigte, ja unerlöste Vergangenheit beeinflusst die politischen und ökonomischen Probleme unserer Tage und erschwert produktive Lösungen.[10] Diese Notlage zeigt sich nicht zuletzt bei den Verhandlungen um mehr Klimagerechtigkeit. Davon später mehr.

Es hat nicht an Versuchen gefehlt, das Unrecht der kolonialistischen Epoche in Kategorien der kompensatorischen Gerechtigkeit zu fassen. Man kommt dann zu der Folgerung, dass die reichen Länder des »Nordens« die eigentlichen Schuldner der armen Länder des »Südens« sind und nicht umgekehrt. Diese Überlegungen finden sich auch im Ökumenischen Rat der Kirchen, in dem die Kirchen des Südens und des Nordens zusammenarbeiten, wobei immer wieder beobachtet werden kann, wie nachdrücklich das historische Unrecht des Kolonialismus, der Sklaverei und des Rassismus in die gegenwärtigen Auseinandersetzungen hineinwirkt. Was Amartya Sen »resentment« nennt, äußert sich als ein mehr oder minder fromm verbrämter Verdruss über die Vorherrschaft der westlichen Kirchen. Er macht es nicht selten schwer, die verbindenden Themen und Arbeitsfelder auszumachen.[11]

Nehmen wir zum Beispiel die »Erklärung zu Öko-Gerechtigkeit und ökologischer Schuld«, die der Zentralausschuss des ÖRK 2009 angenommen hat, so lesen wir dort in Abschnitt 10: »Geleitet von der biblischen Lehre (cf. Matthäus 6,12) bitten wir Gott um Buße und Vergebung, aber wir rufen auch dazu auf, ökologische Schuld anzuerkennen und sie auf verschiedenen Wegen *zurückzuzahlen und wiedergutzumachen*, und dabei auch marktunabhängige Wege der Kompensierung und Reparation zu finden, die über die begrenzte Fähigkeit des Marktes zu Berechnung und Verteilung hinausgehen.«[12]

Es ist auffällig, dass dieser Text mit den Kriterien der bestrafenden und aufrichtenden Gerechtigkeit argumentiert. Und es ist daher keine Überraschung, dass er in vielen Kirchen des Nordens, also auch bei uns in Deutschland, auf Zurückhaltung gestoßen ist. Das liegt nicht nur, wie gerne gesagt wird, an der Gefangenschaft der deutschen Kirchen in dem neoliberalen und neokolonialistischen Finanzsystem, sondern auch daran, dass das Verständnis von Gerechtigkeit, das hier auftaucht, dem eigenständigen Gesichtspunkt der »transitional justice« nicht gerecht wird. Darum wird es mit Aspekten der kompensatorischen und distributiven Gerechtigkeit vermischt. Vielleicht wäre es eine Hilfe, wenn es wenigstens in der ökumenischen Bewegung gelänge, das Element der »transitional justice« als eine eigene Gestalt von Gerechtigkeit zu thematisieren. Nötig wäre so etwas wie eine ökumenische Wahrheitskommission zur Aufarbeitung der historischen Schuld, an der die Kirchen auf unterschiedliche Weise beteiligt sind, nicht zuletzt durch gewisse Formen der Missionierung. Ein solches Unternehmen könnte dazu beitragen, dass die Nachfahren der Opfer und der Täter sich von ihren Erblasten befreien und ihre eigenen schöpferischen Kräfte unbeschwerter als bisher aufnehmen könnten.[13] Ob es freilich dazu kommt, ist mehr als ungewiss.

Wichtig ist mir der Hinweis, dass »transitional justice« sehr viel mit Freiheit, Wahrheit und Versöhnung zu tun hat. Und damit kommen wiederum Aspekte zum Tragen, die über den traditionellen Begriff von Gerechtigkeit hinausweisen. Was im Deutschen mit dem misslichen Begriff der »Vergangenheitsbewältigung« mehr schlecht als recht bezeichnet wird, meint mehr als die juristische Beschäftigung mit einigen besonders auffälligen Gewalttätern. Es geht um die Wahrheit der Opfer, was auch mehr bedeutet als eine möglichst umfassende Aufzeichnung ihrer Leiden. Nicht auf archivarisch umfassende Bestandsaufnahmen kommt es an, sondern darauf, ob die Würde der Unterdrückten zu einem geschätzten Teil der gemeinschaftlichen Erinnerung wird. Darum ist in diesen Kontexten auch von einer »Heilung der Erinnerungen« die Rede.[14] Wir haben es also mit vielschichtigen Prozessen zu tun. Darum erscheint der Begriff der »transitional justice« zu begrenzt. Er gibt den Aspekten der Freiheit, Wahrheit und Versöhnung nicht den Raum, der ihnen zukommt. Das heißt: auch dieser Aspekt der Gerechtigkeit weist über sich hinaus.

10.1.3. Sozialer Friede – Verteilungsgerechtigkeit und Beteiligungsgerechtigkeit

Die Welt ist ungerecht. Es ist vor aller Augen, dass die Gaben und Güter der Erde höchst ungleich und unfair verteilt sind. Um ein einfaches Beispiel anzuführen: Welche Chancen haben die Kinder, die, sagen wir, am 31. März 2012, um 11.55 Uhr geboren worden sind? Von diesen Babys sind einige wenige mit allem nur denkbaren medizinischen Aufwand betreut worden. Von ihren Eltern und Großeltern wurden sie mit gespannter Liebe erwartet. Sehr viel mehr Babys aber sind in Elendsvierteln zur Welt gekommen, oft ohne jedwede medizinische Hilfe. Viele von ihnen werden die ersten fünf Lebensjahre nicht überstehen, einfach deshalb, weil es für sie kein trinkbares Wasser gibt. Wiederum andere sind vielleicht von alleinstehenden jungen Frauen entbunden und in einem Waisenheim abgegeben worden. Wiederum andere sind in einem Flüchtlingslager zur Welt gekommen und haben vielleicht nur wenige Tage zu leben, weil Kälte und Hunger ihre Mütter entkräften. Und wiederum andere sind Mädchen und nicht, wie erhofft, Jungen, und werden darum ausgesetzt.

Anders gesagt: Das Datum ist das einzige, was diese Kinder gemein haben. Ansonsten sind ihre Lebenschancen grundverschieden. Diese werden geprägt von einer massiven Ungleichheit und Ungerechtigkeit. Geschlecht, Volkszugehörigkeit, Rasse, Einkommensschicht, Bildungsstand, Infrastruktur, politische Ordnung, wirtschaftliche Verhältnisse, das sind nur einige der Faktoren, welche die Ungerechtigkeit begründen. Darum sind die Aussichten auf so etwas wie Chancengleichheit gering.

Darum zielt der Ruf nach Gerechtigkeit, der auch viele ökumenische Auseinandersetzungen prägt, mit großem Nachdruck auf Verteilungsgerechtigkeit und, wie ich hinzufügen möchte, auf Beteiligungsgerechtigkeit. Das englische »distributive justice« muss also um den Aspekt der »participative justice« ergänzt werden. Wenn alle Menschen die gleichen Rechte und Pflichten haben, dann ist es ein Gebot der Gerechtigkeit, ihnen die gleichen Startchancen anzubieten, also medizinische Grundversorgung, sauberes Trinkwasser, vorschulische und schulische Angebote, Gender-Gleichheit, Ausbildungschancen, und so weiter. Aus den gleichen Menschenrechten ergibt sich das generelle Gebot der Armutsbekämpfung, das eben auch den Aufbau von Infrastrukturen und Verkehrswegen, die Beschaffung von Arbeit unter rechtlich und medizinisch vertretbaren Bedingungen, faire Preise für freie Märkte, den Abbau von Schutzzöllen umfasst.

Schon diese einfache Liste von Bedingungen zeigt, welche enormen Arbeitsfelder mit dem Stichwort der Verteilungs- und Beteiligungsgerechtigkeit angesprochen werden. Es zeigt sich auf den ersten Blick, dass die Märkte der Welt nicht imstande sind, allen Mitmenschen einen gleichen Zugang anzubieten. Selbst wenn sie es wollten, sie können es nicht. Denn die Märkte sind nicht an Gerechtigkeit interessiert, sondern an Profit. Sie folgen einer Vorstellung von quantitativem Wachstum als einer unbegrenzten Akkumulation von materiellen Gütern. Und das ist ein Ziel, das sich je länger desto weniger mit den endlichen Ressourcen der Erde vereinbaren lässt. Darum sind die Märkte selbst auf Regelungen und Bedingungen angewiesen, die andere Akteure bereitstellen müssen, also Regierungen, Parlamente, Behörden, Schulen oder Gerichte.[15]

Zur Armutsbekämpfung gehören also nicht nur faire internationale Handelsabkommen, sondern auch Verträge über Patentrechte oder Zollabkommen. Dazu gehören auch Arbeitsschutz und Streikrechte, allgemeine Schulpflicht und differenzierte Ausbildungssysteme, ein ausgebautes Gesundheitswesen und verlässliche politische Strukturen. Damit aber stellt sich die Frage: Kann der Begriff der Gerechtigkeit all diese Aufgaben noch in sinnvoller Weise umfassen und beschreiben? Besteht nicht vielmehr die Gefahr, dass er überdehnt wird und zu einer Floskel verkommt?

Oder um das Problem von einer anderen Seite anzugehen: An der Aufgabe, so etwas wie Chancengleichheit, Verteilungs- und Beteiligungsgerechtigkeit für die Menschen dieser Erde herbeizuführen, partizipieren mehrere und sehr unterschiedliche Akteure. Zu diesen gehören nicht nur Kaufleute und Banker, sondern auch Politiker und Diplomaten, Pädagogen und Juristen, Wissenschaftler und Techniker. Alle diese Akteure benötigen und befolgen unterschiedliche Regelsysteme, die mit dem Kriterium der Gerechtigkeit allein nicht beschrieben werden können. Wichtig ist hier auch der Aspekt der Freiheit, zum Beispiel in der Forschung, oder das Kriterium der Solidarität, etwa bei Arbeitskämpfen, oder auch das Kriterium der Subsidiarität, das für ein abgestuftes Verhältnis von gesellschaftlicher Verantwortung und Zuständigkeit sorgt.

Freilich gilt auch, dass alle diese Akteure und Aktionsformen auf unterschiedliche Weise gefährdet und korrumpierbar sind.

Wenn es schon schwerfällt, diese unterschiedlichen Akteure innerhalb eines Staates so miteinander zu verbinden, dass sie zu einem Gemeinwohl oder einem gesellschaftlichen Frieden beitragen, der allen Bürgerinnen und Bürgern gerecht wird, so trifft dies auf die Weltgemeinschaft in besonderer Weise zu. Die global agierenden politischen, ökonomischen, kulturellen und religiösen Kräfte enthalten so viele konkurrierende und konfrontative Elemente, dass die Zielvorstellung eines weltweiten Gemeinwohls nicht zum Zuge kommen kann.

Was also vermag die Forderung nach distributiver und partizipativer Gerechtigkeit zu leisten? Sie behält ihre zentrale Bedeutung, aber darf auch nicht überbeansprucht werden. Das Ziel der wirtschaftlichen Chancengleichheit und Beteiligungsgerechtigkeit kann und darf nicht den angeblichen »Selbstheilungskräften« des Marktes überlassen bleiben, sondern erfordert das Zusammenspiel unterschiedlichster Akteure. Darum ist es auch so schwer zu fassen.

Darin sehe ich ein Dilemma, mit dem umzugehen außerordentlich schwer fällt. Wie gezeigt wurde, gibt es für das Ziel der bestrafenden, kompensatorischen und aufrichtenden Gerechtigkeit klar bestimmte Akteure, nämlich das Rechtswesen mit seinen verschiedenen Instanzen und Einrichtungen.

Und diese Akteure wirken nicht länger nur auf den nationalen Ebenen, sondern reichen mit dem Internationalen Strafgerichtshof auch in den globalen Raum hinein.

Für das Ziel der Aufarbeitung kollektiven Unrechts haben sich ebenfalls mit den Wahrheits- und Versöhnungskommissionen erste brauchbare Instrumente herausgebildet.

Wenn wir uns jedoch fragen, wie und durch wen das Ziel der distributiven und partizipativen Gerechtigkeit zur Geltung zu bringen sei, müssen wir eingestehen, dass es dafür noch keine wirkungsvollen Instanzen gibt. Es gibt bisher nur internationale Foren, in denen unterschiedliche Akteure nach einer Verständigung suchen. Ich nenne die Gipfeltreffen der acht mächtigsten Industrieländer, der G-8-Staaten. Die jährlichen Zusammenkünfte der Regierungschefs sind freilich nicht mehr als Abstimmungsforen, deren soziale Kosten – man denke nur an die gigantischen Polizeiaufgebote zur Gewährleistung der Sicherheit der Forumsmitglieder! – in keinem Verhältnis zu ihren Ergebnissen stehen. Daneben haben wir das jährliche Weltwirtschaftsforum in Davos, das weniger der konzeptionellen Klärung, sondern vielmehr der Vernetzung der wirtschaftlichen und finanziellen Führungsgruppen dient. Im Gegensatz dazu gibt es das Weltsozialforum, das sich 2001 zum ersten Mal in Porto Alegre getroffen hat. In der »Charta der Prinzipien« des WSF von 2001 heißt es:

»Das Weltsozialforum ist ein offener Treffpunkt für reflektierendes Denken, für die demokratische Debatte von Ideen, für die Formulierung von Anträgen, für freien Austausch von Erfahrungen und zum Vernetzen effektiver Aktionen von Gruppen und Bewegungen der Zivilgesellschaft, die sich dem Neoliberalismus und der Weltherrschaft durch das Kapital oder irgendeine andere Form des Imperialismus widersetzen und sich für den Aufbau einer planetarischen Gesellschaft engagieren, in der der Mensch im Mittelpunkt steht.«[16]

Mit dem WSF kommt ein Akteur zur Geltung, der für die Anliegen einer distributiven Gerechtigkeit eine zunehmende Bedeutung haben könnte, nämlich die Zivilgesellschaft. Auch wenn sie in den verschiedenen Weltgegenden unterschiedlich stark entwickelt ist, so hat ihr Einfluss doch stark zugenommen. Vermöge der elektronischen Medien gelingt es ihr, über Ländergrenzen hinweg vitale Kommunikationsstrukturen und Netzwerke aufzubauen. Um nur ein Beispiel zu nennen: Der »arabische Frühling« ist ein Produkt zivilgesellschaftlicher Interaktionen. Zugleich zeigt dieses Beispiel auch, wie begrenzt die Reichweite zivilgesellschaftlichen Engagements – noch – ist.

Auch die ökumenische Bewegung kann als ein Akteur innerhalb der internationalen Zivilgesellschaft betrachtet werden. Darum heißt es in dem Klima-Memorandum des Plädoyers für eine ökumenische Zukunft, das für die Internationale ökumenische Friedenskonvokation (in Kingston 2011) erarbeitet wurde:»Bei aller Heterogenität der Motive und Pluralität weltanschaulicher und religiöser Überzeugungen finden sich in diesem zivilgesellschaftlichen Feld die deutlichsten Bezüge zu einer ökumenischen Ethik in der Perspektive des gerechten Friedens.«[17]

10.1.4. Schöpfungsfriede und Klimagerechtigkeit

Das Memorandum des Plädoyers ist besonders gut geeignet, unsere Überlegungen zur Reichweite des Verständnisses von Gerechtigkeit zu erweitern, weil es seine Überlegungen zum gerechten Frieden konsequent in den Rahmen der präzedenzlosen Gefahren rückt, die mit der Erderwärmung auftreten. Es benutzt dafür den Begriff »Klimagerechtigkeit« (»climate justice«[18]). Diese wird wie folgt definiert: »Klimagerechtigkeit meint die verantwortliche Gestaltung lokaler bis globaler Prozesse der politischen und sozialen Regulierung und Abwendung der Bedrohungen, mit denen Gottes Geschöpfe und Schöpfung im fortschreitenden Klimawandel auf historisch einmalige Weise konfrontiert sind. Klimagerechtigkeit verlangt den Lastenausgleich, in dem alles zu dem »Seinen« kommt ...«[19].

Mit dem Stichwort des **Lastenausgleichs** ist die Kernaussage des Memorandums benannt. Damit wird einerseits an versöhnungstheologische Überzeugungen angeknüpft, die auf das christliche Verständnis von Schuld, Vergebung und »Buße« verweisen. Darum heißt es kategorisch:

>»Solange die ökologisch-soziale Schuld gegenüber den Ländern der südlichen Hemisphäre in Afrika, Asien und Ozeanien, Zentral- und Lateinamerika geleugnet wird, gibt es keinen Weg zu einem gerechten Frieden. Das Ausmaß dieser Schuld ist nicht in Zahlen zu fassen. Ihre Kompensation als ganze ist geradezu unvorstellbar. Ein gerechter Lastenausgleich übersteigt jetzt schon alles, was sich als Neuverteilung denken lässt. Der Anspruch bleibt dennoch gerechtfertigt.«[20]

Diese Sätze haben einen paradox anmutenden Charakter. Warum sollten wir einen Lastenausgleich unternehmen, wenn er sich eigentlich nicht denken lässt? Die Aufgabe lässt sich nur aufgreifen, wenn und weil die Kirchen in der Ökumene sich mit ihrem Bemühen dem Gott des Friedens anvertrauen und die »Hoffnung auf Vergebung« wach halten.[21] Darum steht das Memorandum auch unter dem Thema: »Beten und arbeiten für gerechten Frieden«. Allerdings hätte dieser Aspekt deutlicher herausgearbeitet werden können, wie später noch gezeigt werden soll.

Neben diesem versöhnungspolitischen Aspekt verweist der Gedanke des Lastenausgleichs freilich auch auf den kompensatorischen Aspekt im Gerechtigkeitsbegriff, der weiter oben angedeutet wurde. Demnach sind es die Völker, die den größten Anteil an der Erderwärmung haben, den Ländern der südlichen Atmosphäre schuldig, einen Ausgleich der Belastungen herbeizuführen; sind doch gerade diese Regionen, die am wenigsten zur Erderwärmung beigetragen haben, ihre größten Opfer. Darüber hinaus kommt in dem Memorandum auch der distributive und partizipative Aspekt von Gerechtigkeit zum Tragen, und zwar in der Berufung auf das Gleichheitsprinzip. Daraus wird gefolgert, dass jeder Erdbewohner die gleichen Emissionsrechte hat.[22] Dies wiederum führt zu dem Vorschlag einer weltweiten »2000 Watt-Gesellschaft«[23].

Wenn wir also von den gleichen Emissionsrechten für alle Menschen ausgehen und zugleich das Ziel einer globalen Begrenzung der Emissionen im Auge behalten wollen, kommt ein neuer Aspekt in dem Verständnis von Kompensation zum Tragen. Das ist der Aspekt der **Selbstbeschränkung**. Er betrifft die Teile der Weltbevölkerung, die derzeit deutlich über der 2000-Watt-Schranke leben, also die Menschen in den hochindustrialisierten Konsumgesellschaften. Sie müssten sich bereitfinden, ihren Verbrauch drastisch einzuschränken, also Verzicht zu üben, und zugleich finanzielle Kompensationen für ihren Mehrverbrauch zu leisten, damit die armen Länder ihr Recht auf Entwicklung bekommen. In diesen Zusammenhängen spricht das Memorandum von »Rücksichtnahme«[24]. Es wäre wohl nötig gewesen, den Aspekt des Verzichtes deutlicher zu unterstreichen, um damit auch zu verdeutlichen, wie grundsätzlich der Anspruch der Klimagerechtigkeit ist und wie stark er in unsere Konsumgewohnheiten eingreifen muss.

Das Memorandum betont zugleich, dass die Regierungen in den mächtigen Staaten nicht bereit oder gar willens sind, eine solche Einstellung zu fördern oder die dafür nötigen Vereinbarungen und Regeln durchzusetzen. Darum legt es seine Hoffnung auf zivilgesellschaftliche Initiativen. Dabei können die Kirchen in ihrer weltweiten ökumenischen Vernetzung eine wichtige Rolle spielen. Das Memorandum regt eine siebenjährige Kampa-

3. Teil: Bewährungsfelder

gne, einen »Sabbatweg« an, um den Kirchen zu helfen, auf allen Ebenen klimagerechte Optionen zu verwirklichen und zugleich für den weiteren zivilgesellschaftlichen und politischen Raum Anstöße zu geben.

In diesem Zusammenhang schlägt das Memorandum die Bildung eines »Noah-Fonds« vor. Seine Aufgaben werden wie folgt beschrieben:

»Er fördert Selbstorganisation, verbessert die Lebenssituation der unmittelbar Betroffenen und stellt Rechtsbeistand in gerichtlichen Auseinandersetzungen bereit. Er hilft bei der Mobilisierung von internationaler Öffentlichkeit. Neben privaten Beiträgen soll er aus Mitteln gespeist werden, die in den Kirchen durch Energieeinsparung frei werden oder zu deren Zahlung sich die Kirchen aufgrund nicht erreichter Einsparungsziele verpflichten.«[25]

Gerade diese letzte Bemerkung gilt es zu entfalten. Sie deutet an, dass nicht erreichte Einsparungsziele kompensiert werden müssen. Bisher ist dies eine freiwillige Sache, und die Kirchen tun sich sehr schwer damit.[26] Der Noah-Fonds dürfte jedoch keine Angelegenheit des freiwilligen Engagements bleiben, sondern müsste in der Richtung einer »ökologischen Ausgleichssteuer« weiter entwickelt werden. Dabei könnten vielleicht Partnerprogramme, die bereits zwischen Kirchen des Nordens und des Südens bestehen, dahingehend erweitert werden, dass die Verwendung der Mittel, die aus einer solchen Selbstbesteuerung kommen, für exemplarische Programme wie Aufforstung, Wassermanagement, Ausbau von alternativen Energiegewinnungsmaßnahmen eingesetzt werden. Auf diese Weise könnten Anreize geschaffen werden, auch andere Akteure zu gewinnen, die für die Gestaltung von Rahmenbedingungen eintreten, welche dem Verlangen nach Klimagerechtigkeit gerecht werden.

Freilich muss diese Suchbewegung noch weitergehen. Aus den verschiedenen Foren muss sich eine internationale Schiedsstelle für klimagerechte Maßnahmen entwickeln, und aus ihr müsste ein internationales Klima-Gericht entstehen, das parallel zu dem Internationalen Strafgerichtshof in Den Haag tätig werden würde.

Bis dahin ist es freilich ein weiter Weg. Das zeigt sich daran, dass derzeit immer noch um so etwas wie eine Tobin-Steuer für internationale Finanztransaktionen gekämpft wird. Diese Mindestforderung nach ökonomischer Gerechtigkeit scheitert an der Macht der Großbanken und dem wechselseitigen Misstrauen der Regierungen. Auf dem Gebiet der ökologischen Gerechtigkeit ist es nicht anders. Nachdem es den Staaten nicht gelungen ist, die mit dem Kyoto-Protokoll avisierten Korrekturen des CO^2-Verbrauchs in einer verbindlicheren und umfassenderen Weise fortzuschreiben, stehen die Chancen für den Aufbau eines solchen Gerichtshofes oder auch nur für eine internationale Schiedsstelle denkbar schlecht.

10.1.5. Zusammenfassung

Es geht mir in diesem Kapitel um das Verhältnis von Gerechtigkeit und Frieden. Mir ist klar, dass der Überblick über verschiedene Aspekte von Gerechtigkeit sehr knapp und rudimentär ist, aber er mag ausreichen, um folgende Schlüsse zu ziehen:

1. Zwischen dem Verlangen nach Gerechtigkeit und der Kodifizierung von Recht muss unterschieden werden. Anders gesagt: Das Empfinden für Gerechtigkeit und die Arbeit am Recht sind geschichtliche, also prozessuale Phänomene; sie befinden sich also in einer ständigen Weiterentwicklung und sind allen Formen der Kodifizierung immer voraus. Es hat Jahrhunderte gedauert, bis sich in dem Bereich der bestrafenden und kompensatorischen Gerechtigkeit ein voll ausgebautes Rechtswesen herausgebildet hat. Und auch dieses existiert vorerst nur auf der Ebene der einzelnen Staaten, und auch dort längst nicht zufriedenstellend.

Dieser Umstand verschärft sich bei dem Aspekt der »transitional justice«. Zwar wird diese Gestalt der Gerechtigkeit immer deutlicher als ein dringliches Problem erkannt, aber es bilden sich erst langsam belastbare Instrumente heraus, mit deren Hilfe sie angegangen werden kann.

Noch auffälliger wird das Missverhältnis, wenn es um das Ziel der globalen Verteilungs- und Beteiligungsgerechtigkeit geht. Dass die wachsende Kluft zwischen Verelendung und Überfluss eine offenkundige Verletzung unserer Vorstellung von Gerechtigkeit darstellt, wird sogar von den Regierungen der Erde anerkannt. Das lässt sich zum Beispiel an der Erarbeitung der Millenniumsziele, die u. a. eine Halbierung der Armut bis zum Jahr 2015 anstreben, verdeutlichen.[27] Zugleich aber wird auch klar, dass es keine rechtlichen Möglichkeiten gibt, diese Ziele einzuklagen. Dieses Dilemma verschärft sich bei dem Stichwort der Klimagerechtigkeit. Alle Ansätze für ein globales Umweltrecht stecken noch in den Kinderschuhen. Dies ist auf seine Art eine Bestätigung der präzedenzlosen Situation, in der sich die Weltgesellschaft befindet. Die Entwicklung eines global wirksamen politischen und rechtlichen Instrumentariums hält nicht Schritt mit den sich anhäufenden Folgen der von uns Menschen verursachten Zerstörungen.

2. Damit ist nicht gesagt, dass die Arbeit an Rechtsordnungen, gerade auch an solchen, die den nationalen Rahmen überschreiten, vernachlässigt werden dürfte. Im Gegenteil. **Rechtsordnungen und Regelwerke sind Rahmenordnungen, auf die der Friede in den Völkern und zwischen den Völkern angewiesen ist.**[28] Andererseits ist aber gerade der Mangel an Friede der Grund dafür, dass die wirtschaftlichen Interessen der Völker mit harten Bandagen verteidigt werden. Damit wird ständig das Misstrauen genährt, welches globale Akteure, die an solchen Rahmenordnungen arbeiten könnten, schwächt. So gesehen, ist die Arbeit an der Gerechtigkeit von friedlichen Bedingungen abhängig.

3. **Das Verlangen nach Gerechtigkeit oder das Rechtsempfinden gehen nicht nur der Rechtssetzung voraus, sie transzendieren sie.** Was wir Rechtschaffenheit nennen, ist nicht mehr von kodifizierten Rechtssätzen abhängig, sondern hat sie verinnerlicht. In der Tat bewegen sich die meisten Menschen innerhalb des Rahmens, den die Verfassung bietet, nicht nur, weil sie Bestrafungen fürchten, sondern weil sie davon überzeugt sind, dass die Rechtsordnungen richtig und nützlich sind. Dabei stellt sich heraus, dass Rechtschaffenheit und Rechtsempfinden sich in einem Bedingungsgefüge befinden, zu dem weitere grundsätzliche Werte wie Freiheit, Empathie, Solidarität, Rücksichtnahme, Fairness und Verzicht gehören.

4. **Welche Möglichkeiten bieten sich den Kirchen, den Aktionsgruppen** (wie zum Beispiel dem »Plädoyer«) **und der ökumenischen Bewegung,** wenn sie sich an der Diskussion um Gerechtigkeit beteiligen? Sie haben allenfalls indirekte Möglichkeiten, an der Entwicklung neuer Rechtsordnungen mitzuarbeiten. Diese Aufgabe obliegt den Parlamenten und Regierungen sowie ihrer internationalen Institutionen. Die Kirchen können allerdings dazu beitragen, die neuen Bewährungsfelder der Gerechtigkeit, vor allem im Bereich der ökologischen Weltkrise, bewusst zu machen und neue Instrumente vorzuschlagen. So verstehe ich auch die Debatten innerhalb des Ökumenischen Rates der Kirchen als eine **Suchbewegung hin zu einer Spiritualität des gerechten Friedens.** Ich spreche von »Suchbewegung«, weil der Bewusstseinsstand innerhalb der Kirchen der Welt entwickelt werden muss und weil die Einflussmöglichkeiten in den öffentlichen Raum hinein erforscht und vorangetrieben werden müssen. Damit diese Spiritualität nicht im luftleeren Raum bleibt, wird sie Formen der Selbstbesteuerung mit ökologischen Partnerschaftsprogrammen verbinden.

5. Wie also verhalten sich Friede und Gerechtigkeit? Die Stichworte »Rechtsfriede«, »Friede mit der Vergangenheit, »sozialer Friede« und »Schöpfungsfriede« verweisen auf den **Rahmen, innerhalb dessen sich die verschiedenen Gestalten von Gerechtigkeit** entfalten können und müssen. Es sei noch einmal unterstrichen, dass Rechtsordnungen unverzichtbare Gerüste für soziale, gesellschaftliche und globale Friedensordnungen sind. Sie müssen ständig weiterentwickelt werden.

Zugleich ist festzuhalten, dass Rechtsordnungen nicht dazu taugen, sämtlichen Erfahrungen von Unrecht, Unterdrückung und Benachteiligung gerecht zu werden. Auch wenn das Rechtsempfinden der Menschen an der Weiterentwicklung des Rechts, vor allem auf internationaler Ebene, interessiert sein muss, so bleibt doch festzuhalten, dass nicht alle Erfahrungen von Leid justiziabel sind. Darum kommt den Kirchen in ihrer ökumenischen Verbundenheit die Aufgabe zu, eine Spiritualität des Friedens zu entfalten, welche auch die Erfahrungen von Leid und enttäuschtem Rechtsempfinden umfasst. Und mit ihr kann sie zeigen, dass die **Gerechtigkeit ohne die Dimensionen des Friedens, zu denen Gnade, Versöhnung, Compassion und Verzicht gehören, nicht funktionieren kann**. Insofern ist der Friede der Ermöglichungsgrund für Gerechtigkeit.

10.2. Gottes Gerechtigkeit

Dies gilt umso mehr, als der christliche Begriff von Gerechtigkeit nicht bei dem menschlichen Rechtsempfinden ansetzen kann, sondern mit der Suche nach Gottes Gerechtigkeit beginnt. Und diese Gerechtigkeit ist, wie der Apostel Paulus am einprägsamsten in seinem Brief an die Römer beschrieben hat, der Ausdruck für Gottes Gnade. Gott spricht uns Menschen gerecht, nicht weil wir es verdient hätten, sondern weil Gott seiner Liebe zu uns gerecht werden will. Die Rechtfertigung des Sünders allein durch Gottes Gnade ist der Dreh- und Angelpunkt des christlichen Glaubens. Sie wird uns in dem Leben Jesu von Nazareth, in seinem Tod am Kreuz und seiner Auferweckung offenbart. Barmherzigkeit ist Grund und Ziel der Wege Gottes mit uns Menschen. Ich habe das in den Eingangskapiteln dieses Buches unter dem Begriff des Gottesfriedens behandelt. Darum kann hier diese kurze Zusammenfassung genügen.

Wichtig ist mir jedoch in diesem Kontext, dass mit dem Gedanken der Rechtfertigung, die sich allein der göttlichen Gnade verdankt (»sola gratia«), das Prinzip des »Wie du mir, so ich dir«, das unseren menschlichen Sinn für Gerechtigkeit gemeinhin bestimmt, außer Kraft gesetzt wird. Der Glaube an Gottes barmherzige Gerechtigkeit öffnet den Blick dafür, dass sich auch unsere Gerechtigkeit nicht an den Mustern von Sühne und Vergeltung orientiert, sondern auf die Aufrichtung besserer gemeinschaftlicher Verhältnisse zielt. Es geht eben nicht nur und nicht einmal in erster Linie darum, die Täter zu bestrafen, sondern sie bei ihrer Würde, die sie selbst verraten haben, zu behaften.[29] Darüber hinaus aber geht es darum, die Opfer über ihr Leid und ihre Kränkungen hinauszuführen, sowohl psychisch wie auch materiell. Wo immer der Gottesfriede zum Rahmen und Zielpunkt der menschlichen Suche nach Gerechtigkeit gemacht wird, können die dualistischen und konfrontativen Muster, die unsere Rechtspraxis immer wieder bestätigt, transzendiert werden.

Wenn es doch so einfach wäre! Liegt das Problem nicht sehr viel tiefer? Und lenkt es unsere Aufmerksamkeit nicht auf ein Kernstück des christlichen – übrigens auch islamischen – Glaubens zurück? Ich meine die Vorstellung vom Jüngsten Gericht. Es wird gemeinhin in einer dualistischen Weise verstanden und nimmt einen doppelten Ausgang der Weltgeschichte an. Demnach setzt das Weltgericht des wiederkommenden Christus am Jüngsten Tag die endgültige Aufteilung der Menschheit in Gerechte und Ungerechte fest. Die Bösen gehen einer endgültigen und unwiderruflichen Bestrafung und Verdammnis (in der Hölle) entgegen, während die Erlösten sich einer ebenso endgültigen Freude und Herrlichkeit (im Himmel) erfreuen dürfen. Auch wenn viele Menschen unserer Tage mit den mittelalterlichen Darstellungen von Höllenqualen und Paradiesesfreuden nur noch wenig anzufangen wissen, so sollte man sich doch keine Illusionen darüber machen, wie tief sich diese Bilder in unsere Vorstellungen eingegraben haben. Im Übrigen genügt ein Hinweis auf die fundamentalistischen Glaubensrichtungen unserer Zeit, um zu sehen, wie lebendig und wirkungsvoll die Bilder von der ewigen Bestrafung der Gottlosen und »Ungläubigen« in der Hölle und der ewigen Genugtuung der Gläubigen und Erwählten im Himmel oder Paradies noch sind.

Im Gegensatz dazu hat es seit der frühen Jahrhunderte immer wieder theologische Denkrichtungen gegeben, die darauf bestanden, dass sich eine Lehre von einem doppelten Ausgang der Geschichte nicht mit der unbedingten und allumfassenden Gnade Gottes vertrage. Doch setzten sie sich nicht durch. Wie Jürgen Moltmann darstellt, kam der in Alexandria geborene Kirchenvater Origenes (185–254) mit seinem Heilsuniversalismus nicht zum Zuge.[30] Vielmehr setzte sich der für die westliche Theologie einflussreichere Kirchenvater Augustinus (354–430) durch. Er nahm eine endgültige Scheidung der eher kleinen »Zahl der Erwählten« (»numerus electorum«) von der mehrheitlichen »Masse der Verderbten« (»massa perditionis«) an. In seinem Sinne erklärten auch die Bekenntnisschriften der Lutheraner sowie der Reformierten, dass der Herr Jesus Christus im letzten Gericht »den Gläubigen und auserwählten ewigs Leben und ewige Freude geben, die gottlosen Menschen aber und die Teufel in die Hölle und ewige Straf verdammen« werde.[31] Moltmann zeigt aber auch, dass es gerade Pietisten wie Johann Albrecht Bengel (1687–1752) und Friedrich Chr. Oetinger (1702–1782) gewesen sind, die von der »Wiederbringung aller Dinge« durchdrungen waren. Besonders eindringlich haben Vater und Sohn Blumhardt die Allversöhnung vertreten. Karl Barth ist ihnen darin gefolgt. Für Moltmann ist sie geradezu eine zwingende Konsequenz der christlichen Kreuzestheologie: »Die wahre christliche Begründung der Hoffnung auf Allversöhnung ist die Kreuzestheologie, und die einzige realistische Konsequenz aus der Kreuzestheologie ist die Wiederbringung aller Dinge.«[32]

Ich will diese Problematik hier nicht weiter entfalten.[33] Ich halte die Moltmannsche Interpretation für überzeugend. Mich beschäftigt in diesem Zusammenhang die Frage: Was bedeutet diese Auffassung vom Jüngsten Gericht für unser Verständnis von Gerechtigkeit? Moltmann sagt. »Die Versöhnung des Alls geschieht durch das Weltgericht, in welchem Gott seine *zurechtbringende, rechtschaffende Gerechtigkeit* offenbart.«[34] Damit wird das Richten am jüngsten Tag als ein Aufrichten verstanden. An die Stelle des Verurteilens tritt das Zurechtbringen. Nicht das Trennen ist das Ziel, sondern das Heilen und Zusammenbringen. Gottes Gerechtigkeit gewinnt damit Züge dessen, was wir mit Versöhnung bezeichnen. Entfeindung der Feinde ist das Ziel und nicht die Verewigung von Feindschaft und Niedertracht.

Wenn wir das Wesen von Gerechtigkeit so verstehen, können wir die dualistischen und konfrontativen Aspekte in unserem Verständnis von Gerechtigkeit hinter uns lassen. Wie wichtig das ist, zeigen die terroristischen Auseinandersetzungen unserer Tage, bei denen die Scheidung zwischen Gläubigen und Ungläubigen immer wieder als Begründung herhalten muss. So lange Christen – aber auch Muslime – ihr Verständnis vom Endgericht im Schema von Verdammung und Erwählung fassen, entwerten sie nicht nur ihr Verständnis von Gottes Barmherzigkeit, sondern machen daraus auch einen hermeneutischen Schlüssel für die Art und Weise, wie geschichtliche Konflikte »gelöst« werden müssen. Denn was im Endgericht gilt, wird dann auch zur Richtschnur für die weltlichen Gerichte. Wenn das Ende der Geschichte Gottes mit uns Menschen auf die Spaltung in Verdammte und Erlöste hinausläuft, müssen wir dann nicht daraus folgern, dass auch unsere Geschichten nach diesem Schema ablaufen? Damit aber wird der Dualismus im Freund-Feind-Schema verschärft. Mehr noch, der Dualismus wird zu einem existentialen und weltgeschichtlichen Gesetz. Es gehört mithin zu den wichtigsten Aufgaben der christlichen Kirchen, sich selbst zu prüfen, ob die Theologie und Spiritualität der souveränen Gnade Gottes am Ende nicht doch wieder von einer dualistischen Vergeltungvorstellung umzingelt wird.[35]

Aber – wenn Gott am Ende alles mit allem versöhnt, warum sollten wir uns dann bemühen, das Gute zu tun und Gerechtigkeit zu üben? So lautet eine der Fragen, die den Vertretern der Allversöhnungslehre entgegen gehalten wird. Und eine der Antworten ist, dass wir uns um das Tun des Gerechten bemühen, nicht weil uns die Angst vor der Strafe dazu antreibt, sondern weil es unserer Würde entspricht. Weil die Liebe zur Gerechtigkeit und das Tun des Gerechten vitale Aspekte unserer Lebensklugheit, unserer Souveränität und Lebensfreude sind. So preist Psalm 1 die Menschen glücklich, die am Gesetz des Herrn Lust haben und Tag und Nacht darüber nachsinnen. Er vergleicht sie mit einem Baum, der an Wasserbächen gepflanzt ist, der seine Frucht bringt zu seiner Zeit und dessen Blätter nicht verwelken. Rechtschaffenheit und Solidarität sind Ausdruck unserer Selbstachtung. Es ist ein Gebot unserer Würde, dem Recht, das unsere Gesellschaft sich in langen Kämpfen gegeben hat, mit dem eigenen Rechtsbewusstsein zuvorzukommen.

Das heißt zugleich, dass die ständige Arbeit an der Gestaltung zuverlässiger Rechtsordnungen, gerade auch für den internationalen Raum und gerade auch im Blick auf die zum Himmel schreienden ökonomischen Ungerechtigkeiten eine der zentralen zivilisatorischen Aufgaben in unseren globalisierten und interdependenten Gesellschaften bleibt. Es ist dringend nötig, die so genannten »rechtsfreien« Räume einzuschränken und der Willkür in politischen oder wirtschaftlichen Strukturen entgegenzutreten. Zugleich aber muss die Besinnung auf die **Motivation für** Gerechtigkeit über das hinausgehen, was Rechtsordnungen erreichen können. Die Motivation entspringt dem Quellgrund der Gerechtigkeit. Und das sind die Gnade und das Erbarmen.[36] Es ist gerade diese Erfahrung des Gottesfriedens, der unsere Vernunft, und damit auch die Vernünftigkeit unserer Rechtsnormen, transzendiert. Deshalb reibt sie sich unablässig an der Erbarmungslosigkeit unserer Verhältnisse.

Es mag paradox klingen, aber der Hunger nach Gerechtigkeit entspringt der Erfahrung der Fülle, die aus Gottes Gnade kommt. Dadurch gewinnt er seine innere Freiheit. Daraus kommt auch die Kraft, es immer wieder mit Gewalt und Rechtlosigkeit aufzunehmen. Wenn sich allerdings unser Hunger nach Gerechtigkeit aus dem **Mangel** an Gerechtigkeit oder der Angst vor Bestrafung ernähren müsste, wäre die Verzweiflung unser ständiger Begleiter.

Vielleicht verlieren aus diesem Grunde so viele Menschen den langen Atem, der für die Arbeit am Recht unumgänglich ist. Vielleicht finden sich deshalb so viele von uns mit dem zynischen Satz »Gewalt geht vor Recht« ab. Doch weil die Gerechtigkeit Gottes auch die Gewalt überwunden hat, folgen Christenmenschen der Einsicht: »Recht geht über Gewalt«. Sie versuchen zu beherzigen, dass die Gnade die Freiheit von der Gewalt ermöglicht und damit die Quelle der Gerechtigkeit freilegt.

Der Gottesfriede ist der weite Raum, in welchem unsere Lust an der Gerechtigkeit immer wieder neuen Atem gewinnt.

11. KAPITEL

»Es gibt kein Leid in der Welt, dass uns nicht angeht.«
Johann Baptist Metz

Reichtum kommt von Solidarität

Es ist zum Glück schon einige Jahre her, da las ich auf der Heckscheibe eines VW Golf einen Sticker mit den Worten: »Eure Armut kotzt mich an«.

Dieser Satz hat mich erschreckt, erschreckt mich heute noch. Denn er formuliert krass und knapp, was längst Wirklichkeit geworden ist: Die Kluft zwischen Reich und Arm, die sich nicht nur in unserem Land, sondern vor allem weltweit immer weiter geöffnet hat.

Die Botschaft des Aufklebers ist ein Nein zur Solidarität. »Eure Armut« ist euer Problem. Nicht meines. Ich will nichts davon hören. Mehr noch, es ekelt mich an.

11.1. Gefährdet und gesegnet

Armut und Elend. Das sind Worte für die Ängste der Menschen von Anfang an. Denn so erfahren wir uns: Ausgeliefert, gefährdet, bedroht.

Hunger und Durst sind alltäglich. Darum ist die Sorge um Lebensmittel unser tägliches Geschäft. Krankheiten und Katastrophen bedrohen unser Leben von klein auf. Darum verwenden wir viel Energie darauf, unsere Gesundheit zu schützen, uns gegen Katastrophen zu sichern. Der Tod steht uns bevor. Darum setzen wir alles daran, ihm auszuweichen, so lange es irgendwie geht. Wir kennen das. Wir wurden, pathetisch gesagt, ins Dasein geworfen, und wurden nicht gefragt, ob uns das gefällt.

Aber die Unsicherheit unseres Daseins ist nur ein Gesichtspunkt. Daneben und darunter gibt es einen anderen, nicht minder grundsätzlichen: Wir sind gesegnet und begabt.

Gesegnet sind wir mit einer Erde, deren Schätze und Güter unser Leben ermöglichen. Wir sind vom ersten Atemzug an mit den Rhythmen und

Kräften der uns umgebenden und bergenden Natur verbunden. Die ökologische Bewegung hat uns diese Einsicht wieder in Erinnerung gebracht. Die Natur ist nicht unsere böse »Stiefmutter«, wie Herder wähnte, sondern der bergende Raum, dem wir uns von einer Sekunde zur nächsten verdanken.

Es ist im Christentum zu viel von der Erbsünde die Rede gewesen. Es ist an der Zeit, auch von dem Erbsegen zu sprechen, der uns umgibt und trägt.

Wir sind begabte Wesen, ausgestattet mit den vielfältigsten Kräften des Körpers und des Verstandes und des Herzens, begnadet mit vielen Arten von Fruchtbarkeit.

Freilich muss auch dies in Erinnerung gerufen werden: Wir sind zwar alle begabt und gesegnet, aber dies doch auf denkbar unterschiedliche Weise. Die Kräfte, mit denen wir unser Leben meistern müssen, sind durchaus ungleich verteilt. Warum ist einer ein glänzender Wissenschaftler, dem alles zufällt, während ein anderer sich abquält und kommt doch auf keinen grünen Zweig? Warum sind die Kinder dieses Paares unternehmungslustig und erfolgreich, die Kinder des Nachbarn aber glücklos? Wir könnten unendlich viele ähnliche Warum-Fragen stellen. Sie alle laufen darauf hinaus, dass Verschiedenheit und Ungleichheit Merkmale der Schöpfung sind. Und der Schritt von der Ungleichheit zur Ungerechtigkeit ist kurz.

Wenn die Menschen mit diesen Unterschieden von Gott geschaffen sind, wie steht es dann um Gottes Gerechtigkeit?

Die Bibel zieht sich nicht auf die Auskunft zurück, dass Ungleichheit und Verschiedenheit vorherbestimmt seien. Sie kennt kein Schicksal, das fatalistisch akzeptiert werden muss. Einerseits hält sie fest, dass es Verschiedenheit geben muss, damit die bunte Fülle der Schöpfung überhaupt erst möglich wird. Segen muss vielgestaltig sein, um sich entfalten zu können. Das bedeutet zum andern: Die Fülle der Schöpfung lebt in dem Reichtum ihrer Beziehungen. Und so besteht auch der Reichtum der Menschen darin, in möglichst vielfältigen und intensiven Beziehungen zu existieren. Davon später mehr.

»Cogito, ergo sum«. »Ich denke, darum bin ich«, dieser berühmte Spitzensatz von René Descartes steht für viele Menschen am Anfang unserer modernen Zeit. Damit hat er eine fatale Breitenwirkung erlangt. Aber als eine Aussage über mein Dasein ist er schlicht sinnlos. Was Descartes bewegte, war die Suche nach dem letzten Rückzugpunkt in unserem Menschsein, nach einem individuum, einem Etwas, das sich nicht mehr teilen lässt. Diesen Kern findet der französische Philosoph in dem Moment des Denkens. Alles andere kann man sich wegdenken, nur das Denken selbst nicht.

Das leuchtet ein, und doch hat der Satz von Descartes insofern eine fatale Breitenwirkung ausgelöst, als er eine Tendenz zu einem künstlichen Individualismus in der abendländischen Moderne gefördert hat. Dieser äußert sich in Begriffen und Sätzen, die längst alltäglich geworden sind. »Jeder ist sich selbst der Nächste« ist so ein Satz. Von den Amerikanern haben wir das Wort »Self-made-man« gelernt und glauben am Ende wirklich, dass es das geben könne, dass ein Mensch sich selbst machen kann. Freilich besteht die Schattenseite dieses Individualismus in so einem Satz wie dem eingangs zitierten. Er tut so, als ließe sich die Armut der anderen von dem eigenen Wohlergehen trennen.

Die Bibel hat ein anderes Menschenbild. Sie betrachtet jeden Menschen als ein »mixtum compositum«, als ein von mannigfaltigsten Einflüssen bestimmtes Wesen. »Das« Individuum gibt es nach der Bibel gar nicht. Menschen kommen als Mädchen oder Jungen auf die Welt, entwickeln ihre spezifischen Eigentümlichkeiten und Charaktere als Frauen und Männer, sind so oder so begabt, so oder so belastet. Keiner von uns kommt als ein leeres Blatt auf die Welt. Vielmehr spiegelt sich in uns die Geschichte unserer Vorfahren. Keiner ist bei seiner Geburt fertig. Lebendig sein heißt kommen und gehen, und in dem allen: In Beziehungen sein. Eine Geschichte haben. In Geschichten verwickelt sein. Darum wäre es besser zu sagen: »Wir sind, darum bin ich.«[1]

Es beginnt also nicht mit dem Ich, sondern mit dem Wir. Diese Perspektive wurzelt im biblischen Schöpfungsverständnis. »Lasst *uns* Menschen machen,« heißt es in 1. Mose 1,26. »Ein Geschlecht, das *uns* gleich sei.« Diese Mehrzahl in Gott spiegelt etwas von der Fülle der Beziehungen wider. Gottebenbildlichkeit macht keinen Sinn, wenn ich sie abstrakt auf das Individuum beziehe. Sie realisiert sich in Beziehungen.

Ich kann mich hier kurz fassen, weil in dem 2. Kapitel ausführlich von der Qualität der Beziehungen die Rede war.

Darum finden sich in der Bibel keine Erfolgsgeschichten von Self-made-Männern. Sie beschreibt Reichtum als eine gemeinschaftliche Größe. Der Reichtum eines Einzelnen befindet sich immer innerhalb dieses gemeinschaftlichen Reichtums. Darin entscheidet sich, ob dieser Reichtum ein Segen ist. Wo ein Einzelner versucht, seinen Reichtum aus dem gemeinschaftlichen Wohlstand herauszulösen und für sich zu behalten, wird er zum Fluch und zur Torheit.

11.2. Drei Gestalten des Reichtums

Die Bibel spricht vom Reichtum, besser: von Wohlstand, in drei Gestalten:
- Materieller Reichtum, also die Verfügungsmacht über Lebensmittel im weitesten Sinne des Wortes. Anders gesagt: Wohlstand als Schutz gegen Verelendung und Hunger.
- Sozialer Reichtum, also glückliche Beziehungen, etwa in der (Groß-)Familie. Dazu gehören auch Ehre und Anerkennung im gesellschaftlichen Raum. Diese Art von Wohlstand ist ein mächtiger Schutz vor Vereinsamung und Verfemung.
- Spiritueller Reichtum, also fest in Gott gegründet sein, sich im Ewigen geborgen wissen und daraus Daseinsvertrauen gewinnen. Dies ist ein Wohlstand, der ein Schutz gegen die Gefahr der Sinnlosigkeit und Langeweile ist.

Wie diese Gestalten von Reichtum sich zueinander verhalten, wird in der großen und märchenhaften Geschichte von Hiob entfaltet. Von ihm heißt es: »Der war fromm und rechtschaffen, gottesfürchtig und mied das Böse. Und er zeugte sieben Söhne und drei Töchter, und er besaß siebentausend Schafe, dreitausend Kamele, fünfhundert Joch Rinder und fünfhundert Eselinnen und sehr viel Gesinde. Er war reicher als alle, die im Osten wohnen.« (1,1–3)

Aufschlussreich ist, dass die drei erwähnten Aspekte von Reichtum in umgekehrter Richtung auftreten: Zuerst wird nicht Hiobs materieller Reichtum genannt, sondern seine Frömmigkeit, seine spirituelle Nähe zu Gott. Dann folgt die zweite Dimension: Hiob hat viele Kinder, eine große Familie. Und erst an dritter Stelle folgt: Hiob hat Gesinde und Vieh im Überfluss.

Es ist bekannt, wie die Geschichte weitergeht: Eine Unglücksmeldung jagt die andere. Überfälle und Beutezüge feindlicher Stämme vernichten den riesigen materiellen Reichtum von einem Tag auf den anderen. Aber es kommt noch schlimmer: Ein einziger Orkan bewirkt, dass das Haus des ältesten Sohnes, in welchem sich alle Geschwister zum Feiern versammelt haben, in sich zusammenstürzt und alle tötet.

»Da stand Hiob auf und zerriss seine Kleider und schor sein Haupt und fiel auf die Erde und neigte sich tief und sprach: Ich bin nackt von meiner Mutter Leib gekommen, nackt werde ich wieder dahinfahren. Der Herr hat's gegeben, der Herr hat's genommen; der Name des Herrn sei gelobt« (1, 20–21).

Das einzige Gut, das noch übrig bleibt, ist sein Gottesreichtum. Und darum geht es in den langen und erbitterten Gesprächen mit seinen Freunden. Aber auch seine Frau will von diesem Reichtum nichts mehr wissen, weil der Verlust der Kinder und des materiellen Wohlstands sie verzweifeln lässt. Darum fragt sie ihren Mann: »Hältst du noch fest an deiner Frömmigkeit? Sage Gott ab und stirb!« Doch auch in dieser bitteren Lage antwortet er: »Wir haben das Gute von Gott empfangen, sollten wir das Böse nicht auch annehmen!«

Um dieses Geborgensein im Willen Gottes, so unbegreiflich er auch erscheint, geht es im Buch Hiob ganze vierzig Kapitel lang. Mit letzter Hingabe, ja bis an den Rand der Verzweiflung ringt Hiob darum, die Nähe Gottes nicht zu verlieren. Denn der Reichtum, mit dem alles steht und fällt, ist dies: In Gott sein Genüge finden. »Wenn ich nur dich habe, so frage ich nichts nach Himmel und Erde. Wenn mir gleich Leib und Seele verschmachten, so bist du doch, Gott, allezeit meines Herzens Trost und mein Heil.« (Ps 73,25f)

Das sagt sich so schnell. Aber an Hiob können wir ablesen, was das kostet. Mit dieser Geschichte im Gedächtnis will ich nun die drei Gestalten von Reichtum ein wenig entfalten!

11.2.1. Reich sein in Gott – In Gott zufrieden sein

Ich beginne mit dem, was uns in unserer gegenwärtigen Debatte um Reichtum und Armut am fernsten liegt, dem spirituellen Reichtum.

In Gott sein Genüge zu finden, reich zu sein in Gott, in Gott geborgen zu sein, dies sind für die meisten unserer Zeitgenossen unverständliche Floskeln. Es erscheint ihnen für die Frage nach Reichtum völlig irrelevant. Doch was ich damit meine, ist alles andere als bedeutungslos. Wenn ich das Wort »Daseinsvertrauen« nenne, wird, was ich im Sinne habe, vielleicht schon etwas klarer. Das tiefe, fraglose Vertrauen in mein Daseinsrecht gibt die innere Energie, die ich brauche, um irgendetwas Produktives mit meinem Leben anzufangen. »I have a right to be here«. Es ist gut, dass es mich gibt, so wie ich bin. Mehr: Es geht nicht nur ums liebe Ich, sondern darum, dass das Leben selbst verlässlich ist. Dass Sonne und Regen, Sommer und Winter, Frost und Hitze, Tag und Nacht in ihren verlässlichen Rhythmen bleiben. Dass diese großen Ordnungen des Seins vertrauenswürdig sind. Aus dieser tiefen Zuversicht kommen Lebensfreude, Unternehmungslust, Phantasie und Wagemut.

Ein solches Wohlbefinden verweist uns auf eine Größe, die jenseits von uns selbst ist. Wir verdanken uns einer Kraft, die uns voraus ist. Sie ist mehr als Vater und Mutter, mehr als das Erbe der Evolution. Sie ist der Grund des Seins.

Spiritueller Reichtum hat demnach viel mit Weisheit zu tun. Mit einer seelischen Stärke, die sich aus Quellen speist, die über unser Vermögen hinausreichen. Dies sind die Quellen, aus denen alle Formen von irdischem Reichtum hervorgehen. Und wenn alle Formen irdischen Reichtums in sich zusammenfallen, wie bei Hiob, solange diese Quelle offen ist, kann sich alles wieder herstellen.

Die Weisheit, dass wir, auch im größten Wohlleben, Angewiesene bleiben, ist der Urgrund eines bleibenden Wohlstands. Und wie wird diese Weisheit gepflegt? Wie drückt sich aus, dass wir immer und überall auf Gott angewiesen sind? Auch hier ist Hiob ein guter Lehrer. Es wird erzählt, seine sieben Söhne und drei Töchter hätten viel und gerne gefeiert. Und wenn die rauschenden Feste um waren, machte Hiob sich früh auf und opferte Brandopfer für sie alle, weil er sich dachte: »Meine Söhne könnten gesündigt und Gott abgesagt haben in ihrem Herzen.«

Hier ist deutlich zu sehen: Der spirituelle Reichtum versteht sich keineswegs von selbst. Er bedarf der Pflege. »Die Furcht des Herrn ist der Weisheit Anfang«, sagt der Psalm 111,10. Das Gebet, das Fasten, das Opfer – sie sind die Mittel und Wege, um die Empfänglichkeit der Seele für den tragenden Grund, der Gott ist, zu erhalten.

Wer diesen Urgrund leugnet, ist für die Bibel ein »Narr«. »Du Narr!«, heißt es bei Lukas, »heute Nacht wird man deine Seele von dir fordern. Und wem gehört dann, was du aufgehäuft hast? So geht es dem, der sich Schätze sammelt und ist nicht reich für Gott.« (Lk 12,20f).

Ein Narr zu sein, ist für die Bibel das Schlimmste. So nennt sie einen Menschen, der in der Illusion lebt, ohne Gott zurechtkommen zu können. Das ist für die Bibel die größte Torheit, der ein Mensch sich überlassen kann, dass er ohne Gott, also gott-los, leben zu können meint. »Die Toren sprechen in ihrem Herzen: Es ist kein Gott«. (Ps 14,1) Wenn das so ist, dann ist unsere Zeit voller Narren und Toren.

11.2.2. Sozialer Reichtum und sozialer Friede

Über den sozialen Reichtum wird in der Bibel sehr viel nachgedacht. Am Beispiel Hiobs wurde bereits deutlich, wie wichtig Söhne und Töchter sind, will sagen, die Absicherung im Alter durch die Arbeit der nächsten Generation. Diese archaische Lebensversicherung wird sogar im 4. Gebot festgeschrieben. »Du sollst Vater und Mutter ehren«, das bedeutet eben dies: Du sollst deine alt gewordenen Eltern nicht dem Elend überlassen. Darum war eine große Familie ein Segen. Das galt bei uns in Deutschland, vor allem in bäuerlichen Gesellschaften, noch etwa bis zum 2. Weltkrieg. Wo nämlich Reichtum dauerhaft sein soll, muss er sich über die Generationen hinweg erstrecken. Friedliche Verhältnisse müssen intergenerationell gedacht und entwickelt werden. Das trifft nicht nur auf vorindustrielle Gesellschaften zu, in denen Wohlstand überwiegend in Familien oder Clans übermittelt wurde. Auch in (nach)modernen Gesellschaften dürfen Kinder nicht als ein Armutsrisiko gelten. Wenn man so klug wäre, das 4. Gebot auf die Pflegebedürfnisse unserer überalterten Gesellschaft zu beziehen, würde man berücksichtigen, dass die Versorgung der alten Menschen ohne einen starken intergenerationellen Zusammenhalt nicht gelingen kann. (Wobei freilich berücksichtigt werden muss, dass die Menschen heute sehr viel älter werden als in früheren Zeiten.) Es wird zwar nicht mehr so sein, dass alte Menschen nur von ihren Kindern betreut werden, obwohl die meisten Alten nichts sehnlicher wünschen als das! Aber auch für die Betreuung in Pflegeheimen werden Schwestern und Pfleger benötigt, und es ist töricht anzunehmen, dass Roboter diese Arbeit übernehmen könnten.

Wir könnten die Gebote 5 bis 10 durchgehen und in ihnen die Leitplanken für sozialen Frieden erkennen. Nur einige Beispiele: Wer einen Menschen tötet (5. Gebot), vergreift sich nicht nur an einem Ebenbild Gottes, sondern er tötet einen Sohn, eine Tochter, einen Vater, eine Mutter. Er reißt also ein Loch in das soziale Netz und beeinträchtigt die tragende Struktur der Gemeinschaft.

Wer die Ehe eines anderen bricht (6. Gebot), beschädigt oder zerstört die tragende Struktur der Familie, verunsichert die Kinder, macht den betrogenen Partner oder die Partnerin einsam. Wer einen anderen Menschen bestiehlt (7. Gebot), zerbricht oder gefährdet seine Lebensgrundlage, und das kann unter Umständen ein Todesurteil sein. Wer ein falsches Zeugnis über seinen Nächsten spricht (8. Gebot), wer ihn also nicht nur entehrt, sondern ihn bloßstellt, ja vielleicht sogar ins Gefängnis bringt, zerstört mehr als nur einen Menschen. Er gefährdet das Netz wechselseitiger Beziehungen, das auf Vertrauen, Verlässlichkeit und Wahrheit basiert. Der Rechtsfriede in unseren Gesellschaften ist darauf angewiesen. Doch ebenso wichtig ist dieses Gebot für unsere Mediengesellschaft. Denn ein großer Teil der Medien, unter ihnen auch die so genannten »sozialen Netzwerke«, gehen fahrlässig mit Informationen um, erfinden »Wahrheiten«, manipulieren Fotos, streuen Gerüchte, stellen Mitmenschen an den Pranger. Diese Formen des »mobbing« haben schon zu viele Menschen beschädigt und nicht wenige in den Tod getrieben. Selten war das 8. Gebot aktueller als heute!

Und schließlich, wer sich dem Begehren überlässt (9. und 10. Gebot), gleichgültig, ob es sich auf das Hab und Gut des Nachbarn richtet oder auf Angehörige seiner Familie, ist ein gefährlicher Störenfried. Denn das Begehren ist das Gegenteil vom Sich-Genügen. Es unterminiert die Vertrauenswürdigkeit und Belastbarkeit jeder gesellschaftlichen Ordnung. Das »Du sollst nicht begehren …« steht in striktem Gegensatz zu der Ideologie der Werbung, die unsere Überflussgesellschaft antreibt. In ihr herrscht das Gebot: »Du sollst begehren! Je mehr, desto besser«! In deinem Begehren findest du deinen Frieden! Wie töricht mutet dieses Gebot an, das darauf hinausläuft, in der Kultivierung der ständigen Unzufriedenheit Frieden zu finden!

Sozialer Reichtum umfasst nach Auskunft der Bibel also Eheglück und Kinderreichtum, soziale Ehre und Vertrauenswürdigkeit, was dann eben auch Kreditwürdigkeit einschließt. Sozialer Reichtum ist damit ein verlässlicher Schutz gegen Unglück, Einsamkeit und Verfemung.

11.2.3. Materieller Reichtum

Erst jetzt, also erst an dritter Stelle, kann vom materiellen Reichtum die Rede sein. Die Bibel hat übrigens keine Schwierigkeit damit. Sie liebt es, Abrahams Reichtum zu beschreiben oder Jakobs Segensfülle oder Josephs üppigen Wohlstand in Ägypten. Solange die Menschen die Güter der Erde und des Himmels als Gottes Segensgabe annehmen und ehrlich verwalten, ist nichts gegen sie einzuwenden. Da kann sehr herzhaft von Liebesglück und Tafelfreuden die Rede sein. Ein verkniffener und schmallippiger Asketismus ist diesen Geschichten fremd.

Aber: Die Bibel ist ganz eindeutig: Materieller Wohlstand muss als Ausfluss des Segens verstanden werden! Wo das aus dem Blick gerät, droht Gefahr. Darum setzt hier die Kritik der Propheten ein. Ich zitiere Jeremia:

> »So spricht der Herr: Ein Weiser rühme sich nicht seiner Weisheit, ein Starker rühme sich nicht seiner Stärke, ein Reicher rühme sich nicht seines Reichtums. Sondern wer sich rühmen will, der rühme sich dessen, dass er klug sei und mich kenne, dass ich der Herr bin, der Barmherzigkeit, Recht und Gerechtigkeit übt auf Erden; denn solches gefällt mir.« (9,22f)

11.3. Die Rhythmen des Lebendigen als Kontrollen von Reichtum und Armut

Ich habe anhand der Zehn Gebote darauf aufmerksam gemacht, dass die Wahrung des sozialen Wohlstands auf Barmherzigkeit, Recht und Gerechtigkeit beruht. Was bei Jeremia zu denken gibt, ist dies: Barmherzigkeit, Recht und Gerechtigkeit sind alles andere als »Sozialklimbim«, sondern ein Zeichen von Klugheit, ein Indiz für eine intelligente Friedenspolitik und damit eine Widerspiegelung der Wege, in denen Gott in seiner Schöpfung handelt. Und wie sieht dieses Handeln aus? Wie wird die Verschiedenheit der Begabungen »organisiert«?

Ich meine, dass der Schöpfung bestimmte Rhythmen eingestiftet sind, die wir wieder entdecken müssen; denn sie hängen eng mit dem biblischen Begriff von Reichtum und Armut zusammen.

Am Anfang dieses Kapitels habe ich darauf hingewiesen, dass die Menschen durchaus nicht mit den gleichen Gaben und Begabungen auf die Welt kommen. Die Startchancen sind sehr unterschiedlich. Und was Menschen aus ihrem Leben machen, steht durchaus nicht allein in ihrer Macht, sondern hängt von vielen Faktoren ab, auf die sie keinen Einfluss haben. Verschiedenheit ist ein Merkmal der Schöpfung. Ohne sie gäbe es die Vielfalt des Lebens nicht. Sie ist nötig, ist aber zugleich auch ein Beweis für die Endlichkeit alles Geschaffenen.

Aber ist das nicht ungerecht? Wie kann Gott zulassen, dass aus dieser Verschiedenheit so viel Ungleichheit kommt?

Dieser Vorwurf, der nicht selten gerade von selbst erklärten Atheisten mit viel Emphase vorgebracht wird, ist kurzsichtig. Denn er übersieht, dass die Bibel größten Wert darauf legt, **Ausgleichsstrukturen** zu schaffen, damit aus Verschiedenheit keine Ungerechtigkeit wird. Sie weiß, dass ungleiche Ausgangsbedingungen nicht in soziale und politische Schieflagen umschlagen dürfen, welche sich notwendigerweise zu sozialen Zerwürfnissen und schließlich zu kriegerischen Auseinandersetzungen auswachsen müssen.

Da ist zuerst daran zu erinnern, dass im 5. Buch Mose Kapitel 14 von dem Zehnten die Rede ist, der jedes dritte Jahr eingezogen und den Armen und Landlosen zugeführt werden soll. Zu den Landlosen gehörten auch die Leviten, die für das kultische Leben Israels zuständig waren und darum von der ganzen Volksgemeinschaft unterhalten werden mussten. Frank Crüsemann hat dies die »erste Sozialsteuer der Weltgeschichte« genannt[2]. Die schwächsten und »überverwundbaren« Mitglieder eines Volkes müssen unterstützt werden, damit die Gemeinschaft nicht destabilisiert wird. Und, was bemerkenswert ist, sie haben ein Recht darauf! Generosität ist schön und gut, aber auf sie kann sich ein Staat nicht verlassen.

Und doch ist die Zehntensteuer für mich noch nicht das eigentlich Revolutionäre in der Bibel. Revolutionär sind **die Sabbatordnungen Israels, die sich auf die Wochen, die Jahre und die Lebensalter beziehen**.

Ich verweise zuerst auf den **Sabbat**. Er wird nach der biblischen Überlieferung mit den höchsten Ehren ausgestattet; denn nach dem Sechstage-Werk der Schöpfung ruhte Gott selbst am siebten Tage und freute sich an seinem Werk, das »sehr gut« gelungen war. Das Judentum hat diesen Sabbat in einer Klarheit bewahrt, die uns Christen angesichts unserer Sonntagslaxheit nur beschämen kann.

Es handelt sich bei der Feier des Sabbat um viel mehr als eine kultische Angelegenheit. In dem Wechsel von sechs Arbeitstagen und einem strikten Ruhetag offenbart sich ein segensvoller Rhythmus zwischen Anspannung und Entspannung, Belastung und Entlastung, Anpacken und Loslassen. Der Sabbat als Unterbrechung ist damit ein Tor zum Himmel, ein immer wiederkehrender Verweis auf die Dimension des Transzendenten in unserer immanenten Geschäftigkeit. Der Sabbat ist die ständige Kritik aller Tendenzen, die Ausnutzung und Ausbeutung von Abhängigen auf Dauer zu setzen. Wenn die Räder des Fortschritts niemals stillstehen dürfen, geht der geheime Rhythmus von Tun und Lassen zugrunde, und die sich nicht wehren können, kommen unter die Räder.

Darum ist es auch so wichtig, dass diese Sabbatruhe für die Angestellten und das Vieh gilt. Alle »Lohnabhängigen« und alle Mitgeschöpfe sollen sich dieser gottgewollten Unterbrechung erfreuen dürfen.

Mir scheint, dass uns das Gefühl für diesen Rhythmus verloren gegangen ist. Es ist nicht nur so, dass wichtige Industriezweige auf einem ununterbrochenen Betrieb bestehen. Auch wir wissen mit unseren Sonn- und Feiertagen immer weniger anzufangen. Es sei denn, wir beladen sie mit den Arbeiten, die in der Woche liegen geblieben sind. Oder wir verstopfen sie mit allerlei Zerstreuungen, welche die Werbeindustrie uns andient. Wir bleiben damit in der Tretmühle ständiger Geschäftigkeit. Ja, viele von uns bekommen es mit der Angst zu tun, wenn sie einmal eine Stunde lang nur einfach still sitzen sollen.

Aber es geht ja gar nicht nur um den Rhythmus in unserem jeweiligen Leben. Wir müssen beherzigen, dass unsere sozialen Verhältnisse davon profitieren würden, wenn wir ein vitaleres Verständnis von diesem Rhythmus hätten. Wir würden zum Beispiel die Arbeitslosigkeit sehr viel entschiedener bekämpfen, als das bislang der Fall ist. Denn es macht Menschen, vor allem junge Menschen, kaputt, wenn sie nur nichts tun sollen. Sie brauchen die Zumutungen der Arbeit und die soziale Anerkennung, die daraus erwächst. Erst dann können sie sich wirklich auf Muße einlassen. Es ist eine Form von Gewalt und darum eine Gefährdung des sozialen Friedens, wenn insbesondere junge Menschen den Eindruck bekommen, sie seien im Grunde überflüssig und auf ihre Arbeit käme es nicht an.

Die Sabbatordnungen Israels kennen auch den Rhythmus der Jahre. Das **Sabbatjahr** ist als eine Unterbrechung und Ruhezeit gedacht, zuerst für das Land selbst, aber auch für die Tiere, auch für die Menschen. (Vgl. 3. Mose 25,1ff; 5. Mose 15,1ff) Es ist zugleich ein Jahr, in dem Schulden hinfällig werden. Schuldknechtschaft soll in jedem Fall vermieden werden.

Die revolutionäre Intention des Sabbatjahres besteht darin, gravierende soziale Unterschiede zu vermeiden. So wird die natürliche Ungleichheit zwischen den Menschen durch soziale Korrekturmechanismen immer wieder ausgeglichen.

Das Sabbatjahr enthält aber ein weiteres Instrument zur Korrektur sozialer Verzerrungen und arbeitsrechtlicher Schieflagen, das bisher weithin nicht berücksichtigt wird. Leider haben sich die Gewerkschaften auf die Wochenarbeitszeit konzentriert, aber die Möglichkeiten und Aufgaben übersehen, die sich auf das Sabbatjahr und damit auf die **Rhythmisierung unserer Lebensarbeitszeit** beziehen. In der Regel stecken wir in einem Modell, das unsere Lebensarbeitszeit auf die Periode verdichtet, die zwischen dem Ende unserer Ausbildung und dem Eintritt in die Rente liegt. Sie umfasst in etwa vierzig Jahre. Diese Periode ist zugleich der Zeitraum, in dem wir eine Familie gründen, für die Ausbildung unserer Kinder sowie für die Versorgung unserer Eltern Sorge tragen müssen. Sie soll aber auch für Weiterbildung und andere Qualifizierungen benutzt werden.

Wie Arbeitsmediziner belegen können, führt diese Mehrfachbelastung in vielen Fällen zu langwierigen Erkrankungen, von denen das »Burn-out-Syndrom« derzeit am meisten diskutiert wird.

Auf der anderen Seite wächst mit der Verlängerung der Lebenszeit die Zahl der Personen, deren Renten je länger desto weniger gesichert sind. Viele von ihnen würden gerne länger arbeiten, wenn ihnen flexiblere Arbeitszeiten offen stünden.

Zugleich gibt es viele gut ausgebildete junge Menschen, für die es keine Arbeitsplätze gibt.

Wenn man also die Idee des **Sabbatjahres als ein arbeitsrechtliches Instrument** betrachten würde, mit dem man die Lebensarbeitszeit rhythmisieren könnte, dann würden sich verschiedene Vorteile ergeben. Bei einer Lebensarbeitszeit von etwa vierzig Jahren ergäben sich sechs Freijahre. Diese könnten von den Nutznießern in Entsprechung zu ihren lebenszeitlichen Gegebenheiten unterschiedlich genutzt werden, zum Beispiel als Auszeit zur Betreuung kleiner Kinder, als Spielraum für Weiterbildungsmaßnahmen oder berufliche Umorientierungen, als Freizeit zur gesundheitlichen Regeneration. Wenn alle Arbeitnehmer Anspruch auf sechs Sabbatjahre hätten, entstünden Freiräume für zusätzliche Arbeitsplätze, die von Jüngeren besetzt werden könnten. Und es gäbe Möglichkeiten für ältere Menschen, länger beruflich tätig zu bleiben. Eine finanzielle Absicherung solcher Sabbatjahre könnte so erfolgen, dass sie als vorgezogene Rentenjahre betrachtet werden. Damit ergäbe sich eine Grundversorgung, die sich durch eine Art »Sabbatjahr-Sparmodell« auf das volle Gehalt aufbessern ließe, so dass keine finanziellen Einbußen entstehen müssten.

Das sind nur Andeutungen, um zu zeigen, dass eine Verankerung des Sabbatjahres in unserem Arbeitsleben weitreichende positive Konsequenzen für die Arbeitsmedizin und die Geriatrie, aber auch für die Arbeitsmarktpolitik, die Rentenversorgung sowie die Bildungspolitik haben würde.[3]

Schließlich muss das **Erlassjahr** (oder auch »Jubeljahr«) erwähnt werden. Nach sieben mal sieben Jahren soll es ausgerufen werden, wird in 3. Mose 25 festgestellt. Jedes 50. Jahr soll ein solches Jahr sein, in welchem die Schulden erlassen und Schuldknechtschaften beendet werden. Familien, die ihre »nachalá«, ihre Erbstelle, verloren haben, sollen sie wieder zurückerhalten. Auch hier erkennen wir das Ziel, soziale Schieflagen zu korrigieren, vergleichbare Ausgangsbedingungen wieder herzustellen und so den Frieden in der Gesellschaft zu erhalten.

Es hat freilich nicht an Experten gemangelt, welche die Radikalität dieses Gesetzes mit dem Hinweis zu entkräften suchten, es habe ein solches Erlassjahr de facto vermutlich nie gegeben. Aber schon die Rechtsidee als solche ist revolutionär. Sie war im alten Israel offensichtlich auch zu Jesu Zeiten durchaus präsent; denn er hat seine öffentliche Verkündigung mit der Erinnerung an das Erlassjahr eröffnet. Bei Lukas heißt es, Jesus habe in der Synagoge von Kapernaum die Worte des Jesaja gelesen, die lauten: »Der Geist des Herrn ist bei mir, darum weil er mich gesalbt hat, zu verkündigen das Evangelium den Armen; er hat mich gesandt zu predigen den Gefangenen, dass sie los sein sollen, und den Blinden, dass sie sehend werden, und den Zerschlagenen, dass sie frei und ledig sein sollen, zu verkünden das Erlassjahr des Herrn.« (4,18ff) Danach sagte er: »Heute ist diese Schrift vor euren Ohren erfüllt.«

Es gibt freilich auch den Hinweis, dass diese Sabbatordnungen, vor allem das Erlassjahr, auf die einfachen agrarischen Strukturen des alten Israel bezogen werden müssten und darum nicht auf unsere Verhältnisse übertragbar seien. Freilich wird niemand an eine buchstäbliche Übertragung dieser Rechtsidee auf unsere gegenwärtigen komplexen Wirtschafts- und Vermögensverhältnisse denken. Trotzdem sollten Christen sich dadurch nicht in die Defensive treiben lassen, sondern konstruktiv an der Übertragbarkeit der Sabbatordnungen arbeiten. Es genügt nicht, an der Sonntagsruhe festzuhalten, so sinnvoll dies ist. Sie würde jedoch ihr traditionalistisches »Geschmäckle« verlieren, wenn deutlicher unterstrichen werden könnte, dass wir Menschen um unseres inneren Friedens und um des sozialen Friedens willen auf den Rhythmus von Arbeit und Muße angewiesen sind.

Und das gilt nicht nur für die Sonntagsruhe. Wer sich dafür stark macht, sollte auch herausstellen, wie sinnvoll das Sabbatjahr für den sozialen Frieden sein könnte und wie bedeutsam sich das Erlassjahr für den Frieden in der Wirtschaft auswirken würde.

Das revolutionäre Element in den Sabbatordnungen Israels ist der Gedanke der gezielten, rhythmisch wiederkehrenden **Unterbrechung**. Wie bereits erwähnt, wird damit dem Konzept des unbegrenzten Fortschritts oder schrankenlosen Wachstums die Spitze abgebrochen. Anders formuliert: In einer endlichen Welt muss alles endlich sein, damit die Gleichgewichte der gesellschaftlichen Kräfte nicht aus dem Lot geraten.

Wenn wir den Gedanken der Unterbrechung auf das Problem der Verelendung beziehen, kommen wir zu der Folgerung, dass diese Verarmung nicht als ein unabänderliches »Naturgesetz« betrachtet werden darf, sondern dass sie korrigierbar und überwindbar sein muss. Diese Forderung ist ja keineswegs neu. So gehört zum Beispiel die Armutsbekämpfung zu den Millenniumszielen, welche führende Politiker zu Beginn dieses Jahrhunderts ausgegeben haben. Sie haben aber nicht hinzugefügt, dass auch die fortgesetzte Akkumulation von Gütern und Kapital einer Unterbrechung bedarf. Das ist die Einsicht, die das Erlassjahr enthält, dass man nämlich **die Armut und ihre Bekämpfung nicht von dem Reichtum und seiner Bekämpfung trennen darf.** Damit aber wird das Erlassjahr gerade für unsere Zeit zu einer brisanten Forderung. Sie enthält nämlich den Gedanken, dass eine ungebremste Anhäufung von Gütern und Geld ebenso regelmäßig unterbrochen werden muss wie der ungebremste Verlust von Gütern und Kapital.

Dass Menschen Glück oder Pech haben, dass einige tüchtiger sind als andere, das gehört, wie wir gesehen haben, zu den Verschiedenheiten in der Schöpfung. Dieser Umstand darf jedoch keineswegs zu einer Bestätigung von dauerhaften Ungleichheiten oder gar zu einer Rechtfertigung von sozialen Ungerechtigkeiten führen. Das alte Israel wusste: Wenn es Untergrenzen für die Armut geben muss, muss es auch Obergrenzen für den Reichtum geben.

Eine erste und radikale Folgerung bestand in dem **Verbot, Zins zu nehmen**, wie aus 5. Mose 23,20f klar hervorgeht. (Allerdings wird das Zinsnehmen nur für Volksgenossen verboten, im Blick auf die »Ausländer« allerdings nicht!) Gerade weil dieses Verbot angesichts der ungeheuerlichen Zins- und Zinseszinsgewinne unserer Tage so utopisch erscheint, ist es nicht unwichtig, daran zu erinnern, dass das Zinsnehmen in der Christenheit bis in die Reformationszeit hinein als ethisch verwerflich galt. Hier gab es einmal **einen starken ökumenischen Konsens**, der sich biblisch begründete, der sich aber ebenso auf Aristoteles wie auf Papst Leo I., den Großen, auf Entscheidungen Ökumenischer Konzile und nicht zuletzt auf Karl den Großen beziehen konnte. Zwingli, Calvin und Luther stellten sich ausdrücklich in diesen Konsens. Das wird zum Beispiel daraus ersichtlich, dass für Calvin Zinsgeschäfte in Notlagen wie Abriss und Diebstahl zu betrachten sind.[4] Es ist auch bemerkenswert, dass der Islam innerhalb dieses Konsenses steht und diesen sogar bis heute kompromissloser bewahrt als die vormals christlichen Gesellschaften.

Nachdem sich die mehrheitlich protestantischen Länder Westeuropas im Zuge der wirtschaftlichen Entwicklungen sowie der Verselbständigung des Bankenwesens von diesem Konsens verabschiedeten, zog sich auch die katholische Kirche im 19. Jahrhundert zurück. Nur in einigen ökumenischen Aktionsgruppen wird die Diskussion fortgeführt und dabei von den etablierten Kirchen und ihren theologischen Fachleuten an den Rand gedrängt. Dabei ist spätestens seit dem Zusammenbruch der Lehman Brothers 2008 vor aller Augen, dass das um die Erde schwappende Kapital zu einer akuten Bedrohung für viele Volkswirtschaften und den Weltfrieden geworden ist.

Freilich muss eingeräumt werden, dass eine generalisierende Kritik des »neoliberalen Kapitalismus« noch keine programmatischen Alternativen eröffnet. Eine Möglichkeit, die an manchen Orten ausprobiert wird, besteht in Versuchen, sich von diesem monetären System abzukoppeln und lokal/ regional ausgerichtete Währungen auf der Basis traditioneller Tauschwirtschaften aufzubauen. Die Reichweite solcher Versuche bleibt freilich noch begrenzt.[5]

Das Erlassjahr enthält jedoch noch einen Aspekt, der über das Verbot des Zinsnehmens hinausgeht.

Das ist die Einsicht, dass es eine **zeitliche Obergrenze für die Akkumulation von Reichtum** geben und dass diese Obergrenze **berechenbar** sein muss. Im Alten Israel ging man davon aus, dass die ursprünglichen Besitzverhältnisse nach fünfzig Jahren wiederhergestellt werden sollten. Also innerhalb der durchschnittlichen Lebenszeit eines Menschen. Für die Wiederherstellung vergleichbarer gesellschaftlicher Verhältnisse wurde gleichsam eine zeitliche Schranke eingerichtet, nicht nur, um den inneren sozialen Frieden zu sichern, sondern in intergenerationeller Hinsicht eine gewisse Chancengleichheit zu gewährleisten.

Wie nötig das auch heute ist, wird an den sozialen und ökonomischen Zerklüftungen sichtbar, welche die Völker der Erde prägen. Dafür ist die so genannte »Eurokrise« seit 2008 ein dramatisches Beispiel. Dramatisch auch deshalb, weil sie innerhalb des Euro-Raumes soziale Spannungen verschärft, die längst für überwunden gehalten wurden.

Ich bin nur ein Laie, wenn es um finanzielle und ökonomische Fragen geht. Aber ich sehe, dass die Kapitalmärkte keine zeitlichen Obergrenzen für die Selbstvermehrungskraft des Geldes kennen. Sie glauben offenbar daran, dass in einer endlichen Welt das Geld unendlich sein kann. Wie illusionär dieser Glaube ist, lässt sich daran erkennen, dass es immer wieder zu Finanzkrisen kommt, in denen große Geldmengen »verbrannt« werden. Dann heißt es entschuldigend, es hätten halt einige Jongleure und Spekulanten künstliche »Blasen« erzeugt, so dass es nur »natürlich« sei, wenn sie wieder in sich zusammenfallen würden. Es wird jedoch verkannt, dass das System selbst nicht natürlich ist. Es lässt keine Strukturen zu, nach denen es wachsen, aber eben auch sterben kann.[6] Wenn man sich in Erinnerung ruft, dass es seit Beginn der 1990er Jahre immer häufiger zu Finanzkrisen kommt, mit den entsprechenden volkswirtschaftlichen Verwerfungen, dann wird offensichtlich, dass in der Selbstvermehrungsmacht des Kapitals ein Systemfehler steckt.[7] Die Welt ist nicht dafür gemacht, dass einige wenige immer mehr Geld machen.

Diese laienhaften Andeutungen mögen genügen, um die Forderung zu unterstreichen, dass die Sabbatordnungen der Bibel für die Kirchen und ihre theologischen Fachleute ein wichtiger Ansatz sein könnten, um die Bedeutung einer ökumenischen Diskussion des Reichtums voranzubringen.

11.4. Sozialkapital und Solidarität

Ich habe mit meiner Familie fünf Jahre lang in Costa Rica gelebt. Auch nach fünf Jahren hatten wir uns nicht daran gewöhnt, dass jedes Fenster des von uns gemieteten Hauses vergittert war. Jedes Haus, das etwas mehr als eine Bretterbude war, hatte diese vergitterten Fenster. Warum? Man sagte uns, das sei eine kulturelle Eigentümlichkeit, welche die spanischen Eroberer mitgebracht und eingebürgert hätten. Das mag so sein. Aber wir hatten den Eindruck, dass es noch einen ganz anderen Grund gab. Einbrüche waren so alltäglich, dass jeder sich dagegen vergittern zu müssen glaubte. Die Not der Armen war so groß und die Aussicht auf eine gerechte Ordnung der sozialen Verhältnisse so gering, dass viele von ihnen sich nahmen, was ihnen fehlte oder was sie irgendwie zu Geld machen konnten.

Noch heute, fast zwanzig Jahre nach unserer Rückkehr, wundern wir uns immer wieder darüber, dass die Menschen in Deutschland ihre Autos am Straßenrand parken, sogar die Nacht über. In Costa Rica wäre das als eine Einladung zum Diebstahl empfunden worden.

Die Reichen wohnten in riesigen Villen, aber die Straßen, an denen diese Prachtbauten standen, waren miserabel.

Es liegt mir nichts daran, Costa Rica schlecht zu machen. In anderen Ländern sind die Verhältnisse sehr viel katastrophaler. (Ich könnte zum Beispiel auch auf die Vereinigten Staaten von Amerika verweisen, wo die Reichen sich immer mehr hinter den Befestigungsanlagen ihrer »gated Communities« verschanzen. Zugleich aber leidet das Land unter einer primitiven Stromverteilung, schlechten Straßen und Brücken, einem ökologisch schädlichen Verkehrswesen, von erneuerungsbedürftigen Schulen und Universitäten nicht zu reden.) Der Verweis auf dieses mittelamerikanische Land soll allerdings begründen, warum vor der Diskrepanz zwischen privatem Reichtum und gesellschaftlicher Misere nicht eindeutig genug gewarnt werden kann. Denn auch bei uns sind Ansätze vorhanden, die in eben diese Richtung zielen.[8] Wir sollten nicht so arrogant sein zu glauben, solche Verhältnisse könnten sich bei uns nicht einstellen. Wir überdehnen die soziale Leistungsfähigkeit unserer Städte und Kommunen und die Stabilität unserer Rechtsordnungen, wenn wir mit der Entsolidarisierung unserer Gesellschaft so weitermachen, wie das spätestens in den 90er Jahren üblich geworden ist.

Sozialer Friede versteht sich nicht von selbst. Das ist ein Reichtum, den man mit Geld nicht bezahlen kann.

Anders gesagt: Reichtum kommt von Solidarität. Solidarität, nach Emile Durkheim der Zement, der eine Gesellschaft zusammenhält, ist auch das Bindemittel für sozialen Frieden. Seiner lateinischen Wurzel nach kommt der Begriff »Solidarität« von »solidus«, was so viel wie fest oder unverbrüchlich bedeutet. Solide eben.[9]

Das Wort »Solidarität« beschreibt also solide Verhältnisse, die es immer wieder zu schaffen und zu bewahren gilt. So überrascht es nicht, dass Solidarität zum Kampfbegriff der Gewerkschaftsbewegungen geworden ist.

Dabei ging es immer um mehr als Geld und gerechte Löhne. Es geht bei Solidarität immer auch um die Verlässlichkeit rechtlicher Ordnungen, um die Chancengleichheit für Kinder aus allen Schichten der Bevölkerung, um die Berechenbarkeit der Aussichten, was Berufe und Renten betrifft. Hinzu kommt die Wertschätzung für die Bürgerinnen und Bürger als Trägerinnen und Träger des Gemeinwesens (und nicht nur als »Pöbel«, wie man früher sagte, oder »trash«, wie es neudeutsch heißt, auch nicht als Stimmvieh, das alle vier Jahre an die Wahlurnen getrieben wird). Die Menschen in den Städten und Dörfern müssen mit ihren Verhältnissen zufrieden sein können. Sie müssen den Eindruck haben, dass die jeweiligen Machthaber es mit der Freiheit, der Chancengleichheit und dem Wohlstand aller Bürgerinnen und Bürger Ernst meinen. Insofern orientiert sich die Solidarität an den Schwächsten einer Gesellschaft. **An dem Wohl und Wehe der Armen entscheidet sich der Reichtum eines Volkes.**

»Eure Armut kotzt mich an«, das ist das fahrlässige und leichtfertige Motto von Menschen, die einen einseitigen, rein materiellen Reichtum anstreben und nicht wissen, welche gesellschaftlichen Risiken sie damit heraufbeschwören.

Dies gilt umso mehr in der gegenwärtigen Situation, wo Verarmung und Bereicherung längst nicht mehr an nationalen Grenzen Halt machen, sondern alle Menschen betreffen. Darum muss es heißen: Eure Armut kümmert mich. »Es gibt kein Leid in der Welt, dass uns nicht angeht.«[10]

Ein Zitat aus dem Buch »Gewalt« von Dorothee Sölle soll dies beleuchten: »Die individuelle Beliebigkeit befördert die Entsolidarisierung der Menschen. Warum interessieren Sie sich für El Salvador? fragte mich ein flotter junger Journalist. Haben Sie dort Familie? Eine andere Motivation war für ihn nicht denkbar. Die Vorstellung, dass alle, die dort gefoltert werden oder verschwinden, meine Geschwister sind, ihm nicht nachvollziehbar.«[11]

Die Beispiele aus Costa Rica sollten andeuten: Wo die gesellschaftliche Solidarität zerbröckelt, werden Gesellschaften immer anfälliger für Rechtlosigkeit, Willkür und Gewalt. Je größer die Diskrepanzen sind, desto tiefer werden Misstrauen und Verunsicherung.[12]

Soziologen sprechen davon, dass der Wohlstand einer Gesellschaft sich daran bemisst, wie »dick« die sozialen Beziehungen zwischen ihren Mitgliedern sind. Je vielfältiger Menschen miteinander verbunden sind, je intensiver sie miteinander und füreinander eintreten, desto belastbarer und zuverlässiger, desto reicher und reichhaltiger ist das gesellschaftliche Gefüge. Dieses kompakte Beziehungsgefüge wird heute gelegentlich mit dem merkwürdigen Begriff »Sozialkapital« bezeichnet. Je »dicker« dieses Beziehungsgefüge ist, je stabiler die rechtlichen und sozialen Verhältnisse sind, desto größer ist das »Sozialkapital«.

Nur: Diese Art von »Kapital« kann man nicht auf die Bank tragen. Es produziert nicht von selbst Zins und Zinseszins. Vielmehr ist jeder von uns ein »Sozialkapitalist« und haftet mit seinen ständigen »Einlagen« dafür, dass sich das soziale Netz und mit ihm der gesellschaftliche Friede erhält.

Wie weit reicht das »Sozialkapital«? Wo sind seine Grenzen?

Für viele Menschen bildet die Volkszugehörigkeit die Grenze. Das ist jedoch zu wenig. Wir leben heute in einer Welt, die zugleich globalisiert und zerklüftet ist. Mehr noch, wir Menschen müssen einen Weg zu einem Reichtum finden, der sich mit der Begrenztheit unserer Erde verträgt. Wir benötigen also eine »planetarische« Solidarität, um es mit den hemmungslosen Globalisierungsschüben der Wirtschaft und des Kapitals aufnehmen zu können.

11.5. Zusammenfassung

Kehren wir noch einmal zu Hiob zurück. Als die Zeit seiner Prüfungen vorüber war, kam der Reichtum in verschwenderischer Fülle zurück. Die Zahl der Schafe, Rinder, Kamele und Esel war kaum noch zu zählen. Es wurden ihm wieder sieben Söhne und drei Töchter geschenkt. »Es gab keine so schönen Frauen im ganzen Lande wie die Töchter Hiobs«, wird ausdrücklich vermerkt (in Hiob 42,15). Und von diesen Kindern kamen Hiob Enkel,

Urenkel und Ururenkel, bis er dann endlich »alt und lebenssatt« das Zeitliche segnete.

So märchenhaft die Geschichte Hiobs ist, sie hält doch fest, dass für die Bibel der Reichtum nichts ist, dessen man sich schämen müsste. Vorausgesetzt, man nimmt ihn aus Gottes Hand.

Das allerdings ist entscheidend. Wer die transzendentale Dimension des Reichtums missachtet, wird auch mit dem sozialen und wirtschaftlichen Frieden seine Mühe haben. Und sein materieller Wohlstand ist auf Sand gebaut. Deshalb sagen wir zu Recht: An Gottes Segen ist alles gelegen. Und die Kirchen sollten unerschrockener und unmissverständlicher auf diese spirituelle Dimension hinweisen; denn die praktizierte Gottlosigkeit nimmt überhand, gerade in Fragen des Geldes.

Anders gewendet: Die Kirchen haben allen Grund, diese Gottlosigkeit als eine neue Form von Gottesdienst zu kennzeichnen; denn nach Luther ist Gott diejenige Macht, an die ein Mensch sein Herz hängt. So gesehen, ist die Welt voller ergriffener und gieriger Diener des Geldes als der wahren Gottheit.

Wenn denn der Reichtum ein Segen sein soll, bleibt er nicht für sich, sondern wird zu einer gemeinschaftlichen Größe. Aller persönlicher Reichtum bleibt gemeinschaftlichem Wohlstand untergeordnet. Die Sozialpflichtigkeit des Eigentums, die in unserer Verfassung verankert ist, weist in diese Richtung, aber wird sie verwirklicht? Von der **Sozialpflichtigkeit des Kapitals** sind wir ohnedies weit entfernt. Für die Begrenzung des Reichtums und der Geldströme der »global players« und die Re-Regulierung der internationalen Finanzströme gibt es immer noch keine weltweit wirksamen Instanzen und Kontrollen. Darum haben wir es mit dieser im wahrsten Sinne des Wortes »verfluchten« Situation zu tun, dass der individualisierte und privatisierte materielle Reichtum der wenigen die soziale Verelendung der vielen vertieft und die nachhaltigen Lebensbedingungen der Erde zu zersprengen droht.

Wir merken: Biblisch-theologische Überlegungen zum Reichtum stellen sich als radikale Kritik unserer konkreten Reichtums- und Armutsverhältnisse dar. Was uns abgeht, ist der Mut, uns dieser Radikalität zu stellen.

Kann denn ein Reicher überhaupt selig werden? So fragten schon die Jünger. Die Evangelien antworten mit Nein und mit Ja.

Da ist der reiche Jüngling. Er wollte zu Jesus gehören, und Jesus hätte ihn wohl auch sehr gerne bei sich gehabt. Aber er wandte sich ab, weil er seine Güter nicht mit den Armen teilen wollte. Da sagte Jesus traurig: »Eher geht ein Kamel durch das Nadelöhr, als dass ein Reicher in das Reich Gottes kommt.« Seine Jünger entsetzten sich; denn auch wenn sie nicht viele weltliche Güter besaßen, so waren sie doch in ihrer Seele nicht frei von der Gier nach Reichtum und Macht. Also fragten sie den Meister: »Wer kann dann selig werden?« Jesus sah sie an und sprach zu ihnen: »Bei den Menschen ist es unmöglich. Aber bei Gott sind alle Dinge möglich.« (Mt 19,24ff)

Das ist das Nein. Aber es gibt auch das Ja. Zachäus war durch seine Zolleinnahmen ein reicher Mann geworden, jedenfalls was seine materiellen Güter betraf. Auf der anderen Seite hatte er seine Kollaboration mit den Besatzern mit einer sozialen Verarmung bezahlt; denn seine Mitbewohner in Jericho hatten ihn geächtet. Dass Jesus ausgerechnet bei ihm einkehrte und mit ihm das Mahl teilte, rief in ihm eine revolutionäre Entscheidung hervor: »Die Hälfte meiner Güter gebe ich den Armen. Und wenn ich jemand betrogen habe, das erstatte ich vierfältig.« Daraufhin sagte Jesus: »Heute ist diesem Haus Heil widerfahren; denn auch er ist Abrahams Sohn.«

Es ist wie die Wiederentdeckung der Solidarität. Zachäus trennt sich von einem großen Teil seines materiellen Reichtums und teilt ihn mit den Armen der Stadt. Er übernimmt die Strafe für seine Betrügereien, die nach den Gesetzen seiner Zeit in einer vierfältigen Erstattung bestand.

Jesus sagt: Er ist wieder Abrahams Sohn. Will sagen, er gehört wieder zu der Gemeinschaft seines Volkes.

Diesem Haus ist Heil widerfahren, sagt Jesus. Das Heil besteht, so könnte man vielleicht ergänzen, in der Revolution des Reichtums. In der entwaffnenden und überwältigenden Begegnung mit Jesus ist dem Zachäus aufgegangen, dass es eine Befreiung ist, sich von dem materiellen Reichtum zu trennen und den sozialen Reichtum zu gewinnen, nämlich den, zu der Gemeinschaft des Heils, die sich auf Abraham bezieht, zu gehören. Zachäus wird freigebig, weil er frei geworden ist. Er braucht das Geld nicht mehr, weil ihm mit dem unverhofften Besuch Jesu ein neuer Reichtum zuteil geworden ist.

So gesehen, ist Zachäus das Kamel, das durch ein Nadelöhr gegangen ist.

12. KAPITEL

Schwimmende Gärten:
Freiräume zwischen Beliebigkeit und Fundamentalismus[1]

Was ich in den letzten Kapiteln über Versöhnung, die Abschaffung des Krieges, über Gerechtigkeit, Armut und Reichtum zu schreiben versucht habe, hat etwas Utopisches. Es hat also – noch – keinen Ort in unserer alltäglichen Wirklichkeit. Es herrscht eine eigentümliche Unlust, sich mit dem Friedensthema zu befassen. Wie ist das möglich?

Ich habe den Eindruck, dass die präzedenzlose Weltlage, in der wir uns befinden, als ein diffuses Gemisch von unheilvollen und zugleich unfassbaren Bedrohungen erlebt wird und deshalb Erschöpfung und Entmutigung auslöst. Was ich Endzeitmacht und Endzeitohnmacht genannt habe, lässt viele Mitmenschen zutiefst ratlos und überfordert, aber auch irritiert und missmutig zurück.

Darum haben auf der einen Seite fundamentalistische Systeme Konjunktur. Und auf der anderen treffen wir auf vielfältige Formen von Beliebigkeit, die manchmal mit dem Stichwort (oder auch Schimpfwort) »Relativismus« bezeichnet werden. In diesem Kapitel will ich beiden Phänomenen nachgehen, weil ich sie – kurz gesagt – als Formen von Verzweiflung verstehe, die weder verharmlost noch verteufelt werden dürfen. Vielmehr erfordern sie Verständnis und Empathie, damit zwischen ihnen Spielräume für eine schöpferische Arbeit am Frieden entstehen. Damit nehme ich Überlegungen auf, die bereits früher zum Stichwort »numbing« angedeutet wurden.

Meine Überlegungen beginnen mit folgender These:

12.1. Für das Haus unseres Lebens brauchen wir stabile Fundamente

Um sie aufzubauen, benötigen wir vertrauenswürdige Menschen und verlässliche Verhältnisse. So entstehen Raumvertrauen und Zeitvertrauen.

Wir Menschen sind tiefer und vielfältiger mit den kommunikativen Systemen der Geschichte und der Natur vernetzt, als uns bewusst ist. Jeder von uns ist ein »offenes System«. Das ist unsere Chance, aber auch unsere Gefahr. Denn unsere Offenheit macht uns empfänglich für schöpferische Kräfte, sie macht uns aber auch verwundbar. Um hier halbwegs sicher manövrieren zu können, benötigen wir Grund unter den Füssen, Begründungen, die uns Orientierung vermitteln. Unsere Unternehmungslust hängt mit unserem Gefühl der Geborgenheit zusammen.

Anders ausgedrückt: Unser Leben vollzieht sich im Modus der Aneignung und Verwandlung des Vergangenen. Wir sind keine Kopien unserer Vorfahren. Wir wiederholen nicht einfach, was uns vererbt worden ist, sondern indem wir es uns zu eigen machen, verwandeln wir es auch. Darin besteht unsere Vitalität, auch die Vitalität unserer Kulturen.

Aber um diese Arbeit der Aneignung und Verwandlung tun zu können, benötigen wir stabile Orte und Räume, um uns zu vergewissern, woher wir kommen und wohin wir gehen wollen. Etwas anderes tritt hinzu: Jede Verwandlung der uns überkommenen Begründungen bedarf der Verlässlichkeit in der Zeit. Was die Psychologen »Urvertrauen« nennen, ist hier gemeint. Also: Ich kann mich nur dann aktiv und wohlgemut mit der Gestaltung meiner Lebensverhältnisse beschäftigen, wenn ich mich darauf verlassen kann, dass mein Leben von einem verlässlichen Gestern in ein verlässliches Morgen führt. Denn wir sind ausgespannt zwischen den Bindekräften der Vergangenheit und dem Sog des Zukünftigen. Und unsere Freiheit besteht nicht, wie oft gedacht wird, in der Fähigkeit, diese Bindungen und diesen Sog mutwillig zu lösen, sondern vielmehr darin, die Kräfte, die von gestern und von morgen auf uns einwirken, in spannungsreiche Energien zu verwandeln und so ein möglichst vitales Bild von dem zu gewinnen, das unserem Leben Sinn gibt. Das meine ich mit den Begriffen Raumvertrauen und Zeitvertrauen.

12.2. Fundamentalismus ist die Verabsolutierung einer Auswahl von fundamentalen Werten

mit dem Ziel, in einer als unübersehbar und bedrohlich erscheinenden Welt sicheren Boden zu gewinnen. Er ist somit eine pathologische Reaktion auf eine überkomplex gewordene Epoche. (»Festhaltementalität«)

Damit sind wir bei der Frage: Was ist Fundamentalismus? Wie entsteht er? Kurz gesagt: Fundamentalismus entsteht immer dort, wo der Raum und die Zeit für eine selbstbewusste, spannungsreiche und freie Gestaltung unseres Lebens zusammenbrechen. Fundamentalismus ist ein Leiden an einer Welt, die den Menschen den Boden unter den Füssen wegzieht.

Ich habe in diesem Buch ja schon oft darauf hingewiesen, dass viele Menschen den Eindruck haben, als würde sich um sie herum alles beschleunigen. Es ereignen sich Veränderungen, die nicht mehr zu durchschauen sind. Wer trifft die Entscheidungen? Wo werden sie gefällt?

Die Beschleunigung vieler Prozesse und ihre zunehmende Unübersichtlichkeit produzieren Verunsicherungen und damit auch amorphe Bedrohungen. Um ein Bild zu gebrauchen: Wenn die Menschen früher glauben konnten, sie siedelten gleichsam an den großen Strömen ihrer Geschichte, hätten aber doch so etwas wie festen Boden unter den Füssen, so scheint es uns heute, als seien diese Ströme über ihre Ufer getreten, als hätten sie unsere vertrauten Fundamente unterspült, unsere Lebensordnungen fortgeschwemmt, als würden sie alles und alle in einem immer schärferen Tempo mit sich fortreißen. Das ist verstörend. Wir befinden uns in einem »Strom ohne Ufer« und fragen uns: Wohin soll das führen?

Zwei Reaktionen bieten sich an. Wo der reißende Sog neuer und unübersichtlicher Entwicklungen unsere verlässlichen Fundamente untergräbt, da können wir uns entweder treiben lassen. Oder wir versuchen, uns irgendwie und irgendwo festzuklammern.

Der amerikanische Psychologe Robert J. Lifton beschreibt diese beiden Verhaltensweisen, indem er zwei Figuren aus der griechischen Mythologie heranzieht. (Dass er dabei ziemlich willkürlich vorgeht, ist eine andere Sache. Trotzdem hat seine Typologie viel für sich.)

Lifton beschreibt zum einen den Typ des Festhalters. Dieser umklammert, was er für unumstößlich hält. Doch genau dadurch wird er selbst unbeweglich. Das ist der fundamentalistische Typus.

Wir kommen damit zu einer ersten Folgerung: Wenn das Leiden an der Entwurzelung des Lebens unerträglich wird, äußert sich der Fundamentalismus als der verzweifelte Versuch, sich an bestimmte fundamentale Wahrheiten oder Werte zu klammern, um auf diese Weise so etwas wie einen neuen Halt zu gewinnen. Solche Wahrheiten und Werte können religiöse Grundüberzeugungen sein. Sie können aber auch in politischen oder ökonomischen Leitbildern oder kulturellen Ordnungen bestehen.

Ich will diese allgemeine Beobachtung später an Beispielen erläutern. Doch möchte ich bereits hier unterstreichen: Wo immer fundamentalistische Reaktionen begegnen, verraten sie zugleich sehr viel über die schmerzvollen Begleiterscheinungen gesellschaftlicher, politischer und wirtschaftlicher Umstände. Ich bezeichne diese zunächst mit dem Stichwort der »Überkomplexität«. Überkomplexität schafft Fassungslosigkeit. Und diese kann Menschen die Welt verleiden.

12.3. Eine andere pathologische Reaktion auf eine überkomplex gewordene Zeit ist das Beliebigkeitssyndrom,

also der »proteische« Verzicht auf eine eigene Position und die Anpassung an die jeweils vorherrschenden Meinungen und Mächte. (»Treibsandmentalität«)

Der bereits erwähnte Robert J. Lifton benutzt zum anderen die antike Figur des Proteus, um die Reaktion des Sich-Treibenlassens zu schildern. Proteus, das ist für ihn der Gott der Wellen, der keine eigene feste Form und Gestalt besitzt, sondern nur auf die Kräfte, die auf ihn einwirken, reagiert. So ist Proteus jemand, der wie die Wellen von einer geliehenen Macht abhängt. Wir kennen die Mächtigkeit der Wellen. Wenn ein Sturm daherkommt, türmen sie sich zu gefährlichen Wogen auf. Wenn Windstille herrscht, plätschern sie leise an den Strand.

»Proteische« Menschen sind also solche, die stark werden können, ohne in sich selbst stark zu sein. Sie reagieren auf starke Trends, aber damit verstärken sie diese auch. Sie sind Mitläufer herrschender Systeme, aber dadurch geben sie ihnen auch mehr Gewicht.

Auch ein solches Sich-Treiben-Lassen lässt sich als eine pathologische Reaktion auf eine überkomplex gewordene Welt verstehen. Wer an nichts mehr glaubt und in diesem Sinne halt-los ist, der ist eine leichte Beute aller möglichen Glücksverheißungen. Es ist genau dieser Typus, den die Werbe-, Konsum- und Unterhaltungsindustrie anspricht, benötigt und produziert. Die »Treibsandmentalität« kommt denen gerade recht, die ihre Produkte und Botschaften mit allen Mitteln der Werbung an den Mann oder die Frau bringen wollen. Proteische Menschen werden vom Markt gepriesen, er nennt sie »flexibel« und »experimentierfreudig.« Allerdings bleibt unberücksichtigt, dass diese Anpassungsfähigkeit und Beeinflussbarkeit vielleicht ein Zeichen von Erschöpfung und Verzweiflung sein könnte.

Exkurs: Da ich mich mit der Figur des »proteischen Menschen« an Lifton orientiere, muss ich hinzufügen, dass er zwar die negative Einschätzung, die ich in den Vordergrund stelle, durchaus auch teilt, dass er aber in dieser Figur auch positive Eigenschaften sieht. Sein Werk »The Protean Self« von 1993 hat den Untertitel: »Human Resilience in an Age of Fragmentation«. Damit lässt er erkennen, dass er dem proteischen Selbst die Kraft der »resilience«, also eine widerständige und konstruktive Energie, zutraut. Angesichts der Herausforderungen eines »Zeitalters der Fragmentierungen«, die Lifton sehr deutlich sieht, benötigt das Selbst eine gewisse Beweglichkeit, Anpassungsfähigkeit und Bildbarkeit, um angemessene Lösungen zu finden. Darum ist für Lifton der Proteanismus »a balancing act between responsive shapeshifting, on the one hand, and efforts to consolidate and cohere, on the other.« (S. 9)

Mein Einwand ist, dass die Denkfigur des proteischen Selbst überdehnt wird, wenn sie auch diese konstruktiven und experimentierfreudigen Energien bezeichnen soll. Darüber hinaus muss m. E. kritisch nachgefragt werden, wie sich eine so positive Beschreibung des proteischen Selbst mit Liftons durchweg negativer Charakterisierung unserer Epoche als einer »age of fragmentation« verträgt. Hängt das Selbst nicht sehr viel enger mit den gesellschaftlichen Kräften zusammen, dergestalt dass die Brüchigkeit und »Verrücktheit« (eine direkte Übersetzung von »dislocation«) der Verhältnisse auch auf das Selbst einwirkt und ihm vergleichbare Eigenschaften vermittelt?

Da ich hier gelegentlich auch von Relativismus spreche, komme ich in den Nähe eines berühmten Kritikers unserer Epoche, nämlich Papst Benedikt XVI. Er hat bereits als Kardinal von der »Diktatur des Relativismus« gesprochen. Kennzeichnend seine Predigt am 18.4.2005 im Petersdom. Im Anschluss an Eph. 4,14 führte er aus: »Wie viele Winde der Lehre haben wir in den letzten Jahrzehnten erlebt! Wie viele ideologische Strömungen! Wie viele Moden des Denkens … Das Schifflein des Denkens vieler Christen ist nicht selten von diesen Wellen bewegt worden, umhergeworfen von einem Extrem zum andern. Vom Marxismus zum Liberalismus, bis zur Libertinage; vom Kollektivismus zum radikalen Individualismus; vom Atheismus zu einer vagen religiösen Mystik; vom Agnostizismus zum Synkretismus und so weiter. Jeden Tag entstehen neue Sekten, und es verwirklicht sich, was der heilige Paulus über den Betrug der Menschen sagt, über ihre Bosheit, in den Irrtum zu führen. Einen klaren christlichen Glauben zu haben, gemäß dem Credo der Kirche, wird häufig als Fundamentalismus etikettiert. Dabei erscheint der Relativismus, das heißt, das Sich-treiben-lassen hierhin und dorthin von jedwedem Wind der Lehre, als die einzige Haltung auf der Höhe der Zeit. Es bildet sich eine Diktatur des Relativismus heraus, die nichts als definitiv anerkennt und die als letztes Maß nur das eigene Ich und seine Wünsche gelten lässt.«[2] Dies sind programmati-

12. Kapitel: Schwimmende Gärten: Freiräume zwischen Beliebigkeit und Fundamentalismus

sche Sätze, die das proteische Sich-Treiben-Lassen, dem Lifton so viel Gutes abzugewinnen weiß, als einen Ausdruck menschlicher Bosheit und Torheit bezeichnen. Kardinal Ratzinger war sich sehr wohl dessen bewusst, dass seine Position, »einen klaren Glauben zu haben, gemäß dem Credo der Kirche«, unter Fundamentalismus-Verdacht gerückt wird. Und ich bin sicher nicht der einzige, der den Eindruck gewonnen hat, dass Papst Benedikt XVI sich nicht ausreichend gegen diese Gefahr zur Wehr setzte, sondern eher einer »vatikanischen Diktatur des Fundamentalismus« in die Hände arbeitete, deren Folgen allzu viele katholische Christenmenschen zu spüren bekommen haben.

Es ist mein Eindruck, dass die immer mächtiger werdenden Medien den proteischen Menschen schaffen und wiederum auch benötigen. Die Virtualität suggeriert einen beliebigen Umgang mit Realitäten, stellt aber auch ein Ausweichen vor ihren Konsequenzen dar.[3] Auch dies versuche ich im Folgenden zu beleuchten.

12.4. Die Pandemie fundamentalistischer und »proteischer« Lebenshaltungen verweist auf gravierende Fehlentwicklungen unserer Epoche

Darum muss ihre Kritik immer auch die Selbstkritik unserer Verhältnisse einschließen.

Es ist wohlfeil geworden, andere Menschen, deren Positionen uns nicht gefallen, als »Fundamentalisten« zu bezeichnen. Das Phänomen des Fundamentalismus eignet sich jedoch nicht als Schimpfwort und schon gar nicht als (Tot-)Schlagwort. Wir beobachten auf der ganzen Welt eine Zunahme von fundamentalistischen Einstellungen, so wie wir ebenfalls vor dem globalen Phänomen proteischer Beliebigkeit stehen. Dabei handelt es sich nicht um Modeerscheinungen. Sie als solche abzutun, wäre wiederum eine proteische Reaktion. Beide Reaktionsformen verweisen auf gravierende Fehlentwicklungen unserer modernen Lebenswelt.

Ich will dies an drei Beispielen verdeutlichen.

12.4.1. Die massenhafte Entwurzelung von Menschen in den verelendenden Gebieten unserer Erde

Fünf Jahre in Mittelamerika haben mir die Gelegenheit gegeben zu beobachten, wie sich über ganz Südamerika evangelikale Glaubensrichtungen ausbreiten. Dies geschieht mit einer Schnelligkeit, welche für die etablierten Kirchen, insbesondere für die katholische Mehrheitskirche, beunruhigend ist. Diese attraktiven Gemeinden werden auch »sectas evangelicales« genannt. Wobei der Sektenbegriff die polemische Einstellung unterstreichen soll, es handele sich bei diesen Gruppen um Zerrformen des Christentums und keineswegs um neue Gestalten von Kirche. Denn sonst müsste man ja wohl den Gedanken zulassen, dass ihr Wachstum ein folgenschweres Versagen der traditionellen Kirchen anzeigt.

Freilich ist einzugestehen, dass diese evangelikalen Gemeinden und Gruppen außerordentlich vielgestaltig sind. Manche wirken pfingstlerisch, andere charismatisch, alle sind sehr biblizistisch und werden von zumeist männlichen »Geistlichen« geführt, die nicht selten diktatorisch vorgehen und gelegentlich durchaus auch in die eigene Tasche wirtschaften.

Wie dem auch sei, uns interessiert hier die Frage: Warum haben diese Gemeinden einen so großen Zulauf? Wer sind die Menschen, die sich diesen geistlichen »Führern« anvertrauen und dann eben auch unterordnen?

Es sind zumeist Menschen aus den Slums und Armenvierteln der rasch anwachsenden Städte.

Wir haben es also mit Menschen zu tun, die Opfer massiver Verelendungen geworden sind. Mit »Verelendung« meine ich nicht nur die materielle Armut. Ich meine auch die soziale und kulturelle Entwurzelung; denn die meisten von ihnen sind vom Land in die Stadt gezogen. Viele von ihnen sind dem nackten Zwang, irgendwie überleben zu müssen, gefolgt. Andere wurden von ihrem Land vertrieben. So haben sie nicht nur ihre vertraute Heimat mit ihren angestammten Lebensformen und ihren Selbstversorgungsmöglichkeiten verloren, sondern treffen nun auf eine »städtische« Situation, die sie überwältigt. Was ich »Verelendung« nenne, gleicht einem schmutzigen Fluss, der heimatlos gewordene Menschen in die chaotische Unübersichtlichkeit der Städte spült, der sie den verwirrenden Signalen von Werbung und Fernsehen aussetzt, der ihnen die Verheißungen eines schönen Lebens vorgaukelt, die sich doch immer wieder als Fata Morgana entpuppen.

12. Kapitel: Schwimmende Gärten: Freiräume zwischen Beliebigkeit und Fundamentalismus

Diese Aspekte von Verelendung geben den Menschen den Eindruck, sie befänden sich mitten in einem Weltuntergang. In der Tat, die Welt, die ihnen vertraut war, ist untergegangen, weggebrochen, fortgespült.

Für solche Menschen ist es eine große Hilfe, wenn sie eine Gemeinde finden, in denen ihnen eine einfache und klare Botschaft verkündigt wird. Wo von einem Gott die Rede ist, der seinen Getreuen einen Platz im Himmel verheißen hat, wo es endlich keine Tränen, kein Leid und kein Geschrei mehr gibt. Viel Unfassbares wird fassbar, wenn ein Prediger sagt, dass diese Welt in den Händen des Teufels und seinen bösen Mächten steckt; denn so wird der alltägliche Kampf ums Überleben erfahren. Menschen mit Weltuntergangserfahrungen verstehen aufs Wort, dass diese Erde ein Jammertal ist, das die Erwählten zu durchwandern haben, damit sie dereinst die Krone des Lebens ererben. Für sie gibt es kein wahres Leben vor dem Tod.

Das ist es, was solche Gemeinden für viele Menschen so attraktiv macht. Sie bieten ein einfaches, klares Fundament für Menschen, denen der vertraute Halt verloren gegangen ist. Es ist nur leider so, dass dieses Fundament auf rigorosen Vereinfachungen beruht. Mit der Vielschichtigkeit des biblischen Zeugnisses hat es nur noch wenig zu tun. Vor allem aber zerteilt es die Wirklichkeit auf eine dualistische Weise. Auf der einen Seite sind die (wenigen) Erwählten, auf der anderen die (vielen) Verblendeten. Auf entsprechende Weise erwartet die einen das Paradies, die anderen die Hölle. Ein wahres christliches Leben zieht sich vor der »bösen Welt« zurück und erwartet von dem wiederkommenden Christus die endgültige Unterwerfung des Antichrists und seiner Gefolgsleute. Es gehört zu diesen Vereinfachungen, dass kritische Fragen rigoros unterdrückt werden müssen. Überhaupt spielt die Theologie – sowie eine theologische Ausbildung der Pastorenschaft – zumeist eine nachgeordnete Rolle. Im Zentrum stehen eine biblizistische Auslegung sowie eine strikte persönliche Ethik. Dies ist übrigens ein Gesichtspunkt, der eine gewisse Stärke der evangelikalen Gemeinden ergibt, die nicht gering geachtet werden darf. Die elementaren Regeln einer persönlichen Ethik haben eine stabilisierende Bedeutung. Sie fördern zum Beispiel die eheliche Treue, was bei dem grassierenden Machismus in Lateinamerika ein großer Segen ist! Sie fördern die unbedingte Verantwortung für die Kinder und für ihre Ausbildung. Ein weiterer Punkt berührt die Verlässlichkeit und Ehrlichkeit bei der Arbeit. Die Folgen sind erheblich. Um die kleinen evangelikalen Gemeinden herum entstehen Inseln sozialer Stabilität.

Ich habe nur einige wenige Charakteristika skizziert und damit meinerseits Vereinfachungen vorgenommen. Doch ich hoffe, erklärt zu haben, wie aus den Erfahrungen einer tiefen Verelendung eine fundamentalistische Form von Gläubigkeit entstehen kann. Ich habe Beispiele aus Mittelamerika vor Augen, aber es gibt vergleichbare Einstellungen auch in anderen Teilen der Erde.

Wer die gewaltsamen Vereinfachungen dieser Art von Fundamentalismus kritisieren will, und dazu bestehen gute Gründe!, sollte sich freilich auch die Mühe machen, die Ursachen anzuprangern, die derartige Einstellungen hervorrufen. Die Verelendung weiter Teile der Menschheit und die Chaotisierung ihrer Lebenswelten sind der Nährboden eines religiösen Fundamentalismus, der diese Welt als Hölle erfährt und alles auf den Himmel setzt.

Und wie sieht die »proteische« Alternative aus? Wer einmal eine der riesigen Megacities des Südens erlebt hat, kann leicht nachvollziehen, dass sie wie eine Verleiblichung proteischer Zustände erscheinen. Die Chaotisierung des Alltags, die Allgegenwart mafiotischer Ausbeutung, die Aussichtslosigkeit im Blick auf Ausbildung und Beruf führen zu einem Überlebenskampf, in welchem nur das Heute gilt. Dabei muss man sich immer vor Augen halten, dass die Mehrzahl der Bewohner Kinder und Jugendliche sind. Und diesen Abermillionen junger Menschen, die ihr Leben von einem Tag zum andern erkämpfen müssen, gelten nun die Glücksverheißungen und Machtversprechungen, die vor allem von den Medien verbreitet werden. Zu ihnen gehören so kurzlebige ekstatische Ereignisse wie der Karneval. Oder die Begeisterung für den Fußball und die damit verknüpften, zumeist irrealen Träume von Aufstieg, Ruhm und Geld. Oder sexuelle Befriedigung, ohne Rücksicht auf Gefahren. Der proteische Mensch hat ja keine Zukunft. Warum sollte er sich also schützen? Das ist einer der Gründe, warum HIV-Aids sich so stark ausbreiten kann.

12.4.2. Die massive Kränkungsgeschichte in arabisch-muslimischen Ländern

Was in den »Teilwelten« der Erde (Dieter Senghaas), die wir früher die »dritte« und »vierte« Welt nannten, vor sich geht, ist uns in Europa fast ganz aus dem Blick geraten. Umso näher ist uns der so genannte »islamische Fundamentalismus« gekommen. Er findet viel Aufmerksamkeit und trifft vielerorts auch auf aggressive Ablehnung. Darum ist gerade hier darauf zu achten, dass auch diese Form des Fundamentalismus eine Art von Verzweiflung und eine Kritik der modernen Welt enthält.

Ich möchte auch hier von einem Verelendungssyndrom sprechen. Dabei geht es nicht in erster Linie um das Phänomen massenhafter Entwurzelung

12. Kapitel: Schwimmende Gärten: Freiräume zwischen Beliebigkeit und Fundamentalismus

oder materieller Verarmung, obwohl auch das eine gewichtige Rolle spielt. Dafür sind die Heere arbeitsloser junger Männer in den Slums von Kairo, Casablanca, Gaza oder Ramallah zu groß. Sie belegen, dass soziale Aussichtslosigkeit eine gewichtige Rolle spielt. Das Gefühl, überhaupt nicht gebraucht zu werden und im Grunde also überflüssig zu sein, stellt gerade für junge Menschen bereits eine tiefe Demütigung dar.

Trotzdem möchte ich ein anderes Motiv in den Vordergrund rücken. Wir können es am besten verstehen, wenn wir die Selbstwahrnehmung weiter islamischer Kreise in den arabischen Ländern als eine Kränkungsgeschichte verstehen. Was damit gemeint ist, lässt sich leicht erklären.

Für die Menschen in den islamisch-arabischen Ländern ist die Erinnerung an das Weltreich des Islam, das einmal von Spanien bis nach Indien reichte, außerordentlich lebendig. Es ist geradezu das fundamentale Symbol arabischer Identität. Die Erinnerung an die einstige Macht versteht sich nicht nur politisch, sondern auch religiös; denn der Islam begreift sich als die Ordnung Allahs für die ganze Welt. Es ist also ein theokratisches Modell von Geschichte, das den »Gläubigen« eine herrscherliche Rolle für die ganze bewohnte Erde zuspricht.

Die große Kränkung besteht nun darin, dass dieser Herrschaftsbereich Allahs seit einigen Jahrhunderten in die Hände der – aus islamischer Sicht – »Ungläubigen« geraten ist. Stück für Stück wurde er von westlichen Kolonialmächten, zuerst vor allem von Großbritannien und Frankreich erobert und regiert. In jüngster Zeit sind die USA die bestimmende Macht. Damit hängt zusammen, dass die wirtschaftlichen und zivilisatorischen Ideen und Vorgehensweisen des Westens die Lebenswelt der islamischen Völker durchdrangen und ihr Ethos unterwanderten. So verschieden diese Entwicklungen in den einzelnen Ländern auch verliefen, sie wurden doch weithin als eine traumatische Verletzung der arabisch-muslimischen »Seele« empfunden. Die Entstehung der Muslimbrüderschaft ist dafür ein treffliches Beispiel.[4]

Es sind diese Erfahrungen der Demütigung, die bis heute durch immer neue Manifestationen westlicher, vor allem amerikanischer Übermacht, verschärft werden. Dazu gehört nicht zuletzt die einseitige und unverhohlene Unterstützung Israels durch die westlichen Länder, vor allem jedoch durch die USA. Bassam Tibi erinnert an die katastrophale Niederlage der arabischen Truppen im Sechs-Tage-Krieg von 1967 und folgert: »Es ist wichtig ... zu wissen ... dass eine solche Demütigung in der Militärgeschichte seinesgleichen sucht –, um die Verletzung der arabischen Kollektivseele, die bis heute die Entwicklung bestimmt, zu verstehen. Als im April 2002 Bagdad besetzt wurde, wurde diese Erinnerung übrigens wieder belebt.«[5]

Wie soll man mit einer solchen Kränkungsgeschichte fertig werden, da sie doch die Fundamente der ererbten Identität immer wieder untergräbt? Es gibt die proteische Reaktion. Sie drückt sich darin aus, dass man, sofern man dazu die Mittel besitzt – und das Öl verschafft den Oberschichten in vielen arabischen Ländern solche Mittel im Überfluss – alle Angebote des Westens übernimmt, auch wenn er verhasst ist. Im Schutz der Paläste oder bei Aufenthalten ins Ausland kann man alle Gebote des Islam übertreten, jede nur denkbare Form von Unterhaltung erleben, bis zum Überdruss shoppen gehen.

Jedenfalls prangerte der Al-Qaida-Chef Osama bin Laden eben diese Sittenlosigkeit und Konsumhaltung bei den arabischen Eliten und Königshäusern an. Mit allen Mitteln der Gewalt versuchte er, diesen »proteischen« Konsumismus zu bekämpfen.

Doch die übergroße Zahl der arabischen Muslime kann sich diesen Lebensstil nicht leisten. Die Erfahrungen alltäglicher Demütigungen sind übermächtig. Doch wie soll man mit ihnen umgehen? Einen Feind zu suchen, ein Hass-Objekt, liegt nahe. Darum ist es auch nicht verwunderlich, wenn Hassprediger diesen schwelenden Zorn benutzen, um die Schande eines sinnlos gewordenen Lebens in bittere Feindschaft gegen die »Ungläubigen«, die »Kreuzzügler und Juden« umzumünzen.

Es ist auch nicht verwunderlich, dass die Übermacht der »westlichen« Mächte geschichtstheologisch überhöht wird. Dafür ist Sayyid Qutb ein Beleg. Für ihn war Amerika der endzeitliche »Satan«, gegen den die wahren Gläubigen mit allen Mitteln kämpfen müssen, auch und gerade unter Einsatz des eigenen Lebens.[6] Die einzige Hoffnung besteht darin, ein sinnlos gewordenes Leben durch einen ruhmvollen Tod in das nachahmenswerte Leben eines Märtyrers zu verwandeln, den die herrlichen Freuden des Paradieses erwarten. P. Münch zitiert den Sprecher der Al-Quds-Brigaden im Islamischen Dschihad von Palästina mit den Worten: »Wir wissen, dass wir jederzeit sterben können, aber wir haben keine Angst; denn das wirkliche Leben kommt erst danach.«[7]

Eingangs dieses Kapitels habe ich erwähnt, dass wir zwischen die Bindekräfte des Vergangenen und den Sog des Zukünftigen eingespannt sind und unsere eigenen schöpferischen Möglichkeiten erkunden und entwickeln müssen. Was aber geschieht, wenn diese Spannung zu einer Zerreißprobe wird, so dass ein eigenständiger kreativer Entwurf nicht mehr gelingt? Wir könnten uns, das wäre dann die proteische Möglichkeit, dem Sog des Neuen überlassen, unsere Vergangenheit abschütteln und unser Heil in einem angepassten Mitläufertum suchen. Wir könnten aber auch den Sog des Neuen als satanische Verführung verteufeln und mit aller Macht zu den Fundamenten unserer Vergangenheit zurückkehren. Dann werden die Bindekräfte unserer Vergangenheit zu einem fundamentalistischen Gefängnis.

Genau dies scheint mir bei den jungen Männern der Fall gewesen zu sein, die für die Selbstmordattentate vom 11. September 2001 verantwortlich waren. Es waren nämlich keine armen weltfremden Muslime, sondern junge Männer, die wohlhabend und intelligent genug waren, um in einen engen Kontakt mit der westlichen Lebenswelt zu kommen. Sie standen mithin genau in diesem extremen Spannungsfeld, das ich beschrieben habe. Sie hätten Amerikaner oder Deutsche werden können, wie es viele ihrer Freunde und Verwandte getan haben. Sie hätten sich den permissiven Lebensstil des »Erlaubt ist, was du möchtest« zu eigen machen können.

Damit aber hätten sie die prägenden Kräfte ihrer ererbten Kultur, die traditionellen Werte ihrer Familien, ihren angestammten Glauben und den Dienst für ihre erniedrigten muslimischen Brüder aufgeben müssen. Sie sahen sich in einer Zerreißprobe, die ihnen nur noch die Wahl zwischen Würde und Schande zu bieten schien. Es gelang ihnen nicht, ihre ererbte Geschichte mit den Möglichkeiten einer fremden Welt in einem schöpferischen Lebensentwurf zu verbinden. Darum war der Tod, der eigene wie der vieler anderer Menschen, der einzige Ausweg.

Ich versuche zu verstehen, nicht zu entschuldigen, was in den islamischen Fundamentalisten vor sich gegangen sein mag, bevor sie die Flugzeuge kaperten, um sie in das World Trade Center und das Pentagon zu jagen. Sie haben sicherlich gemeint, Allah zu dienen. Doch dass der größte und herrlichste Name Allahs der des Barmherzigen, des Allerbarmers ist, haben sie dabei aus den Augen verloren.[8] Anders ausgedrückt, sie haben die Vielgestaltigkeit im Islam nicht mehr zu sehen vermocht, sondern alles auf den dualistischen Kampf der »wahren Gläubigen« gegen Satan und seine Gefolgsleute reduziert. In diesem fundamentalistischen Horrorszenario hat die Barmherzigkeit keinen Platz mehr.

12.4.3. Im Räderwerk der modernen und nachmodernen Gesellschaft

Das dritte Beispiel führt uns in die USA.

Der Baptist Curtis Lee Laws prägte 1920 den Begriff »Fundamentalismus«, und zwar keineswegs als Kampfbegriff, sondern als Sammelbegriff für all jene evangelischen – wir würden heute sagen: evangelikalen – Gemeinden, die sich nach den fünf »fundamentals« des christlichen Glaubens ausrichten wollten. Diese sind: Die wörtliche, weil von Gott inspirierte Unfehlbarkeit der Heiligen Schrift, die Jungfrauengeburt Jesu, sein Kreuzestod als Sühne für die Sünden der Menschheit, die leibliche Auferstehung Jesu von den Toten und seine Wiederkunft als Weltenrichter am Ende der Zeiten. Der Jesus der Evangelien, seine heilende Nähe zu den Armen und seine Kritik an den Mächtigen kommen in dieser Liste nicht vor!

Gedacht war dieser »Fundamentalismus« von Anfang an als Abwehr der »liberalen« Bibelkritik, aber auch als Sammlungsbewegung gegen die »Dekadenz« der modernen Welt, ihre moralische Ambivalenz und irritierende Komplexität.

Die Reduktion des vielschichtigen biblischen Zeugnisses und der Fülle von Auslegungen in der Geschichte der christlichen Theologie auf die so genannten »fundamentals« hebt einen Grundzug fundamentalistischen Denkens hervor, nämlich seine radikale Vereinfachung, die sich sowohl gegen die hermeneutische Komplexität der Bibelauslegung als auch gegen die Vielstimmigkeit moderner Gesellschaften wendet. Mit Notwendigkeit stellt sich ein strenger Dualismus ein. Er trennt die wahren Gläubigen von der »massa perditionis«.

Während der letzten dreißig Jahre, seit der Regierungszeit von Präsident Reagan (1981–1989), ist dieser Fundamentalismus in den USA zu einer mächtigen Strömung geworden, deren politischer Einfluss kaum zu überschätzen ist. Die militärische Bekämpfung des internationalen Terrorismus (der wesentlich als ein islamischer betrachtet wird) oder der Kampf gegen die so genannte »Achse des Bösen«, aber auch die kompromisslose Unterstützung der Politik Israels sind Indizien eines tief greifenden Dualismus. Nach innen richtet sich diese dualistische Ausschließlichkeit gegen solche »Verfallserscheinungen« wie Homosexualität, gleichgeschlechtliche Ehen und Abtreibungsgesetze.

Eine Beschreibung weiterer Einzelheiten erübrigt sich.[9]

Wichtiger erscheint mir die Frage: Woher kommt diese Art von Fundamentalismus? Warum findet er gerade in der Supermacht USA so viele Anhänger? Offensichtlich kommt er nicht aus materieller und kultureller Verelendung. Er ist auch nicht die Frucht unerträglich gewordener Erniedrigungen. Ich vermute in ihm eine andere Gestalt von Elend, nämlich einen tiefen Verdruss angesichts einer überkomplexen, verwirrenden, als dekadent und korrupt empfundenen Situation.

12. Kapitel: Schwimmende Gärten: Freiräume zwischen Beliebigkeit und Fundamentalismus

Vielleicht ist es nicht übertrieben zu behaupten, dass dieser Fundamentalismus nicht mit der Macht zurechtkommt, die gerade die USA als einzig verbliebene Supermacht besitzen. (Wie lange sich dieser Status wird halten lassen, steht auf einem anderen Blatt.) Denn wo viel Macht ist, da ist auch viel Schuld. Dafür gibt es ein erhellendes Beispiel. Es ist dem offiziellen Amerika auch nach mehr als sechs Jahrzehnten unmöglich, den Abwurf der Atombomben auf Hiroshima und Nagasaki als das anzuerkennen, was es war, nämlich ein Kriegsverbrechen.[10]

Angesichts einer solchen Verantwortung gegenüber endzeitlich gesteigerter Macht ist die Antwort des Fundamentalismus auf verführerische Weise attraktiv. Denn sie macht es möglich, die menschliche Geschichte in das übergeschichtliche Drama einzuordnen, dass sich zwischen Gott und dem absolut Bösen abspielt. Und wenn man sich zudem vergegenwärtigt, dass »Amerika« sich seit seiner Gründung als Gottes erwähltes Instrument für das Gute in der Welt verstanden hat, wird die fundamentalistische Vereinfachung noch plausibler. So haben Präsident Reagan und die Präsidenten Bush sr. und jr. immer wieder ihr Land als Gottes Gefolgschaft im Kampf gegen das Böse oder die »Achse des Bösen« hinzustellen gewusst. Mit diesem Reduktionismus werden die politischen Optionen auf einmal ganz einfach. Der übergeschichtliche Dualismus gestattet eine Leugnung der eigenen Subjekt-Rolle. Er lässt intellektuelle oder moralische Skrupel im Blick auf politische Vielschichtigkeiten ebenso verblassen wie die Verantwortung gegenüber der eigenen Schuld.

Die Kehrseite dieser subtilen »Subjektmüdigkeit« ist die Aggressivität. Darum gebärdet sich dieser amerikanische Fundamentalismus außerordentlich kämpferisch. Er fühlt sich von allen Seiten bedroht, wohl weil er die Bedrohung, die von innen kommt, nicht zulassen darf. So erklären sich zu einem nicht geringen Ausmaß die erbitterten Kämpfe zwischen den Republikanern und Demokraten, zwischen Abtreibungsgegnern und -befürwortern, zwischen den Verfechtern gleichgeschlechtlicher Ehen und ihren Widersachern. Hinter diesen Kämpfen steht der unversöhnliche Gegensatz zwischen den fundamentalistischen »Festhaltern« und den proteischen Advokaten des »anything goes«.

Und es ist ja in der Tat so, dass wir gerade in den USA eine ausgeprägte Form der proteischen Beliebigkeit vorfinden. Ein »Hype« jagt den anderen. Auch komplizierte politische Debatten und Entscheidungen werden dem Diktat der Unterhaltung untergeordnet. Sie werden auf »bits and pieces« zurechtgetrimmt, die außerdem beständig von aufwändiger Werbung unterbrochen werden. Es entsteht, was ich eine »virtual dislocation« nennen möchte, also eine virtuell verstärkte mentale Verwirrung und Orientierungslosigkeit. Darum können politische Akteure und Bewegungen heute hoch im Kurs stehen und anderntags als »outdated« abgehakt werden. Je schärfer und abstruser die Positionen sind, desto größer ist die Beachtung, die sie erfahren, und freilich auch das Vergessen, dem sie alsbald anheimfallen. Das ist einer der Gründe, warum die politischen Lager in den USA so tief gespalten sind. Es erklärt auch, warum Politiker, die früher wegen ihrer Konzilianz geschätzt wurden, nunmehr ausgebootet werden, weil sie ideologisch unzuverlässig erscheinen.

Das proteische Verhalten lässt sich jedoch nicht nur, ja nicht einmal vorrangig an politischen Prozessen beobachten. Es äußert sich viel deutlicher in der Ideologie des »I am what I shop«, also in einem Konsumismus, der jeden Tag neue Befriedigung bietet und verlangt. Man geht nicht mehr in ein Geschäft, weil man etwas benötigt. Man geht shoppen und überlässt sich damit nicht nur einer gigantisch aufgeblähten Konsumindustrie, sondern lässt sich auf diese Weise auch unterhalten.

Überhaupt lebt die Unterhaltungsindustrie von der proteischen Beliebigkeit und bestärkt sie jeden Tag neu. Die elektronischen Medien haben daran einen großen Anteil. Wir machen uns vermutlich noch längst nicht bewusst, welche Revolution die elektronischen Medien während der letzten zwanzig oder dreißig Jahre verursacht haben. Man muss sich nur vor Augen halten, dass mit den Computer-Spielen inzwischen mehr Geld verdient wird als in der herkömmlichen Filmindustrie. Nicht zu vergessen sind die neuen »sozialen« Netzwerke wie »facebook« und »twitter«, in denen Millionen Menschen ihre kostbare Zeit »verbloggen« und »vertwittern«.

Mir liegt viel daran zu betonen, dass diese proteische »Treibsandmentalität« längst kein amerikanisches Phänomen mehr ist. Sie hat sich auch bei uns und in anderen Teilen der Welt ausgebreitet. Eine so nie gekannte Unterhaltungsindustrie ist beständig mit dem Geschäft der Zerstreuung beschäftigt. Das lässt sich zum Beispiel an der Rolle verdeutlichen, die große Sportveranstaltungen in den Medien spielen. Sie werden über das Jahr hin so programmiert, dass sie eine beständige Aufmerksamkeit erzielen können. Damit bildet der Sport einen wesentlichen Bestandteil der Unterhaltungsindustrie und sorgt mit dafür, dass der proteische Mensch in einer fortdauernden Erregung und Zerstreuung gehalten wird.

12.5. Schwimmende Gärten im Fluss ohne Ufer

Nach diesen drei Beispielen, die ja längst nicht detailliert genug beschrieben worden sind, ist es an der Zeit, noch einmal etwas grundsätzlicher auf die Problematik einzugehen, die sich hinter den Stichworten Fundamentalismus und Beliebigkeit verbirgt. Die amerikanische Kirchenhistorikerin und Religionswissenschaftlerin Karen Armstrong hat in ihrem eindrucksvollen Buch »The Battle for God«[11] sehr anschaulich gezeigt, dass die drei monotheistischen Weltreligionen Judentum, Christentum und Islam auf die Zeit der Moderne, deren Anfang sie bei 1492 ansetzt, mit fundamentalistischen Gegenbewegungen reagiert haben. In der Tat stehen diese religiösen Weltdeutungssysteme – das Gleiche gilt auch für Hinduismus, Konfuzianismus oder Buddhismus – vor der Herausforderung, die Botschaft ihrer alten Texte mit den Entdeckungen und Erfahrungen der Moderne zu vermitteln. Die Aufgabe der Aneignung und Transformation, die ich eingangs als ein ständiges und grundsätzliches persönliches wie gemeinschaftliches Projekt beschrieben habe, fällt allen Religionen außerordentlich schwer. Je größer die Geltung ist, die den jeweiligen Heiligen Schriften entgegen gebracht werden muss, und je unbedingter mit ihnen eine wortwörtliche Auslegungspraxis assoziiert wird, desto schwieriger und umstrittener wird es, die alten Texte mit neuen Erfahrungen und Erkenntnissen in eine schöpferische Beziehung zu setzen.

Diese Aufgabe verschärft sich nun noch einmal unter den Bedingungen unserer anthropogenen Endzeitlichkeit. Die psychische und moralische Diskrepanz zwischen dem, was machbar geworden ist und zugleich unbedingt vermieden werden muss, ist kaum auszuhalten. Ich habe bei den drei Beispielen von Weltuntergangsängsten und diffuser Verzweiflung gesprochen, also von zutiefst verstörenden Empfindungen, die nach der fundamentalistischen oder der proteischen Seite hin ausgeblendet oder unterdrückt werden müssen, wenn man irgendwie zurechtkommen will. Um wie viel massiver wird dieser Druck, wenn die Bedrohungen ubiquitär und global werden! Wenn es keine Instanzen oder Mächte zu geben scheint, die an schöpferischen und Erfolg versprechenden Lösungen arbeiten, entsteht eine profunde Aussichtslosigkeit, mit der man nicht zu leben vermag. Diesem »Dauerstress« – und dieses modische Wort scheint mir durchaus zu passen – kann man sich nur entziehen, wenn man sich in fundamentalistische Glaubensburgen zurückzieht oder in den proteischen Shopping-Malls verliert.

Ich komme damit auf die Frage zurück, die diesem Buch zugrunde liegt: Wie können wir Menschen mit einer präzedenzlosen Situation umgehen? Wie können wir mit der Überforderung und Fassungslosigkeit umgehen, die uns überfallen, wenn wir auf Bedrohungsszenarien reagieren sollen, für die wir psychisch und moralisch nicht gerüstet sind? Die weltweite Zunahme fundamentalistischer oder proteischer »Auswege« ist ein deutliches Indiz dafür, dass die Lösungswege fehlen, die sich den Menschen als angemessen und zielführend empfehlen.

Robert J. Lifton schreibt im Jahr 2000, also zur gleichen Zeit wie Karen Armstrong: »Wir beginnen erst jetzt zu begreifen, wie stark das Gespenst der globalen Vernichtung seit 1945 das menschliche Bewusstsein und das kollektive Verhalten beeinflusst hat«[12]. Lifton deutet also an, dass wir noch am Anfang stehen, wenn wir die präzedenzlose Situation, welche die Welt seit 1945 bestimmt, verstehen wollen, von einem angemessenen gemeinschaftlichen Verhalten gar nicht zu reden.

Und ich schließe mich ihm an, wenn er in verschiedenen Anläufen darauf hinweist, dass fundamentalistische oder proteische Reaktionen keineswegs eine Randerscheinung bilden, sondern ein globales Massenphänomen darstellen. Sie verraten kollektive psychologische Mechanismen, mit deren Hilfe das menschliche Bewusstsein sich der apokalyptisch erscheinenden Perspektive verweigert. Lifton hat diese Verweigerungshaltung, die er »massive denial« nennt, mit dem Phänomen der seelischen Gefühllosigkeit (»psychic numbing«) beschrieben.[13] Es fehlt also das Raum- und Zeitvertrauen, das vielen Menschen unserer Epoche die seelische Spannkraft und psychische Standfestigkeit verleihen könnte, um es mit Herausforderungen aufzunehmen, für die alle gängigen Antworten nicht ausreichen. Das aber führt zu der Frage: Wo sind denn die Orte, an denen dieses Vertrauen erfahrbar wird? Und wo sind die Gemeinschaften, in denen Menschen voneinander und miteinander Vertrauen lernen und üben können?

Im Grunde kommt den Religionsgemeinschaften eine zentrale Bedeutung zu; denn sie haben es mit »religio« zu tun. Sie sollten sich also mit den Bindungen auskennen, auf die jeder Mensch angewiesen ist. Sie geben Möglichkeiten vor, sich in dem zu verankern, das auch dann noch bleibt, wenn, emphatisch gesprochen, die Welt untergeht. Darum habe ich in dem 3. Kapitel den Glauben als ein Sich-Gründen beschrieben.

Aber ist dies nicht genau der Ansatz, der fundamentalistische Verengungen aus sich heraussetzt? Dass sich diese Gefahr unter dem Pontifikat von Papst Benedikt XVI. deutlich zeigte, habe ich vorhin bereits angedeutet. Doch diese Reaktion ist nicht zwingend. Wenn Religionen auf den Grund, der alles trägt, verweisen, öffnen sie sich für eine Macht, die alle Mächtigkeiten dieser Welt transzendiert. Ich habe eingangs geschrieben, dass wir uns oft so fühlen, als würden wir von einem rasenden Fluss, der über alle Ufer getreten ist, fortgerissen. Darum hat der christliche Glaube, zusammen mit den anderen Religionen, die Chance und auch die Aufgabe, diese Wirklichkeit nicht zu leugnen oder zu verharmlosen, sondern auf den Grund zu verweisen, der auch diesen uferlosen Fluss trägt. Wenn wir als Christen sagen, dass wir an einen Gott glauben, der als unser Schöpfer der Grund unserer Geschichte und der Ursprung unserer Zukunft ist, dann können wir uns für neue Optionen öffnen und die Sackgassen der Ratlosigkeit und Apathie aufbrechen. Wenn wir als Christen sagen, dass wir in Christus einen Erlöser haben, der in allen Turbulenzen an unserer Seite ist, öffnen wir uns für eine Kraft, welche auch unsere Schuld, an der wir zu ersticken drohen, mittragend überwindet. Wenn wir an eine Gotteskraft denken, hebräisch »ruach« genannt, die uns aus den Todeszonen herausholt und auferstehen lässt, dann geben wir die Welt nicht verloren. Wir sind, wenn ich das einmal mystisch sagen darf, von »Gott« umgeben. Gott ist das Zuhause, das alle Häuslichkeiten transzendiert. Und das gilt nicht nur für jeden Einzelnen von uns, sondern für alle anderen auch, eben auch für unsere Feinde, auch für die bunte Vielfalt der Geschöpfe, mit denen wir verschwistert sind. Was ich über Raum- und Zeitvertrauen gesagt habe, hat hier seinen Grund und Halt. Daraus entsteht die Energie, um jeden Tag neu zu beginnen. Sie wehrt sich gegen die Verachtung der Welt, wie sie bei vielen Fundamentalisten die Regel ist. Und sie setzt sich auch zur Wehr, wenn die Beliebigkeitsapostel sagen, es sei alles nicht so schlimm und es käme auf uns nicht an. Der Grund ist Gott, und Gott ist Barmherzigkeit.

Das ist leicht gesagt, aber in Wirklichkeit fällt es den christlichen Kirchen – über die anderen Religionsgemeinschaften zu urteilen, steht mir nicht zu – sehr schwer, diese transzendierende Offenheit durchzuhalten. Auch für sie ist der fundamentalistische Reduktionismus eine massive Versuchung. Doch während diese rasch in die Kritik gerät, wird die Mentalität des »Ich bin o.k. – du bist o.k.« nicht als das erkannt, was sie auch ist, nämlich eine relativistische Flucht vor klaren Positionierungen. So machen sich manche Pastoren und Pastorinnen zu »Dienstleistern«, die sich mit »religiösen Angeboten« auf dem Markt der Möglichkeiten feilbieten und keinerlei Orientierungshilfen anzubieten sich getrauen.[14]

Ich möchte im nächsten Kapitel den Versuch machen, eine Kirche zu beschreiben, die diese transzendierende Offenheit verkörpert. Aber hier soll doch kurz die Frage aufgegriffen werden, wie denn nun mit den großen Verweigerern umzugehen sei.

Wer Fundamentalisten mit Verachtung oder gar mit Gewalt bekämpfen will, wird ihnen nicht gerecht und kommt deshalb auch nicht mit ihnen zurecht. Auch hier gilt, was Paulus sagt: Liebt eure Feinde! Anders ausgedrückt: Die tiefe Ernsthaftigkeit ihrer Überzeugungen verdient Respekt. Ihr Schmerz und ihre Opferbereitschaft sind echt. Sie verdienen Hochachtung in vielen Bereichen.[15] Wenn etwas Fundamentalisten beeinflussen und verändern kann, dann sind es Beispiele dafür, dass es möglich ist, tief in Gott zu gründen und zugleich die Perversion und Gewalt der Welt zu sehen und gerade in dieser Spannung beständig nach Lösungen zu suchen, die für möglichst viele tragfähig und zukunftsfähig sind. Das ist eine Form von Solidität, die den Boden für eine tatkräftige und unerschrockene Solidarität bildet. Und Fundamentalisten brauchen sehr viel Solidarität, damit sie nicht so bleiben müssen, wie sie sind.

Und wie soll man sich zu den »proteischen« Menschen verhalten? Auch ihnen ist mit einem abschätzigen Relativismus-Vorwurf nicht gedient. Gerade in unserer beispiellosen Lage sind Menschen gefragt, die neugierig und experimentierfreudig sind und sich bereitwillig auf neue Konstellationen und Herausforderungen einlassen. Aber sie benötigen verlässliche Orte und zuverlässige Orientierungspunkte.

Vertrauen, Verlässlichkeit, Orientierung, Hoffnung. Und das in einer Situation, in der alles im Fluss zu sein scheint? Wie soll das gehen?! Vielleicht hilft folgendes Bild: Als die Spanier Mexiko eroberten, fanden sie in dem großen See, der Tenochtitlan, die Hauptstadt der Azteken, umgab, etwas Merkwürdiges vor: Es waren schwimmende Gärten, also große Flöße, auf denen die Stadtbewohner Gemüse und Obst und Blumen angepflanzt hatten. Die schwimmenden Gärten versorgten die Stadt. Als ich 1966 zum ersten Mal nach Mexico City kam, habe ich die Reste noch gesehen: Die berühmten schwimmenden Gärten von Xochimilco. Sie sind für ihre Blumenpracht bei den Einwohnern der Hauptstadt und bei Touristen beliebt.

Schwimmende Gärten im Fluss ohne Ufer – ist das ein brauchbares Bild für uns heute? Eine Alternative für die Menschen, die verzweifelt nach festen Orten suchen und doch keine finden? Aber auch für solche, die versucht sind, sich einfach treiben zu lassen und auf einmal entdecken, dass es unterwegs Möglichkeiten gibt, etwas Sinnvolles und Bleibendes zu schaffen?

12. Kapitel: Schwimmende Gärten: Freiräume zwischen Beliebigkeit und Fundamentalismus

»Schwimmende Gärten« – diese Option verheißt kein problemfreies Leben. Es ist kein Bild für touristische Idyllen, sondern lässt eher an prekäre Situationen denken, in denen um das Leben gekämpft werden muss. Aber vielleicht können wir auf anderes nicht hoffen, als Inseln der Verlässlichkeit zu bauen und Fixpunkte des Vertrauens zu pflegen und zu erhalten.

Um eine Nachbemerkung anzuschließen: Sollte es in der zweiten Hälfte dieses Jahrhunderts wirklich dazu kommen, dass tief liegende küstennahe Gebiete permanent überflutet werden, werden die Menschen, statt sich vertreiben zu lassen, sicher schwimmende Städte und schwimmende Gärten anlegen müssen. Es wird schwer werden, den festen Boden zu verlassen und auf riesigen Flößen zu siedeln. Aber es wird gehen.

1824 dichtete August von Platen:

»Venedig liegt nur noch im Land der Träume
und wirft nur Schatten her aus alten Tagen.«

Aber vielleicht ist Venedig mehr als nur ein Schatten, sondern ein Vorbild zukünftiger Städte?

13. KAPITEL

»Der Friede ist der große Auftrag der Christenheit«
Evangelisch-Lutherische Kirche in Bayern, Internet-Startseite

Kirchen des Friedens werden

13.1. Vom Beten und Fasten – Eine meditative Vorbemerkung

Die Evangelien berichten von einem Jungen, der mondsüchtig war – aber vielleicht litt er auch an epileptischen Anfällen – und den sein Vater zu den Jüngern bringt. (Ihr Meister war nicht bei ihnen, sondern auf dem »Berg der Verklärung«.) Sie vermochten nicht, ihn nicht heilen. Später, nachdem Jesus wieder zurückgekehrt war und den Jungen geheilt hatte, fragten ihn die Jünger: »Warum konnten wir den Jungen nicht von jenem bösen Geist befreien?« Jesu Antwort ist unmissverständlich: »Das liegt an eurem Kleinglauben. Wenn ihr wirklich glauben würdet, könntet ihr Berge versetzen! Dem Glauben ist nichts unmöglich!«

Und dann schließt er einen Satz an, der den exegetischen Fachleuten zufolge offenbar später hinzugefügt wurde. Er klingt wie ein Fazit: »Diese Art fährt nur aus durch Beten und Fasten.« (Mk 9,29; Mt 17,21)

Das veranlasst mich dazu, die Verbindung von Beten und Fasten neu zu bedenken, und zwar als ein **ekklesiologisches Charakteristikum**. Anders gesagt, als eine **Kurzformel für das Leben und Wirken der Kirche Jesu Christi in unserer Welt**.

Niemand würde in Frage stellen, dass das Beten zum Wesen der Kirche gehört. Eine Kirche, die aufhören wollte zu beten, wäre keine Kirche mehr. Das Beten ist mehr als das gesprochene Gebet; es ist eine Haltung geistlicher Offenheit für Gott, die sich in Dank und Lob, in Klage und Fürbitte ausdrückt. Das Beten ist die Gestalt der Empfänglichkeit für Gott, der Sehnsucht nach seiner Nähe, der Suche nach seiner Gegenwart, der Dankbarkeit für seine Barmherzigkeit. Vor allem aber ist das Beten der ständige Versuch, dem Willen Gottes Raum zu geben. Das wird in dem nächtlichen Gebetskampf Jesu mit Gott im Garten von Gethsemane auf ergreifende Weise deutlich. Am Ende stehen die Worte: »Nicht wie ich will, sondern wie du willst.« Dem entspricht die Bitte im Vaterunser: »Dein Wille geschehe, wie im Himmel so auf Erden.«

Im Gegensatz dazu gilt das Fasten als eine Ausnahme, als eine Übung, der sich wenige besonders Eifrige unterziehen. Es hat nicht den gleichen ekklesiologischen Rang wie das Beten. Offenbar kann eine Kirche, die das Fasten nicht kennt und übt, durchaus den Anspruch erheben, Kirche zu sein.

Was ist gewonnen, wenn wir das Beten und Fasten als ein Kennzeichen für Leben und Zeugnis der Kirche Christi verstehen?

Es ist als Erstes wichtig, die ursprüngliche Bedeutung des Wortes Fasten in Erinnerung zu rufen. Nach Auskunft des Grimmschen Wörterbuches beschreibt es eine Haltung, die in zwei griechischen Verben ausgedrückt wird. Da ist zum Einen das Verb »nästeuein«, also das Nicht-Essen, mithin das sich Enthalten. Zum anderen aber meint »fasten« auch das griechische »katéchein«, welches das Halten, Festhalten und Bewahren bezeichnet. Im Fasten geschieht also etwas Doppeltes: Man enthält sich einer Sache, um eine andere umso besser festhalten zu können. Man entäußert sich einer Angelegenheit, um für eine andere, wichtigere und wesentlichere, aufgeschlossener und geschickter zu sein. So bekommt das Fasten etwas Janusköpfiges. Was auf der einen Seite Enthaltsamkeit ist, stellt sich auf der anderen als Beharrlichkeit und Durchhaltevermögen dar. Auch dies verbindet das Fasten mit dem Beten; denn auch diese Haltung hat zwei Gesichter, das der Anrufung Gottes und das der schweigenden Empfänglichkeit für Gottes Wort.

Es ist nicht falsch zu behaupten, dass diese Doppelbedeutung im Begriff des Fastens im Leben der Kirchen nicht ernsthaft genug beachtet wird. Gemeinhin hat man es als einen außergewöhnlichen Ausdruck persönlicher Frömmigkeit aufgefasst. Die Bedeutung der Askese, des Verzichts auf sinnliche Genüsse wie Essen oder Geschlechtsverkehr, stand im Vordergrund. So wurde das Fasten zu einer Übung in der Heiligung; und dies verleitete dann nicht selten zu der Auffassung, das Fasten sei eine Art der Läuterung, welche die Seele für das Beten öffnet. Damit aber drehte man die Formel um und setzte das Fasten vor das Beten.

Dies wiederum zog den kritischen Einwand nach sich, das Fasten sei nichts anderes als eine Form der Werkgerechtigkeit. Dieser Verdacht spielte in den evangelischen Kirchen eine erhebliche Rolle und wurde in apologetischer und konfessionskritischer Manier gegen die katholische Kirche ins Feld geführt. Mit der Folge, dass das Fasten im Protestantismus einen geringeren Stellenwert als in der römisch-katholischen Kirche einnimmt. Erst in neueren Jahren wird das Fasten durch besondere Aktionen während der Passions- und Adventszeit wieder zur Geltung gebracht.[1] Aber auch diese Aktionen betonen das Element der Enthaltsamkeit. Darum liegt der Akzent bei den gängigen Parolen auf dem Wort »ohne«.[2]

Diese knappen Hinweise unterstreichen, dass das Fasten als eine Frömmigkeitsübung sui generis aufgefasst und vom Beten abgelöst wird. Was derlei Übungen wert sind, sei dahingestellt. Bedeutsam ist für mich, dass das Wort Jesu auf etwas anderes zielt. Es bringt das Beten und Fasten zusammen. Das Beten macht das Fasten erst möglich, so wie das Atmen das Sprechen ermöglicht. Gemeinsam bilden sie die Gestalt des Glaubens.

Wichtig ist mir vor allem, dass die Empfänglichkeit für Gott, die unser Beten ausmacht, im Modus des Fastens mit unserer Leiblichkeit verbunden wird. Das innere, oft wortlose Beten erfährt im Fasten seine Verleiblichung, seine konkrete und geschichtliche Realisierung. Was im Beten an Sehnsucht, Erwartung, Hoffnung, Leid oder Liebe vor Gott ausgebreitet wird und auf Gottes Nähe vertraut, findet im Fasten seinen geschichtlichen Ort und seine greifbare Bewährung.

Es geht also zuerst nicht um Selbstkasteiung als eine selbstquälerische Übung, sondern um eine Haltung, die dem Beten entspricht und seine konkrete Relevanz beispielhaft zeigt. Der Offenheit für Gott entspricht die Darbringung des eigenen Lebens. **Selbstenthaltung ist die Gestalt der** Unangepasstheit, ist der Widerspruch gegen ein allzu bequemes Christentum. Darin steckt auch die Bereitschaft zur Entsagung und, wenn die Umstände es erfordern, zum Leiden. Im Fasten ordnet sich unser Wille dem Willen Gottes unter, so dass er in uns groß werden und Berge versetzen kann.[3]

Darum könnten wir auch sagen, dass die Heilungen Jesu eine Gestalt seines Fastens sind, also die greifbare Seite seiner Gottesnähe, die Jesus offensichtlich beständig im Gebet gesucht hat. Auch sein Gang in die Kreuzigung ist die Außenseite seines inständigen Ringens mit Gott.

Der Kleinglaube, den Jesus anprangert, besteht darin, dass das Gebet keinen angemessenen Ausdruck im Verhalten findet. Anders gesagt: Die Jünger bitten zwar um Gottes Kraft, ordnen diese jedoch sogleich in den Rahmen ihrer eigenen Vorstellungen von dem, was möglich ist, ein. Sie glauben zwar mit allem Ernst, sind jedoch nicht bereit zuzugestehen, dass ein solcher Glaube auch die Bilder, die sie von sich selbst und ihren Möglichkeiten haben, verändern kann und will. Darum sagt Jesus zu ihnen: Wenn ihr wirklich glauben würdet, könntet ihr Berge versetzen.

13. Kapitel: Kirchen des Friedens werden

Wer das lediglich als eine metaphorische Übertreibung betrachtet, sollte sich zum Beispiel an das Mönchtum erinnern. Es ist durchaus als eine Gestalt des korporativen Fastens zu verstehen. »Ora et labora«, diese Grundformel des Mönchtums spiegelt das »Beten und Fasten« wider. Seit seinen Anfängen verleiblicht sich in ihm die Haltung der Widerspruchs gegen eine willfährige Verweltlichung der Kirche, eine souveräne Unangepasstheit, die sich mit aufopferungsvoller Solidarität verbindet. Auch wenn es in den Klöstern zu Fehlentwicklungen und missbräuchlichen Praktiken gekommen ist, in ihrem Grundsatz halten sie den Gedanken fest, dass der Gottesglaube in der Welt für Alternativen sorgen muss. Und mit dieser Einstellung haben sie die Geschichte des Nahen Ostens und Europas geprägt. Sie haben, wenn man so will, Berge versetzt.

Auch in der Gemeinschaft von Sant' Egidio verleiblicht sich diese Unangepasstheit. Sie wurde 1968 von dem damaligen Gymnasiasten Andrea Riccardi mit einer Gruppe von jungen Menschen in dem römischen Stadtteil Sant' Egidio gegründet und umfasst jetzt mehr als 60 000 Menschen in über 70 Ländern. Das Leben dieser Laienbewegung kreist um das Gebet, und im Lichtkreis dieses Betens steht die »Freundschaft mit den Armen«. Mit großer Beharrlichkeit und unter großen persönlichen Opfern ist es Sant' Egidio zum Beispiel gelungen, die verfeindeten Bürgerkriegsparteien von Mozambique zusammenzuführen, so dass sie im Oktober 1992 einen Frieden geschlossen haben, der bis heute Bestand hat.

Berge versetzt hat auch die Aktion Sühnezeichen Friedensdienste (ASF), die 1958 von Lothar Kreissig gegründet wurde. Auf der Internet-Seite von ASF wird berichtet, dass während der fünf Jahrzehnte bis heute »mehrere zehntausend Menschen durch ihre Friedensdienste kleinere und größere Zeichen gesetzt« haben. Im Mittelpunkt stehen Projekte, die ein »geschichtsbewusstes Arbeiten mit den Überlebenden des Holocausts und ihren Nachkommen« ermöglichen und sich »gegen Rassismus und Ausgrenzung – für Frieden und Toleranz, gegen das Vergessen – für eine menschliche Zukunft« richten.[4]

Wenn sich also im Fasten die im Gebet aufgerufene Gotteskraft in unsere alltäglichen Verhältnisse einmischt, dann macht sie, was wir Glauben nennen, zu einer Macht des Vertrauens in Gottes Möglichkeiten und damit auch zu der Macht des Widerstand gegen alles, was sich Gottes Willen entgegensetzt. Im Fasten äußert sich die Haltung der bewussten Verweigerung, die sich dieser Welt nicht gleich macht, weder in ihrer Verzweiflung, noch in dem, was sie für ihr Vergnügen hält. **Im Fasten entstehen die Alternativen.**

»Warum konnten wir ihn – den bösen Geist – nicht austreiben?«, fragen die Jünger ihren Meister. Dieses »Warum« geht durch die ganze Kirchengeschichte, trotz der Alternativen, von denen soeben auswahlweise die Rede war. Und es stellt sich noch einmal auf dringliche Weise angesichts der präzedenzlosen Endzeitmacht und -ohnmacht, in der sich unsere Welt befindet. Warum sind die Kirchen so hilflos? Warum vertrauen sie offensichtlich nicht darauf, dass die Wirklichkeit des Gottesfriedens gegen die erdrückenden Realitäten des Unfriedens aufgeboten werden kann?

Wie also müsste eine Kirche aussehen, die angesichts dieser Situation zum Beten und Fasten findet? Welche Gegenmodelle kann sie anbieten?

Grundsätzlich fehlt es auf allen Ebenen kirchlichen Handelns an der Einsicht, dass die Präzedenzlosigkeit der Weltlage auch präzedenzlose Umschichtungen des kirchlichen Engagements erfordert. Bislang wird der Friede als eine **zusätzliche** Aufgabe betrachtet, für die man in den Kirchenämtern und nachgeordneten Dienststellen allenfalls eine weitere Abteilung und einige zusätzliche Stellen schafft. Aber die traditionellen Prioritäten werden dadurch nicht in Frage gestellt oder verändert. Dies ist eine ernüchternde Feststellung, die im Folgenden mit einigen Beispsielen belegt werden soll.

Ein Blick auf den Internet-Auftritt der **Evangelischen Kirche im Rheinland** demonstriert, worum es mir geht: Unter der Überschrift »Glauben« tauchen auf: »Bibel und Bekenntnis, Taufe, Konfirmation, Trauung, Beerdigung, Feiertage.« Unter dem Stichwort »Handeln« erscheinen: »Mission, Kirchenmusik, Ökumene, Bildung, Verantwortung, Seelsorge, Beratung, Diakonie.«[5] (In dieser Reihenfolge!)Das Friedensthema kommt als eigenständiges Anliegen nicht vor.

Bei anderen evangelischen Landeskirchen verhält es sich nicht viel anders. So hat zum Beispiel das Landeskirchenamt der **Evangelisch-Lutherischen Kirche Hannovers** 8 Abteilungen. Die Abteilung 1 umfasst »Leitung, Kirchenleitende Organe, Kirche und Staat. Die Abteilungen 3 bis 8 sind mit »Personal, Aus- und Fortbildung«, »Bildung«, »Schule, Kirche und Jugend«, »Diakonie«, »Finanzwirtschaft und Informationstechnologie«, »Rechtsabteilung« und »Immobilienwirtschaft, Umweltschutz, kirchliche Körperschaften, Verwaltungsstellen« bezeichnet. In der Abteilung 2 sind »Theologie, kirchliche Handlungsfelder, Mission und Ökumene« zusammengefasst. Schaut man bei dem Ressort »Mission und Ökumene« genauer nach, so finden sich dort auch Öffentlichkeitsarbeit und Publizistik. Und unter der Rubrik »Ökumene« tauchen auf: »Ökumenische Diakonie, Entwicklungsdienst, Friedensarbeit.« Das Grundthema Friede ist also diesem Arbeitsbereich zugeordnet worden. Den ökologischen Fragen ergeht es nicht anders. Sie figurieren unter dem Stichwort »Umweltangelegenheiten« in Abteilung 8.

Bei dem Geschäftsverteilungsplan der Hannoverschen Landeskirche fragt man sich, warum in dem Büro des Landesbischofs zwar der Datenschutzbeauftragte und die Gleichstellungsbeauftragte angesiedelt sind, aber warum ein Koordinationsbüro »Klimawandel und Schöpfungsfriede« fehlt.[6] Wenn wir einen Blick auf die **Evangelisch-Lutherische Kirche in Bayern** werfen, so kommen wir zu einem ähnlichen Bild. Zwar steht auf der Internet-Startseite der programmatische Satz: »Der Friede ist der große Auftrag der Christenheit.« Das Organigramm hingegen verrät eine traditionelle Anordnung der Aufgaben, auch wenn nicht verkannt werden darf, dass Gesichtspunkte der Nachhaltigkeit sowohl im Finanzgebaren der Bayerischen Landeskirche als auch im Ressort für Ökumene auftauchen. Beim Landesbischof sind die Themenbereiche »Kirche, Staat, Gesellschaft« sowie ein »theologisches Planungsreferat« angegliedert. Damit sind die Strukturen vorhanden, die eine rasche Neuorientierung auf die präzedenzlosen Gefahren unseres Jahrhunderts ermöglichen.[7]

Es scheint mir angebracht, den kritischen Blick nicht nur auf die Schwerpunktsetzungen evangelischer Landeskirchen zu lenken, sondern auch die Frage zu stellen, in welcher Form **die theologischen Fakultäten auf die präzedenzlosen Bedrohungen reagieren**. Hier wird die Suche allerdings sehr viel mühsamer. Wenn man sich z. B. die Studienordnung des Fachbereichs Evangelische Theologie der Universität Hamburg für die erste theologische Prüfung ansieht, bekommt man nicht den Eindruck, als sei ein Bewusstsein für die beispiellose Situation, in der sich die auszubildenden Theologen auf möglichst kompetente Weise werden zurechtfinden müssen, vorhanden. So werden zum Beispiel die Aufgaben der Systematischen Theologie wie folgt beschrieben:

> »Die Studierenden erwerben vertieftes Wissen in den Teildisziplinen Dogmatik und Ethik durch eigenständiges Studium von Quellen und fachwissenschaftlicher Literatur. Sie werden vertraut mit alternativen Konzeptionen und einem exemplarischen Entwurf systematischer Theologie unter den Bedingungen der Moderne oder einem exemplarischen Thema (z. B. Gottesverständnis, Schöpfungslehre, Christologie, Pneumatologie oder Eschatologie). Sie bilden Kompetenzen für den interdisziplinären, ökumenischen und interreligiösen Dialog aus.

Im Bereich der Ethik gewinnen die Studierenden Kenntnisse der angewandten Ethik (Bioethik, Wirtschaftsethik, Sexualethik, Ethik des Politischen, Rechtsethik etc.) oder sie studieren einen exemplarischen ethischen Entwurf. Sie schulen ihre Deutungskompetenz im Blick auf den Gegenwartsbezug der Theologie.«[8]

Was hier mit den Stichpunkten »Bedingungen der Moderne« und »Gegenwartsbezug der Theologie« angedeutet wird, ist außerordentlich ungenau und selektiv. Darüber hinaus ist ein Verständnis für die beispiellose Weltlage und die daraus resultierenden Herausforderungen für die Theologie gar nicht erkennbar. Das ist vermutlich auch eine Folge einer wissenschaftshermeneutischen Befangenheit, unter der gerade auch die Theologie leidet, weil sie sich mit ihrem grundsätzlichen Bezug auf die Ursprungstexte des christlichen Glaubens in einer ständigen Auseinandersetzung mit überlieferten Weltdeutungen befindet.[9] Diese Befangenheit wird zum Beispiel an der allgemeinen Beschreibung der Aufgaben des Faches Systematische Theologie deutlich, wie sie die Evangelische Fakultät der Tübinger Universität beschreibt. Darin heißt es:

»Das Fach Systematische Theologie hat die Entfaltung des Wirklichkeitsverständnisses des christlichen Glaubens im Zusammenhang der Lehre der Kirche und im Gespräch mit dem Wahrheitsbewusstsein der Gegenwart zur Aufgabe. Die Fundamentaltheologie/Religionsphilosophie beschäftigt sich mit der Frage der Entstehung und Verfassung des christlichen Glaubens im Dialog mit der Philosophie und im Kontext der Vielfalt der Religionen und Weltanschauungen. In der Dogmatik werden das Gottesverständnis, das Menschenbild und die Weltsicht des christlichen Glaubens *auf dem Boden der biblischen Überlieferungen und in Beziehung zur kirchlichen Lehrtradition* dargestellt. Die Ethik reflektiert die umfassende Handlungsorientierung des christlichen Glaubens in der Entfaltung des christlichen Ethos, auch im Blick auf einzelne Bereiche ethischer Urteilsbildung. *Die Auseinandersetzung mit der Wahrheitsfrage ist der gemeinsame Schwerpunkt systematisch-theologischer Arbeit.*[10]

Was in Hamburg und Tübingen die Regel ist, dürfte auch für die anderen Fakultäten zutreffen. Das klassische Modell der theologischen Ausbildung mit den Fachbereichen Altes Testament, Neues Testament, Kirchengeschichte, Systematische Theologie/Ethik und Praktische Theologie verhindert vitale Auseinandersetzungen mit den brennenden Problemen unserer Zeit. Es überrascht daher nicht, dass auch die Pfarrerinnen und Pfarrer, welche durch diese Schule gegangen sind, mit einem traditionellen Verständnis der Funktionen der Theologie in ihre praktische Gemeindearbeit eintreten und dort dann in der Regel auch sehr rasch von den traditionellen Erwartungen und Aufgaben der Gemeindearbeit überwältigt werden. Darum empfinden auch sie die Forderungen nach einer vertieften Beschäftigung mit den Herausforderungen der Gegenwart als eine zusätzliche Aufgabe und reagieren nicht selten mit Unmut und Verweigerung.

Nach diesem kurzen Überblick über die Lage in landeskirchlichen Leitungsämtern sowie in theologischen Fakultäten kehren wir zu der Frage zurück, wie das »Beten und Fasten« angesichts der selbstgemachten endzeitlichen Gefahren unserer Zeit aussehen könnte. Mit Blick auf die massive, um nicht zu sagen fundamentalistische Traditionslastigkeit der Kirchen, Fakultäten und der Pfarrerschaft erscheint es nachgerade als absurd, eine solche Frage auch nur zu stellen. Aber auch eine solche Resignation wäre ein Zeichen von Kleinglauben. Darum will ich im Folgenden versuchen, einige Vorschläge zum »Beten und Fasten« heute zu machen. Angesichts einer weltweit grassierenden Ideologie des Wachstums, einschließlich des »grünen« Wachstums (»green growth«), äußert sich das Fasten heute in der Gestalt einer Kultur des Widerstands und der Genügsamkeit (was ja nicht Einfallslosigkeit bedeutet). Die Haltung des Fastens verleiblicht sich in dem Mut der Verweigerung, wenn es um die Militarisierung der Weltpolitik geht. Gegen die Unkultur der Gewalt setzen die Kirchen eine Kultur der Gewaltfreiheit.

Diese grundsätzliche These soll nunmehr auf verschiedene Ebenen kirchlichen Lebens bezogen werden.

13.2. Die Gemeinden vor Ort – Zentren der Zuversicht und Höfe des Schöpfungsfriedens

Das Augenmerk soll zuerst der Gemeinde vor Ort, der lokalen Kirche, dienen, und zwar vor allem deshalb, weil sie nach wie vor der Platz ist, an dem sich Christenmenschen in der Regel zusammenfinden. Die Kirchentage und Großveranstaltungen bilden die Ausnahme (und beziehen ihre Attraktivität nicht zuletzt auch aus ihrer Ausnahmestellung). In den Gemeinden vor Ort geht es um Formen des nachhaltigen Engagements. Hier finden sich die Frauen und Männer, die sich um ein christliches Glaubensleben bemühen, die auch bereit sind, Verantwortung für die Welt auf sich zu nehmen, die sich jedoch oft auch recht hilflos fühlen, wenn sie von den globalen Entwicklungen hören. »Was können wir schon tun!« sagen sie. Oder: »Wir tun schon, was wir können!« Da die Zahl derer, die sich zur Gemeinde halten, immer mehr abnimmt, sind die – wenigen – Aktiven oft überlastet. Was Wunder, dass sie sich gegen Aufgaben wenden, die sie als zusätzliche Aktivitäten empfinden. Das gilt, wie bereits angedeutet, nicht zuletzt für die Pastorinnen und Pastoren.

Und doch lebt die Kirche in und von den Gemeinden vor Ort. Was dort nicht geschieht, an Ort und Stelle, geschieht gar nicht. Die Gemeinden sind Experimentierfelder der Hoffnung, des Glaubens und der Liebe. In ihnen bekommt der Friede Gottes, der in den Gottesdiensten regelmäßig angerufen wird, Gesicht und Gestalt. Trotz der großen gesellschaftlichen Mobilität spielt sich ein großer Teil des alltäglichen Lebens im Nahbereich ab. Darum muss die Kirche im Dorf bleiben, wie man früher sagte, also nahe bei den Menschen, vor allem nahe bei den Kindern; denn ihr Blick auf das Leben gewinnt seine prägenden Konturen zuerst zu Hause, dann aber in der Nachbarschaft, zu der – hoffentlich! – auch die Kirche gehört.

Es sind zumal die Kinder, die sehr empfindsam auf die großen Gefahren, die sich vor ihnen auftürmen, reagieren. Auf diffuse Weise ahnen sie, dass ihnen Bedrohliches bevorsteht. Sie haben es allerdings weniger schwer, mutig und selbstbewusst mit ihren Ängsten und Befürchtungen umzugehen, wenn sie mit Menschen aufwachsen, die sich nicht haben unterkriegen lassen. Und wenn die Kinder die Erfahrung machen, dass ihre Kirchengemeinde ein Ort der Zuversicht, ein Haus des Friedens, der Zivilcourage und der politischen Anwaltschaft ist, dann werden sie vielleicht auch zuversichtlicher, friedfertiger und couragierter.

Aber sind die Kirchengemeinden solche Zentren der Zuversicht und solche Höfe des Friedens?

Furth zum Beispiel. Mit neidvoller Bewunderung lese ich, dass dieses Dreitausend-Seelen-Dorf in der Nähe von Landshut inzwischen drei Viertel der benötigten Energie direkt vor Ort und auf ökologische Weise produziert. Hundert Prozent sind es in wenigen Jahren.[11] Begonnen hat dieses Projekt mit dem »grünen« Lehrer Dieter Gewies, der 1973 von München nach Furth zog, der 1996 (als Grüner!) zum Bürgermeister gewählt und jüngst mit 93 % zum vierten Mal wiedergewählt wurde. Die Gemeinde Furth ist zu einem Modell geworden, dass inzwischen an vielen Orten nachgeahmt wird. Wohlgemerkt, es handelt sich um die politische Gemeinde Furth, ob die Kirchengemeinden von Furth etwas dazu beigetragen haben, davon weiß der Artikel nichts zu berichten.

Es ist eine Schande, dass die ökologische Umrüstung der Kirchen und Gemeindehäuser immer noch nicht vollzogen worden ist, obwohl, wie erwähnt, die Notwendigkeit dafür bereits 1975 auf der 5. Vollversammlung des Ökumenischen Rates der Kirchen in Nairobi erkannt worden ist und obwohl es inzwischen ausgezeichnete Umweltmanagement-Programme gibt.[12] Immer noch steht es den Gemeinden frei, den emissionsneutralen Umbau ihrer Gebäude und ihrer Verwaltungen voranzutreiben oder eben zu unterlassen. Es gibt über 16100 Gemeinden im Raum der Evangelischen Kirche in Deutschland, aber nur wenig mehr als fünfhundert von ihnen haben den »Grünen Hahn« erworben.

Wo steht geschrieben, dass jede Kirche eine Orgel haben müsse? Es gibt unendlich viele Kirchen in aller Welt, die sehr gut ohne dieses Instrument zurechtkommen. Dabei will ich gar nicht bestreiten, dass es wundervolle Kompositionen für Orgel gibt, und dass es ein Jammer wäre, wenn sie nicht zu Gehör gebracht werden könnten. Aber es gibt doch zu denken, dass die Orgel bei den Römern dazu diente, die blutigen Darbietungen in ihren Arenen zu untermalen. Weshalb denn auch die frühen Christen auf dieses Instrument verzichteten, weil sie sich noch daran erinnerten, dass viele von ihnen unter Orgelklängen zu Tode gebracht worden waren. Doch das ist längst vergessen. Es gilt als selbstverständlich, dass jede Kirche mindestens eine Orgel hat. Aber dass jede Kirche ihre Solaranlage (oder vergleichbare alternative Energieträger) hat, ist längst noch nicht selbstverständlich. Ein trauriges Indiz für die traditionelle Befangenheit der Gemeinden!

Die Vollversammlung des ÖRK in Vancouver 1983 hat die Trias von Gerechtigkeit, Frieden und Bewahrung der Schöpfung als Leitziel kirchlichen Lebens formuliert. Langsam hat das Stichwort der Schöpfungsbewahrung seinen Weg auf die Kanzel gefunden. Wann aber findet es endlich seinen Weg auf die Dächer?

Es wäre also ein Aspekt des Fastens, das Umweltmanagement für jede Kirchengemeinde als einen verbindlichen Ausdruck ihres Verkündigungsauftrages zu betrachten und nicht als eine Beliebigkeit.[13] Darüber hinaus wäre es auch eine Verleiblichung dieses Verkündigungsauftrages, wenn die Ortsgemeinden die Grundstücke, auf denen ihre Kirchen stehen, nicht länger nur als Parkplätze zupflastern würden, wo sie doch ein vitales Interesse an der Reduzierung der Auto-Mobilität haben müssen!, oder als parkartige Anlagen ausgestalten würden. Wo immer möglich sollte ein Teil des Grundstücks als **Gemeindegarten** nutzbar gemacht werden. Für einen solchen Blumen-, Gemüse- und Obstgarten würden sich sicher Hobbygärtner und

Jugendliche finden. Dann käme der Blumenschmuck für die Kirche aus dem eigenen Garten. Vielleicht könnte ein solches Projekt zusammen mit einer benachbarten Schule oder als Treffpunkt für Menschen mit »Migrationshintergrund« konzipiert werden. Solche Gärten wären eine handgreifliche Verdeutlichung dessen, was liturgisch mit dem »Tag der Schöpfung« gemeint ist. Wenn es sie gäbe, könnte der »Tag der Schöpfung« als ein Gemeinde-Schöpfungsfest gefeiert werden.[14]

Ich habe mit Vorschlägen zum Stichwort »Schöpfungsbewahrung« begonnen, weil ich beobachte, dass dieser Aspekt des Gottesfriedens in den Gemeinden immer noch besonders unterentwickelt ist. Wenn der »gerechte Frieden« auch für die Arbeit in den Gemeinden zu einem Leitbegriff werden soll, muss er die Rechte der Tiere und Pflanzen einschließen und einen empathischen Umgang mit unserer Mitwelt einüben.

Aber es gehört zu unserem Verständnis des Gottesfriedens natürlich auch der soziale Friede. Und da ist es notwendig, dass die Ortsgemeinden sich wieder neu als **Friedenshöfe** verstehen. Ich habe an anderer Stelle bereits darauf hingewiesen, dass der Begriff Friedhof in das Mittelalter zurückreicht und damals den umfriedeten Raum bezeichnete, in dem die Kirche stand. Dieser »Hof« war der Ort des Asyls. Wer ihn erreichte, war vor Verfolgern sicher. Darum wurde in diesem Friedenshof auch Recht gesprochen. Verfeindete Parteien trafen sich hier, um sich zu versöhnen und dann als Versöhnte die Eucharistie miteinander zu feiern. Insofern waren die alten Friedenshöfe immer auch Versöhnungsorte. Heute ist es so, dass nur mehr die Toten den Friedhof bevölkern und ihn zu einem melancholischen Ort des Abschieds machen. Auf ihm breitet sich die »Friedhofsruhe« aus. Das »requiescat in pace« meint einen Frieden, der die Kämpfe um Asyl, Gerechtigkeit und Versöhnung hinter sich gelassen hat. Doch das ist nicht der Friede, der die Lebenden beschäftigen muss.

Immerhin ist festzuhalten: Im Bewusstsein der Menschen ist die Erinnerung an die Kirche als den Raum des Asyls noch nicht ganz ausgestorben. Nur selten besinnen sich Kirchenvorstände auf dieses alte Recht und beherbergen gefährdete, von Abschiebung bedrohte Menschen. Die staatlichen Behörden haben nur wenig Verständnis für diese Haltung, die sie gerne als »Eigenmächtigkeit« etikettieren, aber sie haben immer noch Respekt davor.

Es ist darum ein Zeichen von Schwäche, wenn die Gemeinden diese Mächtigkeit aufgeben und sich den Zwängen der staatlichen Stellen anpassen. Damit verzichten sie auf eine praktische und handgreifliche Verleiblichung ihres Versöhnungsauftrags und tragen so dazu bei, dass ihre Predigt von der Versöhnung zur bloßen Sonntagsrede verkommt.

Freilich würde zur Wahrnehmung des Rechts auf Asyl gehören, dass die Aktiven in den Gemeinden gelernt haben, eine produktive »Streitkultur« zu entwickeln und friedfertig miteinander umzugehen. Aber gerade dies scheint vielerorts zu fehlen. Man hört von schweren Fehden zwischen Pastoren und Kirchenvorständen oder anderen aktiven Gruppen, unter deren Last die Arbeit der Gemeinden sowie ihr Ansehen in der Öffentlichkeit Schaden nehmen.

Es ist eine Binsenweisheit, dass Menschen durch das praktische Verhalten lernen und weniger durch Worte. Das heißt, dass auch jede Kirchengemeinde ein pädagogischer Lernort ist, ob das ihren VertreterInnen klar ist oder nicht. Wie sollen Menschen, vor allem aber Kinder und Jugendliche, den Frieden Gottes kennen und lieben lernen, wenn sie die Orte, die von diesem Frieden reden, als Stätten der Zwietracht, der Ängstlichkeit und Anpassung erleben? Dabei ist die Friedenserziehung gerade angesichts der lebensbedrohenden globalen Konflikte (über-)lebensnotwendig.[15]

Eine zentrale Rolle haben dabei die Frauen. Sie leiden nicht nur – zusammen mit ihren Kindern – am meisten unter Gewalt und Krieg, sondern sie besitzen auch empathische Energien, die viele Männer nicht aufzubringen imstande sind. Darum verlangen – und verdienen – sie einen größeren Spielraum bei der Realisierung von Frieden, und zwar auch auf der Ebene der Gemeinden, wo sie ohnedies am stärksten vertreten sind.

Die gender-spezifische Bedeutung in der Arbeit am Frieden muss noch einen sehr viel größeren Raum bekommen. Immerhin hat auch hier die ökumenische Diskussion der letzten Jahre wesentliche Impulse geliefert. So haben Frauen in Liberia, im Kongo, in Kolumbien und Nepal als Friedensstifterinnen dazu beigetragen, dass tief verwurzelte Konflikte beigelegt oder doch besänftigt werden konnten.[16]

Diese wenigen exemplarischen Hinweise sollen beleuchten, dass die Kirchengemeinden Orte sein oder werden können, an denen die Arbeit an den Alternativen beginnt. Sie können Experimentierfelder eines gewaltfreien und versöhnungsbereiten Lebens sein.

13.3. Die Region als ökumenischer Bewährungsraum für den Frieden

Soacha zum Beispiel. In einem heruntergekommenen Stadtteil dieser kolumbianischen Stadt mit ca. 800 000 Einwohnern »wurden Probleme in der Regel durch Mord und Gewalt gelöst. Illegale bewaffnete Gruppen rekrutierten Jugendliche, verfeindete Gangs kämpften gegeneinander, und einfache Straftäter wurden regelmäßig ermordet.«[17] In dieser von Gewalt und Einschüchterung beherrschten Stadt bildete sich die soziale Plattform der »Peacemakers«, und es gelang ihnen durch vielfältige und geduldige Aktionen, den Teufelskreis der Gewalt zu durchbrechen. Der 21. September, von den Vereinten Nationen zum »Internationalen Tag des Friedens« bestimmt, diente als Kristallisationspunkt für Aktionen, die die ganze Stadt umfassten. »An jenem Tag verkündete der Bürgermeister, unterstützt von den Kirchen, der Synagoge und islamischen Vertretern, dass Soacha von nun an eine Stadt des Friedens sei. Eine solche Aussage ist ein bedeutender Schritt, da sie auf eine neue Geisteshaltung und ein anderes Selbstverständnis hinweist ... Diese Entwicklung wird von Kirchenmitgliedern angeleitet, die sich gemeinsam für einen gerechten Frieden einsetzen.«[18]

Vielleicht ist Soacha ein Sonderfall, und vielleicht hat die Unkultur der Gewalt dort – wie in anderen Teilen Kolumbiens – eine Gegenkultur der Gewaltfreiheit und des Friedens hervorgebracht. Trotzdem ist Soacha ein vortreffliches Beispiel. Es zeigt, wie sich die einzelnen Kirchengemeinden auf der Ebene der Stadt zusammenschließen und interreligiös vernetzen können. So verkörpern sie bereits durch ihre Zusammenschlüsse die verbindende und aufrichtende Kraft des Friedens.

Die mittlere Ebene – also Kirchenkreise/Dekanate und Stadtkirchenverbände – muss aufgewertet werden. Sie ist eine wesentliche Planungs- und Entscheidungsinstanz zwischen den Ortsgemeinden und den Kirchenleitungen und benötigt daher die entsprechenden synodalen und administrativen Strukturen. Sie ist deshalb so wesentlich, weil sie sich auf Aufgaben einstellen kann, die sich in den einzelnen Gemeinden nicht angemessen bearbeiten lassen. Zu diesen gehören traditionellerweise Medien- und Bildungsarbeit, Seelsorgedienste und diakonische Projekte, in jüngster Zeit leider auch vermehrt Verpflegungsstellen und »Tafeln« für Obdachlose. Aber wenn und weil das Friedensthema in das Zentrum des kirchlichen Lebens treten muss, **werden ökumenisch-ökologische Lernzentren und Leitstellen für gemeinschaftliche Aktionen, Kampagnen und zivilgesellschaftliche Netzwerke nötig.** Zu den Funktionen solcher

Leitstellen gehören auch **Frühwarnsysteme** im Blick auf Diskriminierungen von religiösen oder ethnischen Minderheiten, Menschenrechtsverletzungen und verwandte Formen von Gewalt, zum Beispiel gegen Kinder und Frauen.

Das sind nur Beispiele für die Aufgaben, die sich auf der städtischen oder regionalen Ebene stellen. Sie werden am besten auf Stadtkirchentagen und/oder Regionalsynoden vorbereitet und ausgewertet.[19]

Meine Andeutungen zeigen, dass diese mittlere Ebene keineswegs nur eine administrative Instanz sein kann und darf. Auch hier ist auf die gottesdienstliche Verortung zu achten. Daher sollten einige Male im Jahr große gemeinschaftliche Gottesdienste veranstaltet werden. Ich denke zum Beispiel an ein gemeinsames »**Schöpfungsfest**«, das im Herbst gefeiert werden könnte. Es würde zusammen mit den orthodoxen und katholischen Gemeinden begangen werden, nicht zuletzt auch deshalb, weil die Idee ursprünglich von dem Patriarchen der Orthodoxen Kirche in Konstantinopel in die Welt gesetzt worden ist.[20]

Im Frühling könnte auch ein gemeinschaftliches **Tauferinnerungsfest im Taufwald** gefeiert werden. Um zu erklären, was ich damit meine, modifiziere ich einen Vorschlag, den ich bereits vor zwanzig Jahren vorgestellt habe.[21] Demnach würde sich ein Verbund von Gemeinden zusammentun, um einen **Taufwald** zu pflanzen und aufzubauen. Dabei denke ich an Folgendes: Es wird ein Stück Land, das sich in kirchlichem Besitz befindet, das gestiftet wird oder sich anderweitig günstig erwerben lässt, bereitgestellt. Dort wird für jeden Getauften des Vorjahres anlässlich eines jährlichen Tauferinnerungsfestes ein Baum gepflanzt. Die Pflege des Taufwaldes, der so von Jahr zu Jahr größer wird, obliegt einem Team von Verantwortlichen. (Es wäre denkbar, dass ein solches Team von Vätern getaufter Kinder gebildet werden könnte.) Dieser Wald wäre dann so unantastbar und heilig wie das Leben der Getauften. In ihm würden möglichst unterschiedliche Bäume wachsen. Der Taufwald könnte daher niemals ein Nutzwald sein, auch wenn er natürlich für die Bewahrung des ökologischen Gleichgewichts außerordentlich nützlich sein würde.[22] Er ist eine Verleiblichung der unwandelbaren und ewigen Nähe Gottes, die über jeder Taufe bezeugt wird. So wird die Schöpfung in das Sakrament hineingenommen, und so gewinnt die Taufe ihre kosmische Bedeutung zurück. Damit macht die Kirche deutlich, dass ihr Verständnis von der Heiligkeit des Lebens auch die Mitwelt umfasst. Sie entzieht einen kleinen Teil der Natur dem Zugriff der ökonomischen Verwertung und Benutzung. Auf diese Weise können die Taufwälder zu einem öffentlichen Zeichen der Heiligkeit allen Lebens, der Bewahrung der Schöpfung und des Widerspruchs gegen das materialistische Verwertungs- und Nützlichkeitsdenken werden.[23]

13.4. Agenturen des Friedens – Die neue Verantwortung von Kirchenleitungen

Es sei an den markigen Satz in dem Internet-Auftritt der Evangelisch-Lutherischen Kirche in Bayern erinnert: »Der Friede ist der große Auftrag der Christenheit.«[24] Wenn aus ihm gefolgert werden kann, dass der Friede kein zusätzlicher Auftrag – neben vielen anderen – ist, sondern ins Zentrum allen kirchlichen Lebens gehört, dann ergibt sich daraus, dass auch die kirchenleitenden Funktionen und Strukturen darauf ausgerichtet werden müssen. Kirchenleitungen sind daher in erster Linie als **vorausblickende Agenturen des Friedens** zu verstehen und nicht als Verwalter ererbter Themen und Besitzstände. Wenn das ernst genommen würde, müssten sich weit reichende Veränderungen ergeben.

Um nur einige zu nennen: Die Auswirkungen auf die Aus- und Fortbildung aller kirchlichen Mitarbeiter wären gravierend. Der Dialog mit der wissenschaftlichen Theologie müsste auf eine neue Basis gestellt werden. Das würde endlich auch den Traditionalismus der theologischen Fakultäten und ihres Themenkanons in Frage stellen. Die kirchlichen Schulen und Bildungseinrichtungen würden als zentrale Arbeitsfelder des Umdenkens und Umlernens neue Aufmerksamkeit erfahren. Eine emissionsneutrale Bewirtschaftung aller Kirchengebäude und Immobilien wäre ein offensichtliches Ziel und müsste durch kompensatorische Maßnahmen zum Ausgleich eines immer noch zu hohen »ökologischen Fußabdrucks« begleitet werden. Wie erwähnt, hat die Synode der Evangelische Kirche in der Pfalz 2012 die nötigen Maßnahmen beschlossen.

»Aus Gottes Frieden leben – für gerechten Frieden sorgen« heißt die Friedensdenkschrift der EKD von 2007, auf die bereits Bezug genommen wurde. Das könnte ein zutreffendes Motto für kirchenleitendes Handeln sein. Vorausgesetzt, das Verständnis von Gottes Frieden würde umfassender gefasst, als es die Denkschrift erkennen lässt. Sie hat sich allzu einseitig auf Aspekte des politischen Friedens im Rahmen internationalen Rechts konzentriert und ist dabei über den ambivalenten Begriff der »rechtserhaltenden Gewalt« nicht hinausgekommen.[25]

Ich sehe darin ein Indiz dafür, dass sich in der Kammer, die diese Denkschrift erarbeitet, sowie im Rat der EKD, der sie rezipiert und veröffentlicht hat, noch kein durchgängiges Verständnis für die präzedenzlosen Rahmenbedingungen findet, unter denen heute über Gottes Frieden und dann eben auch über den gerechten Frieden in einer nachhaltigen Weltgesellschaft nachgedacht werden muss.

Dieser Eindruck wird durch den Umstand bestätigt, dass die Kammer der EKD für Nachhaltige Entwicklung 2009 ebenfalls eine Denkschrift vorgelegt hat. Sie trägt den Titel: »Umkehr zum Leben. Nachhaltige Entwicklung im Zeichen des Klimawandels«.[26] Offensichtlich wurde diese Studie parallel zur Friedensdenkschrift der Kammer für Öffentliche Verantwortung erstellt. Im Grunde hätten diese beiden Kammern zusammenarbeiten müssen. Aber die Tatsache, dass sie sich nebeneinander mit einer verwandten Thematik befasst haben, bestätigt den Eindruck, dass der Rat der EKD noch kein ausreichend klares Verständnis von der Singularität der gegenwärtigen Herausforderungen besitzt und darum immer noch meint, sie in einer additiven Weise bewältigen zu können.

Da nun aber kirchenleitendes Handeln auch die Wahrnehmung ökumenischer Aufgaben umfasst, kommen weitere Aspekte hinzu. Ich fasse einige von ihnen unter der folgenden Frage zusammen:

13.5. Was bedeutet Gottes Friede für unsere Welt? Das Grundthema der Ökumene

Fernando Enns hat die Suche nach einer Theologie und Ethik des Friedens in der Ökumenischen Bewegung des 20. Jahrhunderts detailliert dargestellt und auch die erste umfassende Analyse der Dekade zur Überwindung von Gewalt, die von 2001 bis 2010 unter der Führung des ÖRK stattfand, vorgelegt.[27] Dabei stellt er heraus, dass die Dekade wenigstens in einigen Kirchen den Prozess der friedenstheologischen und -ethischen Vergewisserung intensiviert hat. Der ökumenische Diskurs über den »gerechten Frieden« lässt eine wachsende Übereinstimmung erkennen, auch wenn eingeräumt werden muss, dass er noch längst nicht in allen Mitgliedskirchen des ÖRK Fuß gefasst hat. Insofern war die Dekade eine wichtige Ouvertüre für einen Verständigungsprozess, bei dem es »um nicht weniger als das Entwerfen einer ökumenisch konsensfähigen Theologie zu Gerechtigkeit und Frieden« gehen muss. Und Enns fährt fort: »Es wird sich zeigen müssen, ob die Ge-

3. Teil: Bewährungsfelder

meinschaft der Kirchen im ÖRK die Kraft hat, die Kohärenz dieser nun so breit angelegten Bewegung zu verdeutlichen.« [28]

Es ist freilich auch Enns bewusst, dass diese Art von »Kohärenz« bei den Mitgliedskirchen des ÖRK auf zutiefst unterschiedliche Kontexte und verstörende Erfahrungen mit Gewalt, Krieg, religiösen Spannungen und ökologischen Verwüstungen trifft. Deshalb stößt der Leitbegriff des »gerechten Friedens« auch auf gravierende Vorbehalte theologischer und kultureller Art. Das Bewusstsein von dem wechselseitigen Bedingungsgefüge ökonomischer, politischer und ökologischer Bedrohungen ist außerordentlich verschieden. Es macht einen erheblichen Unterschied, ob eine Kirche zu dem europäisch-nordamerikanischen Raum gehört, in dem sich die wichtigsten Triebkräfte und Subjekte der Endzeitmacht befinden – inzwischen kommen mit China, Indien oder Brasilien andere »global player« ins destruktive Spiel – , oder ob Kirchen unter den Bedingungen der endzeitlichen Ohnmacht und also unter ständigem Überlebensdruck um ihr Leben kämpfen müssen.

Was vor fünfzig Jahren mit den Begriffen der »ersten«, »zweiten« und »dritten Welt« bezeichnet wurde, ist inzwischen obsolet geworden. Auch die noch sehr gebräuchliche Unterscheidung zwischen dem »Norden« und dem »Süden« bezeichnet die globalen Machtverhältnisse sehr ungenau. Gleichwohl wirkt die Erfahrung, zu den Gewinnern oder zu den Verlieren machtpolitischer, ökonomischer oder ökologischer Entwicklungen zu gehören, auf das Leben der jeweiligen Kirchen ein und beeinflusst ihre theologischen wie ethischen Orientierungen. Sie leben de facto in verschiedenen Welten. Und das beeinträchtigt sehr weitgehend die Wahrnehmung des präzedenzlosen Gefahrensyndroms, in dem sich die Eine Welt befindet.

Man wird dagegen einwenden können, dass die modernen Kommunikationsmedien, vor allem das Internet, geeignet seien, die Grenzen zwischen diesen »Welten« aufzubrechen, wirkungsvolle Lernprozesse zu initiieren und einflussreiche zivilgesellschaftliche Netzwerke zu gründen. Das trifft zu, aber Reichweite und Nachhaltigkeit dieser medialen Lernprozesse sollten auch nicht überbewertet werden, schon allein deshalb, weil zur Zeit noch mehr als 1.3 Milliarden Menschen gar keinen Zugang zu ihnen haben

Trotzdem kann man sagen, dass die Kirchen und mit ihnen auch die ökumenische Bewegung von den Möglichkeiten des globalen Datenaustausches profitieren. Darum darf man vielleicht hoffen, dass es ihnen gelingt, sich sehr viel intensiver, als dies bisher möglich war, als Lerngemeinschaft zu erfahren, mit dem Ziel, dass sich im Blick auf die friedenstheologischen und -ethischen Herausforderungen unserer Epoche ein Konsens herausbildet, der vital und belastbar genug ist, um die dringlichen Aufgaben, vor denen die Ökumene steht, in Angriff zu nehmen.

Im Blick auf die Aufgaben, die sich stellen, will ich nur fünf nennen:

1. **Die Abschaffung des Krieges.** Davon war bereits früher die Rede, darum kann ich mich hier kurz fassen. Als weltweit agierende Gemeinschaft verstehen die Kirchen, wie notwendig es ist, die beispiellosen Gefahren unserer Zeit als Herausforderung an eine Weltinnenpolitik zu fassen. Darum ist es auch zwingend notwendig, dass sie sich gegen die Institution des Krieges wenden. Sie verständigen sich auf das Ziel, weltweit für das Menschenrecht auf Kriegsdienstverweigerung sowie für die Abschaffung aller Waffensysteme, von den atomaren bis zu den Handfeuerwaffen, einzusetzen. Die Ächtung des Waffenhandels als der perversesten Form der Geschäftemacherei versteht sich von selbst. Es ist an der Zeit, sich an den urchristlichen Konsens zu erinnern, der darin bestand, dass Christen nicht Soldaten sein können. Dieser Konsens wird dahingehend ausgeweitet, dass Christen auch nicht in der Kriegswirtschaft, also in der Entwicklung, der Produktion und dem Verkauf von Kriegsgerät, tätig sein können.

2. **Beispiellose Hilfsstrukturen.** Hier geht es um eine Neufassung der diakonischen Präsenz der Kirchen. Es ist für sie immer klar gewesen, dass die Verkündigung der Frohen Botschaft auch die alltägliche und praktische Solidarität aus sich heraus setzt. Und es war klar, dass diese Hilfsbereitschaft nicht nur den Mitchristen in der Nähe oder in der Ferne, sondern allen Menschen in Not zu gelten habe. Darum hat sich die Missionsbewegung stets auch für Schulen, Werkstätten und Krankenhäuser eingesetzt. Diese diakonische Dimension im Leben der Kirche kam in der ökumenischen Bewegung nicht nur in Programmen der zwischenkirchlichen Hilfe zum Ausdruck. Es gab auch Programme in Katastrophenfällen für die Betreuung von Notleidenden, Flüchtlingen oder Kriegsgefangenen.[29] In den 60er Jahren des 20. Jahrhunderts entstanden vielfältige Programme der Entwicklungshilfe und -pädagogik.

Viele Kirchen und/oder Gemeinden unterhalten auch heute noch Partnerschaftsprogramme mit Kirchenbezirken oder Gemeinden in anderen Teilen der Erde. Doch die wesentlichen Netzwerke internationaler Diakonie funktionieren auf einer anderen Ebene. So haben sich während der letzten zwanzig Jahre mehr als 130 kirchliche Hilfsorganisationen unter dem Namen »Act Alliance« zusammengeschlossen.[30] Ihre Arbeit dient dem Ziel, auf eine Weltgesellschaft hinzuarbeiten, in der alle Teile der Schöpfung Gottes miteinander in Würde, Gerechtigkeit, Frieden und dem vollen Respekt für die Rechte der Menschen und der Umwelt leben können.

Es ist keine Frage, dass mit Act Alliance ein weltweites Netzwerk entstanden ist, in dem sich die komplexen Hilfs- und Entwicklungsdienste begegnen und gemeinsame Projekte entwickeln können. Ein Nachteil ist hingegen, dass dieser globale Bundesschluss in den Kirchen und Gemeinden kaum bekannt ist.

Der kurze Überblick über zwischenkirchliche und internationale Hilfsstrukturen dient der Frage: Werden sie in der Lage sein, angemessen auf die beispiellosen endzeitlichen Bedrohungen zu reagieren? Denn es dürfte klar sein, dass **beispiellose Hilfsstrukturen aufgebaut** werden müssen. Um nur einige Probleme zu nennen: Wie kann und wird die Gemeinschaft der Kirchen reagieren, wenn sich nicht nur vereinzelte – und relativ kurze – Naturkatastrophen ereignen, sondern wenn langfristige katastrophale Veränderungen auftreten? Welche **Szenarien** lassen sich entwickeln, wenn Millionen von Klimaflüchtlingen Aufnahme und Schutz in anderen Ländern suchen? Wird die Notlage so vieler Menschen die Möglichkeiten zivilgesellschaftlicher Netzwerke, zu denen auch Act Alliance gehört, überdehnen? Und wenn dann auch die Regierungen vieler Länder an ihre Grenzen stoßen bzw. ihre Grenzen schließen, wie kann verhindert werden, dass die Migrationsströme des 21. Jahrhunderts schwere kriegerische Spannungen auslösen? Oder wird sich die Spendenfreudigkeit, die bisher besonders bei Naturkatastrophen sehr groß ist, erschöpfen, wenn die Katastrophen offenbar kein Ende nehmen? Hier ist eine antizipierende Erarbeitung von Lösungsmöglichkeiten unerlässlich.

3. Eschatologie unter den Bedingungen selbstgemachter Endzeitlichkeit. Mein drittes Beispiel scheint auf den ersten Blick akademisch theologischer Natur zu sein. Es ist **die Eschatologie**, die oft die »Lehre von den letzten Dingen« genannt wird. Sie ist ein Thema, das in der ökumenischen Diskussion bisher kaum behandelt worden ist.[31] Da ich es gerade angesichts der anthropogenen Endzeitlichkeit unserer Epoche für ein zentrales Thema der Christenheit halte, soll im nächsten Kapitel etwas ausführlicher davon die Rede sein.

4. Ökumene als Lerngemeinschaft. Ich habe vorhin vermerkt, dass sich die Kirchen in sehr unterschiedlichen »Welten« befinden und darum mit außerordentlich unterschiedlichen Sichtweisen auf die präzedenzlose Lage der Einen Welt zugehen. Gleichwohl bleibt es das Ziel der ökumenischen Gemeinschaft, einen Deutungsrahmen zu entwickeln, der diese kontrastierenden und zum Teil auch konfrontativen Sichtweisen umgreift. Damit stellen sich nicht allein theologische oder politische und wirtschaftliche, sondern auch erhebliche pädagogische Probleme.[32] Und diese werden, soweit ich die Diskussionslage überblicken kann, nicht entschlossen genug in Angriff genommen. Mit der »Verwirklichung der allgemeinen Grundschulausbildung«, wie sie in den Millenniumszielen unter der Ziffer 2 festgehalten wird, ist noch nicht viel gewonnen, falls sie denn überhaupt erreicht wird. Eine Grundschulausbildung löst nicht die Probleme, um die es hier geht. Da sind eine weitergehende Schulbildung und vor allem professionelle Fortbildung und Berufsausbildung nötig.

Können die Kirchen dazu beitragen, dass auf dem Feld der pädagogischen Entwicklung substantielle und zügige Ergebnisse erzielt werden?

Die Möglichkeiten dürften gering sein. In der Regel ist die schulische und berufliche Ausbildung Sache der Staaten, und die Kirchen haben mit ihren Bildungseinrichtungen einen relativ geringen Einfluss. Aber doch können sie dazu beitragen, dass sich in der Öffentlichkeit ein klareres Bewusstsein von der Dringlichkeit dieser Aufgabe herausbildet. Dazu sind vielleicht **außerschulische Kampagnen** sinnvoll. Ich denke an lokale Aktionsprogramme, zu denen verschiedene Schulen und Religionsgemeinschaften einladen. Ziel solcher Aktionen könnte sein, exemplarische Initiativen zu ergreifen.

Ein Vorschlag: Junge Erwachsene benötigen Lernprogramme, um konfessionelle, religiöse und nationale Grenzen zu überwinden. Was ich mir vorstelle, sei an folgendem Beispiel beleuchtet: **Dreimonatige interreligiöse Aufbaucamps für junge Menschen**.

Eine Arbeitsgemeinschaft christlicher Kirchen lädt zusammen mit dem Bürgermeister einer Großstadt oder dem Landrat eines Landkreises junge Erwachsene aus aller Welt im Alter zwischen 18 und 28 Jahren zu einem solchen Aufbaucamp ein. Gemeinsam sorgen sie für die Finanzierung der Reisekosten, die Reiseformalitäten, für Unterkunft und Verpflegung. In enger Verbindung mit den Einwohnern der betreffenden Stadt oder des Landkreises wird ein **ökologisches Aufbauprogramm,** das ein für die Region besonders brennendes Problem aufgreift, durchgeführt. Die praktische Arbeit erfolgt an den Vormittagen, während die Nachmittage einem gemeinsamen **interreligiösen und ökologischen Lernprogramm** gewidmet werden. Dafür wird ein ökumenisches/interreligiöses Team von Dozenten und Betreuern gebildet Da die gemeinsame Arbeit drei Monate dauert, lernen die jungen Menschen sich sehr gut kennen. Konflikte werden nicht ausbleiben, und deshalb wird ihre Verständigungsbereitschaft auf harte Proben gestellt. Es kann erwartet werden, dass die jungen Menschen Erfahrungen machen und Einsichten gewinnen, die ihr weiteres Leben verändern. Aber auch für die gastgebenden Kommunen schafft der Kontakt mit jungen Menschen aus verschiedenen Regionen und Religionen der Erde neue Impulse, welche das ökologische Bewusstsein stärken und positive Erfahrungen im Blick auf ein friedliches gemeinschaftliches Lernen ermöglichen.

In mancherlei Hinsicht könnten solche interreligiösen Jugendcamps auf Erfahrungen aufbauen, die es bereits gibt. Von **Aktion Sühnezeichen Friedensdienste** wäre viel zu lernen. Aber auch die Einsätze von **Habitat for Humanity**, insbesondere ihre »Baureisen«, bieten aufschlussreiche Anhaltspunkte.[33] Das Gleiche gilt für die internationalen interreligiösen Begegnungen, die von Universitäten organisiert werden.[34]

5. Neue Herausforderungen für kirchenleitendes Handeln: Internationale symbolische Interventionen.

Es trifft ja zu, dass die jungen Menschen im Blick auf die präzedenzlosen Gefahren dieses Jahrhunderts in besonderer Weise motiviert und geschult werden müssen; schließlich sind sie es, die mit ihnen werden leben müssen. Aber es reicht nicht aus, die nötigen Lernprozesse an Schulen, Jugendverbände und andere pädagogische Institutionen abzugeben. Auch kirchenleitende Persönlichkeiten müssen sich bereitfinden, der präzedenzlosen Einzigartigkeit der Friedensfrage gerecht zu werden. Und das wird vor allem dadurch getan werden müssen, dass die innerkirchlichen Prioritäten neu besetzt werden. Wenn der Friede nicht länger als zusätzliches Thema behandelt werden soll, sondern in das Zentrum allen kirchlichen Lebens gehört, ergeben sich weit reichende Folgerungen. Von einigen war bereits die Rede.

Ich bin allerdings auch der Meinung, dass die präzedenzlosen Herausforderungen unserer Epoche eine neue Art der **öffentlichen Stellungnahme** erfordern. Schriftliche Appelle und private oder diplomatische Kontakte finden nicht mehr die Resonanz, die man sich erhofft. Darum gebe ich zu bedenken, ob nicht **internationale symbolische Interventionen** das bessere Mittel sind, um sich Gehör zu verschaffen.

Was ich im Blick habe, sei an folgendem Beispiel verdeutlicht: Die Monate nach den terroristischen Angriffen vom 11.9.2001 auf das World Trade

Center in New York und das Pentagon in Washington D.C. waren immer deutlicher von Kriegsvorbereitungen geprägt, die schließlich dazu führten, dass Truppen der USA und der »Koalition der Willigen« am 20. März 2003 im Irak einmarschierten und das Bombardement von Bagdad eröffneten. Während dieser Monate haben Papst Johannes Paul II. und andere Kirchenführer in Predigten, öffentlichen Erklärungen und Aufrufen vor diesem Krieg gewarnt. Ihre Stimmen wurden nicht beachtet.

Was aber wäre geschehen, wenn der römische Papst zusammen mit dem Erzbischof von Canterbury, dem Patriarchen von Konstantinopel, dem Generalsekretär des Ökumenischen Rates der Kirchen und anderen kirchenleitenden Persönlichkeiten Anfang März 2003 nach Bagdad gereist wäre? Was wäre geschehen, wenn sich ihnen hohe Vertreter des Judentums und des Islam angeschlossen hätten? Wenn sie alle gemeinsam erklärt hätten: »Es droht ein Krieg. Aber es gibt bessere Lösungen. Wir bleiben hier bei den bedrohten Geschwistern in dieser Stadt und in diesem Land. Gewiss, wir sind in verschiedenen Religionen zu Hause. Aber wir sind uns einig, dass dieser Krieg vermieden werden muss. Und dafür werden wir beten und fasten. Wir rufen die Menschen guten Willens im Irak auf, mit uns eine **Fasten-Kette** zu bilden. Macht euch bereit, eine Woche lang mit uns zu fasten und übergebt euren Platz dann anderen, die das Fasten weiterführen. Und wir bitten Menschen in aller Welt, für uns und die Menschen in diesem Land zu beten und ähnliche Fasten-Ketten zu bilden. An die Mächtigen dieser Erde geht unser Appell: Schafft Frieden! Wenn ihr Bagdad bombardieren wollt, bombardiert ihr auch uns!«

Wir wissen nicht, ob eine solche symbolische Intervention dazu beigetragen hätte, den Krieg zu vermeiden. Aber ich bin sicher, wenn solche Fasten-Ketten im Irak und anderen Ländern der Erde stattgefunden hätten, wäre die Resonanz in den Medien sehr groß gewesen. Auf einmal hätte die Öffentlichkeit gemerkt, dass es gläubige Menschen gibt, die nicht nur vom Frieden reden, sondern die sich den Frieden etwas kosten lassen. Es hätte die politische Akzeptanz eines Krieges erschüttert.

Das ist mit der Verbindung von Beten und Fasten gemeint. Das **Risiko der leibhaftigen Anteilnahme** einzugehen, die Nähe zu den Opfern zu suchen, die Sinnlosigkeit von Gewalt offenzulegen und den Zynismus von Vergeltungpolitik anzuprangern.

Bisher sind politisch motivierte Fastenaktionen, Hungerstreiks oder Boykott-Maßnahmen zumeist von kirchlichen Randgruppen durchgeführt worden, und in der Regel haben die Kirchenleitungen eine distanzierte, wenn nicht sogar kritische Haltung eingenommen. Sie haben ihre Einstellung nicht selten damit begründet, dass sie »für alle« da sein und daher jede parteiliche Stellungnahme vermeiden müssten. Wenn jedoch der Friede in das Zentrum kirchenleitenden Handelns gehören soll, sind symbolische Interventionen das Gebot der Stunde. Ihre Autorität und Ausstrahlung bestehen darin, dass gewichtige Persönlichkeiten sich eines Teils ihrer Macht entäußern, sich verwundbar machen und deutlich sichtbar an die Seite der Opfer treten. Das ist eine Parteilichkeit für die Sache des Friedens. Aber sie gilt nicht nur denen, die unter Gewalt und Krieg besonders zu leiden haben, sondern auch den Mächtigen, die immer wieder behaupten, es gäbe für ihr Verhalten keine Alternativen.

Was ich mit symbolischen Interventionen bezeichne, hat seine Vorläufer. Auch hier kann ein Beispiel beleuchten, worum es geht: Als 2008 die Olympischen Spiele in Peking stattfanden, gab es erregte Debatten über die Frage, in welcher Weise die chinesischen Menschenrechtsverletzungen angeprangert werden könnten. Damals sprach sich Margot Käßmann, Landesbischöfin der Hannoverschen Landeskirche, für eine symbolische Aktion aus. Sie ließ auf eigene Kosten 2000 schwarze Silikon-Armbänder, bedruckt mit den Worten »… dass Gerechtigkeit und Friede sich küssen«, herstellen und schenkte sie allen Sportlerinnen und Sportlern für ihre Reise nach Peking. Aus den 2000 wurden rasch 240 000. Sie wurden bis nach Indien verschickt. Zugunsten einer Hilfsorganisation in China kamen € 60 000 zusammen.[35]

Die Initiative der früheren Landesbischöfin Käßmann hat ihre Wirkung gehabt. Aber was ich mit gemeinschaftlichen symbolischen Interventionen kirchenleitender Persönlichkeiten im Sinn habe, geht entschieden darüber hinaus. Hier nehmen Frauen und Männer ihre repräsentativen Aufgaben in einer bisher nicht gekannten Weise ernst. Sie nehmen ihre Friedensbotschaft körperlich wahr. Sie stellen sich an die Seite der Menschen, die sie am nötigsten brauchen.

Es gibt eine Ökumene des Gebets; es gibt noch keine Ökumene des Fastens. Und doch ruft der Glaube an den Frieden Gottes nach einem Zeugnis, das uns mit Leib und Seele erfasst.

14. KAPITEL

»Ick seh dat so: Am Ende wird alles jut. Und wenn's nich jut wird, is et noch nich das Ende.«
Andy, ehemaliger Fernfahrer, Steuerfachangstellter und Kellner in Berlin-Neukölln

Hoffnung in hoffnungslosen Zeiten

In diesem Buch bin ich immer wieder an den Punkt gelangt, wo ich geneigt war zu sagen: »Es ist zu spät! Wir sind nicht mehr zu retten!« Darum kenne ich die Mutlosigkeit, die aus solchen Anwandlungen von Verzweiflung entsteht. Wenn aber die Hoffnung erlischt, wer packt dann noch etwas an?

14.1. Was fehlt, ist der Wille

Es fehlt ja nicht an Fachleuten. Es fehlt nicht an Analysen und Lösungsvorschlägen. Die Berichte des Weltklimarates (IPCC) liegen vor. Sie sind, kritischer Einwände zum Trotz, immer noch die umfassendsten Sachstandsberichte zum Thema. Viel Aufsehen hat der frühere Weltbank-Präsident Nicholas Stern mit seiner »Review on the Economics of Climate Change« von 2006 ausgelöst.[1] Erwähnt wurde auch bereits der bedeutsame Bericht des Wissenschaftlichen Beirats der Bundesregierung, der unter dem Titel »Welt im Wandel. Gesellschaftsvertrag für eine Große Transformation« veröffentlicht worden ist[2]. Ich verweise auch noch einmal auf den »Kirchlichen Diskussionsbeitrag« unter dem Titel: »Soziale Gerechtigkeit und Klimagerechtigkeit gehören zusammen«, der 2012 von dem Herausgeberkreis Jahrbuch Gerechtigkeit vorgelegt wurde.[3] Sie gehen alle in die gleiche Richtung: Die globalen Durchschnittstemperaturen dürfen nicht über 2°C ansteigen. Darum muss bis 2050 eine weitgehende »Dekarbonisierung« der Weltwirtschaft erreicht sein. Das wiederum bedeutet, dass bis 2020 in den hochentwickelten – und »hochkarbonisierten« – Weltwirtschaften eine radikale Umsteuerung stattgefunden haben muss. Die technischen Lösungen sind weithin bekannt. Politische und wirtschaftliche Umsteuerungsmittel und -methoden sind entwickelt.

Warum also geht es nicht zügig voran?

Wenn man die erwähnten Analysen durcharbeitet, stellt man fest, dass sie in der Regel sachlich und genau argumentieren, solange es um die wissenschaftlichen Daten geht. Wenn sie aber auf die notwendigen Konsequenzen und Entscheidungen zu sprechen kommen, wechselt der Ton. Aus den beschreibenden Sätzen werden appellative. In diesen ist dann viel von »müssen« und »sollen« die Rede. Darin zeigt sich der Handlungsdruck, der den Analysen zugrunde liegt: Es muss etwas getan werden! Und zwar schnell!

Die Forderungen richten sich in erster Linie an die Regierungen in den Ländern der Erde. »Ihr müsst etwas tun! Ihr müsst die knappe Zeit ausnutzen!« Aber die Politiker sind zumeist mit einer Flut kurzfristiger Probleme beschäftigt und vertagen die Aufgaben, welche die Erdkrise ihnen zumutet. Dabei können sie darauf verweisen, dass die Völker in ihrer Mehrheit diese radikalen Veränderungen nicht mittragen.

In diesem Verschiebebahnhof der Zuständigkeiten bleibt eine Frage offen: Warum klafft zwischen den wissenschaftlichen und technischen Analysen auf der einen Seite und ihrer politisch-praktischen Verwirklichung auf der anderen eine so tiefe Kluft? Ich habe in diesem Buch die Auffassung vertreten, dass sie durch den Mangel an emotionaler Verarbeitung und seelischer Mobilisierung entsteht. Es wird versucht, eine Brücke von der Rationalität der Wissenschaftler und Ingenieure hinüber zu der Rationalität politischer Entscheidungsträger zu schlagen. Aber es wird nicht beherzigt, dass eine solche Brücke ohne die Pfeiler der seelischen Motivation und Belastbarkeit in der Luft hängt. Was Wunder, dass diese Brücken sich als unbegehbar erweisen?

Einfach ausgedrückt: Was fehlt, ist der Wille. Es fehlen, weltweit gesehen, das Bewusstsein für die Notsituation, und es fehlt der Wille, dieses Bewusstsein zuzulassen. Man will nicht eingestehen, dass die Lage wirklich so ernst ist, wie sie uns von den Experten beschrieben wird. Darum werden Ausflüchte gesucht und gefunden. Man kann die Wissenschaftlichkeit der Wissenschaftler angreifen. Man kann die Gefährlichkeit der Situation als »Schwarzmalerei« und »Katastrophalismus« entwerten. Man kann die Lösung der Probleme kommenden Generationen überlassen und verharmlosend sagen, es sei den Menschen noch immer etwas eingefallen. Oder den armen Hölderlin zitieren: »Wo Gefahr ist, wächst das Rettende auch.«

Zwischen den wissenschaftlichen Erkenntnissen zur Erdkrise und den politischen Maßnahme-Katalogen befinden sich die Abgründe des Nicht-Wissens[4] und des Nicht-Wissen-Wollens. Damit komme ich auf Aussagen zu Beginn des Buches zurück: Die »große Transformation« findet nicht statt, weil sie ihren Weg in die Herzen der Menschen noch nicht gefunden hat. Darum treten kurzfristige Interessen und nationale, wenn nicht sogar nationalistische Prioritäten immer unverhohlener in den Vordergrund. An Beispielen ist kein Mangel. Ich verweise auf die Klima-Konferenzen in Kopenhagen (2009), Cancún (2010), Durban (2011), »Rio+20« und Doha (2012). Sie sind alle in dem Wust der Interessen und Vorbehalten einzelner Staaten oder mächtiger Industrieunternehmen erstickt.[5]

So verschärft sich, was am Anfang dieses Buches gesagt wurde: Die Endzeitmacht unserer Epoche wird auf eine immer bedrohlichere Weise von unserer Endzeitohnmacht umschlungen.

Darum steht die Welt sozusagen mit dem Rücken zur Zukunft.

14.2. Der Wille braucht die Hoffnung

Was bleibt da zu hoffen?

Diese Frage fordert nun allerdings vor allem die Kirchen und anderen Religionsgemeinschaften heraus. Denn sie sind nicht in erster Linie soziale oder wirtschaftlichen Institutionen, obgleich sie das auch sind. Sie sind, etwas abstrakt ausgedrückt, Bindungssysteme. Da »religio« das lateinische Wort für Bindung ist, sind die Religionen für die Bindungen und Verankerungen zuständig, die den Menschen Halt und Orientierung, Lebenssinn und Lebenshilfe vermitteln. Sie tun dies, indem sie sich auf »Heilige Schriften« und andere bedeutsame Überlieferungen, Lehren und Exerzitien beziehen, indem sie ein vielfältiges Geflecht von Gottesdiensten, Ritualen und anderen Formen spiritueller Begleitung und geistlicher Übung anbieten. Damit wollen sie Menschen befähigen, mit ihrem Leben zurecht zu kommen, mit Unrecht, Schuld und Bosheit umzugehen, ohne zu verzweifeln. Religionen wollen Menschen in die Lage versetzen, Lebensmut und Lebensfreude zu entwickeln, mit ihrer Angst vor dem Tod und den großen Rätseln des Lebens auf dieser Erde und in dem unermesslichen Universum schöpferisch umzugehen. Sie sind also, um einen Begriff aus der neuen Energiewirtschaft aufzunehmen, geistliche »Energiegenossenschaften«.[6]

Dieser allgemeinen Beschreibung zufolge sind die Religionen die fundierende und vermittelnde Instanz zwischen Denken und Handeln, zwischen Rationalität und Aktion, aber auch zwischen Macht und Versagen, zwischen Schuld und Vergebung. Sie sind – oder sollten es sein – die Seele des Ganzen, die Kraft in und zwischen allen Dingen. So gesehen, kommt ihnen eine zentrale Rolle in den präzedenzlosen Herausforderungen unserer Zeit zu; denn sie sind es, die nach den seelischen Energien fragen, welche die »große Transformation« tragen und beflügeln müssen.

Freilich spiegelt diese allgemeine Beschreibung auch bereits die enormen Defizite in den Weltreligionen wider. Es hat den Anschein, als würde die Beispiellosigkeit der Herausforderungen auch die Bindekräfte der Religionen überfordern. Das wird zum Beispiel an der Verbreitung fundamentalistischer Glaubensrichtungen erkennbar, wie ich in dem Kapitel über Fundamentalismus und Beliebigkeit zu zeigen versucht habe.[7]

Darum wird die Frage nach den Hoffnungskräften des christlichen Glaubens noch dringlicher. Anders formuliert: **Hat der christliche Glaube eine Hoffnung, die sich gegen die verbreitete endzeitliche Hoffnungslosigkeit zu stellen wagt? Ist sie darauf eingerichtet, angesichts der beispiellosen Gefahren Rechenschaft von dem Grund ihrer Hoffnung abzulegen?** (Vgl. 1. Petrusbrief 3,15)[8]

Denn der Wille, es mit dem Leben aufzunehmen und gegen die Erfahrungen von Weltuntergang aufzustehen, braucht die Hoffnung. Darum war der christliche Glaube von Anfang an mit der Hoffnung verschwistert; denn auch die Zeit, in der Jesus von Nazareth auftrat, war von Weltuntergangsängsten erfüllt. Sie werden in den Evangelien des Matthäus (in Kapitel 24), des Markus (in Kapitel 13) und Lukas (in den Kapiteln 17 und 21) sichtbar. Eine ausführliche Apokalypse der endzeitlichen Schrecken findet sich in der Offenbarung des Johannes, die als einzige von mehreren ähnlichen Schriften Eingang in den Kanon des Neuen Testaments gefunden hat. Freilich unterscheiden sich die endzeitlichen Qualen der neutestamentlichen Zeit und auch die späterer Epochen auf eine einschneidende Weise von der gegenwärtigen Situation, und zwar darin, dass unsere Endzeitlichkeit von uns Menschen herbeigeführt worden ist.

Dass dieser beispiellose Unterschied auch die Entfaltung der christlichen Hoffnungslehre und -frömmigkeit zu beeinflussen hätte, ist eine Einsicht, die sich in den Kirchen der Welt noch nicht durchgesetzt hat. Ja, es gibt noch nicht einmal eine Diskussion zu dieser Frage. Eine folgenlose Episode blieb die Hoffnungsstudie der Kommission für Glaube und Kirchenverfassung während der 70er Jahre des 20. Jahrhunderts. Es fehlt auch an den einfachsten systematischen Überblicken. Darum beruht, was im Folgenden ausgeführt wird, auf meinen persönlichen Erfahrungen und Einschätzungen.

14. Kapitel: Hoffnung in hoffnungslosen Zeiten

Um mit einer thesenartigen Zusammenfassung zu beginnen: Die Lehre von den »letzten Dingen« folgt in der Regel auch heute noch dem traditionellen Muster. Demnach wird Jesus Christus wiederkommen und unsere irdische Geschichte zu ihrem Ende führen, um dann seine Herrschaft aufzurichten. Im Jüngsten Gericht werden die von ihm Erwählten in das Reich seiner Herrlichkeit eingehen, während die von ihm Verworfenen der ewigen Verdammnis überantwortet werden. Dies ist der Kern. Er beruht auf der Annahme, dass die gesamte Weltgeschichte nach einem göttlichen Plan verläuft und dass der auferstandene Christus ihr Richter ist. Gott bleibt das eigentliche Subjekt, so sehr auch widergöttliche Kräfte die Geschichte zu beherrschen trachten. In diesem transzendentalen Kampf geht es darum, ob die Menschen Gottes Willen tun oder sich den gegengöttlichen Mächten anschließen. Ihre Bosheit und Sünde haben die gesamte Schöpfung infiziert, so dass auch sie dem Untergang geweiht ist.

Um diesen Kern herum haben sich heftig umkämpfte Streitpunkte gebildet. Wann kommt das Ende, und wie kann man es erkennen? Wie kündigt sich die Wiederkunft Christi an, und in welchen Schritten wird sie erfolgen? Wie wird sich der Kampf des wiederkommenden Christus mit dem Antichrist gestalten? Wo wird er sich abspielen? Welche Rolle spielen dabei die Gefolgsleute Christi? Wie wird das Jüngste Gericht aussehen? Was hat es mit dem Tausendjährigen Reich auf sich? Wie kann man dafür sorgen, zu den Erwählten zu gehören? Und woran sind die Bösen und Verdammten zu erkennen?[9]

Es ist sicher so, dass viele Menschen in Deutschland, vermutlich auch in weiten Teilen Europas, diese Art von Fragen als höchst exotisch und irrelevant betrachten. Auch in den meisten Kirchengemeinden kommen sie nicht mehr vor. Man sollte sich jedoch nicht darüber hinwegtäuschen, dass diese so abseitig anmutenden Fragen in den christlichen Kirchen in Afrika, Asien, Ozeanien oder Lateinamerika, aber eben auch in den USA, überaus lebendig sind. Diese Tatsache ist an sich bereits ein wichtiger Grund, eine ökumenische Verständigung zu suchen. Dringlicher aber ist die Frage, ob dieses traditionelle Verständnis der »letzten Dinge« überhaupt in der Lage ist, eine produktive Einstellung zu dem Faktum, dass die Menschen zum Subjekt ihrer eigenen möglichen Selbstvernichtung geworden sind, zu finden. Zugespitzt gefragt: **Wie kann und soll die christliche Eschatologie auf die anthropogene »Endzeitlichkeit« antworten?**

14.3. Die christliche Hoffnungslehre vor neuen Aufgaben

Es ist meine Überzeugung, dass die traditionelle Eschatologie die Herausforderungen unserer selbstgemachten Endzeitlichkeit noch gar nicht zu reflektieren begonnen hat. Weil sie jedoch in weiten Teilen der Welt außerordentlich stark verbreitet und daher durchaus einflussreich ist, trägt sie dazu bei, das christliche Zeugnis von der Hoffnung an entscheidenden Punkten zu verzerren. Ich will vier Themenbereiche skizzieren, in denen dieser Anachronismus besonders brisant ist, und versuchen, Gegenpositionen zu bezeichnen. Dabei nehme ich Überlegungen von Jürgen Moltmann auf; denn er ist mehr als andere der Theologe, der einen neuen Ansatz entwickelt hat. Ich nenne zuerst sein epochales Buch »Theologie der Hoffnung« von 1964. Damals hat Moltmann seine Hoffnungslehre beschrieben und dreißig Jahre später in seinem Werk »Das Kommen Gottes« eine ausgeführte christliche Eschatologie entfaltet.[10] Dabei ist mir bewusst, dass er trotz seiner großen Ausstrahlung die Vorherrschaft der traditionellen Lehre von den letzten Dingen nicht hat erschüttern können.

14.3.1. Die Zeit offen halten

Jürgen Moltmann schreibt in seiner Eschatologie von 1995:
»Hiroshima 1945 hat die Qualität der menschlichen Geschichte gründlich verändert: Unsere Zeit ist zu befristeter Zeit geworden. Die Epoche, in der wir existieren, ist die letzte Epoche der Menschheit, denn wir leben in der Zeit, in der das Ende der Menschheit jederzeit herbeigeführt werden kann … Dies ist eine neue, bisher nicht gekannte Verantwortung aller Menschen.«[11]

Dieses Zitat führt zu der Frage: Was bedeutet der Umgang mit einer befristeten Zeit? Die traditionelle Sicht wird darauf bestehen, dass die Befristung der Geschichte ein Indiz dafür ist, dass Gott die Weltgeschichte an ihr Ende bringt. Die militärischen, wirtschaftlichen und ökologischen Bedrohungen sind in dieser Perspektive nichts anderes als der augenfällige Ausdruck der apokalyptischen Plagen, von denen schon die Bibel spricht. In ihnen offenbart sich die Verdorbenheit und Perversion der Menschheit, mit der sie sich selbst ins Verderben stößt. Gläubige Christen können und sollen gar nicht erst versuchen, Auswege aus dieser Perversion zu suchen. Im Gegenteil, sie sind aufgerufen, sich umso fester an ihren Erlöser zu klammern, die breiten Wege der perversen Welt zu meiden und den schmalen Pfad zu gehen, der zur himmlischen Seligkeit führt. Die Hoffnung kann nur darin bestehen, aus dem sich anbahnenden Endgericht herausgerissen zu werden und bei Christus zu sein. Daher kommt auch das große Interesse an der »Entrückung« (engl.: »rapture«).[12]

Diese Betrachtungsweise übersieht das bisher nicht gekannte Phänomen, dass die Befristung der Zeit von Menschen gemacht worden ist. Anders gesagt, sie macht es sich zu einfach, wenn sie diese beispiellose Macht einfach als Ausdruck von Sünde und Verdorbenheit versteht, welche wiederum auf überzeitliche Mächte (Teufel, Satan oder Antichrist) verweisen. Damit wird der Aspekt der menschlichen Verantwortung entwertet.

Im Gegensatz dazu wird eine unserer Zeit gemäße Hoffnungslehre darauf bestehen, dass die befristete Zeit offen gehalten werden muss. Anders gewendet: Die Kirchen werden mit all ihren Kräften dazu beitragen, die Fristen immer wieder zu verlängern, und zwar dadurch, dass der Mut zu intelligenten Alternativen gestärkt und zugleich auch die Bereitschaft zum Umdenken gefördert wird, auch wenn dies mit Einschränkungen unserer Lebensweise verknüpft ist. Diese Bereitschaft zu neuen Wegen ruft nach einem verstärkten ethischen Bewusstsein.

Was heißt das konkret? Die atomaren Selbstvernichtungspotentiale lassen sich nicht in dem radikalen Maße abschaffen, dass auch das Wissen um ihre Herstellung aus dem kollektiven Gedächtnis der Menschheit verschwindet. Also kann es nur darum gehen, einen »cordon sanitaire« zu bilden, also ein robustes Sicherheitsnetz, das nicht nur die Weiterverbreitung von Atomwaffen einschränkt, sondern deren vollständige Abschaffung zum Ziel hat. Erst eine solche Abschaffung könnte dazu beitragen, dass nukleare Forschungen unattraktiv werden und damit an den Rand wissenschaftlicher Aufmerksamkeit geraten. Das Gleiche gilt auch für die so genannte »friedliche« Nutzung der Atomenergie, weil sie schon deshalb eine ständige endzeitliche Bedrohung darstellt, weil der radioaktive Abfall nicht aus der Welt geschafft werden kann. Die Zeit offen zu halten, heißt im Blick auf die Erderwärmung unter vielen anderen Projekten, neue Formen von Katastrophenhilfe und Migrationspolitik zu entwickeln. Auch hier werden ethisch kompakte Schutzschilde nötig sein, um Ressourcenkriege über den Zugriff auf Öl, Gas, Trinkwasser oder Lebensmittel zu verhindern bzw. einzuschränken.

14.3.2. Gemeinschaftsfähigkeit aufbauen

Die herkömmliche Lehre von den letzten Dingen enthält und nährt einen fundamentalen Dualismus zwischen Gut und Böse, zwischen der Macht des wiederkommenden Christus und den Mächten der Finsternis. Darum muss sie tiefe Zerwürfnisse zwischen den Menschen und Völkern für unausweichlich halten; denn wie sollte es wohl Gemeinschaft geben zwischen den Kindern des Lichts und den Gefolgsleuten der Finsternis?! Wie erwähnt, führt dieses dualistische Verständnis der Weltgeschichte auch dazu, Kriege für unvermeidlich zu halten. Je schärfer sich also die endzeitliche Konfrontation zwischen Christus und seinem Widersacher zuspitzt, desto unbarmherziger werden die Kriege, bis die Welt in einer letzten totalen Schlacht untergeht.

Auch hier wird die Verantwortung für die Konflikte zwischen Menschen und Völkern auf eine übergeschichtliche Ebene verschoben. Friedliche Übereinkünfte sind letztlich nur zwischen Gleichgesinnten möglich.

Diese dualistische und damit auch kriegerische Struktur der Geschichte macht alle Versuche um Frieden vergeblich. Deshalb sind die Kirchen, in denen diese endzeitliche Frömmigkeit gepflegt wird, an ökumenischen Verständigungsversuchen nicht interessiert.

Es ist leicht zu sehen, wie entlastend dieser Dualismus im Blick auf die eigene Verantwortung ist. Es gibt letztlich keine Friedenspflicht. Solange man die Vorstellung haben kann, die eigenen politischen oder ökonomischen Interessen dienten der Sache Christi, können Waffenproduktion und Waffenhandel, Aufrüstung und Kriege gerechtfertigt werden. Die Frage nach der Schuld verfängt in diesen endzeitlichen Szenarios nicht.

Wieder zeigt sich, dass diese herkömmliche Sicht der letzten Dinge der Realität menschlicher Endzeitmacht und -ohnmacht nicht gerecht wird. Dagegen wird eine neue Hoffnungslehre versuchen, es mit dieser ungekannten Macht und Ohnmacht aufzunehmen. Sie macht den Menschen Mut, all die Möglichkeiten und Fähigkeiten zu stärken, die das Gemeinwohl fördern. Sie betrachtet alle Menschen grundsätzlich als eine von Gott geschaffene und mit gleichen Würden und Rechten begabte, versöhnungsbedürftige und friedensfähige Gemeinschaft. In dieser Perspektive ist die ökumenische Bewegung, wie wir sie bislang kennen, nur der Anfang eines umfassenden, die Religionen umgreifenden Verständigungsprozesses. Gewalt wird nicht sanktioniert, sondern immer wieder überwunden. Gerade weil der endzeitliche Dualismus verworfen wird, ist nun auch jede Anpassung an den praktischen Dualismus zwischen Reich und Arm unmöglich. Die global gewordene Friedenspflicht begrenzt den Machtmissbrauch der global players ebenso, wie sie die Ohnmacht ihrer Opfer wahrnimmt und zu überwinden sucht.

14.3.3. Den Platz in der Schöpfung finden

In den herkömmlichen Endzeitszenarios ist Gottes Schöpfung kein Thema eigenen Rechts. Dass sie in dem totalen Krieg zwischen Christus und seinem Widersacher vernichtet wird, muss hingenommen werden. Die alte Schöpfung muss verschwinden, der siegreiche Christus erschafft eine neue. Warum? Weil die alte durch die Verworfenheit der sündigen Menschen gänzlich korrumpiert worden ist. Mit dem Sündenfall der Menschen gilt auch die Schöpfung als »gefallen«. Dies halte ich für eine besonders gedankenlose Variante des Anthropozentrismus. Zugleich zeigt sich, wie entlastend sich eine solche Auffassung auf die Verantwortung der Menschen gegenüber ihren Mitgeschöpfen auswirken kann. Da sie mit zur »massa perditionis« gehören, entfallen die Fragen nach einem achtungsvollen Umgang mit Tieren oder Pflanzen oder nach einer treuhänderischen Bewirtschaftung der Wälder und Ackerflächen, der Flüsse, Seen und Meere.

Im Gegensatz dazu wird eine neue Eschatologie darauf insistieren, dass sie ohne eine vitale Schöpfungstheologie nicht gedacht werden darf. Die Schöpfung bleibt das gute und gesegnete Werk Gottes. Auch die Menschen haben ihr Leben nur innerhalb des Schöpfungsfriedens, mit dem Gott seine Welt begnadet hat. Umso mehr muss die Mächtigkeit, mit der sie ganze Lebenssysteme vernichten und sich selbst zerstören können, ihr Entsetzen und, mehr noch, ihre Verantwortung hervorrufen.

14.3.4. Die Gestalten der Verantwortung wahrnehmen

Um auf das Zitat aus Moltmanns Eschatologie zurückzukommen: Aus der Einsicht, dass unsere Zeit befristet ist, leitet er eine »bisher nicht gekannte Verantwortung aller Menschen« ab. Nachdem das Stichwort Verantwortung bereits mehrere Male gefallen ist, muss es in diesem Kontext noch einmal aufgegriffen werden. Denn was kann die Wendung »Verantwortung aller Menschen« im Ernst bedeuten? Ist sie nicht eine allzu pauschale Behauptung?

In der Tat haben »alle Menschen« Anteil an der »bisher nicht gekannten Verantwortung«. Zugleich aber betrifft sie doch die Menschen durchaus nicht auf gleiche Weise. Die Verantwortung der Mächtigen ist eine andere als die der Ohnmächtigen, die der hochindustrialisierten Regionen der Erde eine andere als die der verelendenden Gebiete. Die Verantwortung angesichts der Endzeitmacht sieht anders aus als die angesichts massiver Endzeitohnmacht. In gleicher Weise sieht die Verantwortung derjenigen Menschen, die um die Erdkrise wissen können, aber nicht wissen wollen, durchaus anders aus als die jener Milliarden, die von diesen Gefährdungen nichts wissen können, selbst wenn sie wollten. Wir müssen uns daher vor allzu pauschalen Formulierungen in Acht nehmen.

Bevor wir die Forderung erheben, dass möglichst alle Menschen dazu befähigt werden, ihren Anteil an der globalen Verantwortung wahrzunehmen, tun wir gut daran, uns vor Augen halten, dass bisher diejenigen Mitmenschen, die am wenigsten zu der Erdkrise beigetragen haben, ihre Folgen am härtesten zu tragen haben werden. Die Menschen, deren »ökologischer Fußabdruck« am kleinsten ist, werden die Ersten sein, die unter Wüstenbildungen oder permanenten Überflutungen, unter der Verknappung von Lebensmitteln und den Zusammenbrüchen der ohnedies schwach entwickelten Infrastrukturen am meisten leiden müssen. Sie tragen die Folgen der Verantwortung, der sich die Menschen in den Überflussgesellschaften der Erde entziehen.

Wir machen uns daher klar, dass Verantwortung an Mächtigkeit gebunden ist. Wer viel in Anspruch nimmt, muss auch für viel gerade stehen. Wer viel verschuldet, muss auch für viel büßen. Entsprechend müssen wir sagen, dass diejenigen Menschen, welche die Erdkrise vor allem als ihre Opfer erfahren, nicht zur Rechenschaft gezogen werden können. Wir müssen also die Anteile an der allgemeinen Verantwortung ins Verhältnis zu den Mächtigkeiten setzen und kommen damit zu dramatisch veränderten Gewichten. Hier liegt der Grund für die Forderungen nach Klimagerechtigkeit, von der bereits an anderer Stelle die Rede war.

Das versteht sich eigentlich von selbst, und doch weist diese Rechnung in Bezug auf die Erdkrise noch eine andere Komplikation auf. Es wird nämlich für die einzelnen Verantwortungsträger schwierig, ihren spezifischen Anteil korrekt auszumachen und ihm dann auch durch ein entsprechendes Verhalten gerecht zu werden. Gewiss kann jeder von uns (in Deutschland, oder ähnlich strukturierten Ländern) seine konkrete Umweltschuld berechnen (lassen), entsprechende Maßnahmen ergreifen (z. B. Verzicht auf das Auto, Installation einer umweltgerechten Heizung, etc.) und den Rest kompensieren (z. B. durch Beteiligung an Aufforstungsprogrammen). Gleichwohl bleibt jeder von uns Teilhaber von großen Verantwortungsnetzen, deren Anteil an der Erdkrise nicht adäquat erfasst werden kann. Als solche sind wir nicht nur für unsere jeweiligen Taten und Unterlassungen verantwortlich, sondern auch für ihre strukturellen Ausprägungen sowie für ihre langfristigen Folgen. Wir sind also für ein Verhalten verantwortlich, dessen Auswirkungen in die fernsten Winkel der Erde reicht oder die erst unsere Enkel zu spüren bekommen.

Dies sind nur einige wenige Andeutungen zu der Problematik, die sich vor uns auftürmt, wenn wir an die »bisher nicht gekannte Verantwortung« denken. Wer sich genauer informieren will, muss »das Prinzip Verantwortung« von Hans Jonas studieren; denn es ist immer noch das wichtigste Werk zu diesem Fragenkomplex.[13]

14.3.5. Souveränität gewinnen

Dieser kurze Blick in die Probleme, die sich mit der beispiellosen Verantwortung stellen, macht begreiflich, warum der Wille zu ihrer Übernahme weithin fehlt. Es fehlt nicht nur die intellektuelle Kraft, sich die Raum- und Zeithorizonte, in denen Verantwortung heute gedacht werden muss, zu vergegenwärtigen. Es mangelt vor allem an der seelischen Spannkraft, die Zumutungen der Schuld und des Versagens auszuhalten, die uns angesichts der verlorenen Zeit und der verleugneten Chancen überfallen. Welcher Energien bedürfen die Menschen, um sich dieser Lage zu stellen, ohne in die fundamentalistischen Endzeitszenarios auszuweichen und sich mit ihnen der eigenen Subjekt-Rolle zu entledigen, oder den Anspruch unserer endzeitlichen Lage zu leugnen und sich proteischer Beliebigkeit zu überlassen? Wie lässt sich die verbreitete Subjektverdrossenheit überwinden?

Es ist offensichtlich: Verantwortung versteht sich nicht von selbst. Um souverän und dauerhaft mit ihr umzugehen, brauchen wir immer wieder Orientierung, Ermutigung und, dies vor allem, Vergebung. Eine christliche Eschatologie, die dieser Aufgabe gerecht werden will, wird also alles daran setzen, die Menschen als Subjekte ihres Lebens anzusprechen und zu würdigen. Sie wird die Neigungen und Versuchungen zur »Subjektverdrossenheit« nicht dadurch begünstigen, dass sie die Menschen als »arme Sünder« kleinredet. Vielmehr wird sie sie immer wieder als begnadete Sünder und als Träger unvergänglicher Möglichkeiten ansprechen und so zu ihrer Ermächtigung beitragen: Wir alle können mehr, als wir denken![14] Das gilt vor allem für die Menschen, die sich ohnmächtig und ausgeliefert fühlen.

Anders gesagt: Die Souveränität und »Subjektentschlossenheit«, die gläubige Christen bewähren und verbreiten wollen, wird selbst wiederum von der Energie Gottes getragen und befeuert. Unsere Kraft als Subjekte unserer

Geschichte verdankt sich der Kraft, die Gott als dem Subjekt der Weltgeschichte eigen ist. Christliche Subjektivität ist also eine abgeleitete, sie bekennt sich zu ihrer Abhängigkeit von einer Quelle, die ihr transzendent ist. Damit nimmt sie für sich nicht jenes Verständnis von Autonomie in Anspruch, wie es in einer klassischen Form Immanuel Kant formuliert hat: »Die Autonomie des Willens ist das alleinige Prinzip aller moralischen Gesetze und der ihnen gemäßen Pflichten.«[15]

Ob es eine Autonomie des Willens überhaupt gibt, ist für das christliche Menschenbild durchaus zweifelhaft. Der Wille erscheint ihm als nicht so selbstbestimmt, wie er zu sein vorgibt, sondern als verletzlich und allzu leicht korrumpierbar. Martin Luther hat mit vollem Recht von dem »unfreien Willen« geredet.[16] Darum beharrt der Glaube darauf, dass der menschliche Wille seinen Grund in einem Willen finden muss, der ihm transzendent ist.

Das ist eine fundamentale Spannung. Sie verbindet die Subjekt-Rolle, welche der christliche Glaube den Menschen zuspricht, mit dem transzendenten Subjekt, das er mit Gott bezeichnet. Sie besteht darin, dass sich die Menschen zu ihrer Souveränität bekennen, um ihre Verantwortung kämpfen, mit anderen nach den besten Wegen suchen, aber zugleich dessen eingedenk sind, dass sie auf Gottes Kraft angewiesen und von ihr getragen sind. Darin besteht der Grund der christlichen Hoffnung und Zuversicht. Von ihr Rechenschaft abzulegen, ist heute wichtiger denn je. So hält die Hoffnung der Erde die Treue, weil und indem sie auf die Treue Gottes vertraut. Wenn wir uns darauf verlassen, dass alle Welt vom Schöpfungsfrieden Gottes lebt, gewinnen wir die Energie, für den Frieden einzutreten, wo immer er gefährdet ist.

14.4. Die wahre Apokalypse – die Welt der Auferstehung

In seiner »Lebensgeschichte« kommt Jürgen Moltmann auf einen Besuch im KZ Maidanek aus dem Jahr 1962 zu sprechen: »Ich wäre damals vor Scham und Schande im Boden versunken und an der Gegenwart des Massenmords erstickt, wenn ich nicht auf einer der Lagerstraßen plötzlich eine Vision gehabt hätte: Ich sah in die Welt der Auferstehung und sah alle diese toten Männer, Frauen und Kinder auf mich zukommen. Ich weiß seitdem, dass die Geschichte Gottes mit Auschwitz und Maidanek nicht abgebrochen ist, sondern mit den Opfern und mit den Tätern weitergeht.«[17]

So selten eine solche Vision auch ist, so zeigt sie doch die Richtung der christlichen Hoffnung an: Sie richtet sich ganz und gar auf den Gott, der sich in dem Kreuz und der Auferweckung Jesu in seiner Gnadenfülle offenbart hat. Das ist die wahre Apokalypse, die Aufdeckung der göttlichen Treue, von der die Schöpfung lebt. Dass es in und hinter dieser befristeten Zeit den weiten Raum Gottes gibt, darauf richtet sich unsere Hoffnung. Dass wir auch mit der ungeheuren Schuld in diesen weiten Raum treten dürfen, hat etwas ungeheuer Befreiendes. So muss sich die Seele nicht in sich selbst verkrümmen, sondern kann sich für die Verantwortung, die niemand uns abnehmen kann, öffnen und bereithalten.

Das gibt der christlichen Hoffnung eine gewisse Nüchternheit im Umgang mit den Illusionen und Verleugnungen, von denen unsere Welt voll ist. Wer unsere Erde von der Welt der Auferstehung umfangen weiß, wird von dem Beifall der Zeitgenossen ebenso unabhängig wie von ihrer Verachtung. Es geht dieser Hoffnung nicht mehr um Erfolg und Beifall, sondern um Treue und Stehvermögen. Es kostet Kraft, treu und beharrlich an der Arbeit zu bleiben, ohne Aussicht auf Erfolg zu haben, ohne die Anerkennung der Öffentlichkeit zu finden, aber auch ohne sich von der hinhaltenden Gleichgültigkeit der Mehrheit unterkriegen zu lassen.

Stehvermögen bedeutet auch Unerschrockenheit. Unerschrockenheit angesichts der Abgründe von Schuld und Ausweglosigkeit, in denen wir stehen. Es ist schwer, den Blick in diese Abgründe auszuhalten, ohne in Apathie und Verzweiflung zu geraten. Es ist so viel verführerischer, die Welt zum Teufel gehen zu lassen oder sich selbst auf das Karussell kurzatmiger Aktivitäten zu setzen, was freilich auch eine Art ist, die Welt verloren zu geben.

Diese Unerschrockenheit gilt nicht nur, wenn wir nach dem Ende dieser Welt fragen, sondern auch in der persönlichsten aller Fragen: Was wird aus mir, wenn mein Leben zu Ende ist? Wir möchten Gewissheiten haben, weil uns die Ungewissheiten entsetzen. Aber die Unerschrockenheit, diese Schwester der Hoffnung, besteht darin, auf die Antworten zu verzichten, die früheren Generationen einleuchtend erschienen. Darum neige ich einer »negativen Eschatologie« zu, die sich jede Art von Auskünften über die jenseitige Welt versagt. Es ist genug zu wissen, dass auch meine Lebenszeit in Gottes Zeit aufgehoben ist.

Gleichwohl ist die Unerschrockenheit nicht mit stoischer Unerschütterlichkeit (Ataraxia) zu verwechseln. Sie setzt alles, aber auch alles auf die Fülle Gottes und verlässt sich darauf, dass jeder Tag von der Welt der Auferstehung umfangen ist. Wenn wir dessen gewiss sein können, sollten wir uns glücklich schätzen! Es wird immer noch genug Tage geben, in denen uns sozusagen schwarz vor Augen wird, und noch mehr Nächte, in denen die »dunkle Nacht« der Anfechtungen und Zweifel uns allen Trost und alle Freude raubt.

14.5. Gott: Alles in allem

Nun könnte uns freilich ein Atheist fragen, ob unsere Hoffnung auf die Welt der Auferstehung nicht auch eine Art Eskapismus sei? Freilich nicht so exklusiv und gewalttätig, wie er bei den fundamentalistischen Endzeit-Gläubigen vorkommt, aber doch eine Art der transzendentalen Rückversicherung, welche das Leben unter den Herausforderungen einer selbstverschuldeten Endzeitlichkeit unerlaubterweise vereinfache?

In der Tat stellt diese Hoffnung uns Christen in einen transzendentalen Horizont. Mit ihr verlassen wir uns, um aus dem Römerbrief zu zitieren, darauf, dass uns »nichts von der Liebe Gottes, die in Christus Jesus ist, trennen« kann (Röm 8,39). Diese Hoffnung verweist uns auf eine Dimension von Liebe, die »höher ist als unsere Vernunft« (Phil 4,7). Es ist aber eben diese Liebe, die uns jede Art von Heilsegoismus untersagt und uns an die Seite derer bringt, die angesichts der Engpässe unserer Welt in immer tiefere Ängste geraten. Sie bringt uns auch an die Seite derer, die alle Hoffnung aufgegeben haben und denen sich angesichts der Schrecken unserer Zeit jeder Ausblick auf einen gnädigen Gott verschlossen hat.

Es gibt so etwas wie eine Hoffnung, die auch für die Hoffnungslosen hofft. Damit berühre ich eine Spannung, die bis heute im christlichen Glaubensverständnis nicht wirklich gelöst ist. Wenn wir mit dem Apostolischen Glaubensbekenntnis sagen, dass Christus zum »Gericht über die Lebenden und die Toten« wiederkommen werde, so wird weithin an ein Tribunal gedacht, welches die Erlösten auf ewig dem Himmel zuweist, die Unerlösten jedoch der Hölle überstellt. Das aber wäre ein heilsegoistischer Ausweg, der im letzten und entscheidenden Moment die Solidarität mit denen, die – aus welchen Gründen auch immer – einen solchen Glauben nicht haben finden können, verraten würde. Daher halte ich es mit der theologischen Tradition, die sich einem solchen Dualismus verweigert und der Gnadenfülle Gottes schlechthin alles zutraut. Um noch einmal Jürgen Moltmann zu zitieren: »Im Gericht Gottes werden alle Sünder, die Bösen und die Gewalttäter, die

Mörder und Satanskinder, die Teufel und die gefallenen Engel befreit und aus ihrem tödlichen Verderben durch Verwandlung zu ihrem wahren, geschaffenen Wesen gerettet, weil Gott sich selbst treu bleibt und nicht aufgibt und verloren gehen lässt, was er einmal geschaffen und bejaht hat.«[18]

In dem Vertrauen auf diese Zurechtbringung aller Dinge wird unsere christliche Hoffnung erst im eigentlichen und ursprünglichen Sinne ökumenisch: Sie umfasst die ganze bewohnte Welt und stellt sie in den weiten Raum der Treue Gottes.

Zwei Bemerkungen zum Schluss

1. Um es noch einmal zu sagen: Es ist mir sehr klar, dass die Überlegungen, Einwürfe und Vorschläge in diesem Buch so etwas wie ein Ritt über den Bodensee sind. Zu all den Problemen, die ich erwähne, gibt es jeweils eine breite wissenschaftliche Literatur, auf die ich nicht angemessen eingegangen bin. Das gilt sowohl für meine Überlegungen zu schöpfungstheologischen, anthropologischen, eschatologischen, ekklesiologischen, zu exegetischen und hermeneutischen Fragen. Es gilt auch für die Stichworte Sicherheit, Pazifismus, Versöhnung, Reichtum/Armut oder Gerechtigkeit. Die jeweiligen Spezialisten haben also Gelegenheit genug, mir den Vorwurf zu machen, ungenau und einseitig verfahren zu haben.

Ich halte es mit Professor Gerardo Budowski, einem Kollegen an der Friedensuniversität in Costa Rica. Er war als Forstwissenschaftler international anerkannt, widmete sich dann jedoch ökologischen und umweltpolitischen Fragen. Er sagte mir einmal: »Die ersten zwanzig Jahre soll ein Wissenschaftler dafür verwenden, in seinem Fach ein guter Spezialist zu werden. Die zweiten zwanzig Jahre soll er daran setzen, ein ebenso guter Generalist zu werden.« Damit meinte er, dass die Lebensleistung von Wissenschaftlern nicht nur in ihrem Spezialistentum besteht, sondern auch in ihrer Bereitschaft, sich an interdisziplinären und anwendungsbezogenen Diskussionen zu beteiligen; denn nur so könne die »scientific community« ihren Beitrag zur Erarbeitung eines Paradigmas, das den Erfordernissen unserer Epoche gerecht wird, leisten. Das Urteil der Wissenschaftler ist mir gewiss nicht unwichtig. Das Forum der kommenden Generationen, vor dem unser Tun und Lassen sich zu verantworten hat, ist mir allerdings wichtiger.

2. Mir liegt daran, wenigstens einige Frauen und Männer zu erwähnen, denen ich für die Arbeit an diesem Buch viel **verdanke** (auch wenn ich natürlich für meine Ausführungen die alleinige Verantwortung trage). Zuerst nenne ich Professor Jürgen Moltmann, dem ich 1964 als Student in Bonn zuerst begegnet bin. Mit dem Thema für meine Promotionsschrift brachte er mich auf den ökumenischen Kurs, dem mein Leben seither gefolgt ist. Mit ihm verbindet mich bis heute ein freundschaftlich-freimütiges Gespräch. Er war es auch, der mich als Mitarbeiter im Sekretariat der Kommission für Glaube und Kirchenverfassung in der Genfer Zentrale des ÖRK

ins Gespräch brachte. So lernte ich Professor Lukas Vischer kennen, der damals das Sekretariat leitete und sicher als einer der bedeutendsten Ökumeniker des 20. Jahrhunderts gelten kann. Mit ihm und seiner Frau Barbara entwickelte sich eine Freundschaft, die sich bis zu Lukas' Tod 2008 immer stärker auf öko-theologische Fragen konzentrierte.

1979 gehörte ich mit Werner Simpfendörfer und anderen zu den Gründern des Plädoyers für eine ökumenische Zukunft. Damit entstand ein Kreis, in welchem die Diskussion über den ökumenischen Weg unserer Kirche immer wieder neu vorangetrieben werden konnte. Mit der Dekade zur Überwindung von Gewalt, die der ÖRK für die Jahre 2001 bis 2010 ausrief, ergab sich eine Vertiefung meines friedenstheologischen und -ethischen Engagements. Der damalige Generalsekretär des ÖRK, der kenianische Theologe Sam Kobia, lud mich 2006 ein, die Friedenskonvokation vorzubereiten, die dann im Mai 2011 in Kingston, Jamaika, stattgefunden hat. Mit dem Initiator der Dekade, Professor Fernando Enns, entwickelte sich eine freundschaftliche Kooperation.

Die Bremer Professoren Eva Senghaas-Knobloch und Dieter Senghaas haben meine Arbeit mit viel Verständnis und Ermutigung begleitet. Auch von Dr. Margot Käßmann, der früheren Hannoverschen Landesbischöfin, kamen wichtige Anstöße, ebenso von Klaus Burckhardt, dem Friedensbeauftragen der Hannoverschen Landeskirche und von Canon Dr. Paul Östreicher, dem früheren Direktor des Versöhnungszentrums an der Kathedrale von Coventry. Mit Nachdruck erwähne ich die enge Zusammenarbeit mit dem amerikanischen Öko-Theologen Professor Larry Rasmussen (New York/Santa Fe). Sein Werk ist trotz der intensiven Bezüge auf Dietrich Bonhoeffer in Deutschland leider noch nicht bekannt geworden.

Last but not least nenne ich Diedrich Steen; denn er hat sich dafür stark gemacht, dass dieses Buch im Gütersloher Verlagshaus erscheinen kann.

All diesen Freunden und WeggenossInnen gilt mein herzlicher Dank!

Januar 2013 *Geiko Müller-Fahrenholz*

Anmerkungen

Bevor meine Enkel mich fragen
Einleitung

1. Der Wissenschaftliche Beirat der Bundesregierung Globale Umweltveränderungen (WBGU) hat den Begriff der »großen Transformation«, den Karl Polanyi 1944 für die Industrielle Revolution gebraucht hat, auf den heute notwendigen »nachhaltigen weltweiten Umbau von Wirtschaft und Gesellschaft« bezogen und damit neu zur Geltung gebracht. In: Welt im Wandel. Gesellschaftsvertrag für eine Große Transformation, Berlin, 2011. (Zitat: S. 5.) Der Begriff wurde aufgegriffen von B. Bertelmann und K. Heidel: Menschen, Klima, Zukunft. Warum wir eine Große Transformation brauchen. In: Jahrbuch Gerechtigkeit V: Menschen Klima Zukunft? Wege zu einer gerechteren Welt, Glashütten 2012, 6ff.
2. »Dekarbonisierung« – ein typischer Begriff aus der Sprache der Wissenschaftler, der ungeheure Veränderungen impliziert. Gemeint ist nämlich nichts anderes als die Abschaffung aller Betriebssysteme, die mit fossilen Energieträgern, also Erdöl, Erdgas oder Kohle, betrieben werden. Aber, um nur ein Beispiel zu nennen, wer kann sich heute eine Welt ohne Autos mit Benzin- oder Dieselmotor vorstellen?! Zur Entfaltung dieses Stichworts: WBGU: Zusammenfassung für Entscheidungsträger, a.a.O., 2ff.
3. Donella und Dennis Meadows Hg.: The Limits to Growth. 1972. Deutsch: Die Grenzen des Wachstums. Bericht des Club of Rome zur Lage der Menschheit, 1972.
4. Vgl.: H. Krüger/W. Müller-Römheld Hg.: Bericht aus Narobi 1975, Frankfurt/M. 1976. Damals stand die Diskussion unter dem Thema: Schöpfung, Technologie und menschliches Überleben. In seinem autobiographischen Rückblick, den der damalige Direktor von Faith and Order, Dr. Lukas Vischer, 2006 geschrieben hat, bemerkt er selbstkritisch: »Im Rückblick wundert mich, dass mich die ökologische Krise nicht früher zu beschäftigen begann. Die Veröffentlichung von »Limits to Growth« in den frühen siebziger Jahren hatte mich auf die drohenden Gefahren aufmerksam gemacht ... Es war mir von da an klar, dass die Sorge um Gottes Schöpfung verstärkt zum christlichen Zeugnis gehören müsse ... Aber doch nicht klar genug, dass das Bewusstsein nicht von Zeit zu Zeit in den Hintergrund treten konnte.« (Unveröffentlicht, S. 208.)
5. Dazu ausführlicher in Kapitel 14, S. 325ff.
6. Aus dem großen Werk von R. J. Lifton nenne ich: Death in Life, New York 1968; The Life of the Self. Towards a New Psychology, New York 1976; The Broken Connection. On Death and the Continuity of Life, New York 1983; The Nazi Doctors. Medical Killing and the Psychology of Genocide, New York 1986 (Deutsch: Ärzte im Dritten Reich, Stuttgart 1988); The Protean Self. Human Resilience in an Age of Fragmentation, New York 1993; Hiroshima in America. Fifty Years of Denial, New York 1995 (zusammen mit Greg Mitchell);

Ich habe mich mit dem Problem des Numbing ausführlicher befasst in: Erwecke die Welt. Unser Glaube an Gottes Geist in dieser bedrohten Welt, Gütersloh 1993, 78ff.

7. Das bedrückendste Beispiel für habituelle Gewalt ist die Geringschätzung und Unterdrückung von Frauen.
8. Vgl. dazu: Geiko Müller-Fahrenholz Hg.: Faszination Gewalt. Aufklärungsversuche, Frankfurt 2006. Ders.: Friede mit der Erde. Wie überwinden wir unsere Gewalt gegen die Natur?, Frankfurt 2010, 9ff.
9. Dazu besonders: Fernando Enns: Ökumene und Frieden. Bewährungsfelder ökumenischer Theologie, Neukirchen 2012, 167ff.
10. Damit unterscheidet sich mein Ansatz von der Position, die das Herausgeberteam des Jahrbuchs Gerechtigkeit in seinem Jahrbuch V vorgestellt hat. Vgl. Anm. 1. Es geht ihnen um »Wege zu einer gerechten Welt« (so der Untertitel). Ich hoffe zu zeigen, dass Gerechtigkeit für eine schöpferische Gegenposition nicht umfassend genug ist. Vgl. dazu insbesondere Kapitel 10.
11. So lautet der Titel des Buches von Günther Anders. Untertitel: Über die Seele im Zeitalter der zweiten industriellen Revolution, Band I, München 1956.
12. Das Gleiche gilt übrigens auch für die anderen Weltreligionen. Vielleicht sogar in einem noch ausgeprägteren Ausmaß. Immerhin hat sich das – westliche – Christentum mehr schlecht als recht mit der Moderne auseinandergesetzt und ein selbstkritisches Reflexionsniveau erreicht, das ich im Islam oder auch in den asiatischen Hochreligionen vermisse. Doch das ist ein anderes Thema. Das Christentum ist in besonderer Weise herausgefordert, weil es in, mit und unter dem europäisch-nordamerikanischen Paradigma der Weltbemächtigung lebt und darum einen besonders intensiven Anteil an den oben geschriebenen Paradoxien hat.
13. Untertitel: Geschichte und Theorie der Friedenspädagogik von Erasmus bis zur Gegenwart, Gütersloh 2007.
14. A.a.O., 353. Seitenhinweise im Folgenden im Text!
15. Ulrich Beck, Interview mit der SZ, a.a.O. (kursiv: GMF).
16. Mir ist bewusst, dass der Begriff Paradigmenwechsel inflationär benutzt wird. Ich verwende ihn in einem ganzheitlichen Sinn für den Wandel des Weltmodells, nach dem menschliches Leben verläuft. Der Paradigmenwechsel, in dem wir uns befinden, äußert sich in der Wendung zur potentiellen und umfassenden Selbstzerstörung der Menschheit.
17. So spricht Günther Anders bereits 1967 von dem »monströsesten Datum« der Weltgeschichte, nämlich von dem 8. August 1945, zwei Tage nach Hiroshima und einen Tag vor Nagasaki, als zum ersten Mal der Begriff »Verbrechen gegen die Menschlichkeit« juristisch kodifiziert wurde. Er war freilich für das Internationale Militärtribunal von Nürnberg gedacht. Aber Anders macht darauf aufmerksam, dass seine zufällige Einrahmung durch die beiden Atombombenabwürfe über japanischen Städten einen weiteren monströsen Bezugsrahmen bilden. In: G. Anders: Endzeit und Zeitenende, München 1972, 168f.
18. Besonders pervers ist die Produktion von Blumen und Früchten in tropischen Ländern für die Märkte im Norden, als müssten wir zu Weihnachten Rosen verschenken

und Erdbeeren essen! Die ökologischen Folgen für die Böden und das Grundwasser, aber auch während des Transports sind eine Sache. Die gesundheitlichen Schäden für die betroffenen Arbeiterinnen und Arbeiter sind exorbitant.
19. Rachel Carson: Silent Spring, 1962. Dieses Buch gilt als eines der wichtigsten Bücher des 20. Jahrhunderts, weil es auf dramatische Weise den Blick auf die verheerenden Beschädigungen der Natur durch industrielle Verfahren lenkte.
20. Zu den meisten Kapiteln dieses Buches gibt es Vorarbeiten, Entwürfe, Vorträge. Wenn sie veröffentlicht worden sind, habe ich das an den entsprechenden Stellen angezeigt.

1. TEIL: Begründungen

1. Kapitel:
Ehre sei Gott und Friede auf Erden und den Menschen Wohlgefallen

1. Joachim Hansberger: et in terra pax hominibus …: Zu den musikalischen Formen der Friedensbotschaft im Gloria, in: Musik und Kirche Band 64, 1994, 129.
2. Dazu J. Hansberger in seinem unter Anm. 1 zitierten Aufsatz, wo er unter Bezug auf Beethovens C-dur-Messe darauf hinweist, dass Beethoven »die Friedensverheißung der Engel … als eine an die Sittlichkeit des Menschen gerichtete Forderung und Hoffnung zu formulieren versucht«. A.a.O., 148. Hansberger zitiert in diesem Zusammenhang einflussreiche Theologen der Beethoven-Zeit, die die Verbindung von Gottesverehrung und Sittlichkeit betonen (S. 149).
3. K.-W. Weeber: Luxus im Alten Rom. Die öffentliche Pracht, Darmstadt 2006, 98.
4. Um nur zwei Beispiele anzuführen: Die »Reconquista«, die Rückeroberung der Iberischen Halbinsel von der Herrschaft der Mauren, hat massive Zerstörungen der landwirtschaftlichen Flächen, der Obstkulturen und Bewässerungssysteme mit sich gebracht. Die Folgen dieser rücksichtslosen Naturzerstörungen spürt man in Spanien bis heute. Bei den Kriegen der Griechischen Stämme gegen die Perser war das ökologische Desaster ähnlich.
5. A. Gruen: »Ich will eine Welt ohne Kriege«, Stuttgart 2006, 53.
6. Die Sabbatordnungen Israels werden im 3. Mosebuch, Kapitel 25, beschrieben, Hinweise finden sich jedoch auch an vielen anderen Stellen der Bibel. Die Bedeutung dieser Ordnungen ist in der ökumenischen Diskussion wieder aufgegriffen worden. Sie spielt auch in dem Denken von Jürgen Moltmann eine wichtige Rolle. Vgl. Gerechtigkeit schafft Zukunft. Friedenspolitik und Schöpfungsethik in einer bedrohten Zeit, Forum Politische Theologie 9, München/Mainz 1989, 81ff. Dazu ausführlicher in Kapitel 11.3, S. 270ff.
7. Diese Spiritualität wird uns in Kapitel 12 ausführlicher beschäftigen.
8. Dabei schließe ich mich der Lesart an, die sagt: »und den Menschen Wohlgefallen«, also »eudokía« im Nominativ. Vgl. S. 32f.

9. Die orthodoxe Theologie hat aus diesem Wohlgefallen Gottes, das durch die Inkarnation die Menschen erreicht hat, den Schluss gezogen, dass nunmehr auch den Menschen in der Nachfolge Jesu eine »theosis«, also eine Vergöttlichung oder Gottwerdung, eröffnet wird. Wie allerdings diese Theosis in dem Leben der Christen verwirklicht wird, darüber gibt es unterschiedliche Deutungen. Es ist sicherlich mehr gemeint als das, was in der pietistischen Tradition, z. B. bei Wesley, als Heiligung bezeichnet wird, also den stetigen Versuch, aufgrund der Rechtfertigung durch Christus immer tiefer in ein Leben im Geiste Gottes einzudringen. Dieses Moment spielt sicher eine Rolle, aber es kommt bei einigen orthodoxen Lehrern, wie etwa dem berühmten Gregorios Palamas, die Suche nach einer geradezu körperhaft spürbaren Gotteserfahrung hinzu, die unter dem Begriff des Hesychasmus bekannt geworden ist.
10. Das griechische Wort dafür ist »symballein«; es bedeutet in seiner ursprünglichen Form, dass man etwas um und um wirft oder wälzt. So ist auch Marias Nachdenken über alles, was mit ihrem Sohn geschieht, ein ständig neues Betrachten, das durchaus nicht immer nur frohe Inhalte, sondern auch schmerzhafte Elemente enthalten haben dürfte.

2. Kapitel:
Der Gott des Friedens und die Befriedung der Welt

1. »The highest state of tension that the organism can bear creatively«. Zitiert von Thomas Berry: The Dream of the Earth, San Francisco 1988, 219. Alfred Louis Kroeber (1876–1960) war ein Sohn deutscher Einwanderer und wurde zu einem der wichtigsten Vertreter der amerikanischen Anthropologie. Besonders richtungsweisend wurde seine Arbeit für und mit indigenen Volksgruppen im westlichen Teil der USA.
2. Noch heute steht in dem Friedhof der Kirche im Bremer Stadtteil Horn eine 900 Jahre alte Linde. Unter ihr wurde damals Recht gesprochen.
3. Damit ist nicht gesagt, dass Spannungen nicht auch ihre eigenen Auf- und Abschwünge haben. Unausgesetzte Hochspannungen führen zu Zusammenbrüchen. Es gilt also zu bedenken, dass Spannungszustände, wenn sie schöpferisch bleiben sollen, ihre jeweiligen Rhythmen haben müssen. In den Schöpfungvorstellungen des Alten Testaments wird diesem Tatbestand dadurch Rechnung getragen, dass Gott nach sechs »Schöpfungstagen« seinen »Sabbat«, also einen Tag der Ruhe und des Abstand nehmenden Betrachtens seiner Werke feiert. Dieser Rhythmus von sechs und eins wird in der Ethik des Volkes Israel als Sabbatordnung greifbar. Dazu ausführlicher in Kap. 11.3., S. 270ff.
4. Vgl.: Ricardo Navarro: Die Krise der Erde ins Auge fassen, in: Geiko Müller-Fahrenholz: Friede mit der Erde, Frankfurt 2010, 19–30.
5. Vgl. Matthew Fox: Der Große Segen. Umarmt von der Schöpfung, München 1991, bes. 52ff.

6. Matthew Fox, a.a.O., 56.
7. Martin Buber: Das dialogische Prinzig, Ich und Du, Gütersloh, 11. Aufl. 2009, 31. Die Seitenangaben im Text beziehen sich auf diese Ausgabe.
8. Vor allem im 4. Kapitel, S. 97ff.
9. »Die Liebe ist *zwischen* Ich und Du.« A.a.O., 18.
10. »Der Körper ist längst zum Rohstoff für die eigene Identität geworden«, in: Claudia Fromme/Tanja Rest: Ein Bild von einem Mann, SZ 41, 19/20. 2. 2011, 11.
11. Ich folge hier den Ausführungen von Jürgen Moltmann: Evolutionstheorie und christliche Theologie. Vom »Krieg der Natur« zur natürlichen Kooperation und vom »Kampf ums Dasein« zum mitmenschlichen Anerkennen, in: »Sein Name ist Gerechtigkeit«. Neue Beiträge zur christlichen Gotteslehre, Gütersloh 2008, 191–203.
12. A.a.O., 199. Meine Übersetzung:« Der Inhalt unserer Gene, die Natur unserer Neuronen und die Lektionen der Evolutionsbiologie haben klar gemacht, dass die Natur mit Wettbewerb und Konfliktinteressen angefüllt ist. Die Menschheit kam nicht vor Statuskämpfen, Statuskämpfe kamen vor der Menschheit und sind tief in menschlichen Beziehungen eingebunden.«
13. Joachim Bauer: Das Gedächtnis des Körpers. Wie Beziehungen und Lebensstile unsere Gene steuern. Aktualisierte Auflage Frankfurt/Main 2010, 9.
14. Bauer, a.a.O., 21.
15. Bauer, a.a.O., 13.
16. Diese Ikone hat Jürgen Moltmann zum Leitbild seiner Interpretation der Trinitätslehre gemacht. In: Trinität und Reich Gottes. Zur Gotteslehre, Gütersloh 1980, 15.
17. A.a.O., 134.
18. So hat zum Beispiel Jürgen Moltmann als verzweifelter und lebensmüder Kriegsgefangener in der Begegnung mit dem leidenden Jesus neuen Lebensmut und -sinn gefunden. In: Die Quelle des Lebens. Der Heilige Geist und die Theologie des Lebens. Kaiser Taschenbücher 150, München 1997, 14f.
19. Martin Buber: Der Einzelne in der Verantwortung, a.a.O., 240.
20. M. Arnold: Gütekraft. Ein Wirkungsmodell aktiver Gewaltfreiheit nach Hildegard Goss-Mayr, Mohandas K. Gandhi und Bart de Ligt, Reihe Religion-Konflikt-Frieden 4, Baden-Baden 2011. Die Darstellungen der Ansätze von Goss-Mayr, Gandhi und de Ligt liegen auch als einzelne Bücher vor. Verlag Bücken & Sulzer, Overath 2011.

3. Kapitel:
Den Grund in Gott finden
Mystische Suche nach Gott und Friedensfähigkeit

1. Dorothee Sölle: Mystik und Widerstand. Du stilles Geschrei, Hamburg 1997. Jörg Zink: Dornen können Rosen tragen. Mystik – die Zukunft des Christentums, Stuttgart 1997. Zink hat dieses Werk um folgende Bücher ergänzt: Unter dem großen Bogen. Das Lied von Gott rings um die Erde« (Stuttgart 2001) und »Die Urkraft des Heiligen. Christlicher Glaube im 21. Jahrhundert« (Stuttgart 2003).

Anmerkungen

2.. Offensichtlich sind die (katholischen) Ordensgemeinschaften kaum in der Lage, die »Weltleidenschaft« von Teilhard de Chardin, Fox und Boff zuzulassen. Anders gesagt, es bestätigt sich der Eindruck, dass es gerade das Mönchtum ist, das über die Jahrhunderte hinweg den dualistischen und weltverneinenden Charakter des christlichen Glaubens entwickelt und verstärkt hat. Die Mystiker sind immer die Außenseiter gewesen. Das zeigte sich aufseiten der Evangelischen Kirchen und Fakultäten in Deutschland auch im Blick auf Dorothee Sölle, die trotz ihrer überragenden theologischen Begabungen niemals eine ordentliche Professur an einer deutschen theologischen Fakultät erhalten hat.
3. Ein Blick ins Internet verdeutlicht das erschreckende Ausmaß dieser Verfolgungen. Als Beispiel sei verwiesen auf: Leonard Lewishon, Universität Exeter, England: Fresh Persecution of Sufis in Iran, in: The Muslim Network for Bahai Rights, 7.12.2007.
4. Wieder abgedruckt in Publik Forum Nr. 3, 2004, 55.
5. Er findet sich unter dem Titel »Frömmigkeit früher und heute« in Band VII der »Schriften zur Theologie«, Einsiedeln 1966, 11–31.
6. Kursiv von GMF!
7. Johann Baptist Metz: Mystik der offenen Augen. Wenn Spiritualität aufbricht, Freiburg 2011, 180.
8. Nicht ohne Grund hat man den Vorwurf erhoben, »es fehle der Mystik das Verhältnis zum Bruder und zur Gemeinde, sie sei aristokratischer Individualismus«. So in L. Richter: Art.: Christentum und Mystik, grundsätzlich, RGG 3. Aufl., Bd. IV, Sp. 1262.
9. Oxford, 2002.
10. Zink, a.a.O., 28.
11. Zink, a.a.O., 130.
12. Zink, a.a.O., 160.
13. Zink, a.a.O., 368.
14. Zink, a.a.O., 317
15. Sölle, Mystik und Widerstand, 15.
16. Sölle, a.a.O., 16.
17. Sölle, a.a.O., 20.
18. Sölle, a.a.O., 25ff.
19. Sölle, a.a.O., 67.
20. Sölle, a.a.O., 68.
21. Sölle, a.a.O., 333.
22. Sölle, a.a.O., 341.
23. Zitiert bei Zink, a.a.O., 189.
24. Paul Tillich hat diesen Umbruch bereits vor einem halben Jahrhundert vollzogen, wenn er z. B. eine Sammlung geistlicher Reden mit dem Titel versah: »In der Tiefe ist Wahrheit«, Stuttgart 1952.
25. Zitiert bei J. Zink, a.a.O., 65.
26. Dorothee Sölle: Mystik und Widerstand, a.a.O., 149. Sölle fügt an: Diese Verbundenheit müsse »zur Ökogerechtigkeit führen«. Ich werde später beschreiben, dass Ökogerechtigkeit und Schöpfungsfrieden zusammengehören.

27. Evangelisches Gesangbuch, 1. Aufl. 1994, Nr 165, Strophe 5.
28. Eine grundsätzliche theologische Klärung enthält das Buch von Matthias Kröger: Im religiösen Umbruch der Welt: Der fällige Ruck in den Köpfen der Kirche. Über Grundriss und Bausteine des religiösen Wandels im Herzen der Kirche, Stuttgart 2004, insbes. Kapitel 2.
29. In: Der Kampf mit dem Drachen.
30. Martin Haustein in seiner Rezension der Mystik-Bücher von D. Sölle und J. Zink: Mystik – Zukunft des Christentums? Deutsches Pfarrerblatt 6/1998, 329.
31. M. Fox: Cosmic Wonder, Human Opportunity, www.tikkun.org/nextgen/cosmic-wonder-human-opportunity, März 2011, S. 4. In meiner Übersetzung: »Es ist ein Ruf nach einer Transzendenz, die nicht so sehr »oben« ist, sondern tief drunten; sie reicht in die Tiefe der Dinge, wo alles dunkel und alles still und alles namenlos ist … Ein Ruf in die Stille. Ein Ruf zur Tiefe. Ein Ruf in das göttliche Nicht-Sein, Nicht-Ding-Sein. Nur Beziehungen.«
32. So M. Haustein, a.a.O., 327.
33. San Francisco 1994. Deutsche Fassung: Revolution der Arbeit. Damit alle sinnvoll leben und arbeiten, München 2002.
34. Mystik und Widerstand, a.a.O., Teil 2: Orte mystischer Erfahrung, 129ff. Darin Kapitel 6 »Natur«, 131ff; Kap. 7. »Erotik«, 151ff; Kap. 8 »Leiden«, 174ff; Kap. 9 »Gemeinschaft«, 202ff; Kap. 10 »Freude«, 223ff.
35. A.a.O., 262ff.
36. A.a.O., 292ff.
37. A.a.O., 323ff.
38. Wir werden uns im folgenden Kapitel ausführlicher mit dem Verhältnis von Frieden und Sicherheit befassen.
39. L. Boff: Die Erde ist uns anvertraut. Eine ökologische Spiritualität, Kevelaer, 2010.
40. L. Boff, a.a.O., 13f.
41. A.a.O., 245ff.
42. Sölle, Dorothee: Gewöhnen will ich mich nicht. Engagierte Texte und Gedichte, Hg. Bärbel Wartenberg-Potter, Freiburg, 2. Aufl. 2006.
43. M. Beintker/M. Heimbucher Hg.: Mit Gott reden – von Gott reden. Das Personsein des dreieinigen Gottes, Evangelische Impulse 3, Neukirchen-Vluyn, 2. Aufl. 2011. (Zitate im Folgenden im Text)
44. D. Sölle, a.a.O., 210f.
45. Es ist aufschlussreich, dass Hammerskjöld die persönliche Nähe zu Martin Buber suchte, nachdem er Texte von ihm übersetzt hatte. Dazu: Lou Martin: Können wir den ehrlichen Dialog in den Zeiten des Misstrauens retten? Die Begegnung zwischen Dag Hammerskjöld und Martin Buber, Neu Isenburg 2012.

2. TEIL: Leitbilder

4. Kapitel:
Menschen des Friedens?

1. Eine erste Studie zu diesem Thema findet sich in: J. Moltmann/C. Rivuzumwani: Wo ist Gott? Gottesräume-Lebensräume, Neukirchen-Vluyn, 2002.
2. K. Jaspers: Die Achsenzeit. Vom Ursprung und Ziel der Geschichte, München 1949 (mit zahlreichen Auflagen). Jaspers verwendet diesen Begriff, um die Entwicklung zu beschreiben, die in dem Zeitraum von 800 bis 200 v. Chr. parallel zueinander im Hinduismus und Buddhismus Indiens, im Taoismus und Konfuzianismus Chinas, im talmudischen Judentum im Nahen Osten und im Zoroastrismus Persiens vor sich ging.
3. Klaus-Peter Jörns: Notwendige Abschiede. Auf dem Weg zu einem glaubwürdigen Christentum, Gütersloh, 4. Aufl., 2008, 221.
4. Ebd.
5. Jörns behauptet: »Fortan korrespondiert der herrscherlichen Gottebenbildlichkeit des Menschen das Tier – als Nahrungsmittel« (A.a.O., 222). Es scheint mir wichtig, dass Jörns die Verdinglichung der Tierwelt zum Nahrungsmittel betont, auch wenn sie dort nicht stehen bleibt. Die Pflanzenwelt wird ebenso radikal verdinglicht und zum bloßen Material für Ernährung und Genuss gemacht.
6. Hervorzuheben ist hier der Einfluss von Lynn White Jr.: »The Historical Roots of Our Ecologic Crisis«, Science, Vol 155 (Number 3767), 10. März, 1967, S. 1203–1207.
7. Vgl.: M. Brocker: Arbeit und Eigentum. Der Paradigmenwechsel in der neuzeitlichen Eigentumstheorie, Darmstadt 1992, bes. 30ff.
8. Dass dies bei den Vereinigten Staaten zur Herausbildung einer weltgeschichtlichen Sonderrolle, einer »manifest destiny«, geführt hat, mit massiven globalen Auswirkungen, ist bekannt.
9. Erwähnt sei nur das »land grabbing«. Es ist eine neue Okkupationsstrategie von Ländern, Konzernen oder Finanzinvestoren, die mit den Mitteln wirtschaftlicher Erpressung und Korruption und damit ohne klassische Kriege auskommt. Allein im Jahr 2009 sollen 80 Millionen Hektar in fremde Hände gelangt sein, das entspricht der Grundfläche der Türkei! Dazu: »Besser als Gold«, Süddeutsche Zeitung 144, 25/26. 6. 2011, HF 2.
10. Diese Annahme ist bis heute maßgebend. Damit ist aber noch nicht ausgemacht, ob wir Menschen mit dem uns auszeichnenden Bewusstsein nicht vielleicht übersehen, dass es bei anderen Lebewesen andere Formen von Bewusstsein geben könnte. Jedenfalls lassen die komplexen Gestalten der Zusammenarbeit bei Ameisen-, Bienen- oder Termitenvölkern, aber auch die Abwehrmethoden vieler Pflanzern diese Vermutung zu. Vgl. dazu: Wettrüsten im Blumenbeet, SZ vom 5.4.2011, S. 19.
11. Jürgen Moltmann hat in seiner Schöpfungslehre diese Sicht mit dem Hinweis kriti-

siert, dass der siebte Tag als der Tag des Wohlgefallens und der Ruhe Gottes den eigentlichen Fluchtpunkt der Schöpfungsgeschichte darstelle. Der Sabbat Gottes sei die Krone der Schöpfung. Dazu: Gott in der Schöpfung. Ökologische Schöpfungslehre, München 1985, 20.

12. Die Literatur zu diesem Thema ist kaum zu überblicken. Eine Übersicht der wesentlichen Fragestellungen findet sich bei: Athanasios Vletsis: Vergöttlichung oder Vermenschlichung? Skizze einer christlichen Anthropologie der Vervollkommnung als Teilhabe am Leben Gottes aus der Perspektive orthodox-patristischer Theologie, in ÖR 57 (2008), 144–167. Für eine traditionelle und antiökumenische Interpretation des Theosis-Gedankens steht: Archimandrit Georgios: Vergöttlichung. Das Ziel des Menschenlebens, 1. Aufl. (in griechischer Sprache) 1992, 1. Aufl. in deutsch: Apelern, 2007.

13. Palamas war byzantinischer Theologe. Er wurde 1296 oder 1297 in Konstantinopel geboren und starb 1357 als Erzbischof in Thessaloniki. Vorher war er Mönch auf dem Athos gewesen. P. gilt als Hauptvertreter des Hesychasmus. Schon 1368 wurde er heiliggesprochen.

14. Die englische Theologin Sarah Coakley hat in ihrem Buch »Macht und Unterwerfung. Spiritualität von Frauen zwischen Hingabe und Unterdrückung« (englisch: Powers and Submissions. Spirituality, Philosophy and Gender, Blackwell Publishing Ltd. Oxford, 2002), Gütersloh 2007, den Versuch unternommen, den Ansatz von Gregor Palamas zu skizzieren und für westliches Denken plausibel zu machen. Vgl. S. 104ff und 116ff.

15. In Anm. 7 wurde bereits erwähnt, dass der Heilige Gregorios Palamas Mönch in der Mönchsrepublik Athos war, die durch ihre ausgeprägte Frauenfeindlichkeit bekannt (und berüchtigt) ist. Es darf freilich auch nicht übersehen werden, dass Palamas sich bei Thronwirren in Byzanz als Vermittler hervorgetan hat.

16. J. G. Herder: Abhandlung über den Ursprung der Sprachen, Herders Werke, Weimar 1963, Bd. 3, 96f.

17. Wir wissen heute, wie fehlerhaft Herders Annahmen waren. Alle Tiere müssen lernen, ihre angeborenen Anlagen zu beherrschen; ihre Instinkte wirken durchaus nicht automatisch. Und wenn es um die Menschen geht, so reagieren sie bereits im Mutterleib auf Reize und werden vom ersten Atemzug an als soziale und interaktive Menschen aktiv. Sie sind im Anfang also keineswegs schreiende »Maschinen«, die erst nach und nach menschliche Gestalt annehmen.

18. So zu finden bei F. Capra: Wendezeit. Bausteine für ein neues Weltbild, München 1994, 54.

19. O. Marquard: Anthropologie, HWPh, Bd. 1, Darmstadt 1971, Sp. 362–374.

20. Darum heißt es auch in dem Artikel »Anthropologie, naturwissenschaftlich« von F. Hartmann in RGG, 3. Aufl., Bd. I., Sp. 405: »Dieses allen Tieren in speziell körperlicher Hinsicht unterlegene Wesen trat sicher nicht als Herr in diese Schöpfung ein. Er musste sich mit seinen unzulänglichen körperlichen Fähigkeiten gegen eine es bedrohende Umwelt durchsetzen. ... Wäre der Mensch wie das Tier Instinktwesen, so bedürfte er des Geistes nicht, oder er wäre unfrei. Der Mensch musste »Instinkt-

reduktionswesen« werden, um den Raum für echte Willensentscheidungen frei zu haben. ... Der Mensch ist ... das anpassungsfähigste, weil unspezialisierteste und erfindungreichste Wesen. Er ist es, weil er Körper und Geist ist.«

21. J. Moltmann: Mensch. Christliche Anthropologie in den Konflikten der Gegenwart, Themen der Theologie DB 11, Stuttgart 1971, 16.
22. W. Pannenberg: Anthropologie in theologischer Perspektive, Göttingen 1983, 41.
23. A.a.O., 105.
24. http://www.freigeister-forum.de/blogs/silent_whispering/category/zitate-atomwaffen (aufgesucht am 22.9.2011).
25. Darum hat sich Rabi nach 1945 für die friedliche Nutzung der Atomenergie eingesetzt, freilich ohne die daraus resultierenden Gefahren ausreichend zu reflektieren. http://de.wikipedia.org/wiki/Isidor_Isaac_Rabi (aufgesucht am 22.9.2011).
26. J. Moltmann: Gott in der Schöpfung. Ökologische Schöpfungslehre, München 1985, 248f.
27. Dies ist die Richtung, in welche Wolfgang Welsch mit dem Stichwort »homo mundanus« zielt. Vgl.: W. Welsch: Homo Mundanus – jenseits der anthropischen Denkform der Moderne, Weilerswist 2012.
28. Diesen Begriff hat Brandon Carter 1973 ins Spiel gebracht. Vgl.: Art. Anthropisches Prinzip, wikipedia.org, aufgesucht am 12.4.2011.
29. Dieses Menschenbild wird auch von Norbert Bernholt dargestellt. Vgl dazu seinen Beitrag in dem Buch: Akademie Solidarische Ökonomie Hg.: Kapitalismus und dann? Systemwandel und Perspektiven gesellschaftlicher Transformation, München 2012, 46ff.
30. Miroslav Volf: Exclusion and Embrace. A Theological Exploration of Identity, Otherness, and Reconciliation, Nashville TN, USA 1996.
31. Zum Verhältnis von Endlichkeit, Sicherheit und Frieden ausführlicher in Kapitel 7, S. 177ff.
32. In Aufnahme eines Begriffs von Kurt Marti: Von der Weltleidenschaft Gottes. Denkskizzen, Stuttgart, Neuausgabe 2011.

5. Kapitel: Abschied von Paul Gerhardt?
Christliche Spiritualität für Erdlinge

1. Dieses Kirchenlied ist im neuen Gesangbuch nicht aufgenommen. Im alten steht es unter der Nummer 322, zitiert sind die Strophen 5 und 6.
2. Dazu ausführlicher in Kapitel 12, S. 282ff.
3. Freilich darf diese Aussage nicht generalisiert werden. So hat z. B. Johann Matthäus Meyfart (1590–1642) gegen die Hexenverfolgungen und den sittlichen Verfall seiner Zeit mit aufrüttelnden Schriften Position bezogen. Sein Choral »Jerusalem, du hochgebaute Stadt, wollt Gott, ich wär in dir ...« (EKG 150) ist also kein Dokument der Weltflucht. Er ist Ausdruck einer unverwüstlichen Hoffnung, welche den Blick für Unrecht und Willkür schärft.

4. Es ist hier nicht der Ort, die theologischen und kirchenpolitischen Kämpfe um das angemessene Verständnis von Staat und Kirche zu referieren. Einflussreich wurde das Konzept der »Symphonia« von Kirche und Staat in der Byzantinischen Christenheit, im russischen Zarenreich oder auch im Staatskirchentum, das sich im Gefolge der Reformation in vielen europäischen Ländern durchsetzte. Es darf freilich auch nicht übersehen werden, dass sich im kritischen Gegensatz zu diesen Strukturen, die sich als sehr korrumpierbar erwiesen, immer wieder machtvolle Reformbewegungen bildeten. Das Mönchtum ist hier hervorzuheben. Auch die Reformation verstand sich als eine kritische Gegenbewegung. Schließlich sind die »Freikirchen« zu nennen, die sich von den etablierten Staatskirchen befreien wollten und vor allem in den USA den Raum für eine ungehemmte Entfaltung fanden.
5. Es wurde nicht in das derzeit geltende Evangelische Gesangbuch aufgenommen, befand sich aber in der Ausgabe davor. In meinem Konfirmandenunterricht wurde es mir als Kernlied eines überzeugten Christentums nahe gebracht.
6. EKG 371.
7. Vgl. B. Swimme/Th. Berry: The Universe Story. From the Primordial Flaring Forth to the Ecocoic Era – A Celebration of the Unfolding of the Kosmos, San Francisco 1992, bes. 142ff.
8. Der Soziologe Robert Bellah hat den Begriff der »civil religion« auf die politische Kultur, die sich in den USA herausgebildet hat, angewendet. Er beschreibt damit die identitätsstiftenden Merkmale Amerikas, die bisher den »sozialen Kitt« dieses riesigen Landes gebildet haben. In: »Civil Religion in America«, in: *Daedalus. Journal of the American Academy of Arts and Sciences*, 96 (1967), Boston, Massachusetts, p. 1–21. Andere Staaten haben andere »Zivilreligionen« gebildet. Und auch das gegenwärtig herrschende Wirtschafts- und Bankensystem bedient sich zivilreligiöser Versatzstücke.
9. Zitiert bei J. Zink, a.a.O., 16.
10. R. Otto: Das Heilige. Über das Irrationale in der Idee des Göttlichen und sein Verhältnis zum Rationalen«, 1917.
11. Dagegen verwahrte sich die Theologische Erklärung der Bekentnissynode von Barmen (1934) in der 1. These. Dort heißt es: »Wir verwerfen die falsche Lehre, als könne und müsse die Kirche als Quelle ihrer Verkündigung außer und neben dem Worte Gottes auch noch andere Ereignisse und Mächte, Gestalten und Wahrheiten als Gottes Offenbarung anerkennen.«
12. Der Islam hat eine Gebetshaltung entwickelt, welche die Unterwerfung unter den Willen Gottes dadurch ausdrückt, dass die Gläubigen nicht nur auf die Knie gehen, sondern sich dann auch viele Male nach vorne beugen, um mit der Stirn die Erde zu berühren.
13. I. Gabriel: Die Faszination von Herrschaft, S. 83–112, in: G. Müller-Fahrenholz Hg.: Friede mit der Erde. Wie überwinden wir unsere Gewalt gegen die Natur?, Frankfurt 2010, Zitat S. 105.
14. A.a.O., 110.

15. Com-Passion wird von Johann Baptist Metz wie folgt definiert: »Mystik der Compassion: Es gibt in der deutschen Sprache kein Wort, das diese elementare Leidempfindlichkeit unmissverständlich zum Ausdruck bringt. »Mitleid« steht im Verdacht, die herrschenden Ungerechtigkeiten durch Sentimentalität zu verschleiern. So verwende ich das Fremdwort als Schlüsselwort für den Aufbruch der Kirche aus ihrer drohenden Selbstprivatisierung. Diese Compassion ist teilnehmende Wahrnehmung fremden Leids.« In: Sekretariat der Deutschen Katholischen Bischofskonferenz, Hg.: Arbeitshilfen 187 Zum Welttag des Friedens 2005 (1.1. 2005). Dazu auch: Ulrich Becker: die Autorität der Leidenden anerkennen: neue Impulse für ökumenisches Lernen? In: D. Heller u. a. Hg: »Mache dich auf und werde licht!«. Ökumenische Visionen in Zeiten des Umbruchs, Festschrift für Konrad Raiser, Frankfurt 2008, 164–171.
16. Folgt man der Definition von Thomas Knight (MIT, Cambridge, USA), dann sind Bedenken mehr als angebracht. Er sagt: »Synthetische Biologie ist das rationale Design, Modellieren, Konstruieren, Korrigieren und Testen künstlicher lebendiger Systeme.« Diese Beschreibung findet sich in dem Portal der Deutschen Akademie für Technikwissenschaften. Vgl.: http://www.acatech.de/de/aktuelles-presse/dossiers/dossier-synthetische-biologie.html.
17. Dazu Jürgen Moltmann: Die gemeinsame Religion der Erde. Weltreligionen in ökologischer Perspektive, ÖR 1/2011, 18–29: Darin vermerkt er in thetischer Zuspitzung: »Bisher haben die Weltreligionen die *Menschen*welt als universalen Raum für ihre Relevanz und Ausbreitung angesehen. Wenn aber die Menschenwelt in der Natur der Erde lebt und nur mit ihr überleben kann, wird *Gaia* zum universalen Raum für die Weltreligionen. Sie können sich nur dann als »Weltreligionen« erweisen, wenn sie zu *Erdreligionen* werden und die Menschheit als integrierten Bestandteil des Planeten Erde ansehen.« (S. 27)

6. Kapitel:
Bewohnen statt Beherrschen

1. Ich knüpfe hier an Ausführungen an, die ich vor allem in dem Buch: Erwecke die Welt, Gütersloh 1993, entfaltet habe. Dort bes. ab S. 154.
2. Ökumene – Glücksfall und Ernstfall des Glaubens, epd-Dokumentation 28/29 (6.6.1998), 3–16.
3. I. Ramonet: 2000. Le Monde Diplomatique, Beilage der taz vom 17. 12. 1999, 1.
4. Es fällt auf, dass sich wenige Ausleger der paulinischen Schriften ausführlicher mit dem Stichwort der Oikodomé befasst haben. Ausnahmen bilden: O. Michel: Art. Oikos und Derivate, ThWB V, Stuttgart 1954, 121–161. Ph. Vielhauer: Oikodome. Das Bild vom Bau in der christlichen Literatur vom Neuen Testament bis Clemens Alexandrinus, in: Ders.: Oikodome. Aufsätze zum Neuen Testament, Bd. 2 (hg. von G. Klein) 1979, 108; zit. bei R. Strunk: Vertrauen. Grundzüge einer Theologie des Gemeindeaufbaus, Stuttgart 1985, 63ff.
5. O. Michel, a.a.O., 147.

6. Ich verweise auf R. Strunks Buch (vgl. Anm. 4), das wichtige Gemeindeaufbau-Entwürfe diskutiert. Dort Seite 72–109.
7. Kurt Marti: Von der Weltleidenschaft Gottes. Denkskizzen, Stuttgart 2011, 55.
8. Es wird Jahrhunderte dauern, bis der überhöhte ppm-Parameter wieder den Grad erreicht, der während der letzten 10 000 Jahre die Entwicklung der großen Kulturen ermöglicht hat. Dazu: Ricardo Navarro: Die Krise der Erde ins Auge fassen, in: G. Müller-Fahrenholz: Friede mit der Erde, Frankfurt 2010, 20–30. Während der letzten 450 000 Jahre bewegte sich der CO^2-Anteil in der Erdatmosphäre zwischen 180 und 280 ppm. Er liegt derzeit bereits bei 385 ppm!
9. Diese Sicht hat z. B. der amerikanische Ökologe und Ökonom Herman Daly mit dem Begriff der »steady state economy« beschrieben. Auch für den kanadischen Forscher William Rees ist es selbstverständlich, dass die Ideologie eines grenzenlosen Wachstums aufgegeben werden muss. Vgl. Petra Pinzler: Abschied vom Wachstum. DIE ZEIT, 5.12.2011 29f.
10. Sehr instruktiv: Nico Paech: Befreiung vom Überfluss mit dem Untertitel: Auf dem Weg in die Postwachstumsökonomie, München 2. Aufl., 2012.
11. Vgl.: Sebastian Schoepp: Abholzen im Sekundentakt, SZ 21.1.2008. Seit 2008 wurde dieser Vernichtungsprozess nicht gestoppt. Im Mai 2011 wurde bekannt, dass die Abholzung im brasilianischen Teil des Amazonasbeckens zwischen August 2010 und April 2011 wiederum um 27 % zugenommen habe. Vgl.: brasilienmagazin.net/.../brasilien-**abholzung**-von-regenwald. vom 19.5.2011 (aufgesucht am 15.9.2011).
12. Sehr aufschlussreich sind die Ausführungen von Laurence H. Tribe: Was spricht gegen Plastikbäume? In: Dieter Birnbacher: Ökologie und Ethik, Reclam Universal Bibliothek 9983 (3), 1991, 20–71.
13. Frank Fraser-Darling: Die Verantwortung des Menschen für seine Umwelt, in: D. Birnbacher: Ökologie und Ethik, a.a.O., 9.
14. St. Ober ist Referentin für Agrogentechnik in der Bundesgeschäftsstelle von NABU, Berlin. Es ist bedenklich, dass das Gutachten des Bioökonomierates »Innovation Bioökonomie«, das im September 2010 den zuständigen Ministern Schavan und Aigner übergeben wurde, keine ausreichende kritische Infragestellung hervorgerufen hat. Der Beitrag findet sich unter: http://www.dnr.de/publikationen/umwelt-aktuell/102011/hochtechnologien-sind-nicht-fehlerfreundlich.html (aufgesucht am 6.10.2011).
15. Zitiert bei S. Ober, a.a.O.
16. Dazu: Wolf Südbeck-Baur und Teresa Schneider: Die Ingenieure des Lebens, Publik Forum 18, 23.9.2011, 20–24.
17. Vgl. Hannah Rabe: Artikel Eigentum, HWPH Bd. 2, Sp. 339–342.
18. F. Fürstenberg: Art. Eigentum. III. Wirtschaftssoziologisch, RGG, 3. Aufl. Bd. II, Sp. 367.
19. A.a.O., 340f.
20. A.a.O., 341.
21. Art: http://www.aktionsbuendnis.net/Aktionen/Risikotechniken/hintergr1.htm (aufgesucht am 18.10.2011).

22. Dass es damit nicht eben gut steht, belegt: Hans-Udo Schneider: Schulterschluss mit dem freien Markt. Aus der Diakonie im Sozialstaat ist die Diakonie im Sozialmarkt geworden. Publik-Forum 20, 21.10.2011, 34–37.
23. Jremy Rifkin: Biosphere Politics. A Cultural Odyssey from the Middle Ages to the New Age, San Franzisko 1991.
24. In G. Müller-Fahrenholz: Erwecke die Welt. Unser Glaube an Gottes Geist in dieser bedrohten Zeit, Gütersloh 1993, 231ff.
25. Vgl.: Juan Somavia: Grundstein für eine neue Ära sozialer Gerechtigkeit. Die globale Arbeitsmarktkrise spitzt sich zu. SZ 3.11.2011, 18. Es fällt bei diesem Beitrag allerdings auf, dass ökologische Aspekte keine Rolle spielen!
26. Chr. Schrader: Sauberes Wirtschaften, SZ 266 vom 18.11.2011, S. 16.
27. http://www.klimaretter.info/wirtschaft/hintergrund/9889-gruene-weltwirtschaft-als-jobmotor. Wie komplex diese Fragen sind, macht Niko Paech in seinem bereits zitierten Buch deutlich. Sein 4. Kapitel beschäftigt sich ausdrücklich mit der »Mär vom grünen Wachstum« (ab S. 71).

3. TEIL: Bewährungsfelder

7. Kapitel:
Frieden – Sicherheit in den Grenzen von Verwundbarkeit

1. Dazu: Harald Welzer: Klimakriege. Wofür im 21. Jahrhundert getötet wird., Frankfurt/Main, 2. Aufl. 2010.
2. Dieses »land-grabbing« ist eine nur scheinbar friedliche, mit korrupten Regierungen ausgehandelte Form von Landnahme. Sie dürfte massive Konflikte mit den jeweils einheimischen Bevölkerungen nach sich ziehen.
3. Hans J. Gießmann: Art. Frieden und Sicherheit, in: H. J. Gießmann/B. Rinke (Hg).: Handbuch Frieden, Wuppertal, 2011, 551.
4. Nähere Informationen: Vgl. Informationsstelle Militarisierung, Tübingen. Bedrückend ist schon jetzt der Einsatz von »Frontex«, deren Aufgabe es ist, Europa vor Flüchtlingen zu schützen. Dazu u.a.: H. Welzer, a.a.O., 186ff.
5. Vgl.: John Sh. Lawrence/Robert Jewett: The Myth of the American Superhero, Eerdmans, Gd. Rapids, 2002. R. Jewitt/John Sh. Lawrence: Captain America and the Crusade Against Evil. The Dilemma of Zealous Nationalism, Gr. Rapids, 2003.
6. Einen exemplarischen Zugang eröffnet die Studie: Vulnerability and Security, erarbeitet durch die Kommission für Internationale Angelegenheiten der Norwegischen Kirche, Kristiansand 2002.
7. Die mit der Abschaffung des Krieges verbundenen Aspekte werden in Kapitel 8 genauer bedacht, S. 194ff.
8. So stellt Gießmann fest: »Die Bereitschaft zur Verteidigung signalisiert in letzter Konsequenz auch die Bereitschaft zum intendierten Friedensbruch. Wird doch die

Wahrung der eigenen Interessen … über das Ziel der Friedenserhaltung gestellt. Dies .. spiegelt eine subjektiv begründete Hierarchie von Interessen wider, die Sicherheit als wichtigstes Ziel definiert und dabei unter Umständen auch die Anwendung von Gewalt rechtfertigt.« A.a.O., 541.

9. Es ist diese Art von Sicherheit, welche die Bundeswehr in Afghanistan verteidigen soll.
10. Am auffälligsten ist das immer noch bei den Vereinigten Staaten von Amerika. Sie unterhielten nach eigenen Angaben im Jahr 2008 761 militärische Einrichtungen aller Teilstreitkräfte (Army, Air Force, Navy, Marine Corps) im Ausland. Dies sind 14% von 5.429 Einrichtungen insgesamt. Die Gesamtzahl der Stützpunkte, auf die die USA jederzeit zurückgreifen können, ist jedoch höher, da Basen, für die lediglich Nutzungsrechte vereinbart wurden, auf denen aber derzeit keine amerikanischen Soldaten stationiert sind, sowie etliche Militärbasen, etwa in Afghanistan und im Irak, in dieser Statistik nicht enthalten sind. Experten schätzten im Jahr 2004 die Gesamtzahl der Stützpunkte, auf die die USA jederzeit zurückgreifen können, auf ungefähr 1000. http://de.wikipedia.org/wiki/Liste_der_Milit%C3%A4rbasen_der_Vereinigten_Staaten_im_Ausland (aufgesucht: 18.11.2011).
11. Zitiert bei Gießmann, a.a.O., 549.
12. Http://en.wikipedia.org/wiki/human_security: »Human security is an emerging paradigm for understanding global vulnerabilities whose proponents challenge the traditional notion of national security by arguing that the proper referent for security should be the individual rather than the state.«
13. Aus Gottes Frieden leben – für gerechten Frieden sorgen. Denkschrift des Rates der Evangelischen Kirche in Deutschland, Gütersloh 2007, 117.
14. A.a.O., 118.
15. Der Ausdruck »neue Kriege« wurde von Mary Kaldor in die Debatte eingeführt: Neue und alte Kriege. Organisierte Gewalt im Zeitalter der Globalisierung, Frankfurt 2000.
16. Ich verweise auf die Arbeit von Peace Brigades International oder das vom ÖRK und anderen Partnern unterhaltene Programm zur Begleitung von Palästinensern (EAPPI).
17. Fernando Enns hat die ökumenische Debatte zum »R2P«-Thema nachgezeichnet. In: Ökumene und Frieden. Bewährungsfelder ökumenischer Theologie, Neukirchen.-Vluyn, 2012, 220ff.
18. Dietrich Bonhoeffer: Kirche und Völkerwelt (28. August 1934), Gesammelte Schriften, Band 1 Ökumene, München 1958, 216ff.
19. So erklärt sich auch, dass weite Kreise der deutschen Kirchen bis hinein in die theologischen Fakultäten der beginnenden ökumenischen Bewegung überwiegend ablehnend gegenüber standen. Konservative Kreise verbanden ihn sowie den Pazifismus mit dem aggressiv agierenden Kommunismus. Theologische Gruppen, die sich um Karl Barth scharten, setzten sich scharf gegen internationale theologische Strömungen ab.
20. Hannah Arendt: Vita Activa, 4. Aufl. München 1985, 239.
21. D. Bonhoeffer, a.a.O., 218.

22. A.a.O., 217.
23. A.a.O., 219.
24. A.a.O., 218.
25. Zitiert bei Winston Churchill: Der Zweite Weltkrieg, Bern/München/Wien, 1992, 85.

8. Kapitel:
Endzeitmacht und Kriegsmacht oder:
Warum ist der Pazifismus keine Massenbewegung?

1. Diese Externalisierung wird mit der Umstrukturierung der Bundeswehr und ihrer strategischen Neuausrichtung bewusst genutzt. So kann im Schatten eines allgemeinen Desinteresses eine Sicherheitspolitik betrieben werden, die – gemeinsam mit den USA und den europäischen Nachbarn – deutliche neokolonialistische und imperialistische Prägungen aufweist. So nennt z. B. das »Weißbuch der Bundesregierung zur Sicherheitspolitik und Zukunft der Bundeswehr« (2006) das Ziel, »die Interessen unseres Landes zu wahren«, zu denen insbesondere »der freie und ungehinderte Welthandel als Grundlage unseres Wohlstands« gehört. Ähnlich argumentieren auch die »Verteidigungspolitischen Richtlinien« vom Mai 2011. Weitere Hinweise in: Jürgen Rose: »Dran, drauf, drüber!« Die »Transformation« der Bundeswehr von einer Verteidigungsarmee zur weltweit einsetzbaren Interventionstruppe im Dienste nationaler Interessen, Forum Pazifismus II–IV/2011, 30f.
2. So soll der junge Mann, der in der Grundschule von Newtown 28 Kinder und Erwachsene, sich selbst eingeschlossen, erschoss, Stunden lang in dem Keller des elterlichen Hauses das Gewaltspiel »Call of Duty« gespielt haben.
3. Nikolaus Richter: Leichter zu treffen, in: SZ vom 15.1.2013, S. 1. In diese Kerbe schlägt auch das Tot-Schlagwort »Kampf ist Leben, Leben ist Kampf«, das in neonazistischen Gruppen umgeht. Vgl.: Vgl.: Akte Eisleben, SZ vom 9.1.2013, S. 3.
4. Aufgrund der Auslandseinsätze der Bundeswehr ist sogar ein neuer Tapferkeitsorden eingeführt worden, der an Soldatinnen oder Soldaten verliehen werden kann, die ein »bewusst angstüberwindendes, mutiges Verhalten bei außergewöhnlicher Gefährdung von Leib und Leben mit Standfestigkeit und Geduld zur ethisch fundierten Erfüllung des militärischen Auftrags« gezeigt haben. Vgl.: Bundesministerium der Verteidigung. Presse und Informationsstab Hg.: Ehrenzeichen und Einsatzmedaillen, Stand Januar 2011.
5. So hat der Genfer Publizist Andreas Zumach wiederholt darauf hingewiesen, dass aufgrund seiner Beobachtungen selbst Kriegsdienstverweigerer immer deutlicher der Auffassung gewesen seien, Deutschland sei um seiner Sicherheit willen auf Streitkräfte angewiesen.
6. Gerade deshalb ist es befremdlich, dass Papst Benediikt XVI. es bei seinem Deutschland-Besuch 2011 zuließ, mit »militärischen Ehren« begrüßt zu werden. Nicht deshalb, weil seine Rolle als oberster Repräsentant des Vatikan-Staates kaum mehr als eine Fiktion ist, sondern weil von dem führenden Geistlichen der katholischen Kir-

che erwartet werden kann, dass er den militärischen Ausdruck von nationaler Souveränität und Sicherheit unterläuft.

7. Zu verweisen wäre hier auf das Werk von René Girard, der sich dem Phänomen des stellvertretenden Opfers immer wieder zugewandt hat. Vgl.: Das Heilige und die Gewalt, Zürich 1987.
8. Wie einzigartig und exemplarisch dieses »Für uns« zu verstehen ist, hat R. Girard in seinem Buch »Ich sah den Satan vom Himmel fallen wie einen Blitz«, München/Wien 2002 entfaltet. Es ist sehr befremdlich, dass der jetzige Bundespräsident Deutschlands, der ehemalige Pfarrer Joachim Gauck, mit diesem »Für uns gefallen« offenbar keine Schwierigkeiten hat. Vgl. dazu seine Rede anlässlich seines Antrittsbesuches bei der Bundeswehr am 12.6.2012 in der Führungsakademie der Bundeswehr in Hamburg. Dokumentiert in Forum Pazifismus II-IV 2012, 34/35/36, 73–76.
9. Hajo Schmidt: Friedensfähigkeit des Menschen, in: Hans Gießmann/Bernhard Rinke Hg.: Handbuch Frieden, Wiesbaden 2011, 166.
10. Zitiert bei G. Vinnai: Psychologische Kriegstheorien: Psychoanalytische Konstruktionen zum Thema Krieg, in: Th. Jäger/R. Beckmann Hg.: Handbuch Kriegstheorien, Wiesbaden, 2011,40.
11. Carl Zuckmayer: Als wär's ein Stück von mir. Horen der Freundschaft, Fischer Taschenbuch 1049, 33. Aufl. 2007, 251.
12. 2007 wurden im »Good Magazine« konkrete Zahlen zum Thema »Pornografie im Internet« veröffentlicht: Demnach lag die Anzahl der Pornowebseiten im Internet bei 372 Millionen (12 Prozent aller Seiten). Es kamen täglich ca. 266 neue Sex-Seiten hinzu. Der Anteil von Pornos am Gesamtdatenverkehr im Internet betrug rund 35 Prozent. Vgl.: http://www.nickles.de/c/s/s/reportreport-saubermann-bing-geheimer-porno-modus-enthuellt-638-1.htm.
13. Vor etwa dreißig Jahren sagte ein Mann bei einem abendlichen Gespräch in einer Evangelischen Akademie: »Wenn ich eine Frau als Vorgesetzte bekäme, würde ich sofort kündigen. Ich lasse mich doch nicht kastrieren!« Ich kann nur hoffen, dass sein Sohn, wenn er denn noch Zeit hatte, einen zu zeugen, inzwischen weniger Ängste vor Frauen hat.
14. München 2010. Vgl. dazu die Rezension von J. Conrads in Forum Pazifismus II – IV/2011, 80–82.
15. Ute Kätzel: Es waren nur wenige, doch der Staat fühlte sich bedroht. Frauenfriedensbewegung von 1899 bis 1933.
In: Praxis Geschichte, Heft 3/97, S. 9–13, Westerman Schulbuchverlag, Braunschweig. Internetfassung mit freundlicher Genehmigung des Westermann Schulbuchverlags. Siehe auch: Ute Gerhard: Unerhört. Die Geschichte der deutschen Frauenbewegung, München 1990. Zur Geschichte von Initiativen von Frauen gegen Gewalt: Gisela Brinker-Gabler, Hg.: Frauen gegen den Krieg, Frankfurt 1980.
16. So hat Goss-Mayr einen entscheidenden Anteil an der Schulung des Widerstandes gegen den Diktator Präsident Marcos auf den Philippinen in 1986 gehabt. Anschließend hat sie auf Madagaskar dazu beigetragen, dass mittels einer gewaltfreien Bewegung auch dort der Diktator gestürzt wurde. Beide Male spielte die katholische

Kirche eine zentrale Rolle in dem gewaltfreien Widerstand. Vgl. dazu: M. Arnold: Hildegard Goss-Mayrs christliche Gewaltfreiheit, Overath 2011.
17. Vgl.: David Frum/Richard Perle: An End to Evil. How to Win the War on Terror, New Yok 2004.
18. A. Gruen: »Ich will eine Welt ohne Krieg«, Stuttgart 2006, 53.
19. Mandelas Ausgleichspolitik wäre chancenlos geblieben, wenn es nicht in der Zivilgesellschaft Südafrikas, vor allem aber in den Kirchen, eine große Bereitschaft gegeben hätte, eine solche Politik zu unterstützen.
20. Ich verweise auf meine Überlegungen im 7. Kapitel.
21. Dazu mehr im folgenden Kapitel!
22. H. Arendt: Vita Activa, a.a.O., 231ff.
23. Das folgende Kapitel befasst sich ausführlicher mit versöhnungspolitischen Fragestellungen!
24. Es gibt gerade bei Männern eine (un)heimliche Faszination der Gewalt, die durch Gewaltspiele und pornographische Materialien ständig bedient wird.
25. U. Schmitthenner für die Stiftung Ökumene Hg.: Ökumenischer Informationsdienst. Aktuelles Thema 18, Stuttgart 2011. Die Arbeiten an diesem Programm werden im Blick auf die Vollversammlung des ÖRK im koreanischen Busan (Oktober/November 2013) fortgeführt.
26. Im Übrigen hat auch die EKD-Denkschrift »Aus Gottes Frieden leben – für gerechten Frieden sorgen«, Gütersloh 2007, deutlich darauf hingewiesen, dass Waffenpotenziale abgebaut und zivile Konfliktbearbeitung ausgebaut werden müssen. Dazu die Teile 4. 3. und 4.4 (S. 99ff bzw. 108ff). Mit vielen konkreten Vorschlägen: Plattform Zivile Konfliktbearbeitung: Friedenslogik statt Sicherheitslogik soll Deutschlands Politik bestimmen, 10.12.2012.
27. Es fragt sich, ob Polizisten überhaupt mit scharfer, also tötungsfähiger Munition ausgestattet werden müssen. Gibt es keine Betäubungswaffen, welche in akuter Gefahr wirkungsvoll eingesetzt werden können?
28. Dazu vor allem: Tobias Winright: Just Policing and the Responsibility to Protect, Ecumenical Review 2011, 84–95.
29. Vgl. dazu Kapitel 11: Reichtum kommt von Solidarität.
30. Dazu mehr in Kapitel 10: Friede ist Gerechtigkeit plus Gnade.

9. Kapitel:
Friede mit der Vergangenheit – Versöhnung als Bestandteil von Weltinnenpolitik

1. Ich beziehe mich hier auf Ausführungen, die ich unter dem Titel »Ich glaube an die Vergebung der Sünden und die Heilung der Kränkungen«, veröffentlicht habe, in: Jürgen Moltmann Hg.: Das Geheimnis der Vergangenheit, Neukirchen-Vluyn, 2012, 9–28.
2. Zu diesem weiten Feld gehört eine ausufernde Literatur. In exemplarischer Verdichtung: Dieter Senghaas: Ordnungspolitische Herausforderungen in einer zerklüfteten

Welt. Zu Möglichkeiten und Grenzen von global governance, in: Amos International, Gesellschaft gerecht gestalten. Internationale Zeitschrift für christliche Sozialethik, Sozialinstitut Kommende Dortmund 2/2012, 25–33.

3. So hat z. B. eine AutorInnen-Gruppe um Anna Schmidt das Verhältnis von Geopolitik, Global Governance und Krisen-Narrativen untersucht. Sie kommen zu dem Ergebnis, dass »policymakers« der G-20-Gruppe gut beraten wären, wenn sie die unterschiedlichen Narrative der beteiligten Länder besser verstehen und berücksichtigen würden. Dazu schlagen sie »weniger sichtbare Foren« vor, »in denen Vertrauen und Glaubwürdigkeit wieder hergestellt oder begründet werden können, weil beide für das Erreichen tragfähiger Übereinstimmungen von zentraler Bedeutung sind«
Vgl.: Anna Schmidt with Paz Arancibia, Rakhil Kahlon, Nobuhiro Komoto, John Myers, Mary Munyi, Tonaina Ngororano, George Omondi, Prabal Sepaha, Kim Yeojeong: Geopolitics, Global Governance and Crisis Narratives, IDF Bulletin 4o/5, September 2009. Zitat: S. 98 (Übersetzung GMF).

4. Es taucht in der Diskussion der Begriff »Weltgedächtnis« auf. Dazu Mark Arenhövel: Tendenzen der Erinnerung an Diktatur und Bürgerkrieg – auf dem Weg zu einem Weltgedächtnis?, WeltTrends 37, 2002/2003, 11–26.

5. Rafik Schami: Assad wird stürzen – was dann?, SZ 11./12.2.2012, S. 2.

6. Ein bezeichnendes Beispiel für diese politikwissenschaftliche Verengung findet sich in dem ansonsten sehr aufschlussreichen Aufsatz von Ruth Fuchs/Detlef Nolte: Politikfeld Vergangenheitspolitik: Zur Analyse der Aufarbeitung von Menschenrechtsverletzungen in Lateinamerika, Lateinamerika Analysen, Hamburg: IIK, 2004, 52–92. Fuchs und Nolte bestehen zu Recht darauf, dass »Vergangenheitspolitik« als ein eigenständiges »Politikfeld« anerkannt werden müsse, scheuen sich jedoch davor, so ambivalente Tatbestände wie Kränkung, Rache etc. zuzulassen.

7. R. Friedli: Toleranz und Intoleranz als Thema der Religionswissenschaft. Von der Lebensmitte der Religionen zur Tiefenkultur der Konflikte, U. Tworuschka, Hg.: Gustav-Mensching-Vorlesungen für religiöse Toleranz Bd. 1, Frankfurt 2003.

8. Leider wird in der deutschen Ausgabe das Wort »clash« mit »Krieg« wiedergegeben, was eine unnötige Verschärfung beinhaltet.

9. Friedli, a.a.O., 38.

10. G. G. Dodds: Political Apologies: Chronological List (updated 01/23/03), http://www.upenn.edu/pnc/politicalapologies.html.

11. A. Lazare: On Apology. Oxford/New York, 2004, 1 ff.

12. »it is regrettable that there was an unfortunate period in this century«, zitiert bei Graham Dodds, a.a.O., 3.

13. Dodds, a.a.O., 3.

14. Dodds, a.a.O., 6.

15. Vgl.: Dodds, a.a.O. 3 und 6.

16. Die Literatur zu den unterschiedlichen Wahrheits- (und Versöhnungs)kommissionen lässt sich kaum noch überblicken. Der Artikel »Truth and Reconciliation Commission« von Wikipedia bietet eine Liste von 22 Wahrheitskommissionen. Unter

diesen ist die Arbeit der südafrikanischen Wahrheits- und Versöhnungskommission m. E. am bedeutendsten. Bedeutsam vor allem: Priscilla Hayner: Unspeakable Truths. Confronting State Terror and Atrocity, New York 2002.
17. Mit der Einrichtung des Internationalen Strafgerichtshofes in Den Haag hat diese Entwicklung einen Bezugspunkt gefunden. Da die Strafverfolgung von Verbrechen gegen die Menschlichkeit nicht länger durch die Territorialgrenzen behindert, sondern international erfolgen kann, können sich Diktatoren nirgends mehr sicher fühlen.
18. Dodds, a.a.O., 3.
19. Dazu Dodds, 7.
20. D. Grossman, DIE ZEIT vom 27.1.1985.
21. G. Mouffok, SZ vom 6.4.2011, S. 2.
22. So auch Aaron Lazare: On Apology, Oxford/New York, 2004. Auf S. 262 schreibt er zusammenfassend: »I believe that humiliation is one of the most important emotions we must understand and manage, both in ourselves and in others, and on an individual and national level.« (Ich glaube, dass Demütigung eine der wichtigsten Emotionen ist, die wir verstehen und handhaben müssen, sowohl in uns selbst wie in anderen, auf der individualen wie auf der nationalen Ebene. Übers.: GMF.)
23. Kenneth Lawan: Historikerstreit in Israel: Die Vertreibung der Palästinenser – ein verdrängtes Thema. www.junge.freiheit.de vom 6.2.1998.
24. Ich habe diese Phänomene ausführlicher beschrieben in: Vergebung macht frei, Frankfurt, 2. Aufl. 1997, sowie in: Versöhnung statt Vergeltung, Neukirchen 2003.
25. Eine ausführliche Entfaltung dieser Komponenten findet sich bei A. Lazare, a.a.O., bes. 75ff und 107ff.
26. Als Anfang April 2001 ein US-amerikanisches Aufklärungsflugzeug mit einem chinesischen Kampfflugzeug zusammenstieß, weigerte sich der amerikanische Außenminister Powell, eine »apology« auszusprechen. Zugleich aber bestand der chinesische Präsident auf einer »apology«. Am 11.4.2001 übermittelten die USA der chinesischen Seite ein »statement of regret«, beharrten jedoch zugleich darauf, dass damit keine »apology« intendiert sei. Offenkundig spielen hier unterschiedliche Deutungen eine Rolle. Vermutlich kann ein Fehler bedauert werden (»regret«), während ein bewusster schuldhafter Akt eine Entschuldigung (»apology«) erforderlich macht.
27. Einen bewegenden Einblick in die Arbeit der Kommission bietet: Desmond Tutu: Keine Zukunft ohne Versöhnung, Düsseldorf 2001.
28. Dazu ausführlicher in G. Müller-Fahrenholz: Kann die Wahrheit ein Volk versöhnen? Erfahrungen in Südafrika, ÖR 2/1997, 160–179, bes. 167f.
29. Die Arbeit der TRC basierte auf dem »Nationale Unity and Reconciliation Act« vom 26. 7. 1995. Es sieht vor, dass die Regierung des Landes für die Entschädigungszahlungen zuständig ist.
30. Vgl. Bundesministerium für Finanzen: Entschädigung von NS-Unrecht; Regelungen zur Wiedergutmachung, Berlin 2012.
31. http://www.segne-israel.de/dokumente/1951adenauer.htm (aufgesucht am 18.2.2012).

32. Die Verträge wurden vor allem mit den Stimmen der oppositionellen SPD und gegen viele Stimmen Adenauers CDU und der FDP durch das Parlament gebracht.
33. Es ist aufschlussreich, dass die Herausgeberin der Wochenzeitung DIE ZEIT, Gräfin Marion Dönhoff, am 15.12.1952 dafür plädierte, die Zahlungen an Israel an einen Friedensschluss Israels mit den Palästinensern zu koppeln.
34. Der Ausdruck »chosen trauma« wurde von dem Psychologen und Analytiker Vamik Volkan entwickelt. Als Sohn türkischer Eltern auf Zypern geboren, wanderte er nach einer medizinischen Ausbildung in die USA aus und wurde dort der Begründer der »International Society of Political Psychology«. Der frühere Präsident Jimmy Carter bezog Volkan in sein Internationales Verhandlungsnetzwerk ein. Unter »politischer Psychologie« versteht Volkan die langjährige Begleitung und Auswertung von Begegnungen zwischen verfeindeten Völkern. Genannt seien hier Araber – Israelis, Russen – Esten, Georgier – Südossietier, Serben – Kroaten, Türken – Griechen. Eine Zusammenfassung der Volkanschen Forschungen: Chosen Trauma, the Political Ideology of Entitlement and Violence, Berlin 2004. http://www.vamikvolkan.com/Chosen-Trauma,-the-Political-Ideology-of-Entitlement-and-Violence.php (aufgesucht: 18.2.2012).
35. http://wwwg.uni-klu.ac.at/eeo/Milosevic_Rede zum 600. Geburtstag der Schlacht auf dem Amselfeld.
36. Ich habe mich dazu ausführlicher geäußert in: In göttlicher Mission, Knaur Taschenbuch 77722, München 2003, 33ff.
37. In dem Nachruf für Dan Bar-On, der am 4.9.2008 verstarb, kennzeichnet die Berghof-Stiftung den Professor und Co-Direktor des »Peace Research Institute in the Middle East« (PRIME) mit den Worten: »Auf die Zeit des Schweigens wird eine Zeit des Erzählens folgen; auf der Suche nach sich selbst kann die eigene Identität gefunden und Einfühlungsvermögen in die Realität der anderen geschaffen werden.«
38. Wenn wir Friedlis Überlegungen heranziehen, ist dies vielleicht gar nicht verwunderlich. Es könnte ja sein, dass Arendt übersieht, wie stark ihre Hochschätzung der Macht des Verzeihens von ihren eigenen tiefenkulturellen Prägungen abhängt, so dass sie etwas als eine universal-anthropologische Konstante angibt, was wirklich, wie sie ja selbst andeutet, nur in der von Jesus von Nazareth geprägten Tiefenkultur beheimatet ist.
39. H. Arendt, a.a.O., 239.
40. So heißt es bei Primo Levi, der seine Leidenszeit im KZ nie zu überwinden vermochte und Jahrzehnte später Selbstmord beging: Für ihn war »Auschwitz« eine »ansteckende« und unerschöpfliche Quelle des Bösen: »Sie zerbricht Körper und Seele der Betroffenen, löscht sie aus und erniedrigt sie; sie fällt als Schande auf die Unterdrücker zurück, sie schwelt als Hass in den Überlebenden fort und wuchert weiter auf tausend Arten, gegen den Willen aller, als Rachedurst, moralisches Nachgeben, als Verleugnung, als Müdigkeit und als Verzicht.« Aus: Ist das ein Mensch?, München/Wien 1991; G. Müller-Fahrenholz: Vergebung macht frei, Frankfurt, 1996, 63.

10. Kapitel:
Friede ist Gerechtigkeit plus Gnade

1. Auf der Basis eines entsprechenden Beschlusses der Vollversammlung des ÖRK 2006 in Porto Alegre ist ein Studienprozess zum »gerechten Frieden« eingeleitet worden, der inzwischen zwei Basistexte hervorgebracht hat, welche die ökumenische Verständigung voranbringen sollen. Einen präzisen Überblick über die Vorgeschichte sowie den Verlauf und die bisherigen Ergebnisse bietet der »Just Peace Companion«, der 2011 von K. Raiser ediert worden ist. Deutsche Fassung: K. Raiser, U. Schmitthenner (Hg.), Gerechter Friede, Münster 2012.
2. Das Motto lautet: Gott des Lebens, weise uns den Weg zu Gerechtigkeit und Frieden.
3. http://www.rankaholics.de/w/laender+mit+den+ meisten Gefängnis-Insassen_1236.
4. Http://justiz.hamburg.de/taeter-opfer-ausgleich (aufgesucht am 22.3.2012).
5. Wie dies geschehen kann, habe ich am Beispiel der südafrikanischen Wahrheits- und Versöhnungskommission kennengelernt. Die behutsame Zuwendung zu den Opfern sowie die einfühlsame Erhebung ihrer Leidensgeschichte hatten eine aufrichtende Wirkung. Es ging dabei gar nicht in erster Linie um die Erhebung von Kompensationsansprüchen, sondern um die Wiederherstellung von Würde und Selbstachtung.
6. So im Internet-Portal der Bundeszentrale für Politische Bildung (aufgesucht am 22.3.2012).
7. Der Internationale Militärgerichtshof sowie der Internationale Militärgerichtshof für den Fernen Osten wurden zu Vorläufern des Internationalen Strafgerichtshofes, der seit 2003 in Den Haag angesiedelt ist.
8. Sexualstraftaten gegenüber Kindern und Jugendlichen sind eine andere Angelegenheit. Sie gehören vor Gericht, nicht nur um Sexualstraftäter haftbar zu machen, sondern vor allem, um für ihre Opfer therapeutische Wege zu finden.
9. So durfte zum Beispiel die Wahrheitskommission, welche die Verbrechen im guatemaltekischen Bürgerkrieg zu bearbeiten suchte, die Namen der Schuldigen nicht bekannt geben. Die von dem deutschen Rechtsexperten Oskar Tomuschat geleitete »Kommission für Historische Aufklärung«, die bei den Friedensverhandlungen in Oslo 1994 beschlossen wurde, aber erst 1999 ihren Abschlussbericht vorlegen konnte, konstatierte den Völkermord an den Mayas durch das diktatorische Regime, doch wurden seine Empfehlungen an die Regierung nicht aufgegriffen. Vgl: http://www.trial-ch.org/de/ressourcen/wahrheits-kommissionen/amerika/guatemala.html (aufgesucht: 12.8.2012).
10. Amartya Sen verweist auf eine Argumentation, die in diesen Zusammenhang gehört. Demnach wird die Globalisierung mit dem Hinweis kritisiert, dass es sich um eine Angelegenheit des »Westens« handele, also um nichts anderes als eine Form von Neokolonialismus. Diese »resentment of Western dominance«, die auch für Sen gute Gründe hat!, beeinträchtigt zugleich die Spielräume der Länder des Südens. Vgl.: A. Sen: Identity &Violence. The Illusion of Destiny, London 2006. Zitat auf S. 125.

Anmerkungen

11. Ein Beispiel für diese unnötig erschwerte Kommunikation lässt sich in der übersteigerten Missbilligung der Moltmannschen Befreiungstheologie durch lateinamerikanische Theologen und Feministische Theologinnen belegen. Wie Moltmann in seiner Autobiographie beschreibt, wurde er bei einer internationalen Tagung von VertreterInnen dieser Richtungen »gekreuzigt«, wie James Cone das nannte. Er hatte die »Internationale« der Befreiungstheologien, zu der er sich – übrigens zu Recht – zugehörig fühlte, überschätzt. Und er hatte unterschätzt, wie groß das Verlangen der lateinamerikanischen Kollegen war, die Befreiungstheologie für sich zu reklamieren und nicht von einem aus dem »Westen« »annektieren« zu lassen. Vgl.: J. Moltmann: Weiter Raum. Eine Lebensgeschichte, Gütersloh 2006, 219ff.
12. http://www.oikoumene.org/de/dokumentation/documents/oerk-zentralausschuss/genf-2009/reports-and-documents. Kursivierung: GMF; (aufgesucht am 25.3.2012).
13. Ich denke z. B. an lange Gespräche mit dem kenianischen Politiker Bethuel Kiplagat, der die Folgelasten des Kolonialismus genau analysierte. Er beklagte bei seinen Landsleuten einen Mangel an innerer Souveränität, die dazu führe, dass man sich immer noch als Opfer fühle und die Verantwortung für das eigene Land sowie die Zukunft Afrikas nicht entschlossen genug in die eigenen Hände zu nehmen bereit sei.
14. Es sei z. B. verwiesen auf die Arbeit des südafrikanischen Theologen und Therapeuten Michael Lapsley, der seine Arbeit unter den Titel »Healing of Memories« gestellt hat. Erwähnt seien auch folgende Veröffentlichungen: Dieter Brandes, Hg.: Healing of Memories in Europe. Bridge between Churches, Cultures and Religions, Berlin 2008; Fernando Enns Hg.: Heilung der Erinnerungen – befreit zur gemeinsamen Zukunft, Mennoniten im Dialog, Frankfurt 2008.
15. Um Amartya Sen zu zitieren: » …market outcomes are massively influenced by public policies in education and literacy, epidemology, land reform, microcredit facilities, appropriate legal protection, etc., and in each of these fields there are things to be done through public actions that can radically alter the outcome of local and global economic relations.« In: Identity and Violence, a.a.O., 138.
16. http://www.weltsozialforum.org/wsd.einfuehrung.1/index.html (aufgesucht am 13.4.2012).
17. Beten und Arbeiten für gerechten Frieden und Klimagerechtigkeit, Klima-Memorandum des Plädoyers für eine ökumenische Zukunft, Januar 2011, 18f.
18. Unter dem Begriff »Climate Justice Now« hat sich seit 2001 ein weltweites Kampagnennetzwerk gebildet, das sich für internationale Regeln zur Bekämpfung bzw. Abschwächung des Klimawandels einsetzt. Auf einer Tagung in Tiquipaya/Cochabamba , Bolivien (April 2010), wurde der Ruf nach einer »Universalen Erklärung der Rechte von Mutter Erde« und ein »Internationales Tribunal für Klima und Umwelt« formuliert.
19. A.a.O., 11.
20. A.a.O., 12.
21. A.a.O., 12.
22. So auf S. 13. Dabei wird allerdings nicht behandelt, in welcher Beziehung dieser

Gleichheitsgrundsatz zu dem sehr ungleichen Bevölkerungswachstum stehen müsste. Müssten in dieser Hinsicht bestimmte Obergrenzen berücksichtigt werden?

23. Nach Berechnungen der Technischen Hochschule Zürich darf pro Kopf und Jahr nur noch eine Tonne CO^2 emittiert werden, damit das Ziel, die Erwärmung der Erde bei + 2 °C zu halten, zum Zuge kommen kann. Weitere Hinweise dazu in Memorandum, S. 23f.
24. A.a.O., 13, 17 und 20.
25. A.a.O., 23.
26. Als Beispiel erinnere ich an die vergeblichen Versuche des Vereins »PrimaKlimaweltweit« (Düsseldorf), die Kirchen für derartige kompensatorische Selbstverpflichtungen zu gewinnen. Seit seiner Gründung in 1991 plädiert PrimaKlima dafür, zur Bewältigung der Klimaproblematik zwei Schritte gleichzeitig zu tun: so viel wie möglich an CO^2-Emissionen zu vermeiden _und_ alle (noch) nicht vermiedenen CO^2-Emissionen zu kompensieren – auf technischem und/oder biotischem Weg (z. B. über Aufforstungen). Weitere Informationen unter: http://www.prima-klima-weltweit.de/co2/informationen-prolog.php.
27. Einen Überblick bietet das INICEF-Portal: http://www.unicef.de/projekte/millennium/.
28. So schreibt z. B. Olaf Storbeck am 17.1.2011 im Handelsblatt, dass die von Präsident Clinton vorgenommene Deregulierung staatlicher Regeln für die Banken zu einem Auslöser der Finanzkrise von 2008 geworden sei. Dazu: http://www.handelsblatt.com/politik/oekonomie/nachrichten/folgen-der-deregulierung-die-selbst-gemachte-krise/3765676.html.
29. Das wurde 2012 in dem Prozess gegen den Massenmörder Breivik in Oslo mit exemplarischer Sorgfalt vor Augen geführt.
30. J. Moltmann: Das Kommen Gottes. Christliche Eschatologie, Gütersloh 1995, darin das Kapitel: Die Wiederkehr der Allversöhnungslehre, 264–284. Ders.: Sonne der Gerechtigkeit. Das Evangelium vom Gericht und der Neuschöpfung aller Dinge, in: »Sein Name ist Gerechtigkeit«. Neue Beiträge zur christlichen Gotteslehre, Gütersloh 2008, 118–136.
31. So lautet § 17 der Confessio Augustana. Vergleichbare Formulierungen für die Reformierten finden sich z.B. in der Frage 52 des Heidelberger Katechismus. Wie verhängnisvoll Artikel 17 der CA sich auswirkte, wird dadurch sichtbar, dass die Wiedertäufer »verworfen« werden (was für viele von ihnen Verfolgung und Tod zur Folge hatte!): Es heißt dort: »Derhalben werden die Wiedertäufer verworfen, so lehren, dass die Teufel und verdammte Menschen nicht ewige Pein und Qual haben werden« In: Die Bekenntnisschriften der evangelisch-lutherischen Kirche, Göttingen 1959, 72.
32. J. Moltmann: Das Kommen Gottes, a.a.O., 279.
33. Detaillierter hat sich mit diesen Fragen Fernando Enns in seinem Habilitationsvortrag (22.12.2010 in Heidelberg) befasst. Sein – bisher unveröffentlichter – Vortrag steht unter der Überschrift: Herausforderungen in der systematisch-theologischen Rede vom Gericht Gottes, unter Einbeziehung sozialethischer Implikationen.

34. A.a.O., 271 (kursiv: GMF).
35. Genau dies ist, wie im 14. Kapitel ausgeführt werden soll, die Logik der fundamentalistischen Endzeitvorstellungen, die in vielen Teilen der Weltchristenheit – und offenbar auch im Islam – eine maßgebliche Rolle spielen.
36. Um diesen Hinweis auch auf den Islam zu beziehen: Es ist ja auffällig, dass jede Sure des Koran mit dem Satz beginnt: »Im Namen Allahs, des Erbarmers, des Barmherzigen!« (In: Der Koran, Reclam Universalbibliothek 4206 (6), Stuttgart 1987.) Damit ist die Klammer benannt, die alle Aussagen in den Suren qualifiziert. Warum spielt dieser Umstand in den Diskussionen zwischen Christen und Muslimen keine größere Rolle? Nach Fertigstellung des Manuskripts stoße ich auf den Hinweis, dass Mouhanad Khorchide ein Buch mit dem Titel »Islam ist Barmherzigkeit« vorgelegt hat.

11. Kapitel:
Reichtum kommt von Solidarität

1. Um wenigstens ein Beispiel aus einer außereuropäischen Tradition aufzugreifen: Desmond Tutu beruft sich in seiner Versöhnungsarbeit immer wieder auf »Ubuntu«, das Gemeinschaftskonzept afrikanischer Kulturen. »We are made for togetherness«, sagt er. (Wir sind für das Miteinander gemacht.) Und das heißt auch: Because there is togetherness – Ubuntu – therefore I am. Weil und wo es dieses Miteinander gibt, darum bin ich.
2. Zitiert von K.-H. Dejung: Verheißung oder Fluch? Publik-Forum Dossier: Teilen macht reich, 2003, S. III.
3. Eine ausführlichere Darstellung findet sich in: G. Müller-Fahrenholz: Freijahre für alle, Evangelische Kommentare 1988, 595–598.
4. Vgl. Zins und Zinsverbot im Christentum, Referat, Kirche und Gesellschaft, Zürich 2007.
5. Unter dem Stichwort »Ökonomie der Nähe« verweist Niko Paech auf bedeutsame Alternativen. In: Befreiung vom Überfluss, a.a.O., 118ff.
6. Eine etwas ausführlichere Behandlung dieser Problematik liegt vor in: G. Müller-Fahrenholz: The Jubilee: Time Ceilings for the Growth of Money?, in: H. Ucko Hg.: The Jubilee challenge. Utopia or Possibility? Jewish and Christian Insights, Genf 1997, 104–111.
7. Ich nenne die schwedische Finanzkrise (1990–1994), die asiatische Finanzkrise (1997–1999), die russische von 1998, die argentinische von 1999–2002. In dieser Linie steht offenbar auch die Eurokrise, die 2008 ausgelöst wurde und bis heute (2012) nicht beendet ist.
8. Vgl.: pdf-Lebenslagen in Deutschland – 4. Armuts- und Reichtumsbericht vom 20. September 2012. Dazu Wolfgang Kessler: »In den vergangenen zwei Jahrzehnten wurde ein Wirtschaftsliberalismus etabliert, der auf wenigen Grundsätzen beruht: Der freie Markt ist effizienter als der Staat; privat ist wirtschaftlicher als öffentlich;

Gewinne schaffen Arbeit, Löhne sind Kosten ... Man müsse die fettesten Pferde füttern, damit auch für die Spatzen mehr Pferdeäpfel abfallen, hieß es im Umfeld der ehemaligen britischen Premierministerin Margaret Thatcher.« In: Gefährlicher Reichtum, Publik- Forum Dossier, 9.11.2012, S. III.
9. Von diesem »solidus« leitet sich auch der Sold her. Das war ursprünglich der Lohn, für den sich ein Sold-at für einen Feldzug anwerben ließ. Es war die harte, klingende Münze.
10. J. B. Metz: Mystik der offenen Augen, a.a.O., 22.
11. D. Sölle: Gewalt. Ich soll mich nicht gewöhnen, Düsseldorf, 1994, 35.
12. Großgrundbesitzer in Brasilien halten sich inzwischen ihre kleinen Privatarmeen, um sich gegen Landbesetzungen von landlosen Bauern zu wehren. Ein anderes Beispiel: Südlich von San Francisco, zwischen Asilomar und Carmel, ist eine ganze Halbinsel in eine Enklave reicher Villenbesitzer verwandelt worden, die von bewaffneten Privatpolizisten bewacht wird.

12. Kapitel:
Schwimmende Gärten
Freiräume zwischen Beliebigkeit und Fundamentalismus

1. Zu dem Problem des Fundamentalismus habe ich mich verschiedentlich geäußert. So z. B. in: Tim Unger Hg.: Fundamentalismus und Toleranz, Bekenntnisschriften des theologischen Konvents Augsburgischen Bekenntnisses Bd. 39, Hannover 2009, 252–269.
2. Zitiert bei Heinz-Joachim Fischer: Wider die Diktatur des Relativismus, F.A.Z. Vom 20. 4. 2005. Nr. 91, S. 3. Der volle Text dieser Predigt findet sich unter: http://www.vatican.va/gpII/documents/homily-pro-eligendo-pontifice_20050418_ge.html.
3. Ein typisches Beispiel stellt das cyber-mobbing dar. Es kann Menschen, vor allem Jugendliche, zerstören, während ihre Verursacher sich hinter der virtuellen Anonymität verstecken können.
4. Die Muslimbruderschaft wurde 1928 von dem Ägypter Hassan al-Banna (1906–1949) gegründet. Seine negativen Erfahrungen mit der englischen Kolonialmacht spielten dabei eine Rolle. Er behauptete: »Es liegt in der Natur des Islam, zu herrschen und nicht beherrscht zu werden, sein Gesetz allen Völkern aufzuerlegen und seine Macht über den ganzen Planeten auszubreiten.« Einen ersten Überblick bietet: http://de.wikipedia.org/wiki/Muslimbrüder. Nach dem 2. Weltkrieg trat mit Sayyid Qutb (1909–1966) die zweite prägende Gestalt der Muslimbrüder in Erscheinung. Seine Verachtung des Materialismus und aller säkularistischen Strömungen der Moderne waren wesentlich beeinflusst von seinen persönlichen Erfahrungen während eines Studienaufenthaltes in den USA von 1948 bis 1949. Vgl: http://Sayyid Qutb in: www.discoverthenetworks.org/individualProfile.asp?indid=2492 (Aufgesucht: 17.8.2012).
5. Die Zeit, 25.11.2004.
6. Da der Name Qutb Polarstern bedeutet, wird er auch als »Polarstern des ägyptischen

Salafismus« bezeichnet. Dazu http://www.pwhce.org/qutb.html. (Aufgesucht am 15.5.2012).
7. P. Münch: Gottes Weg des Widerstands, Süddeutsche Zeitung, 19./20.5.2012.
8. Ich verweise noch einmal auf das Buch von M. Kjorchide: Islam ist Barmherzigkeit, Freiburg 2012.
9. Ich habe das ausführlicher in meinem Buch »In göttlicher Mission«, Knaur Taschenbuch 77722, 2003 getan. Vgl. auch: America's Battle for God, Grand Rapids 2007.
10. Vgl. dazu die ausführlicher Analyse von Robert Jay Lifton und Greg Mitchell: Hiroshima in America. Fifty Years of Denial, New York 1995.
11. K. Armstrong: The Battle for God. A History of Fundamentalism, New York, 2000. Deutsche Fassung: Im Kampf für Gott. Fundamentalismus in Christentum, Judentum und Islam, München 2004.
12. R. J. Lifton: Destroying the World to Save It, Aum Shinrikyo, Apocalyptic Violence and the New Global Terrorism, New York, 2000, 272. Deutsche Fassung: Terror für die Unsterblichkeit. Erlösungssekten proben den Weltuntergang, München 2000, 290.
13. Dieser Begriff findet sich in dem Werk von Lifton an vielen Stellen. Ich verweise auf seine Ausführungen in: Hiroshima in America, Fifty Years of Denial, New York 1995, 337ff; The Protean Self, New York, 1993, 10f und öfter; Destroying the World to Save It, a.a.O., passim.
14. Hier entsteht ein Dilemma, das einer präziseren Bearbeitung bedarf, als ich sie hier leisten kann. Es ist in der Tat eine deutliche Individualisierung in Sachen Religion zu beobachten. Es sieht so aus, als sei jeder Mensch sein eigener »patch worker«, der sich sein religiöses Programm aus verschiedenen Quellen zusammensucht. Wer sich nicht dazu entschließen will, die radikale Eindeutigkeit fundamentalistischer Strukturen anzuerkennen, wird auf der entgegengesetzten Seite geneigt sein, die integrative Bedeutung religiöser Institutionen zu vernachlässigen. Zum Teil wird man sagen müssen, dass diese Individualisierung ein Begleitphänomen demokratischer und säkularisierter Gesellschaften ist. Doch wie gelingt es, diesen Trend in eine kritische Relation zur Vermarktung von religiösen Lebensformen, Ritualen und Symbolen zu bringen? Welche Form von Widerständigkeit ist gerade von religiösen Überzeugungen gefordert, und lässt sich eine solche ohne das Beharrungsvermögen religiöser Institutionen dauerhaft erhalten?
15. Es wurde bereits erwähnt, dass die Mitgliedschaft in diesen evangelikalen Kirchen für lateinamerikanische Verhältnisse über die Generationsgrenzen hinweg eine zivilisatorische gesellschaftliche Relevanz besitzt.

13. Kapitel:
Kirchen des Friedens werden

1. Medizinisch indizierte Fastentherapien sind eine Sache für sich und stehen hier nicht zur Debatte.

Anmerkungen

2. »Sieben Wochen ohne« ist die Parole der Fastenaktionen.
3. Dass solche Unterordnung durchaus nicht als Beschädigung der eigenen Autonomie verstanden werden muss, hat zum Beispiel die englische Theologin Sarah Coakley aufgezeigt: Macht und Unterwerfung. Spiritualität von Frauen zwischen Hingabe und Unterdrückung, Gütersloh 2002 (in Englisch: Powers and Submissions, Oxford, 2002).
4. http://www.asf-ev.de/de/ueber-uns/ueber-uns.html. (Zugriff: 19.7.2012) Dort heißt es auch: »Im Mittelpunkt der Aktivitäten … stehen die langfristigen Freiwilligendienste. ASF-Freiwillige arbeiten jeweils für 18 Monate in einem von 120 Projekten in 13 Ländern. Das Tätigkeitsspektrum umfasst die Begleitung und Betreuung Holocaust-Überlebender, die Mitarbeit in Gedenkstätten und Erinnerungsinitiativen, bei Friedens- und Antirassismusorganisationen, die soziale Arbeit in Behinderten- und Alteneinrichtungen und die Hilfe für Obdachlose, Flüchtlinge und ethnische Minderheiten.«
5. http://www.ekir.de/www/ueber-uns/geschaeftsverteilungsplan-9149.php (Zugriff: 19.7.2012). Diese ans Skurrile grenzende Liste sowie der Geschäftsverteilungsplan zeigen sehr deutlich, wie stark die traditionellen Aufgaben der Kirche ausgeprägt sind. Von den sechs Abteilungen weist lediglich die dritte die Stichworte »Ökumene Mission, Weltverantwortung« auf. Dagegen stehen für Abteilung I die Kurzbezeichnung »Personal«, für Abteilung II »Theologie/Diakonie«, für Abteilung IV »Bildung«, für Abteilung V »Recht« und für Abteilung VI »Finanzen«. Interessanterweise ist das »Frauenreferat« direkt dem Büro des Präses zugeordnet. Da kommt doch die Frage auf: Warum gibt es an dieser Stelle nicht auch ein Referat »Klimawandel und Schöpfungsfrieden«?
6. http://www.landeskirche-hannovers.de/evlka-de/wir-ueber-uns/landeskirchenamt (Zugriff: 19.7.2012).
7. Die Abteilung A befasst sich mit »Leitung, Recht«. Die Abteilung B beschäftigt sich mit »Finanzen«. Die Abteilung D steht unter der Überschrift »Gesellschaftliche Dienste«. Abteilung E widmet sich den Themen »Gemeinde, Kirchensteuer« und Abteilung F hat mit »Personal« zu tun. In der Abteilung C stehen »Ökumene« und »Kirchliches Leben« neben einander. Das traditionelle kirchliche Leben wird unter der Stichworten »Gottesdienst, Verkündigung, Kirchenmusik, Spiritualität, Gemeindeentwicklung, Zielgruppenarbeit« kenntlich gemacht, während unter dem Begriff Ökumene eher »außenpolitische« Ziele wie Kontaktpflege, Dialog und Partnerschaftsarbeit auftauchen. Es ist aufschlussreich, dass in diesem Kontext vermerkt wird: »Weitere thematische Arbeitsfelder sind der Auftrag für Frieden, Gerechtigkeit und Bewahrung der Schöpfung, die Migrationsarbeit und die Aussiedlerseelsorge.« Hier wird das Element des Additiven mit Händen greifbar! Vgl: http://www.bayern-evangelisch.de/organigramm/internet/bevOrganigramm.html# (Zugriff: 19.7.2012).
8. http://www.theologie.uni-hamburg.de/stud_gang/pdf/modulbeschreibung_evangelische_theologie.pdf.
9. http://www.theologie.uni-hamburg.de/stud_gang/pdf/modulbeschreibung_evange-

lische_theologie.pdf, 27 (Zugriff: 20.7.2012). Ich habe auf diese hermeneutischen Probleme bereits im Einleitungskapitel mit Verweis auf Nipkow Bezug genommen.
10. http://www.ev-theologie.uni-tuebingen.de/lehrstuehle-und-institute/systematische-theologie.html. (Kursivierung hinzugefügt, Zugriff: 20.7.2012)
11. Stephan Schlote: Über den Dächern von Furth, LUX, Intelligente Energie, Beilage der Süddeutschen Zeitung, Juni 2012, 10–13.
12. Der Grüne Hahn/Der Grüne Gockel, Umweltmanagement für eine Kirche mit Zukunft.
13. Immerhin hat die Synode der Evangelischen Kirche der Pfalz im November 2012 ein integriertes Klimaschutzkonzept für die Bereiche Immobilien, Mobilität sowie Beschaffung beschlossen. Vgl.: http://www.evkirchepfalz.de/glaube-und-leben/klimaschutzkonzept.html.
14. 1989 hat der orthodoxe Patriarch von Konstantinopel den Vorschlag gemacht, den 1. September als einen »Tag der Schöpfung« in den Liturgischen Kalender der Kirchen einzuführen. Seit einigen Jahren wird dieser Vorschlag auch von der Arbeitsgemeinschaft Christlicher Kirchen in Deutschland (ACK) aufgegriffen. Vgl. dazu das Gottesdienst- und Materialheft zum ökumenischen Tag der Schöpfung 2012 unter dem Thema »Jetzt wächst Neues« (Jes 43,19). Praktische Empfehlungen und Vorschläge, die über das eigentliche liturgische Leben hinausführen, sucht man allerdings vergebens!
15. Die große Bedeutung von Friedenserziehung haben sowohl die Internationale Ökumenische Friedenskonvokation in Kingston (2011) als auch die Arbeiten an einer Erklärung zum Gerechten Frieden unterstrichen. Dazu: Konrad Raiser/Ulrich Schmitthenner: Gerechter Friede. Ein ökumenischer Aufruf zum Gerechten Frieden. Begleitdokument des Ökumenischen Rates der Kirchen, Ökumenische Studien 39, Münster 2012, 13, 137–142.
16. Vgl. Raiser/Schmitthenner: Gerechter Friede, a.a.O., 149–163.
17. Raiser/Schmitthenner, a.a.O., 144.
18. Raiser/Schmitthenner, a.a.O., 144.
19. An der Bremischen Evangelische Kirche kann ich seit zwanzig Jahren feststellen, wie einseitig sich das kongregationalistische Prinzip, das hier seit alters vorherrscht, auf die Entwicklung eines gemeinsamen ökumenischen und ethischen Bewusstseins auswirkt. Da jede Gemeinde in Fragen der Lehre und Praxis eigenständig ist, gibt es auch keine engagierten theologischen Auseinandersetzungen um den Weg der Kirche in unserer Zeit. Folglich kommen auch gemeinschaftliche Initiativen nicht voran. Es gibt lediglich ein Nebeneinander von Aktivitäten. Darum beteiligen sich derzeit auch nur 12 Gemeinden (von mehr als 60) an dem Umweltmanagement-Programm »Der Grüne Hahn«. Die Ökumenische Initiative, die sich nach der Vollversammlung von Vancouver zum Thema »konziliarer Prozess für Frieden, Gerechtigkeit und Bewahrung der Schöpfung« gebildet hatte, hat sich nach dreißig Jahren wieder aufgelöst.
20. Zum Schöpfungstag: Vgl. Anm. 14.

21. In: Erwecke die Welt, Unser Glaube an Gottes Geist in dieser bedrohten Welt, Gütersloh 1993, 249.
22. Diese Erwägung mag in unseren Breiten, wo die Vernichtung der Wälder kein Thema ist, trivial anmuten. In ökumenischer Perspektive ist sie das allerdings keineswegs. Die Waldvernichtungsrate ist in vielen Teilen der Erde gefährlich groß. Wenn sich daher die christlichen Gemeinden zur Gründung und Pflege solcher Taufwälder zusammenschließen würden, hätte das nicht nur eine hohe symbolische, sondern auch eine erhebliche praktische Bedeutung.
23. Es wäre durchaus auch vorstellbar, dass ein solcher **Taufwald zugleich als ein Friedwald** konzipiert werden würde. Wäre es nicht ein tröstlicher Gedanke, unter dem eigenen »Taufbaum« begraben zu sein? So würde das jährliche Tauferinnerungsfest auch die Menschen einschließen, die nicht mehr unter uns sind.
24. Vgl. Anm. 7.
25. Vgl. den Absatz 3. 2. (§§ 98ff).
26. Gütersloh 2009.
27. Fernando Enns: Ökumene und Frieden, a.a.O., darin besonders 138–262.
28. Enns, a.a.O., 240.
29. Dafür ist die Arbeit des Schweizer ökumenischen Pioniers Adolf Keller ein vortreffliches Beispiel. Vgl.: Marianne Jehle-Wildberger: Adolf Keller (1872–1963). Pionier der ökumenischen Bewegung, Zürich 2008.
30. Zu Act Alliance gehören mehr als 130 Mitgliedsorganisationen, die für langfristige Entwicklung, zwischenmenschliche Hilfe und Anwaltschaft (advocacy) arbeiten. Über 30 000 Frauen und Männer arbeiten in über 170 Ländern. Die Zentrale ist in Genf.
31. Es hat in den 70er Jahren in der Kommission für Glauben und Kirchenverfassung den Versuch gegeben, mit dem Programm der »Rechenschaft von der Hoffnung« an eschatologische Probleme heranzukommen. Auf der Sitzung der Kommission 1978 in Bangalore wurde ein Text erarbeitet, der damals vielen als ein Durchbruch erschien. Er hat dann jedoch nicht die Wirkungen gehabt, die sich die Initiatoren versprochen haben. In diesem Dokument wird im Übrigen die ökologische Problematik, die sich – einige Jahre nach dem Bericht des Club of Rome zu »Grenzen des Wachstums« – abzeichnete, nur summarisch thematisiert!
32. Dazu verweise ich auf meinen Aufsatz zum Thema: Warum fehlt der Wille, das Vernünftige zu tun? In: Global Marshall Plan Initiative Hg.: Impulse für eine Welt in Balance, Hamburg 2005, 195–203.
33. http://www.hfhd.de/fileadmin/Datenpool/Dateien/PDF/hfhd/2010/Geschaeftsbericht_2011_Webversion_-_komprimiert.pdf (Zugriff: 26.7.2012).
34. So hat z. B das Institut von Bossey im Juli 2009 einen dreiwöchigen Kurs für Muslime, Juden und Christen durchgeführt.
35. »… dass Gerechtigkeit und Friede sich küssen …« In: S. Mustert/Chr. Vetter: Engagiert Evangelisch. Zehn Jahre einer Bischöfin, Hannover 2010, 42ff.

14. Kapitel:
Hoffnung – In hoffnungslosen Zeiten

1. Nicholas Stern: The Economics of Climate Change. The Stern Review, Cambridge University Press , 7. Aufl. 2011 (1. Aufl.: 2006).
2. http://www.wbgu.de/hauptgutachten/hg-2011-transformation/ (Zugriff: 27.7.2012).
3. Menschen-Klima-Zukunft? Wege zu einer gerechteren Welt, Jahrbuch Gerechtigkeit V, 2012., 16–43.
4. Bei mehr als 1,3 Milliarden Menschen ohne Zugang zu schulischer Bildung, zum Internet usw. ist das doch keine Überraschung!
5. Ein ähnlicher Vorgang war bei den Verhandlungen um ein internationales Waffenhandelsabkommen zu beobachten. Nach langen Verhandlungswochen scheiterte der Entwurf am Widerstand der ständigen Mitglieder des UN-Sicherheitsrates.
6. Es ist eigentlich schade, dass der Begriff der Energiegenossenschaft nicht in den Kirchen aufgekommen ist, obgleich der Begriff der Energie auf das biblische Verständnis von Gottes Geist (ruach) verweist und »Genossenschaft« ein vortrefflicher Ausdruck für die Gemeinschaft der »Genossen am Reich Gottes« sein könnte. Tatsächlich bezeichnen sich kommunale Gruppen, welche die Umrüstung der Energiewirtschaft in die eigenen Hände genommen haben, als »Energiegenossenschaften«. Zur weiten Verbreitung solcher Einrichtungen vgl.: http://www.lubw.baden-wuerttemberg.de/servlet/is/62347/ (Zugriff: 30.7.2012).
7. S. 282ff.
8. Vgl. dazu Anm. 31.
9. Jürgen Moltmann hat die wichtigsten Varianten geläufiger Eschatologie wie folgt zusammengefasst: »Eschatologie als »Endlösung««, Eschatologie als »Endspiel« der »Theodramatik« der Weltgeschichte, Eschatologie als das »letzte Gefecht« im Kampf zwischen Christus und dem Antichrist … am Tag von Hermaggedon«. Vgl. dazu: Das Kommen Gottes. Eine christliche Eschatologie, Gütersloh 1995, 11.
10. Die »Theologie der Hoffnung« trägt den Untertitel: »Untersuchungen zur Begründung und zu den Konsequenzen einer christlichen Eschatologie«. Das Werk hat nicht zuletzt wegen seiner sozial-revolutionären Ansätze einen grundlegenden Beitrag zu der Entwicklung von »Theologien der Befreiung« geleistet. Allerdings ist hervorzuheben, dass in diesem Buch das Thema der Endzeitlichkeit, das durch die atomaren Massenvernichtungsmittel seit 1945 in der Welt war, noch nicht auftaucht. Für die ökologischen Probleme kam das Buch zu früh. In der Eschatologie von 1995 taucht das Thema der »befristeten Zeit« auf, aber es bildet nicht den kategorialen Bezugsrahmen. An diesem Punkt gehen meine »Annäherungsversuche« einen Schritt weiter.
11. J. Moltmann: Das Kommen Gottes, a.a.O. 230f.
12. Die Entrückung spielt in den endzeitlichen Szenarios eine wichtige Rolle. Sie bezeichnet den Moment, in welchem die Erwählten zu dem wiederkehrenden Christus hin entrückt werden und somit dem endzeitlichen Krieg entronnen sind.

13. Hans Jonas: Das Prinzip Verantwortung, Versuch einer Ethik für die technologische Zivilisation, Suhrkamp TB1085, Frankfurt/Main 1979. Darin hat er den kantischen Imperativ ökologisch erweitert, so dass er jetzt lautet. »Handle so, dass die Wirkungen deiner Handlung verträglich sind mit der Permanenz echten menschlichen Lebens auf Erden.« (S. 36)
14. Damit wandle ich den Satz ab: »Du kannst mehr, als du denkst!« Er ist die Überschrift zu einer Geschichte der Ermutigung, die Ayla Tepe erzählt hat. Der Satz wurde ihr von ihrer Lehrerin in der Grundschule zugesprochen, wo sie sich als kleines türkisches Mädchen ganz verlassen fühlte. Er hat sie motiviert, ihre Kräfte zu mobilisieren. Heute ermutigt sie damit ihre eigenen Schüler. Vgl.: Chrismon, Das evangelische Magazin, 08, 2012, 12–14.
15. Immanuel Kant: Kritik der praktischen Vernunft, 1. Hauptstück, § 8, in: Werke in sechs Bänden, Bd IV, Darmstadt 1963, 144.
16. Martin Luther: De Servo Arbitrio (Vom unfreien Willen), Luthers Werke in Auswahl, 3. Bd., Berlin 1959, 94ff..
17. J. Moltmann: Weiter Raum. Eine Lebensgeschichte, Gütersloh 2006, 89f. (kursiv ergänzt).
18. J. Moltmann, Das Kommen Gottes, a.a.O., 284.

Personenregister

Adenauer, Konrad 229f., 245
Al-Banna, Hassan 367
Anders, Günther 196, 343, 378
Arendt, Hannah 190, 211, 234f., 356, 359, 362, 378
Armstrong, Karen 297f., 368
Arnold, Martin 68, 83, 346, 359, 378
Bacon, Francis 110
Bar-On, Dan 234, 362
Barth, Karl 136, 259, 356
Bauer, Joachim 60f., 346, 378
Beck, Ulrich 24, 89, 343, 378
Beintker, Michael 91, 348, 378
Bellah, Robert 352
Benedikt XVI. 74, 286f., 298
Berry, Thomas 49, 345, 352, 378, 382
Birch, Charles 17
Boff, Leonardo 69f., 89, 347f., 378
Bonhoeffer, Dietrich 189ff., 207, 341, 356f., 378
Brocker, Manfred 349, 378
Buber, Martin 41, 49, 58ff., 64ff., 79, 91f., 115, 141, 154, 346, 348, 379f.
Budowski, Gerardo 340
Bush, George W. jr. 209, 295
Carson, Rachel 27, 344
Chardin, Teilhard de 69, 347
Clinton, Bill 220, 365
Coakley, Sarah 350, 369, 379
Crüsemann, Frank 270
Dach, Simon 124
Daly, Herman 354
Darwin, Charles 60
Dawkins, Richard 60
Descartes, René 108, 114, 263f.
Dodds, Graham 219, 221, 360f.
Duchrow, Ulrich 379

Personenregister

Einstein, Albert 15f., 76, 135f., 159, 207
Enns, Fernando 317f., 341, 343, 356, 364f., 371, 379
Fischer, Heinz-Joachim 367
Fox, Matthew 56, 69f., 83, 87ff., 172, 345ff., 379
Fraser-Darling, Frank 156, 354
Friedli, Richard 217f., 232, 360, 362, 379
Gabriel, Ingeborg 139f., 352
Galtung, Johan 20, 68
Gandhi, Mohandas K. 68, 82, 88, 206, 208, 346, 378
Gauck, Joachim 358
Gehlen, Arnold 111f.
Gerhardt, Paul 8, 121ff., 351
Gewies, Dieter 310
Gießmann, Hans 178, 355f., 358, 379
Girard, René 358, 379
Goss-Mayr, Hildegard 206, 346, 358f., 378
Grossman, David 222, 361
Gruen, Arno 38, 210, 344, 359, 379
Gryphius, Andreas 150
Haeckel, Ernst 60
Hammerskjöld, Dag 82, 93, 348, 380
Held, Michael 213
Heimbucher, Martin 348, 378
Herberger, Valerius 124f.
Herder, Johann Gottfried 109ff., 116, 263, 350
Hildegard von Bingen 83, 85
Huntington, Sam 188, 217
Jaspers, Karl 100, 349
Jenkins, Philip 75, 93
Jewett, Robert 355
Jörns, Klaus-Peter 100, 349, 379
Johannes Paul II. 220, 323
Jonas, Hans 335, 373, 379
Jünger, Ernst 204f.
Kant, Immanuel 336, 373
Käßmann, Margot 324, 341
Kaldor, Mary 198, 356, 380
Kessler, Wolfgang 366

King, Martin Luther jr. 83, 88, 206
Kreissig, Lothar 305
Kroeber, Alfred L. 49ff., 53, 55, 58ff., 68, 154, 345
Lawrence, John 181, 355, 380
Lazare, Aaron 220, 360f., 380
Laws, Curtis Lee 293
Lehmann, Karl 74
Lifton, Robert Jay 19, 97, 104, 284ff., 298, 342, 368, 380
Luther, Martin 31, 42, 47 123, 137, 275, 280, 336, 373
Mandela, Nelson 206, 210, 359
Marquard, Odo 111, 350, 380
Marti, Kurt 69, 131, 152, 350, 352, 380
Meadows, Donella 342, 380
Meadows, Dennis 342, 380
Metz, Johann Baptist 73, 83, 140, 237, 262, 347, 353, 367, 380
Michel, Otto 147f., 353f.
Moltmann, Jürgen 60, 112, 114f., 119, 259, 330, 333, 336, 338, 340, 344, 346, 349, 351, 353, 359, 364ff., 372f., 381
Mouffok, Ghania 222, 361
Nipkow, Karl Ernst 370, 381
Ober, Steffi 23, 158, 354
Oestreicher, Paul 208
Oppenheimer, Robert 113
Pannenberg, Wolfhart 112, 351, 381
Plessner, Helmuth 111
Qutb, Sayyid 292, 367
Rabe, Hannah 161, 354
Rabi, Isidor 113, 351
Rahner, Karl 7, 70ff., 76, 78, 83f., 91, 93, 381
Raiser, Konrad 353, 363, 370, 382
Ramonet, Ignacio 145, 353
Reagan, Ronald 162, 178, 180, 294f.
Reuss, Eleonore Fürstin von 124
Riccardi, Andrea 305
Rifkin, Jeremy 169, 173, 355, 382
Schami, Rafik 215f., 360
Scheler, Max 111
Scheub, Ute 206

Schweitzer, Albert 69, 79, 83, 207
Sen, Amartya 247, 363f., 382
Senghaas, Dieter 290, 341, 359, 382
Sölle, Dorothee 8, 69ff., 80ff., 88ff., 214, 278, 346ff., 367, 382
Swimme, Brian 352, 382
Tersteegen, Gerhard 85, 87
Tibi, Bassam 291
Tillich, Paul 347
Tutu, Desmond 232, 361, 366, 382
Vischer, Lukas 47, 341f.
Volf, Miroslav 117, 351, 383
Volkan, Vamik 232f., 362
Weizsäcker, Carl-Friedrich von 158, 173, 207
Weizsäcker, Richard von 220, 225
Welzer, Harald 355, 382
Wesley, Charles 345
Weeber, Karl-Wilhelm 37, 344, 382
Wilson, Edward 60
Wulff, Christian 218f.
Zink, Jörg 7, 69f., 76ff., 83f., 89ff., 119, 140, 346f., 352, 383
Zuckmayer, Carl 202, 205, 358

Literaturverzeichnis
(In Auswahl)

Anders, Günther: Die Antiquiertheit des Menschen Band 1; Über die Seele im Zeitalter der zweiten industriellen Revolution München 7. Aufl. 1987.

Ders.: Band 2: Über die Zerstörung des Lebens im Zeitalter der dritten industriellen Revolution, München 4. Aufl. 1987.

Ders.: Endzeit und Zeitenende. Gedanken über die atomare Situation, München 1972.

Arendt, Hannah: Vita Activa oder Vom tätigen Leben, München, 4. Aufl. 1985.

Armstrong, Karin: The Battle for God. A History of Fundamentalism, New York 2000 (deutsch: Im Kampf für Gott, München 2004).

Arnold, Martin: Gütekraft. Ein Wirkungsmodell aktiver Gewaltfreiheit nach Hildegard Goss-Mayr, Mohandas K. Gandhi und Bart de Ligt, Baden-Baden 2011.

Bauer, Joachim: Das Gedächtnis des Körpers. Wie Beziehungen und Lebensstile unsere Gene steuern, Frankfurt/M. 2010.

Beck, Ulrich: Weltrisikogesellschaft. Auf der Suche nach der verlorenen Sicherheit, Frankfurt/M. 2007.

Beintker, Michael/Heimbucher, Martin Hg.: Mit Gott reden – von Gott reden. Das Personsein des dreieinigen Gottes. Evangelische Impulse 3, Neukirchen/Vlyun, 2. Aufl. 2011.

Berry, Thomas: The Dream of the Earth, San Francisco 1988.

Birnbacher, Dieter: Ökologie und Ethik, Reclam Universal Bibliothek 9983, Stuttgart 1991.

Boff, Leonardo: Die Erde ist uns anvertraut. Eine ökologische Spiritualität, Kevelaer 2010.

Bonhoeffer, Dietrich: Kirche und Völkerwelt, Gesammelte Schriften 1 Ökumene, München 1958, 216–219.

Brocker, Manfred: Arbeit und Eigentum. Der Paradigmenwechsel in der neuzeitlichen Eigentumstheorie, Darmstadt 1992.

Buber, Martin: Das dialogische Prinzip. Gütersloh, 11. Aufl. 2009.

Ders.: Ich und Du, Reclam Universal Bibliothek 9342, Stuttgart 1995.

Capra, Fritjof: Wendezeit. Bausteine für ein neues Weltbild, München 1994.

Coakley, Sarah: Macht und Unterwerfung. Spiritualität von Frauen zwischen Hingabe und Unterdrückung, Gütersloh 2007 (Englisch: Powers and Submissions. Spirituality, Philosophy and Gender, Oxford 2002).

Duchrow, Ulrich/Segbers, Frank: Frieden mit dem Kapital? Wider die Anpassung der evangelischen Kirche an die Macht der Wirtschaft, Oberursel 2008.

Enns, Fernando: Friedenskirche in der Ökumene. Mennonitische Wurzeln einer Ethik der Gewaltfreiheit, Göttingen 2003.

Ders.: Ökumene und Frieden. Bewährungsfelder ökumenischer Theologie, Neukirchen/Vluyn, 2012.

Fox, Matthew: Der Große Segen. Umarmt von der Schöpfung, München 1991 (Englisch: Original Blessing).

Ders.: Revolution der Arbeit, München 2002 (Englisch: The Reinvention of Work. A New Vision of Livelihood for Our Time, San Francisco, 1993).

Friedli, Richard: Toleranz und Intoleranz als Thema der Religionswissenschaft, in: U. Tworuschka Hg.: Gustav-Mensching-Vorlesungen für religiöse Toleranz, Bd. 1, Frankfurt 2003.

Girard, René: Das Heilige und die Gewalt, Zürich 1987.

Ders.: Ich sah den Satan vom Himmel fallen wie einen Blitz, München/Wien 2002.

Gruen, Arno: Ich will eine Welt ohne Kriege, Stuttgart 2006.

Gießmann, Hans J./Rinke, Bernhard Hg.: Handbuch Frieden, Wuppertal 2011.

Jörns, Klaus-Peter: Notwendige Abschiede. Auf dem Weg zu einem glaubwürdigen Christentum, Gütersloh, 4. Aufl. 2008.

Jonas, Hans: Das Prinzip Verantwortung. Versuch einer Ethik für die technologische Zivilisation, Suhrkamp Taschenbuch 1085, Frankfurt/M. 1979.

Kaldor, Mary: Neue und alte Kriege. Organisierte Gewalt im Zeitalter der Globalisierung, Frankfurt 2000.

Kröger, Matthias: Im religiösen Umbruch der Welt. Der fällige Ruck in den Köpfen der Kirche, Stuttgart 2004.

Krüger, Hanfried/Müller-Römheld, Walter Hg.: Bericht aus Nairobi 1975, Frankfurt/M. 1976.

Lawrence, John/Jewett, Robert: The Myth of the American Superhero, Grand Rapids 2002.

Dies.: Captain America and the Crusade Against Evil. The Dilemma of Zealous Nationalism, Grand Rapids, 2003.

Lazare, Aaron: On Apology, Oxford 2004.

Lifton, Robert Jay: Death in Life, New York 1968.

Ders.: The Life of the Self. Towards a New Psychology, New York 1976.

Ders.: The Broken Connection. On Death and the Continuity of Life, New York 1983.

Ders.: The Nazi Doctors. Medical Killing and the Psychology of Genocide, New York 11986 (deutsch: Ärzte im Dritten Reich, Stuttgart 1988).

Ders.: The Protean Self. Human Resilience in an Age of Fragmentation, New York 1995.

Ders./Greg Mitchell: Hiroshima in America. Fifty Years of Denial, New York 1995.

Marquard, Odo: Artikel Anthropologie, HWPh Bd. 1, Darmstadt 1971, Sp. 362–374.

Martin, Lou: Können wir den ehrlichen Dialog in den Zeiten des Misstrauens retten? Die Begegnung zwischen Dag Hammerskjöld und Martin Buber, Neu-Isenburg 2011.

Marti, Kurt: Von der Weltleidenschaft Gottes. Denkskizzen, Stuttgart 2011.

Metz, Johann Baptist: Zum Begriff der neuen Politischen Theologie, 1967–1997, Mainz 1997.

Ders.: Mystik der offenen Augen. Wenn Spiritualität aufbricht, Freiburg 2011.

Meadows, Donella und Dennis: The Limits to Growth 1972 (deutsch: Die Grenzen des Wachstums). Bericht des Club of Rome zur Lage der Menschheit, Stuttgart 1972.

Moltmann, Jürgen: Mensch. Christliche Anthropologie in den Konflikten der Gegenwart, Themen der Theologie DB 11, Stuttgart 1971.

Ders.: Theologie der Hoffnung. Untersuchungen zur Begründung und zu den Konsequenzen einer christlichen Eschatologie, München 1964.

Ders.: Trinität und Reich Gottes. Zur Gotteslehre, Gütersloh 1980.

Ders.: Gott in der Schöpfung. Ökologische Schöpfungslehre, München 1985.

Ders.: Gerechtigkeit schafft Zukunft. Forum Politische Theologie 9, München/Mainz 1989.

Ders.: Das Kommen Gottes. Christliche Eschatologie, Gütersloh 1995.

Ders.: Die Quelle des Lebens. Der Heilige Geist und die Theologie des Lebens, Kaiser Taschenbücher 150, München 1997.

Ders.: Sein Name ist Gerechtigkeit. Neue Beiträge zur christlichen Gotteslehre, Gütersloh 2008.

Ders.: Weiter Raum. Eine Lebensgeschichte, Gütersloh 2006.

Müller-Fahrenholz, Geiko: Erwecke die Welt. Unser Glaube an Gottes Geist in dieser bedrohten Zeit, Gütersloh 1993.

Ders.: Vergebung macht frei. Vorschläge für eine Theologie der Versöhnung, Frankfurt/M. 1996.

Ders.: Versöhnung statt Vergeltung. Wege aus dem Teufelskreis der Gewalt, Neukirchen/Vluyn, 2003.

Ders. Hg.: Faszination Gewalt. Aufklärungsversuche, Frankfurt/M. 2006.

Navarro, Ricardo: Die Krise der Erde ins Auge fassen, in: G. Müller-Fahrenholz Hg.: Friede mit der Erde, Frankfurt/M. 2010, 19–43.

Nipkow, Karl-Ernst: Der schwere Weg zum Frieden. Geschichte und Theorie der Friedenspädagogik von Erasmus bis zur Gegenwart, Gütersloh 2007.

Paech, Nico: Befreiung vom Überfluss. Auf dem Weg in die Postwachstumsökonomie, München, 2. Aufl. 2012.

Pannenberg, Wolfhart: Anthropologie in christlicher Perspektive, Göttingen 1983.

Rahner, Karl: Frömmigkeit früher und heute. Schriften zur Theologie Bd. VII, Einsiedeln 1966, 11–31.

Raiser, Konrad/Schmitthenner, Ulrich Hg.: Gerechter Friede. Ein ökumenischer Aufruf zum Gerechten Frieden, Begleitdokument des Ökumenischen Rates der Kirchen, Anhang, Ökumenische Studien 39, Berlin 2012.

Rifkin, Jeremy: Biosphere Politics. A Cultural Odyssey from the Middle Ages to the New Age, San Francisco 1991.

Schlabach, Gerald W. Hg.: Just Policing, Not War. An Alternative Response to Violence. Collegeville Minnesota 2007.

Schwägerl, Christian: Menschenzeit. Zerstören oder gestalten? Die entscheidende Epoche unseres Planeten, München 2010.

Sen, Amartya: Identity & Violence. The Illusion of Destiny, London 2006.

Senghaas, Dieter: Zum irdischen Frieden. Erkenntnisse und Vermutungen, edition suhrkamp 2384, Frankfurt/M. 2004.

Ders.: Weltordnung in einer zerklüfteten Welt. Hat Frieden Zukunft? Edition suhrkamp 2642, Frankfurt/M. 2012.

Sölle, Dorothee: Mystik und Widerstand. Du stilles Geschrei, Hamburg 1997.

Dies.: Gewalt. Ich will mich nicht gewöhnen, Düsseldorf 1994.

Dies.: Gewöhnen will ich mich nicht. Engagierte Texte und Gedichte (Hg. von Bärbel Wartenberg-Potter) Freiburg, 2. Aufl. 2006.

Stern, Nicholas: The Economics of Climate Change. The Stern Review, Cambridge 2006.

Strunk, Reiner; Vertrauen. Grundzüge einer Theologie des Gemeindeaufbaus, Stuttgart 1985.

Swimme, Brian/Berry, Thomas: The Universe Story. From the Primordial Flaring Forth to the Ecocoic Era – A Celebration of the Unfolding of the Kosmos, San Francisco 1992.

Taxacher, Gregor: Apokalypse ist jetzt. Vom Schweigen der Theologie im Angesicht der Endzeit. Gütersloh, 2012.

Tutu, Desmond: Keine Zukunft ohne Versöhnung, Düsseldorf 2001.

Welzer, Harald: Klimakriege. Wofür im 21. Jahrhundert getötet wird, Frankfurt/M. 2. Aufl. 2010.

Weeber, Karl-Wilhelm: Luxus im Alten Rom. Die öffentliche Pracht, Darmstadt 2006.

Vletsis, Athanasios: Vergöttlichung oder Vermenschlichung? Skizze einer christlichen Anthropologie der Vervollkommnung als Teilhabe am Leben Gottes in der orthodox-patristischen Theologie, Ökumenische Rundschau 57, 2008, 144–167.

Volf, Miroslav: Exclusion and Embrace. A Theological Exploration of Identity, Otherness, and Reconciliation, Nashville TN, 1996.

Zink, Jörg: Dornen können Rosen tragen. Mystik – die Zukunft des Christentums, Stuttgart 1997.

Ders.: Unter dem großen Bogen. Das Lied von Gott rings um die Erde, Stuttgart 2001.

Ders.: Die Urkraft des Heiligen. Christlicher Glaube im 21. Jahrhundert, Stuttgart 2003.

Akademie Solidarische Ökonomie Hg.: Kapitalismus und dann? Systemwandel und Perspektiven gesellschaftlicher Transformation, München 2012.

Evangelische Kirche in Deutschland: aus Gottes Frieden leben – für gerechten Frieden sorgen, Denkschrift, Gütersloh 2007.

Dies.: Umkehr zum Leben. Nachhaltige Entwicklung im Zeichen des Klimawandels, Denkschrift 2009.

Kommission für Internationale Angelegenheiten der Norwegischen Kirche: Vulnerability and Security, Kristiansand 2002.

Plädoyer für eine Ökumenische Zukunft: Ökumene – Glücksfall und Ernstfall des Glaubens, epd-Dokumentation 28/29 (6.6.1998).

Ders.: Beten und Arbeiten für gerechten Frieden und Klimagerechtigkeit, Klima-Memorandum, Januar 2011.

Wissenschaftlicher Beirat der Bundesregierung Globale Umweltveränderungen: Welt im Wandel. Gesellschaftsvertrag für eine Große Transformation.

© privat

Geiko Müller-Fahrenholz, geboren 1940, war Auslandspfarrer in Oxford, Studieninspektor am Predigerseminar Loccum und Exekutivsekretär in der Abteilung für Glauben und Kirchenverfassung des ÖRK in Genf. Von 1979 bis 1988 war er Direktor der Nordelbischen Evangelischen Akademie, danach Professor für Ökumenische Theologie und Ökologische Ethik in Costa Rica. Seit 1996 lebt er als Publizist in Bremen. Er ist verheiratet und hat zwei erwachsene Kinder und zwei Enkelkinder.